MURTY CLASSICAL
LIBRARY OF INDIA

Sheldon Pollock, General Editor

ABU'L-FAZL
THE HISTORY OF AKBAR
VOLUME 1

MCLI 2

ABU'L-FAZL

ابو الفضل

THE HISTORY
OF AKBAR

VOLUME 1

Edited and translated by
WHEELER M. THACKSTON

MURTY CLASSICAL LIBRARY OF INDIA
HARVARD UNIVERSITY PRESS
Cambridge, Massachusetts
London, England
2015

SERIES DESIGN BY M9DESIGN
TYPESETTING BY TITUS NEMETH

Library of Congress Cataloging-in-Publication Data

Abu al-Fazl ibn Mubarak, 1551–1602, author.
[Akbarnamah. English]
The History of Akbar / Abu'l-Fazl ; edited and translated
by Wheeler M. Thackston.
volumes cm. — (Murty Classical Library of India ; 2)
Includes bibliographical references and index.
ISBN 978-0-674-42775-4 (cloth: alk. paper)
1. Akbar, Emperor of Hindustan, 1542–1605.
2. Mogul Empire—History. 3. India—Kings and rulers—Biography.
4. India—History—1000–1765—Early works to 1800.
I. Thackston, W. M. (Wheeler McIntosh), 1944– editor, translator.
II. Title.
DS461.3.A2313 2014
954.02'54092—dc23   2014016317

CONTENTS

INTRODUCTION

In 1588 Abu'l-Fazl was commanded by the Mughal emperor Akbar to write a history of the reigns of the Timurid sovereigns of India, and the following year another edict was issued to the same purpose. The result was *The History of Akbar* (*Akbarnāma*), the first tome *(daftar)* of which begins with Akbar's birth and his horoscopes and then traces Akbar's ancestors back to Adam, with detailed coverage of the careers of his grandfather Babur, founder of the dynasty in India, and of his father, Humayun. Part 1 of Tome 2, completed in 1596, begins with Akbar's accession to the throne in 1556 and continues chronologically through half of the seventeenth regnal year (November 1571), which was the completion of Akbar's thirtieth lunar year, a *qarn*, or "generation," by the conventional reckoning of the time. Part 2 of Tome 2 was planned to cover Akbar's second *qarn* of thirty years, through his sixtieth lunar birthday in the forty-fifth regnal year (1601), but because Abu'l-Fazl was murdered in 1602, and Akbar died in 1605, the second tome was continued by another writer, who extended it to include the remainder of Akbar's lifetime. Originally the *Ā'īn-i Akbarī*, a detailed account of the organization and administration of the empire, was Tome 3 of the *Akbarnāma*, but it is now treated as a separate work.

The Life

Abu'l-Fazl (1551–1602) was the second son of Shaikh Mubarak of Nagaur (Rajasthan), who ran a school of philosophy in the capital city, Agra. Highly educated under his father's supervision, Abu'l-Fazl was introduced to the Mughal court in 1574 by his elder brother, the poet-laureate Abu'l-Faiz "Faizi." He was first employed at court as a stylist of official and diplomatic correspondence, and he is said to have exerted much liberal influence on Akbar's religious views; in addition, he served as a military commander in the Deccan. Later in his narrative Abu'l-Fazl reports that in 1582 he was put in charge of the purchase of woolens for the court. In 1586 he was made cogovernor of Delhi. In 1592 he was promoted to the rank of 2,000 *zāt;* in 1600 he was appointed governor of Khandesh and promoted to the rank of 4,000 *zāt.* Abu'l-Fazl was killed in 1602 in retaliation for his opposition to the succession of Prince Salim, the future Emperor Jahangir, who was in open rebellion against his father at the time. The prince contrived to have a Bundela chieftain, Bir Singh Deo, assassinate Abu'l-Fazl as he was returning to the capital from the Deccan.[1]

In addition to *The History of Akbar,* Abu'l-Fazl wrote *'Iyār-i dānish* (Assay of knowledge), a recasting of Kamaluddin Husayn Va'iz Kashifi's *Anwār-i Suhailī,* an early sixteenth-century version of the Bidpai fables. A collection of his private letters was compiled by one of his nephews, Nuruddin Muhammad, and a collection of the official letters he composed was made by his sister's son, Abdul-Samad. His *Ā'īn-i Akbarī* was an encyclopedic compendium of rules and regulations, as well as a gazetteer of the empire, and was the result of meticulous research and fact gathering. As he was in charge of Akbar's translation department, Abu'l-Fazl wrote the preface to the Persian version of the Sanskrit *Mahābhārata*, entitled *Razmnāma*. He also authored a somewhat less well known *munājāt* (conversations with God).[2]

The Work

The History of Akbar is far from a simple recording of history. It represents an attempt on Abu'l-Fazl's part to apotheosize Akbar. Not merely the third monarch of the Mughal Empire in India, Akbar became, in Abu'l-Fazl's hands, the latest and most perfect manifestation of the divine light that had infused Alanqoa, the remote ancestress of both Genghis Khan and Tamerlane, and that continued, hidden, in the lineage for many generations until it attained perfection and was revealed in the person of Akbar.[3] Abu'l-Fazl portrays Akbar as the ideal monarch, drawing from the models of both ancient Iranian kingship and the perfect man in Sufism. He describes Akbar's birth as associated with supernatural occurrences and miracles, as is usually done in recounting the birth of a prophet or deity.

Akbar's achievements as the Muslim ruler of a polity of non-Muslim-majority people were prodigious and left a legacy that endured into the colonial and postindependence periods. He incorporated the northern part of the subcontinent, from Kabul to Bengal, into the Mughal Empire, and effected changes in the assessment and collection of taxes, the organization and control of the nobility, and the reform of the state's religious policies. He made marriage alliances with Rajput clans, thus paving the way for the integration of Timurid culture in India. Akbar was supported by Abu'l-Fazl in challenging the influential court clergy (*ulamā*) and fighting bigotry among all religious communities. There were two notable episodes in the furthering of Akbar's policy of universal concord (*sulh-i kull*) that had both political and religious considerations behind them. One was the establishment of the house of worship (*'ibādatkhāna*) for weekly discussions among Sufis, Hindus, Jains, Jesuits, and Zoroastrians, out of which Akbar's short-lived syncretistic religious doctrine of the "divine religion" (*dīn-i ilāhī*) emerged. The other was the "translation bureau" (*maktabkhāna*), which chiefly sponsored translations of works of Hindu learning into Persian. In terms of cultural artifacts and material wealth, the Mughals at this time far outshone the Ottoman and Safavid empires. Many scholars and poets from Iran and Central Asia settled in India, drawn by the lavish patronage offered by Akbar and other Mughal nobles, and contributed to the cosmopolitan nature of the literary culture. It was in this environment that *The History of Akbar* was written. Several copies of the work were illustrated by renowned artists in the royal atelier.

Abu'l-Fazl rarely acknowledges his sources, but for information about the common ancestors of Genghis Khan and the Timurids, he must have had at his disposal Rashiduddin Fazlullah's *Jāmi'u't-tawārīkh* (completed ca. 1310), a monumental history of the Genghisids written for the Ilkhans, the ruling house of Iran. For Tamerlane's ancestors and career, Abu'l-Fazl used Sharafuddin Ali Yazdi's *Zafarnāma*, a much-admired history completed in 1425 that he cites by name several times. The style of the *Zafarnāma,* with illustrative poetry dispersed throughout the ornate prose narrative, a stylistic device that was probably inspired by Saʿdi's *Gulistān,* was considered to be the quintessence of elegant writing. For centuries it served as a model for history writing, and it certainly influenced some formal aspects of Abu'l-Fazl's work. Rajput chronicles and oral traditions were also used for the first time, to present a complete picture of the history of Akbar's reign.[4] Akbar's battles against Rajputs, Afghans, and rebellious Mughal officers are described in epic language. Although he is never critical of Akbar's actions, Abu'l-Fazl's historiography is based on rational and secular views of events. With respect to his political thought, he would have been influenced by ethical and philosophical ideas of the great political philosophers of the earlier Islamic period, such as al-Ghazali, Nasir al-Din Tusi, and Dawwani, as well as by Firdausi, the author of the Persian epic the *Shāhnāma.* These writers were all part of the curriculum of learning in Persophone societies, whether in Turkish Central Asia or India.

History Writing at Akbar's Court

Akbar's grandfather Babur, the Timurid prince from Transoxania and Kabul who defeated the Delhi sultanate and established what is now known as the Mughal dynasty in India, wrote his own memoirs, the *Bāburnāma,* in his native Chaghatay Turkish.[5] By the fourth decade of Akbar's reign, knowledge of Turkish had waned and the memoirs had to be translated into Persian, the common language of the empire. This task was entrusted to the statesman and poet Abdul-Rahim Khankhanan, and the translation was presented to Akbar in December 1589. Abu'l-Fazl must have used the translation for Babur's history, since it is highly unlikely that he knew Turkish. He also used the *Tārīkh-i Rashīdī*, a history of Moghulistan by Babur's cousin Mirza Haidar Dughlat, who played a prominent role as ruler of Kashmir during Humayun's early reign. Babur's son Humayun, so far as we are aware, never wrote anything, and his era was too troubled and interrupted to allow for the writing of court history. For Humayun's reign and to supplement Babur's personal accounts, Abu'l-Fazl requested still-living contemporaries of Babur and Humayun to write or dictate their recollections and forward them to court, and these were incorporated into the narrative.[6]

Abu'l-Fazl's was not the only history of Akbar's reign, although it is the only history devoted exclusively to him. The Akbar period is also treated in works of general Indian history, such as Nizamuddin Ahmad's *Tabaqāt-i Akbarī*, Abdul-Qadir Bada'uni's *Muntakhabu't-tawārīkh*, and Nurul-Haqq Dihlawi's *Zubdatu't-tawārīkh*.[7] Akbar's son Jahangir, like his great-grandfather, wrote his own personal memoirs, the *Jahāngīrnāma*. Jahangir's son and successor, Shahjahan, had professional history writers who chronicled his reign in ever more elaborate prose, as well as in verse, and although Shahjahan's son and successor, the zealously pious Aurangzeb, dismissed poets and historians from the court, there are various general and local histories that cover his reign.

The writing style adopted by Abu'l-Fazl is no less grandiose than his aim, and it requires explanation. Except when he is dealing with straightforward historical narrative, Abu'l-Fazl writes in a parabolic style that is far from immediately comprehensible; not only is the style difficult but he also coins new words and uses old ones in novel ways. Over the course of reading the many pages of the history, one develops a sense of the meaning of the author's vocabulary, but reading passages at random can leave one wondering what Abu'l-Fazl could possibly have meant by some of his digressions and soliloquies. Any reader would probably agree with the well-meaning friend who asked him,

> Why do you go to such trouble? Why do you write in this fashion? Not one in a thousand will be able to read this marvelous book or understand its novel style correctly. Of whom have you hopes that he will delve to the depths of its truth? Who will be capable of soaring high enough to discover its purpose? It would be better to give up this new style and compose in the language of the age, thereby setting a table of delights that all can enjoy.[8]

Undaunted, Abu'l-Fazl stuck to his purpose, and because he did so, the reader may require some explanation.

Language and Style of the Akbarnāma

In his writing Abu'l-Fazl borrowed from the vocabulary of Sufism, the tradition of "mystical" interpretation in Islam that had suffused Persian poetry and become part and parcel of the lexicon of a normal Persian literary education, and adapted it to his purposes. When Abu'l-Fazl uses terms like "pursuit of the truth" (*ḥaqqjō'ī*), the "search for the ultimate" (*ḥaqqpizhōhī*), and "the quest" (*jōyā'ī*), all terms that would have had Sufistic overtones and normally meant the search for the ultimate reality (*ḥaqq*), or the divine, within oneself, he refers to the quest for self-enlightenment and the enlightenment of others. Primarily this refers to Akbar's own quest, but to know that Akbar is a manifestation of divine wisdom is, for Abu'l-Fazl, the supreme realization.[9] Those who attain that level of enlightenment will have conquered their lower, base natures and risen to a higher level of awareness. Such persons have been "stripped" of their base nature and reached the level of "abstraction" (*tajarrud*): they have divested themselves of the "entanglement with the world" (*ta'alluq*) and "worldliness," or "convention" (*rasm, 'ādat*), and know that one has to look beyond superficial, external form (*ṣūrat, ẓāhir, bērūn*) to see inner, intrinsic, and spiritual meaning (*ma'nā, bāṭin, durūn*). Conversely, "nature worshippers" (*ṭabī'atparastān*) are those who let their base natures get the better of them and are not restrained by reason, which would dictate that they pledge their allegiance to the emperor and throw in their lot with him. Those people exhibit what Abu'l-Fazl terms "ignorance" (*nāshināsī*), by which he means lack of discipline and control, very much like the old Arabic concept of *jāhiliyya,* which literally means ignorance but connotes the pre-Islamic heathenism of Arabia and is probably the source for his coinage of *nāshināsī,* which is literally "unknowingness." The opposite of *nāshināsī* is *shināsā'ī,* Abu'l-Fazl's coined term for the

Arabic *ma'rifat,* "knowingness," which connotes mystical awareness and gnostic cognition. Not wanting to use the old terms *jāhiliyya* and *ma'rifat,* which were tainted, respectively, with unmistakable historical and Sufistic overtones, Abu'l-Fazl created *shināsā'ī* and *nāshināsī* for his programmatic apotheosis of Akbar.

Disinterested, unbiased reporting is not for Abu'l-Fazl. Those in opposition to or rebellion against the empire are primarily termed "ingrates" (*nāsipās*) in the face of the emperor's graciousness; they are also "scatter-brained" (*shōrīda-maghz*), "light-headed" (*sabuksar*), "wrong-minded" (*tabahrāy, tabāhbasīch*), "malicious" (*badgumān*), "vainly vengeful" (*bāṭilsitēz*), and "wayward" (*kajgirā*). They suffer from "upside-down luck" (*vāzhgōnbakht*), they "peddle arrogance" (*nakhvatfurōsh*), they are "constitutionally evil" (*badnihād*), and everything they have to say is prattle and "blathering nonsense" (*harzalā'ī*). For Abu'l-Fazl, the terms "misfortunate," "unfortunate," "ill-starred," and the like (*badbakht, bēṭāli'*) all refer to an individual's fate. Those whose destinies are slated to be auspicious—that is, those loyal to the emperor—possess good fortune; those who rebel, resist, or are disloyal do so because they are so destined, and they can meet only a fitting doom at the hands of the emperor's supporters, who are described variously as "deep-looking" (*zharfnigāh*), "sober-strutting" (*hushyārkhirām*), "harboring auspiciousness" (*sa'ādat-andōz*), "felicity-choosing" (*sa'ādat-guzīn*), "of good opinion" (*nēkūrāy*), "insightful" (*dīdavar*), having "aware minds" (*āgāhdil*), and "possessed of awake luck" (*bīdārbakht*), meaning they are fortunate.

The epithets "simple" (*sāda*) and "simple-minded" (*sāda-lauḥ*) are often used in historical works in Persian, and they normally have negative connotations, as they do in English. When they come from Abu'l-Fazl's pen, however, they are often far from negative. For him, the words refer to persons who are without guile, that is, those who are not "colored" (*rangīn*) or complicated by duplicity and falseness. Therefore, for Abu'l-Fazl, "colorlessness" (*bērangī*) and "simplicity" (*sādagī*) are positive virtues that mean guilelessness.

These days, when imperialism and expansionism have become dirty words in the international lexicon, Abu'l-Fazl would be sadly out of step. For him, any expansion of territory that brings the order bestowed by the "wisdom-adorning one who graces the throne" (*aurangnishīn-i farhang-ārā*) to the benighted world of chaos outside the cradle of empire is not merely praiseworthy but a true "act of divine worship" (*'ibādat*).

NOTES

1   For Jahangir's frank account of this episode, see Jahāngīr 1999:
    32–33.

2   For published editions of these works, see the Bibliography.

3   Tamerlane (1336–1405), the progenitor of the Timurid House,
    to which Akbar and the Mughals of India belonged, was not
    descended from Genghis Khan, but they had remote legendary
    ancestors, such as Alanqoa, in common. The Timurids of India
    were also of Genghisid descent through Babur's mother, Qutlugh-
    Nigar Khanim, whose father, Yunus Khan, was a direct descendant
    of Genghis Khan's son Chaghatai.

4   Eaton 1984: 714.

5   The Mughals never referred to themselves as "Mughals." They
    called their dynasty the *silsila-i gūrkāniyya*, the Gurkanid dynasty,
    from *gürkän*, "son-in-law," a word of Mongolian origin.

6   Three of these memoirs have survived: one is by Gulbadan Begim,
    Humayun's sister; one is by Jauhar Āftābachī, Humayun's ewer
    bearer, a personal servant who was apparently never far from
    Humayun and was thus a witness to many conversations of
    historical importance; and the third is by Bāyazīd Bayāt, a soldier
    native to Tabriz who joined Humayun with the forces Shah
    Tahmasp gave Humayun to regain his territories in Kabul and
    Kandahar. Bayazid served the Khankhanan Mun'im Khan for
    years, rising to positions of responsibility and intimacy with his
    master; later, during Akbar's reign, he was appointed to fairly high
    positions in the imperial harem and the treasury. His last post was
    that of *bökävülbegi*, chief court taster, in which function he was
    serving when one of Abu'l-Fazl's scribes took his memoirs down
    from dictation in Lahore. For editions and translations of these
    three works, see the Bibliography.

7   The *Ṭabaqāt-i Akbarī*, also known as *Tārīkh-i Niẓāmī*, is a general
    history of Islamic India through Akbar's thirty-eighth regnal year
    (1593–94). The *Muntakhabu't-tawārīkh* treats the history of India
    from ca. 1000 to the fortieth year of Akbar's reign (1595–96).
    Written from an uncompromisingly orthodox point of view, it
    is highly critical of Akbar's administrative and religious policies.
    The *Zubdatu't-tawārīkh*, a general history of India from 1173 until
    Jahangir's accession, is still in unedited manuscript form.

8   *Akbarnāma*, Tome 2, "Conclusion."

9   This forms the core of what has been termed *dīn-i ilāhī*, the "divine religion" supposedly propagated by Abu'l-Fazl and a few others of Akbar's coterie. Suffice it to say that no such term is ever used by Abu'l-Fazl himself, nor is any programmatic reinterpretation of religion outlined in the *Akbarnāma*—aside from the constant deprecation of hidebound fundamentalism and the 1579 proclamation of Akbar as *mujtahid* (interpreter of religious law) and *imām* (religious leader) of the age.

NOTE ON THE TEXT
AND TRANSLATION

The Persian text of the *Akbarnāma* is based on the Calcutta edition. Following is a list of the manuscripts consulted by the editors.

A, Fort William College, Calcutta; a complete copy dated 2 Safar 1206 (October 1, 1791).

B, Fort William College, Calcutta; incomplete, until the end of the seventeenth year.

C, Fort William College, Calcutta; incomplete, until the end of the seventeenth year, undated.

D, Delhi Library; incomplete, until the end of the seventeenth year, undated.

E, Asiatic Society, Calcutta; incomplete, until the end of the seventeenth year.

F, property of Maulvi Kabiruddin Ahmad; incomplete, until the end of the seventeenth year, dated 1 Rabi' II year 46 of Aurangzeb's reign (August 25, 1702).

G, 1284/1867) lithograph edition, Lucknow; until the end of the forty-sixth year.

H, Delhi Library; until the end of the seventeenth year, undated.

I, Delhi Library; until the end of the seventeenth year.

J, Delhi Library; until the end of the twenty-fourth year, dated 7 Jumada I 1107 (December 14, 1695).

Place Names

The vast majority of the places mentioned in the text of *The History of Akbar*, even some of the smallest towns and villages, are easily identifiable and have been located thanks to modern technological resources. Those that have not been found fall into several categories: (1) the place is too small and obscure to show up on maps or toponymic lists; (2) the name has been changed or the place no longer exists (like Tanda, the old capital of Bengal, which was swept away by the Ganges in the sixteenth century); (3) the name has been so miscopied or garbled in the text that it is beyond recognition or identification. In addition, there are geographical names that appear one way in Persian (Dihlī and Barūch), slightly differently in Hindi (Dillī and Bharūch), and differently still in the conventional spelling adopted by the British Raj (Delhi and Broach). Those places that have conventional English spellings—for example, Lahore and Delhi—appear as such in the translation and the indexes.

For personal names, one has to deal with Arabic, Persian, Turkish, and various Indian languages. Strict transliteration has been abandoned in this translation in keeping with the conventions of the series, but there should be little or no cause for confusion since personal names are always clearly Islamic, Turkic, or Indic in origin. The title commonly given to all princesses of the Timurid House and to others, *bēgim*, "madam," has been retained in its Turkish version, as it is often spelled in early Mughal sources. This is the title that was Persianized to *bēgam* and then Anglicized to "begum" to reflect the common

Indian pronunciation of the Persianized version of the title.

Calendrical Systems

There are two calendrical systems used concurrently in *The History of Akbar*. The first is the lunar Hegira calendar that is common throughout the Islamic world. Up to Akbar's succession to the throne all dates are given according to the Hegira calendar, and because conversions to the Western calendar have been done by algorithm, they may be off by up to a day or two one way or the other. The vernal equinox, with which each regnal year begins, is known with certainty and does not depend on algorithmic calculation. The second is the Ilahi calendar, which was devised for Akbar by his courtier-scientist Amir Fathullah Shirazi. This calendar, based on the old Persian solar calendar, begins on the vernal equinox each year. The twelve months of the Persian solar calendar correspond to the twelve signs of the zodiac, and the beginnings of the months must have been determined by astronomical observation and not convention, since the midsummer months occasionally have thirty-two days. Because Akbar's accession to the throne on February 15, 1556 (Julian), took place less than a month from the equinox, the official anniversary of the accession was moved forward to the equinox, and regnal years were calculated from then. The Ilahi era was not promulgated until 1584, but Abu'l-Fazl has recalculated and given events in Ilahi dates from the time of Akbar's accession. Finally, the conversion from the Julian to the Gregorian calendar occurred about halfway through Akbar's reign, in 1582, and I have followed the practice of converting to the

Gregorian calendar for Western equivalents, even though English-speaking countries did not adopt the Gregorian calendar until 1752. For equivalent Julian (Old Style) dates after 1582, subtract ten days.

MAPS

Key to Maps

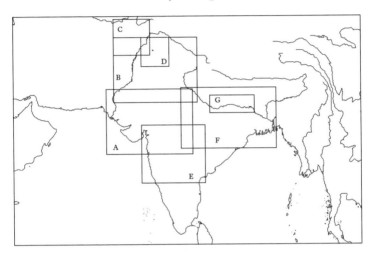

Map A: Marwar, Mewar, Malwa, and Gujarat

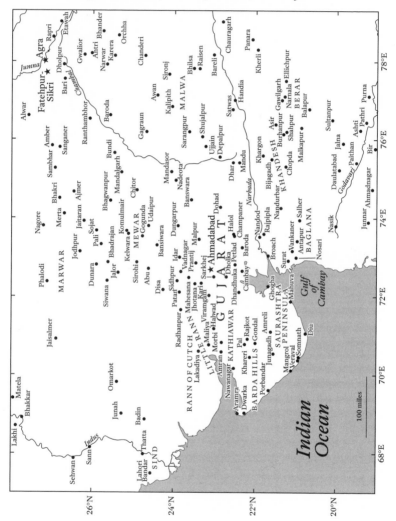

Map B: The Punjab

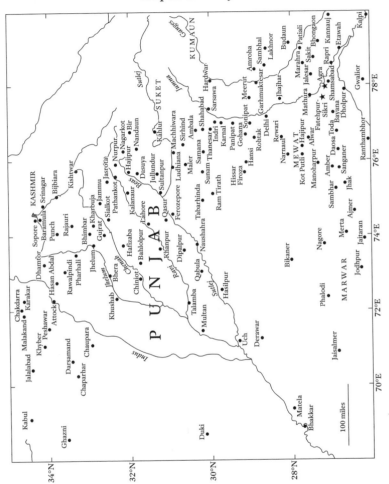

Map C: Badakhshan, Zabulistan, Swat

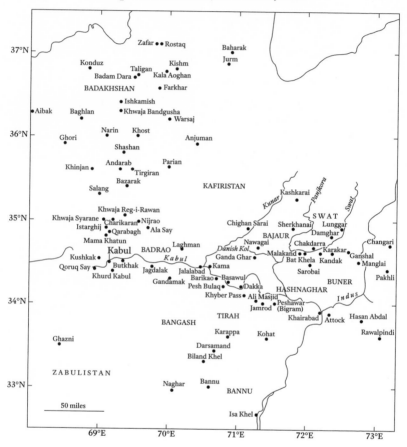

Map D: Kashmir

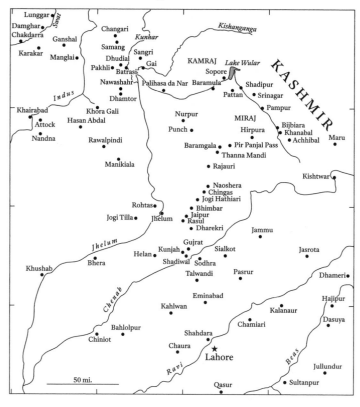

Map E: The Deccan

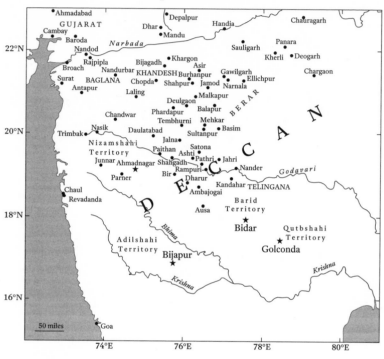

Map F: The Gangetic Plain and Bengal

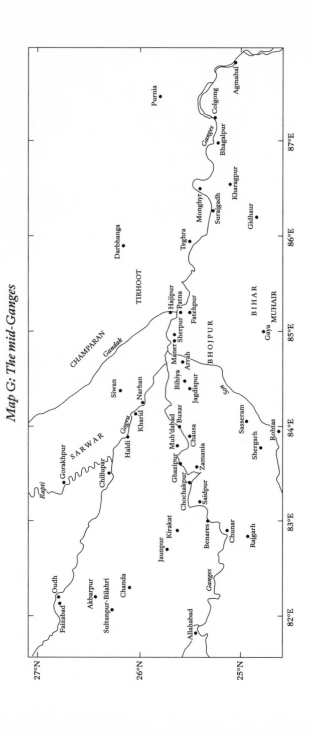

Map G: The mid-Ganges

THE HISTORY
OF AKBAR

بسم الله الرحمن الرحیم

۱ الله اکبر. این چه دریافتیست ژرف و شناختیست شگرف! که حقیقت‌پذیرانِ دقیقه‌رس و روشن‌ضمیرانِ صبح‌نفس که باریکبینانِ جداولِ آفرینش و پرگارگشایانِ لوحهٔ دانش و بینش اند در ترکّبِ عنصری و پیکرِ هیولانی نقدی گرانمایه و گوهری والاطبع، که در کالبدِ قیمت نگنجد و میزانِ قیاس بر نسنجد، و بمکیالِ گفت درنیاید، و از مقیاسِ اندیشه بیرون باشد، غیر از سخن، که نسیمیست متحرک و هوائی متموّج، نیافته‌اند. و چرا چنین نباشد؟ که سرانجامِ دار الملکِ معنی بی دستیاریِ آن امکان نپذیرد، و معموریِ خراب‌آبادِ صورت بی مددکاریِ آن در اندیشه نگذرد (مثنوی)

این چه سخن بود که شد آشکار — پرده برانداخت ز هژده هزار
نیست درین بزم بسرمستیش — نیست حریفی بزبردستیش
کارگشا اوست درین کارگاه — صدرنشین اوست درین بارگاه
هرچه درآمد بدلِ اهلِ هوش — دل بزبان گفت و زبان زد بگوش
از درِ دل هم بدرِ دل رهش — ناطقه و سامعه جولانگهش
ماهِ سخن‌را برصدگاهِ هوش — مشرق و مغرب ز زبانست و گوش

چنانچه بپایهٔ والایِ آن بنردبانِ آسمان نتوان رسید بپایِ بادپیمایِ خرد در بیدایِ ناپیدایِ طبیعتِ آن قدم نتوان زد. آتشی‌مزاجیست بادنهاد، خاکی‌طبیعتیست آب‌نما، منبعش آتشکدهٔ دل، اوجِ پروازش نزهتگاه هوا، گرمی بازارش بآب، آرامگاهش صفحهٔ خاک.

God is supreme. What a profound realization this is! Its profun-
dity has not been fathomed by those who delve into the depths
of reality and reach the minutest points. Those of enlightened
minds with eyesight sharp enough to see the rulings of creation
and those who wield the compass on the tablet of knowledge
have found nothing but the moving breeze and billowing wave
that is speech to express the elemental synthesis, the material
body, and the exalted essence that cannot fit into the frame of
evaluation and is beyond all measure. And why should this not
be so? It is impossible to maintain order in the realm of the spirit
without its help, and prosperity among the ruins of the physical
form cannot be imagined without its assistance.

> *What speech is this which has become apparent? It has*
> *thrown off the veil from the eighteen thousand.* [1]
> *There is nothing so drunk as it is in this banquet; there is no*
> *one to challenge its supremacy.*
> *It solves all problems in this workshop; it sits in the place of*
> *prominence in this court.*
> *The heart says with the tongue and speaks into the ear*
> *everything that comes into the minds of people of*
> *awareness.*
> *From heart to heart it has a path: the power of speech and the*
> *power of hearing are its arena.*
> *In the observatory of the mind the moon of speech rises and*
> *sets through the tongue and the ear.*

Just as it is impossible to reach speech's exalted rung on the
ladder of heaven, so too one cannot enter the invisible desert of
its nature on the fleet-footed stallion of the intellect, for it is of a

مرتبه‌شناسانِ صفوفِ عزّت فراخورِ دید و دریافتِ خود چنانچه سپه‌سالارِ انجمنِ معنی بل خلف الصّدقِ دل دانستند، موبدِ موبدانِ دانشِ آتشکدهٔ خاطر بل ابو الآبای ضمیر انگاشتند، خاصه سخنی که زیبِ فهرستِ نسخهٔ مفاخر و زینتِ دیباچهٔ مجموعهٔ معالی باشد، یعنی مدحِ کدخدایِ آسمان و زمین و حمدِ دادارِ جان و تن‌آفرین. هم آغازرا پایهٔ سرفرازی و هم انجام‌را پیرایهٔ دلنوازی، هم قافله‌سالارِ سخنوران و هم شهریارِ سخنوری، چراغِ کلبهٔ تاریک‌ِنشینان، انیسِ وحدت‌سرایِ خلوت‌گزینان، دردافزایِ باطنِ مشتاقانِ کویِ خداجوئی، مرهم‌بندِ ناسورِ خسته‌درونانِ کنج ناشکیبائی، نوشدارویِ شورابه‌نوشانِ اشکِ حسرت، مومیائیِ شکسته‌دلانِ زاویهٔ خاموشی، رزم‌آرایِ دلاورانِ هنگامهٔ عشق، بزم‌افروزِ معشوق‌مزاجانِ بارگاهِ اطمینان، تشنه‌لبانِ دریافت‌را استسقابخش، گرسنه‌دلانِ بادیهٔ جویائی‌را جوع‌افزا. ازینجاست که خردپرورانِ بیداردل با همه سراسیمگیِ شوق و بی‌آرامیِ شغف دستِ فکرت از دامنِ هودجِ کبرائی کوتاه داشته تشنه‌لب و آبله‌پای هزاران جوش و خروش فروخورده مُهرِ خموشی بر لب نهاده‌اند، و بدستیاریِ انصاف پایِ ادب در دامنِ عجز پیچیده در آنچه شایانیِ آن‌را از عطیه‌خانهٔ تقدیر نداده باشند شروع نکرده‌اند (شعر)

fiery temperament set upon the wind, of earthly nature that looks like water, its source is the fire temple of the heart, the apogee of its flight is the pleasure park of the air, its market is briskest in water, its resting place is the expanse of the earth, as those who know the various levels of glory, in accordance with their ability to see and comprehend, consider it the commander in chief of the army of intrinsic meaning, or rather the offspring of the heart, and they have called it the chief priest of the temple of mental awareness, or rather the progenitor of the mind—particularly speech that adorns the index of the record of glories, that is, praise of the lord of heaven and earth and laud of the giver who created the soul and the body. It is a source of pride from beginning to end, caravan leader of poets, prince of poetry, lamp of those who dwell in dark huts, an intimate in hermits' cells. It increases the internal pain of those who yearn for the path of seeking God; it rubs balm on the sores of those with internal wounds in the corner of impatience; it is a panacea for those who drink bitter tears of regret; it is plaster for the brokenhearted in the corner of silence. It is the champion of the brave in the fray of love and the toast of flirts at the court of certainty; it gives drink to those whose lips are parched with thirst for comprehension; it increases the pangs in those whose hearts are hungry in the desert of seeking. Thus it is that wise men with aware hearts, with all the tumult of ecstasy and the restlessness of rapture, have withdrawn the hand of contemplation from the skirt of the litter of divinity, with thirsty lips and blistered feet swallowed all their agitation, and placed the seal of silence on their lips. With the help of equity, they have tucked the foot of politeness in the skirt of inability and not begun what destiny has not given them the ability to do.

راهِ کمالِ ترا حرف و نقط ریگِ دشت　　عالمِ علمِ ترا شهرِ سخن روستا
بر درت اندیشه‌را شحنهٔ غیرت زند　　لطمهٔ حیرت برو، سیلیِ جهل از قفا

یعنی سپاسِ ایزدِ بیچون از احاطهٔ امکان بیرونست، و ستایشِ خداوندِ بیهمال از احصایِ اکوان افزون (مثنوی)

حدیث آنجا که از یزدان‌شناسیست　　سپاس‌اندیشیِ ما ناسپاسیست
تو جرأت بین که همّت میزند جوش　　که گیرد قطره دریارا در آغوش

هرگاه زمینیان‌را با آسمانیان رابطهٔ مناسبت مفقود، و خاکیان‌را با افلاکیان راهِ سخن مسدود باشد، مکانیان‌را بلامکانیان چه نسبت خواهد بود؟ تا حصّهٔ منِ ذرّهٔ خاک‌نشین با نسبت آفتابِ عالمتابِ قدس چه باشد؟ محبوسِ مطمورهٔ امکان و حدوث‌را ببادیه‌پیمائیِ عرصهٔ وجوب و قدم چه حد؟ و کدام یارا؟ ذرّهٔ سرگشتهٔ بی‌سروپارا در شعشعهٔ نیّرِ جهان‌افروز بجز هواداری چه بهره؟ و قطرهٔ شبنم‌را با بحرِ زخّار و ابرِ مدرار بجز لافِ خشک‌لبی چه نصیبه؟ هیهات اگر ذرّه از آن فروغ‌بخشِ انجمنِ هستی گوید، اگرچه اورا نمیشناسد و اورا نمیگوید، اما ازو میگوید و اورا میجوید. لیکن تنگنایِ ظلمت‌را با ساحتِ نور چه نسبت؟ و عدمِ مطلق‌را با وجودِ بحت چه مناسبت؟ آفریده هرگاه

*Letters and dots to express your perfection are sands in the
    desert. In the world of your knowledge the city of words is
    a village.*
*At your door the prefect of zeal gives thought a slap of
    perplexity in the face and a blow of ignorance on the back
    of the head.*

That is, gratitude to the unqualifiable God is outside the perimeter of possibility, and praise of the Lord is beyond the number of all existing things.

*When it comes to recognizing God, for us to contemplate
    thanks is an act of ingratitude.*
*See the enormity of inordinate ambition, that a drop would
    embrace the sea.*

Since earthlings have no generic connection to and cannot communicate with celestials, what relationship can there be between the temporal and the atemporal? What then can I, a mere speck of dust, have in common with the world-illuminating sun of holiness? How can one imprisoned by the strictures of possibility and temporality traverse the expanses of necessity and eternity? What can a helpless, spinning mote do in the light of the sun other than adore it? What can a drop of dew do in the face of a churning sea or torrent-raining cloud except claim to have parched lips? If a mote speaks of the one who graces the assembly of existence, even if it does not know that one and cannot say his name, it can speak of and search for him. But what relation is there between the narrow valley of darkness and the vastness of light? What relationship is there between absolute nonexistence and pure

از آفریننده کامیابِ شناسائی نتواند شد تا دمی چند در هوایِ ثنایِ بدایعِ مکنوناتِ او زند یا قدمی چند در صحرایِ ادراکِ مخزوناتِ او نهد، اورا در معرضِ ستایشِ آفریدگار درآمدن چگونه سزد؟ بارنایافته‌را از خلوت‌سرایِ سلطان سخن گفتن خودرا در مضحکهٔ انام انداختن و سخرهٔ هنگامهٔ عوام ساختن است (مثنوی)

پایِ سخن‌را که دراز است دست — سنگِ سراپردهٔ تو سر شکست
گرچه سخن فربه و جان‌پرور است — چگونه بخوانِ تو رسد؟ لاغر است

ای برتر از کرسیِ عقول و اوهام، و ای والاتر از ساحتِ عناصر و اجرام، چون معرفتِ ذات و صفات نبخشیدی، معلوم شد که سپاسداری بر همّتِ ما لازم نکردی. و چون نعمتِ بی‌منتها عنایت بکردی[1] ، مفهوم شد که بر ذمّتِ ما شکرگذاریِ واجب نفرمودی.

۲ چون درِ گفتار بسته دیدم، درگاهِ کردار گشوده یافتم. بخود بیخود گفتم که اگر توانائیِ سخن‌سرائی نداری و بادپیمائی نمیتوانی کرد، آزرده مباش که این طریقِ چرب‌زبانانِ تهیدست است که لفظرا بفریبِ دلالگی ببهایِ معنی فروشند. حمدی که از رویِ فرمانِ جهان‌مطاعِ سلطانِ خرد بر ذمّتِ گرامیِ خانوادهٔ امکانی واجب شمرند آنست که گوهرِ شبتابِ خردرا، که از بخششهایِ مهینِ مدبّرِ فیّاضست، چراغِ روشنائی ساخته در رُفت‌وروبِ عرصهٔ باطن و ظاهر کوشند. اگر منتظمانِ کارگاهِ قضا و قدر فردی از افرادِ بنی آدم‌را در لباسِ تجرّد و

existence? If a creature cannot succeed in knowing the creator so as to speak a few words in praise of his hidden marvels or take a few steps in the wilderness of understanding his secrets, how can it be right for him to enter the realm of praising the creator? For one not admitted to court, to speak of a king's private apartments is to expose oneself to common ridicule.

Although the arm of speech is far reaching, it breaks its head
against the stones of your palace.
Although speech is fat and nourishes the soul, it is too lean to
be served at your table.

You who are higher than the seat of intellects and minds, who are loftier than the field of elements and bodies, since you have not bestowed knowledge of your essence and attributes, it is obvious that you do not deem our gratitude necessary. Since you have rewarded us with limitless bounties, it is evident that you have not made thankfulness obligatory upon our consciences.

Although I saw that the door of speech was closed, I found the gate of action open. Unconsciously I said to myself, "If you do not have the ability to be a poet, and if you cannot race like the wind, grieve not, for this is the practice of glib, empty-handed people who sell words at the expense of meaning, pretending to be brokers. The praise that is considered obligatory on the conscience of the family of possibility by the world-obeyed command of the ruler of wisdom is the praise that turns the night-illuminating gem of wisdom, which is one of the greatest gifts of the planner of all, into a lamp of brightness that sweeps the field of the internal and the external. If the arrangers of the work-shop of fate and destiny put one human individual in the garb

2

9

تنهائی داشته‌اند، نخستین کمرِ همّت در اصلاحِ خود بندد، آنگاه در فلاحِ دیگران کوشش نماید. و اگر بجانبِ جمعیت‌آبادِ تعلّق و تکثّر، که در سلسلهٔ نظامِ کون و فساد از آن هم گزیر نیست، آورده‌اند، اگر فرمانرواست اصلاحِ دیگران‌را بر اصلاحِ خود مقدّم دارد که مقصود از شبانی پاسبانیِ رمه است و غرض از سلطانی نگاهبانیِ همه. و اگر فرمانبردار است نخستین بر اوامرِ مَنْ لَهُ الأمر اقدام نماید. پس نهانخانهٔ دلِ خودرا از غبارِ خواهشِ گران‌پای و خشمِ سبک‌سر پاک سازد تا باین زیست و رفتار بستایشِ دادارِ بیچون و پروردگارِ درون و بیرون متخلق و متحقق گردد.

۳ چون میانِ من و دل سخن باینجا رسید عقلِ سرگردان‌را منزل از دور نمود. اندیشه‌را وقت بقدری خوش شد. خاطرِ حیرت‌زده اگرچه از دشواری و درازیِ راه آزردگی داشت اما از آهنگ‌سازِ راه و نویدِ وصول خوشوقت گشته بود که ناگاه دلِ دوربین‌را باز پایِ اندیشه بسنگ آمد که مقصود از ستایشِ الهی نه آنست که صفاتِ کمالِ اورا دریابد و آن‌را بدرگاهِ او نسبت دهد، یا نعمتهایِ بی‌انتهایِ قدم‌را در شمار آورد، و در برابرِ آن متاعِ ستودگیِ حدوث‌آلودِ خودرا پیش کشد، تا این‌را از حوصلهٔ بشری برتر داند و از پس‌ماندگانِ پیشگاهِ سپاسگذاری باشد، یا آنکه خویشتن‌آرائیِ خودرا ثناخوانیِ الهی نام نهد، و از تاریکیِ راه و باریکیِ مقصود افگارخاطر گردد، و طبعِ حیله‌جویِ این‌را غنیمت دانسته از حمد باز ماند، و آغاز در آنچه حیله‌سازِ وقت آن‌را مقصود وانموده است نماید، بلکه مراد از حمد آنست که این نفسِ سپاس‌دوستِ خودآرایِ خودفروش‌را بر آستانِ بندگی در پایهٔ نیاز و سرافکندگی داشته از طاق نظرِ خودبینِ خویش

of isolation, he can first turn his attention to reforming himself, and then he can endeavor to better others. If, on the other hand, they bring him to the collected realm of worldly attachment and multiplicity, from which there is no escape in the continuum of the order of generation and corruption, if he is a ruler he gives the reform of others priority over reform of himself, just as the reason for a shepherd's existence is to guard his flocks, and the purpose of a ruler is to protect everyone. If, however, he is a subject, he must walk according to the commands of those in authority; only then can he clean the dust of heavy-footed desire and light-headed wrath from the depths of his heart so that by such conduct he can praise the unqualifiable giver and nurturer of the interior and exterior."

When the conversation between myself and my heart reached this point, a way station appeared to my perplexed mind in the far distance. My worry was assuaged a bit. Although my confused mind was distressed by the difficulty and length of the way, it had been gladdened by the thought of arrival, but suddenly my farsighted heart tripped on a stone of worry that the goal of praising God was not to comprehend his perfect qualities and relate them to his court, nor to count the unending bounty of eternity and compare it with our own shoddy goods tainted by temporality in order to realize that the former is higher than human capability and be one of those left behind by the forward-moving camp of gratitude, nor to call one's own pomposity divine praise and be apprehensive of the darkness of the road and the distance of the goal, and, letting deceptive nature consider it as a golden opportunity, fall short of praise and begin that which is falsely made to look like the goal. No, what is meant by praise is to keep this gratitude-loving, self-aggrandizing, arrogant carnal soul on

3

افکند تا معنیِ بیچارگیِ او بصورتِ نیازمندی آراسته شود و ظاهر و باطنِ او بفروتنی و بی‌سرمایگی پیرایه گیرد تا شایستگیِ کنارِ مقصودرا سزد و بحمدِ دادارِ جان‌آفرین گراید. و چون این متاعِ سپاسگذاری در بنگاهِ بشری فراوان، علی الخصوص در معامله‌جایِ این راقمِ بی‌اندازه است چرا از حمدِ ایزدی باز مانم و از شکرِ سرمدی تقاعد کنم؟ همان بهتر که از آفتِ مکراندوزیِ این خودسرای برآمده خودرا آمادهٔ سپاسِ بلنداساس گردانم. از آنجا که مقصد بلند بود و مطلب ارجمند، زبانِ سخن‌سازرا دل رخصت نمیداد، و دلِ معامله‌فهم از حیرت سر بر نمی‌آورد، نه فطرت میگذاشت که مثلِ نادانانِ هنگامهٔ تقلید بدستیاریِ حرف و صوت در پیشگاهِ ثناخوانیِ خداوندی جلّ جلاله درآمده باستعاراتِ مستعار و عباراتِ مبتذل خرسند گردد، و نه همّتِ سپاس‌دوست راضی میشد که مثلِ دانایانِ کم‌حوصله دل از جست‌وجویِ او باز داشته لب از گفت‌وگویِ او بربندد، و بیک اقرارِ ناقص که در معامله بخلافِ آن طریق مستمر دارد عجز وانموده خودرا از نیک‌اندیشانِ راستگوی ظاهر کند.

۴ زمانی دراز درین اندیشه ماندم، نه سرِ خروشیدن بود و نه دماغِ خموشیدن، که ناگاه از خرد، که فروغِ هستی ازوست[۲] دری از روشنائی گشودند و دلِ هرزه‌گردرا گردنِ امید بکمندِ مقصود بسته آمد. پیامِ آگهی بگوشِ توفیق رسید که ای «نقش‌طرازِ نگارستانِ معنی، کتاب تصنیف نمیکنی که دیباچه‌را بحمد آرایش دهی؟ حالِ فرمانروایِ زمین و زمان، گوهرِ تاجِ پادشاهان مینویسی و سپاسِ ایزدی بتحریر میرود، و نیایشِ خدای بتصویر می‌آید، حمدرا حمد نمی‌باید چه مصنوعاتِ صانعِ برکمال حمدیست از دادارِ پاک که بزبانِ بی‌زبانی ادا

the threshold of servitude at the level of need and chagrin, and to prevent it from looking upon itself with its own egotistical gaze so that the inner meaning of its helplessness may be given the form of needfulness and so that it may be adorned externally and internally with humility and poverty in order that it may be worthy to reach its goal and praise the giver who created the soul. Since the goods of gratitude are plentiful in the storeroom of humanity—and they are particularly abundant in the emporium of this writer—why should I lag behind in praising the divine or be remiss in thanking the eternal? It would be better for me to escape the clutches of this egotistical one's plots and make myself ready to offer exalted thanks. However, since the goal was so exalted and the search so important, the tongue would not grant the heart permission, and the competent heart was too perplexed to raise its head: neither would innate intelligence allow itself to raise its voice at the forefront of divine praise—as ignorants in the fray of imitation do[2]—and be satisfied with borrowed metaphors and cast-off phrases, nor would gratitude-loving high-mindedness be satisfied to cease searching for him—as small-minded sages do—and close its lips, displaying its inability in a deficient stance, while in practice continuing to do the opposite, and pretending to be truthful and benevolent.

I remained long in this thought, unable to make up my mind 4 whether to speak or to be silent, when suddenly a door of enlightenment was opened into wisdom, from which comes the splendor of existence, and my mind found a glimmer of hope of reaching my goal. A message of awareness reached my ear, saying, "O designer in the studio of intrinsic meaning, why don't you write a book, the preface of which you can devote to praise? You will write the history of the ruler of the earth, the jewel of the crown

شده آگاه‌دلانِ آبادباطن‌را بدریافتِ این پذیراي نورِ مطلق میگرداند و بسایۀ بلندپایۀ حامدیت که بالذات منصبِ والاي بزرگ‌نهادِ وجوبِ وجود است میرساند. و پیداست که در عالمِ عنصر عظیمتر اثری و شریفتر گوهری از وجودِ گرامیِ پادشاهانِ والاشکوه که سرانجامِ نظامِ ظاهرِ عالم وابسته بدستیاریِ همّتِ قدسی‌اعتصامِ ایشانست نشان نداده‌اند. و یقین که جهانی به تنی سپردن و مهمّ عِالمی بشخصی گذاشتن جهانِ معنی درو نهادنست بلکه جانِ جهانِ معنی ساختن خصوصاً گیتی‌آرائی که آهنگِ دریافتِ شمایمِ نسایمِ بهارستانِ معنوی داشته بر سریرِ کامروائی سربلند باشد، سیّما خدیوِ زمانی که باین دو حالتِ شگرف از سرچشمۀ باطن سیراب‌دل و شاداب‌خاطر شود، خاصه آن قبله‌گاهِ خداآگاهان که بتأییدِ ایزدی ازین مراتب فراتر شده رنگ‌آمیزِ نگارین خانۀ معنی و بزم‌افروزِ شبستانِ حقایق شده محرمِ خلوتکدۀ شهود و انیسِ صفوت‌سراي وحدت گشته ببختِ بیدار بر تختِ اقبال نشینند، و فرمانرواییِ صورت و معنی و عقده‌گشائیِ ظاهر و باطن بدو تفویض یابد، چنانچه طرازندۀ اورنگِ شاهی و فرازندۀ لواي ظلّ اللهیِ زمانِ مسعودِ ماست که مجموعۀ نقشبندانِ فهم و خرد بل کارنامۀ صنعتگرانِ ازل و ابد است با چنین اسبابِ فراوانِ حمدِ حقیقی که تو داری چگونه درین تکاپو سرگردان ماندۀ؟»

۵ از شنیدنِ این پیامِ روح‌پرور صبحِ دولت دمید، سرمایۀ سعادتِ جاوید میسّر شد، دیدۀ امید روشن گشت، عالمِ صورت رواج گرفت، ملکِ معنی ابتهاج یافت، دامنِ مقصود بدست افتاد، چهرۀ مطلوب در نظر آمد.

of monarchs, and praise of God can be included. Praise does not need praise, for the perfect creator's creatures are themselves praise of the giver expressed in a tongueless language, comprehension of which makes those with enlightened minds receptive to absolute light, and it causes one to reach a high level of praising, which is essentially the exalted rank of necessary existence. It is obvious that in the elemental world there is nothing more magnificent or noble than the precious existence of monarchs, on whose high-mindedness the external order of the world depends. It is certain that to entrust a world to one person and to place the affairs of the world in the hands of one individual is to put the world of meaning in him, or rather to create the soul of the world of meaning—particularly a monarch who can detect whiffs of breezes of spiritual spring and grace the throne of success, especially a lord of the age whose heart and mind are watered from an inner spring in both cases, and more especially who has that focus of those aware of God, who has attained a higher rank with divine assistance and has become a painter in the studio of meaning, a host of the banquet of reality, an intimate in the private apartments of the visible world, and a confidant in the pavilion of unity, and who graces the throne of felicity with good fortune. Rule of the material and spiritual and absolute authority over the external and internal are given to him, just as he who graces the royal throne and raises the banner of the shadow of God of our happy time is the quintessence of the designers of understanding and wisdom, the very model of the craftsmen of eternity. With the abundant goods of true praise that you possess, why are you standing perplexed in your search?"

When I heard these encouraging words, the dawn of fortune 5 broke, the foundation of eternal felicity was laid, the eye of hope

۶ سبحان الله این چه سرّیست بدیع که در کتابهای روزگار سپاسِ دادارِ پاک برای زیورِ کتاب می‌آرند و درینجا کتاب‌را برای ثنای ایزد جان‌آفرین می‌آرایند! در صحایف جهانیان حمدرا بطفیل مقصود بر زبان میرانند و درین شگرفنامه مقصودرا بطفیل ستایش مینگارند، در روشِ قدیم ستایشِ حضرتِ معبود گفتار بود، و درین تازه بارگاهِ خرد شاه‌را ثناخوانی کردار است. سوابق در محامدِ الهی بسخن التجا می‌بردند، و درین دیباچهٔ بدیع‌رقم بانسانِ کامل که پادشاهِ حق‌پرست است پناه می‌برند. یعنی آن خدیوِ جهان که بدولتِ خداجوئی و خدایابیِ او نقاب از میانِ ظاهر و باطن برخاست و در فرقهٔ اربابِ تجرّد و اصحابِ تعلّق محبّت پدید آمد و حجاب از پیشِ صورت و معنی مرتفع گشت. غفلت که راهِ مخالفتِ هشیاری میرفت باز آمده از ملازمانِ شعور است، تقلید که از اقلیمِ تحقیق برآمده شورانگیزی میکرد امروز طیلسانِ تحقیق بر دوش گرفته از مسترشدانِ درگاه است، خودپرستیِ کورباطن که خداپرستی گذاشته خلق‌پرستی کردی چشمِ بینا یافته سرافکنده و شرمنده بعبادتگاهِ ایزدپرستی درآمد، حسدِ ناتوان‌بین که بادِ ماخولیا در سر و سودای جنون در دماغ داشته با دادارِ دانای توانا دمِ منازعت میزد خردِ رهنمائی حاصل کرده از گروهِ مستغفرانِ درگاهِ عطیّت و طبقهٔ مساعدانِ جنودِ دولتست، دردِ طلب که صحّتِ ابدی همان تواند بود از لنگی به پیکی آمده هم مقصودی و هم قاصدی مینماید. و چرا چنین نباشد؟ که درین زمانِ دانش‌افزا چراغِ شبستانِ عالم، فروغِ دودمانِ آدم، پرده‌براندازِ اسرارِ غیبی، چهره‌گشای صورِ بی‌عیبی است. و چگونه این در نظرِ هوشمندانِ دوربین بعید باشد؟

became bright, the physical world flourished, the realm of the spiritual rejoiced, the skirt of the goal came to hand, and the countenance of the desired object came into view.

Praise God! What a marvelous mystery this is! In the world's tomes, gratitude to the giver serves as an ornament to books, while here books are made for praise of God, the soul creator. On worldly people's pages praise is voiced subserviently to the purpose, but in this marvelous book the purpose is made subservient to praise. In olden practice, praise of the worshipped one consisted of speech, while in this new court of wisdom, to praise the king consists of action; previously words were resorted to for divine praise, but in this innovative preface refuge is taken in the perfect man, who is the reality-worshipping emperor, the lord of the world who has lifted the veil from external and internal by his act of searching for and finding God. In the sect of the people of isolation and among the worldly, affection has appeared, and the veil has been lifted from form and intrinsic meaning. Heedlessness, which used to tread the path of opposition to awareness, is once again a member of the honor guard; imitation, which emerged from the realm of searching for the truth and used to stir up trouble, has put the cap of realization on its head and become a disciple of this court; blind self-worship, which abandoned worship of God and used to adore creation, has discovered a sighted eye and become humble and servile in the temple of God-worship; weakness-spotting envy, which used to have the wind of melancholy in its head and madness in its brain and vied with the omniscient and omnipotent giver, has taken wisdom as its guide and become one of whose who seek pardon at the court of bestowal and a helper of the hosts of fortune; the pain of search, of which eternal health consists, has ceased being lame

6

که ناظمِ آدابِ شهنشاهی، قاسمِ ارزاقِ بندگانِ الهی، باریک‌بینِ دقایقِ موشکافی، صاحب‌عیارِ جواهرِ صرّافیست. تا در عالمِ وجود پیشوائیِ اربابِ تجرّد که ولایتش خوانند و مقتدائیِ اصحابِ تعلّق که سلطنتش نامند جدا جدا بود، در میان بنی نوع کشاکشِ اختلاف بواطن‌را سراسیمه داشت. امروز که از بلندیابی و پیشبینی و فراخ‌حوصلگی و شمولِ مهربانی و عمومِ قدردانی و کمالِ ایزدشناسی این دو منصبِ گرانمایه که سررشتهٔ انتظامِ صورت و معنی است باین گره‌گشای کنوزِ خردمندی و کلیددارِ خزاینِ خداوندی عنایت شده. اگر وجودِ مقدّسِ او این خاصیّت بخشد هرآینه اندکی از بسیار از مکمنِ بطون بمأمنِ ظهور آمده باشد. هیچ میدانی که این شعشعهٔ عالمگیر بنفسِ نورانیِ کیست و قدمِ میمنت‌پیرایِ که این سعادت بخشید؟ این بدولتِ نورانیّت و حقّانیتِ پادشاهِ عالمپناهِ زمانِ ماست، یعنی آن شهنشاهِ معارف‌سپاه، مظهرِ قدرتِ الهی، موردِ کرامتِ نامتناهی، یگانهٔ درگاهِ صمدیّت، مقرّبِ بساطِ احدیّت، گوهرِ معدنِ شاهنشاهی، فصّ خاتمِ ید اللهی، فروغِ خاندانِ گورکانی، چراغِ دودمانِ صاحبقرانی، صاحبِ سرّ بیچونی، وارثِ سریرِ همایونی، مخترعِ قواعدِ کشورستانی، غرّهٔ ناصیهٔ صبحِ هدایت، قرّهٔ باصرهٔ آفتابِ ولایت، گرامی‌سازِ گوهرِ آدم، ولیعهدِ نیّرِ اعظم، انتخابِ مجموعهٔ قضا و قدر، مقدّمهٔ جنودِ فتح و ظفر، لبّ لِبابِ امتزاجِ لیالی و ایّام، زبدهٔ نتایجِ عناصر و اجرام، چشمِ جهانِ جود و افضال، خالِ رخسارِ سلطنت و اقبال، قوّةُ الظَّهرِ شخصِ خلافت، مسرّةُ الصّدرِ عدل و رأفت، فروزندهٔ گوهرِ بخت و بختیاری، فرازندهٔ پایهٔ تخت و تاجداری، قدردانِ جوهرِ خردمندان، قیمت‌شناسِ

and serves as a nimble courier to the goal. And why should it not be so when in this age of increasing knowledge he is a lamp for the dark world, the splendid quintessence of the family of Adam, lifter of the veil from otherworldly mysteries, and portraitist of flawless pictures? How can this be unlikely in the view of farsighted intelligent people when he gives order to regal rituals, distributes sustenance to God's servants, can see the most hair-splitting points, and can assess gems of exchange? So long as the leadership of people of isolation (which is called sainthood) and leadership of the worldly (which is called sovereignty) were separate in the world, inner struggle was rife among human beings. Today, however, by virtue of high-mindedness, prescience, great patience, all-encompassing kindness, appreciation of everyone,[3] and perfect recognition of God, these two lofty ranks, which are the foundations of material and spiritual order, have been bestowed upon this opener of the storehouses of wisdom, this keeper of the keys to divine treasuries. If his sacred existence has this characteristic, of course much that lies hidden in the interior will have come forth onto the stage of manifestation. Do you know by virtue of whose luminous self this worldwide splendor exists? Do you know whose felicitous footfall has brought this luck? It is through the fortune and right of the world emperor of our age, king of kings surrounded by hosts of the renowned, manifestation of divine might, source of infinite generosity, unique at the court of eternity, intimate on the carpet of unity, jewel of the mine of imperialism, bezel in the seal on the divine hand, scion of the Gurkanid dynasty,[4] lamp of the Sahib-Qiran's house,[5] sharer of the secret of unqualifiability, heir to the regal throne, inventor of the principles of world conquest, splendor of the brow of the morn of right guidance, apple of the

گوهرِ همّت‌بلندان، گره‌گشایِ کارفروبستگان، مرهم‌بندِ ناسورِ دل‌خستگان، صاحبدلِ روشن‌رای، جانبخشِ جهان‌پیرای، روحِ مصوّر و عقلِ مجسّم، عالمِ جان و جانِ عالم، روشن‌ضمیرِ حق‌بین، طریقت‌پسندِ حقیقت‌گزین، هشیارخرامِ دوام‌آگاهی، بیدارنشینِ تختِ صبحگاهی، یکتایِ خلوتکدهٔ نور، نورافزایِ نهانخانهٔ حضور، عارفِ اطوارِ سُبُل، کامیابِ صلحِ کُل، موردِ غرایبِ کرامات، صاحبِ اعالیِ مقامات، محرمِ اسرارِ سفیدی و سیاهی، مظهرِ حقایقِ کونی و الهی، بینایِ روابطِ تقییدی و اطلاقی، دانایِ رموزِ انفسی و آفاقی، منهلِ متعطّشانِ زلالِ وصال، مقصدِ متحیّرانِ طریقِ کمال، مظهرِ نکاتِ شگرف و معارفِ گرامی، موردِ علومِ لدنّی و رموزِ الهامی، محفل‌آرایِ سفر در وطن، شمع‌افروزِ خلوت در انجمن، زودرسِ دیرگیر، بسیاربخشِ اندک‌پذیر، دیده‌بانِ سفینهٔ کن مکن، سفینهٔ دریایِ بی‌سر و بُن، دقیقه‌شناسِ حفظِ مراتب، موی‌شکافِ تقسیمِ رواتب، فرخنده‌رایِ خجسته‌مناظر، فرّخ‌طالعِ بلنداختر، بردبارِ گران‌سنگ، صاحب فرّ عِالی‌فرهنگ، خردآرایِ بخردنواز، دوست‌پرورِ دشمن‌گداز، ملکگیرِ عالم‌آرای، عدوبندِ کشورگشای، صاعدِ ارایکِ عظمت و جلال، رافعِ وسایدِ حشمت و اقبال، پاسبانِ دولت و دین، نگاهدارِ تخت و نگین، طرازندهٔ هفت اقلیم، برازندهٔ تخت و دیهیم، شهسوارِ صف‌شکن، شاهبازِ شیرافکن، مجاهدِ میدانِ جهادِ اکبر، مبارزِ جولانِ هفت کشور، مشیّدِ بنیانِ سلطنت و ریاست، مؤسّسِ ارکانِ تربیت و سیاست، معتصمِ عروهٔ وثقیِ عقلِ کامل، مستوثقِ حبلِ متینِ عدلِ شامل، در رویِ بزمگاه تمام نظر، در دلِ رزمگاه تمام جگر، در بزمِ عشرت ابرِ دریابار، در رزمِ نصرت دریایِ خونخوار،

eye of the sun of sainthood, ennobler of the seed of Adam, heir apparent to the greater luminary, choice of the totality of fate and destiny, vanguard of the hosts of victory and triumph, kernel of the succession of day and night, cream of the descendants of the elements and celestial bodies, wellspring of the world of generosity and munificence, beauty spot on the cheek of rule and fortune, supporter of the caliphate, delight of justice and clemency, polisher of the gem of luck and fortune, raiser of the level of the throne and crown, assessor of the gem of the wise, appreciator of the essence of the high-minded, he who unties the knot of tangled labors, who rubs balm on the festering wounds of the heart, possessor of heart, enlightened of mind, world-adorning giver of life, soul depicted and intelligence embodied, world of the soul and soul of the world, enlightened theognost, follower of the path to the truth, ever-aware walker on the path of sobriety, ever vigilant on the throne of dawn, only-begotten in the chamber of light, he who increases light in the hidden recesses of the divine presence, who knows the ways of all paths, achiever of universal peace, source of rarest generosity, possessor of the highest stages, confidant to the secrets of whiteness and blackness, manifestation of existential and divine realities, seer of the connections of imprisonment and liberation, knower of psychic and earthly secrets, he who gives drink to those who are thirsty for the limpid waters of union, goal of those who are lost on the road to perfection, manifestation of marvelous knowledge and science, source of divine knowledge and revelatory mysteries, he who gives splendor to the litter that travels in the homeland, lighter of the candle of isolation in a crowd,[6] early to arrive and late to stay, giver of much and taker of little, sentinel of the ship of divine creativity, vessel in the endless, bottomless sea, observer

در میدانِ جرأت سیفِ مسلول، در جولانِ جلادت رمحِ مصقول، دریایِ موج‌انگیزِ عالمِ عطا، سحابِ آتشبارِ نیسانِ وغا، انفاسش مجمره‌گردانِ بزمِ روح، الطافش مروحه‌جنبانِ صبحِ فتوح، عدلش بر اعتدالِ فروردین از طبع خورده‌انگیز، خُلقش بر نسیمِ اردی‌بهشت از خنده لب‌ریز، عنصرِ وجودش در فتحِ مغلقات مرتاضِ ممتحن، عقلِ سلیمش در کشفِ معضلات مستشارِ مؤتمن، ظاهرش فرّ جِمشیدی و شکوهِ فریدونی، باطنش دانشِ سقراطی و بینشِ فلاطونی، ظاهر و باطنش مرتاض، چشم و دلش با مبدأِ فیّاض، دل‌را با زبان دمساز ساخته، وحدت‌را با کثرت انباز کرده، بیداریش در پاسِ نفس گذشته، همّتش پای بر هوا و هوس مانده، صدقِ معامله‌اش دکانچۀ تلبیس و تدلیس برانداخته، عیارِ دانشش قلبِ زراندود از زر و گوهرآمود جدا ساخته، جلبابِ تجبّر بر مفارقِ غرایم دریده، طیلسانِ عفو بر تارکِ جرایم کشیده، شعشعۀ جبروت از پیشانیِ عاطفتش لمعۀ ظهور بیرون داده، بارقۀ لطف از نوائر قهرش زبانۀ نور برکشیده، صولتش جگرِ سنگین‌جانان گداخته، هیبتش زهرۀ آهنین‌جگران آب ساخته، دلتنگیِ روزگار اثری از گرهِ ابرویش، گشادگیِ زمانه پرتوی از شکفتگیِ خویش، دعایِ بقایش بزبانِ خُرد و بزرگ مقام گرفته، مهرِ وفایش بر دلِ برنا و پیر آرام یافته، بلندیِ نامش ناموران اکناف‌را پست کرده، تمکینِ دولتش سرانِ اقطاع‌را از دست برده، طنطنۀ اقبالش گوشِ هوشِ سلاطینِ آفاق باز کرده، کوکبۀ جلالش چشمِ اندیشۀ ملوکِ طوایف فراز نموده، صیتِ بلندش در گنبدِ گردون پیچیده، آوازۀ شکوهش کران تا کران رسیده، صلایِ عطایش از اقصایِ شش جهت گذشته، درگاهِ والایش موطنِ منتخبانِ هفت اقلیم گشته، دولتِ

of the minutest detail in maintaining ranks, hair-splitter in the division of emoluments, of happy disposition and handsome appearance, possessor of a fortunate ascendant star, tolerant and grave, possessor of an exalted aura, wise patron of the wise, hospitable to friend and crusher of enemies, world-adorning seizer of territory, enemy-binding conqueror, mighty forearm of magnificence and splendor, raiser of the banners of glory and fortune, protector of the state and religion, guardian of the throne and signet, designer of the seven climes, pride of the throne and diadem, battle-line-breaking royal rider, lion-over-throwing regal falcon, striver in the field of the Greater Struggle,[7] warrior in the arena of the seven earths, strengthener of the foundations of sovereignty and leadership, layer of the foundations of patronage and punishment, he who holds firmly to the "trusty handle" of perfect reason, he who trusts the "strong rope" of universal justice.[8] In the face of the banquet hall he is all gaze; in the heart of the battlefield he is all courage; in the banquet of conviviality he is an ocean-raining cloud; in the fray of victory he is a blood-thirsty sea; on the field of audacity he is a drawn sword; in the arena of daring he is a polished spear. He is a billowing ocean in the world of generosity, a fire-raining cloud in the April of battle.[9] His breath kindles the brazier of the banquet of the spirit; his kindness fans the dawn of miracles; his justice brings forth sprouts from nature as temperate as Farvardin; his character is brimful with laughter from the breeze of Urdibihisht;[10] the element of his body is a tried and true ascetic in solving enigmas; his sound intellect is a trusted adviser in discovering secrets; his exterior has the splendor of Jamshed and the glory of Fredun;[11] his interior has the wisdom of Socrates and the perspicacity of Plato; he is disciplined externally and

روزافزونش کارنامهٔ ازمان و ادوار شده، طالعِ همایونش دیباچهٔ
سعادتِ ثابت و سیّار نموده (مثنوی)

internally; his eye and heart are with the origin of emanation; he has made his heart a confidant of his tongue; he has made unity and multiplicity playmates; his waking hours are spent in guarding his breath;[12] his consciousness keeps its foot on lust and desire; his honesty has closed the shop of duplicity; the touchstone of his knowledge has separated false gold from the real; he has ripped the cloak of forceful domination from the shoulders of tyranny; he has waved the talisman of pardon over the heads of crimes; divine might has caused rays to appear on the forehead of his clemency; the lightning bolt of his kindness has withdrawn the tongue of light from the luminaries of his wrath; his fury has melted the hearts of the recalcitrant; his awesomeness has turned the gall of the audacious to water; with a mere furrow on his brow the heart of the age quails; the joy of time emanates from a ray of his happiness; prayers for his life have taken up residence on the tongues of great and small; a seal of fidelity to him has been placed on the hearts of young and old; the height of his name has rendered low the renowned of the world; the stability of his fortune has unseated leaders of all realms; the fanfare of his fortune has opened the hearts of the rulers of the horizons; the finial of his splendor has caused petty kings to close their eyes to ambition; his exalted renown reverberates in the dome of the firmament; the cry of his glory reaches from shore to shore; his generous bounty surpasses the limits of the six directions; his exalted court is home to the chosen of the seven climes; his daily-increasing fortune is a record of all ages and aeons; his regal ascendant is a preface to the felicity of the stars and the planets.

آن شهنشاهِ آسمان‌پایه — چترِ اقبالش آسمان‌سایه
چمن‌آرای دانش و فرهنگ — پایه‌افزای افسر و اورنگ
تختِ قدرش بدولت ارزانی — شخصِ بختش گشاده‌پیشانی
حضرتش قبله‌گاهِ حق‌طلبان — رأفتش چشمه‌سارِ تشنه‌لبان
زیرِ پا کرده از یک‌اندیشی — تختِ شاهی و نطعِ درویشی
نُه فلک بر مرادِ او دوّار — هفت اختر بکارِ او سیّار
بزم‌سازِ زمان به هشیاری — پاسبانِ جهان به بیداری
مهر و کینش ببزم و رزم درون — جامِ لبریزده ز بادهٔ خون
بیمِ خاقان ز گرمیِ خویش — وهمِ قیصر ز چینِ ابرویش
آسمان‌جلوهٔ زمین‌تمکین — صاحبِ عقلِ کُل جلال الدّین
نورِ خورشیدِ ذات و ظلّ الله — گوهرِ تاج و تخت اکبر شاه
این جهانِ کهان ازو نو باد — کوکبش آفتاب‌پرتو باد

این تهیدست که از بی‌سرمایگیِ ستودن نه جایِ نشست و نه پایِ ایستاد داشت بیمنِ این نیّتِ درست و عزمِ جزم یکبارگی گنجورِ خزاینِ آفرینِ آفریننده شد. بوالعجب خزینه‌داری که از خرج نقد جمع افزاید و از جمع نقصان پذیرد. بدولتِ اخلاص کیمیاگر شدم و خاطرِ مفلس‌را توانگر ساختم. دستِ نوال گشودم و درِ خزینه گشادم.

That king of kings on a level with the sky—the parasol of
     whose fortune scrapes the heavens—
Adorns the meadow of knowledge and culture; he raises the
     level of crown and throne.
The throne of his might glitters with fortune; the
     personification of his luck smiles.
His majesty is the qibla of those who seek the truth; his
     clemency is a fountain for the thirsty-lipped.
He holds beneath his feet the throne of rule and mat of poverty.
The nine celestial spheres revolve around him; the seven
     planets travel at his bidding.
He hosts the banquet of the age in sobriety; he guards the
     world in vigilance.
His affection and vengeance are shown in banquets and on
     the battlefield; he bestows a brimful goblet from the vat of
     blood.
Emperors fear his wrath; caesars tremble before a furrow in
     his brow.
Heavenly in appearance, he is an earth of stability; possessor
     of universal intelligence, Jalaluddin.
Light of the sun of essence and shadow of God, jewel of the
     crown and throne, Akbar Shah.
Be this ancient world new through him; may his star shed
     rays of light like the sun.

This poor one, too empty-handed to offer praise, could neither sit nor stand, but through the felicity of this correct intention and firm determination I suddenly became a treasurer of the storehouses of praise of the creator. What a strange treasurer it is who amasses more by spending his coin and who loses by

نیکبخت بودم، دولتمند شدم. حرف‌سرا بودم، ثناخوان گشتم. بر آستانهٔ مجاز درِ حقیقت گشودم. ساده‌لوح بودم، نکته‌نگار شدم. درِ مراد که بر روی من فراز بود از گشایشِ ایزدی باز شد، سرافکندگی بسرافرازی بَدَل گشت. ناکردهٔ من بکرده مُجرَی شد، و ناگفتهٔ من بگفته مؤدّی گشت. از بار عام بدولتسرای خاص آورده منِ بیزبان‌را زبانِ سخن‌سرائی بخشیده رخصتِ سخن فرمودند.

۷ خواستم پیش از شروع در مقصود، چنانچه رسمِ پیشینیانِ هر طایفهٔ از طوایفِ عالمست که عنوانِ کتاب‌را بعد از سپاسِ ایزدی بدعای والانژادانِ قدسی و صاحبانِ نوامیس الهی که در شبستانِ عالم شمعِ هدایت و افاضت افروخته بنهانخانهٔ عدم فرو رفته‌اند چه بطریقِ عموم و چه بآئینِ خصوص مزیّن گردانند، این مجموعهٔ محامدِ ایزدی‌را نیز بر آن نمط پردازم و دعای گروهی که در پیشگاهِ دریافتِ این کس ببزرگی و خداشناسی جا دارند بعبارتی که دل خواهد داد نمایم، لیکن چون این پی‌بردهٔ حقیقت از راهِ مجاز میداند که اگر آشفته‌رایی در بارگاهِ سلطنت راه یافته سفارشِ سپهسالارانِ معرکه نماید و بوسیلهٔ خود خواهد که بیگلربیگیِ آن دولت‌را رحمت‌پذیرِ فرمانروایِ زمان گرداند هرآینه بسفاهت یا جنون منسوب گردانند

accumulating! Through the wealth of loyalty I became an alchemist and enriched my impoverished mind. I loosened my hand in generosity and opened the door to the treasury. I was lucky: I became wealthy. I was a singer of words: I became a reciter of praise. At the threshold of metaphor I opened the door to reality. I was a simpleton: I became a writer of subtlety. The door of my wish, which was closed to me, was opened by divine intervention. Humility was transformed into nobility. What I had left undone was replaced by accomplishment. What I could not say was transformed into utterance. Led from public court into the private hall of audience, I, who had no tongue, was given a poetic tongue and permitted to sing.

Before plunging into my purpose—as it was the custom of the 7 ancients of every nation to adorn the first pages of their books, after praising God, with prayers for the holy nobles and lords of divine laws, who, having lit lamps of guidance in the darkness of the world, have sunk into the recesses of nonexistence—whether in general or specifically, I wanted to organize this collection of divine praise in that manner and include prayers, in the manner of expression desired by the heart, for those who, by virtue of their greatness and theognosticism, have a place in the forefront of acceptability to this person; however, since this one who has made his way to the truth via metaphor knows that if a mentally confused person is allowed to recommend generals of battle in the court of rule, and by means of himself wants to make the office of commander in chief of fortune accept the mercy of the ruler of the age, he will be accused of stupidity or madness.

چه یارا سهارا که رخشنده مه‌را سفارش بخورشیدِ انور نویسد
همین رفعتِ قدرِ او بس که خودرا بر آن حضرت از ذرّه کمتر نویسد

در حضرتی که بزرگانِ نوازش‌یافتهٔ آن درگاه‌را رخصتِ خواهش نبخشیده‌اند و قدرتِ سفارشِ مورچهٔ نداده از چون منی بر در مانده بل راه‌نیافته کجا سزد که برای برگزیده‌های آن درگاه استدعای رحمت و تحیّت نماید و التماسِ مغفرت و رضوان کند؟ و اگر از نافهمیدگی زبانِ جرأت دراز سازد در عدالتگاهِ تمییز بچه نام نامزد شود؟ و در بازپرسِ انصاف بچه طعن مطعون گردد؟

۸ بنابر آن، خاطر ازین اندیشه باز آورده خودرا آمادهٔ آن ساختم که اگر همّت دستگیری کند و توفیق یاوری نماید احوالِ سعادت‌منوالِ پادشاهِ صورت و معنی پیشوایِ دین و دنیارا نگاشتهٔ کلکِ بیان گردانم و صفاتِ جمال و جلال و نعوتِ عظمت و کمال و بدایعِ بزم و غرایبِ رزم و شرائفِ عبادات و لطایفِ عاداتِ این برگزیدهٔ الهی‌را بی‌شائبهٔ تکلّفاتِ نثرپردازانِ نظم‌گستر فراهم آورم تا حقّ عِبودیّت و ارادتِ ولی‌نعمت گذارده باشم، و هم حقی بر نورسانِ عالمِ شهود و آیندگانِ قوافلِ وجود ثابت گردانیده. هرچند هر یکی ازین چهار چیز باعثِ قوی بود بر اقدامِ این امرِ رفیع‌قدر اما ازآنجا که مقصد بلند و همّت کوتاه بود این دولت میسّر نمی‌شد و این امنیّت بحصول نمی‌پیوست تا آنکه بر پیشگاهِ خاطرِ اخلاص‌مظاهر چنین جلوه دادند که درین شغلِ شگرف همچنانکه حقّ مِخلوق می‌گذاری حقّ خِالق نیز بجای می‌آری. اگرچه آدابِ ارادت و حقوقِ نعمت‌رسیدگی ادا می‌کنی در معنی بحمدِ خدایِ جهان‌آفرین قیام می‌نمائی.

*How can a cloud recommend the shining moon to the most
luminous sun?
It is a sufficient promotion in station that he describe himself
to that majesty as less than a dust mote.*

At a court in which the favored great have not been granted
permission to make requests, in which they have not been given
the power to recommend an ant, how can one left unadmitted
at the gate, like me, request mercy for the elite of court? If one
like me is silly enough to dare to speak, how shall he be addressed
at the just court of discrimination? At the inquisition of equity
how shall he be reviled?

Therefore I abandoned that thought and prepared myself to   8
write a record of the material and spiritual emperor, the leader
of religion and the world, if divine assistance be granted, and
to assemble descriptions of the might and majesty, marvels of
war and banquet, noble worship and customs of this divinely
chosen one without any hint of the artifice of writers of prose
that sounds like poetry, in order that I may discharge my obliga-
tions of servitude and devotion to my patron and also that I may
ensure that those newly arrived in the visible world and those
yet to come in the caravans of existence will be indebted to me.
Although every one of these four things is a powerful cause for
undertaking this exalted labor, in that the goal was high and my
mental ability was short, that fortune could not be attained until
it occurred to me that to the extent that I did justice to a creature
in this marvelous labor, I would be doing justice to the creator.
Although I would be performing an act of devotion and gratitude
for patronage, in actuality I would be undertaking praise of God,
the creator of the world.

٩ روز بروز این عزم مصمّم میشد و اسبابِ نیکبختی آماده میگشت تا آنکه از بارگاهِ افضال بخصوصِ تربیتِ این نظرکردهٔ خود و عمومِ مهربانیِ مستعدّانِ سعادت برین پیشقدمِ سالکانِ شاهراهِ ارادت نظر باخلاص و واپسترینِ قوافلِ اربابِ سعادت نظر بعزّ مِراد، ابو الفضل بن مبارک، که کلاهِ چهارترکیِ ارادت بر تارکِ دل مانده و آستینِ هفت طرازِ عقیدت بر هژده هزار عالم افشانده پرتوِ اشارت تافت که سوانحِ احوالِ اقبال‌قرین و وقایعِ فتوحاتِ دولت‌افزای مارا بخامهٔ صدق‌نگارش نماید. چگویم که این حکمِ نوشتنِ سرگذشت بود؟ یا بخشیدنِ همّت نگاشتن‌را اجازت فرمود؟ یا دل‌را سعادت بخشیده واقعه‌نویسِ جلایلِ آثار ساخت؟ یا زبانِ عجمی‌را فصاحتِ گفتار کرامت کرد؟ نی نی، سخن‌را بال و قلم‌را قدم بخشید. سروشِ غیب بود که از عالمِ بالا مژدهٔ جانبخش رسانید، یا ناموسِ اکبر که از پیشگاهِ جبروت تنزیلِ وحی نمود.

١٠ لاجرم غایتِ تکاپوی و نهایتِ جست‌وجوی در جمع کردنِ جرائدِ احوال و صفائحِ واقعاتِ حضرتِ شاهنشاهی بجای آوردن گرفتم، و مدّتی از ملازمانِ درگاه و قدیمانِ این دودمانِ دولت از پیرانِ هوشمندِ راست‌گفتار و جوانانِ بیدارمغزِ درست‌کردار می‌پرسیدم و بقیدِ کتابت می‌درآوردم. و باطرافِ ممالک بجمعی که با خدمتِ قدیم درستی و راستی متیقّنِ بعضی و مظنونِ برخی بود مناشیرِ عالی شرفِ صدور یافت که نقلِ مسوّدات و یادداشتهای خودرا ببارگاهِ حضور فرستادند. هرچند این داعیهٔ سعادت‌افزا بتمام انجام نیافته بود و این آرزو بکمالِ انصرام نگرفته که حکمِ مجدّد از پیشگاهِ مقدّس لمعانِ ظهور داد که فراهم آورده‌هائی که بتسوید رسیده باشد به بیاض برده

Day after day this determination took shape, and the threads   9
of success were coming together until, from the court of all excel-
lence, an order was given for the patronage of this favored one,
Abu'l-Fazl, son of Mubarak, who had placed the cap of utter
devotion on the head of his heart and shaken the eighteen thou-
sand worlds from the sleeve of loyalty. "Write the events of our
glorious career with the pen of truth," he said. What shall I say?
Was this an order to write the past? Or was it permission to record
the bestowal of high-mindedness? Or did it confer felicity upon
the heart by making it a recorder of glorious events? Or did it
award eloquence of speech to an inexpressive tongue? No, no,
it gave wings to speech and feet to the pen. It was a messenger
from the other world bearing life-giving glad tidings from the
world above. It was the greatest honor that was sent down as
inspiration from the court of divine power.

Consequently I began to exert myself to the utmost to gather   10
narratives and accounts of the events in His Majesty's life, and
I spent a long time questioning members of the court and inti-
mates of this illustrious family—both truthful and alert elders and
honest and aware youths—and reducing their accounts to writ-
ing. Imperial decrees were dispatched to all parts of the realm,
to some whose truthfulness, by virtue of long service, was above
suspicion and to others who were questionable, asking them to
send to the imperial court copies of their journals and memoirs.
Despite the fact that this task had not been totally completed
and the desire had not been perfectly fulfilled, a new order was
issued for a clean copy to be made from the rough drafts of what
had been collected, and for it to be read to the emperor. What
would be written later could be added to this book, and details,
none of which was too small for inclusion, could also be added

33

بمسامعِ اجلال رساند، و آنچه بعد ازین رقم‌پذیر شود ضمیمهٔ این کتابِ گرامی سازد و آنچنان تفصیل که از دقایقِ حقایقِ احوال و جزئیّاتِ امور هیچ فروگذاشت نشود آن‌را بهنگامِ فرصت حواله کند. بنابر حکمِ پادشاهی که ترجمانِ فرمانِ الهیست از اندیشهٔ که مکنونِ ضمیر بود باز آمده مسوّدات‌را ساده از آرایشِ نقش و نگارِ عبارت در قیدِ تحریر کشیدن آغاز نمود. و از سال نوزدهم الهی که قانونِ واقعه‌نویسی از فروغِ رایِ جهان‌آرایِ شاهنشاهی پرتوِ ظهور یافته بود دفترِ واقعات‌را بدست آوردم، و از آن صحایفِ دولت تحقیقِ تواریخِ بسی از سوانحِ گرامی نمودم. و نیز جدّی فراوان رفت تا اکثری از مناشیرِ معلّی که از ابتدای اورنگ‌نشینی تا حال، که آغاز صبح اقبال است، بحدودِ اقطاع شرفِ نفاذ یافته بود—چه بجنس و چه بنقل—بدست درآمد. و بسا مضامینِ مقدّسهٔ او سرمایهٔ این شگرفنامه گشت، و کوششِ بلیغ بجای آوردم تا بسیاری از عرایض که اعیانِ دولت و منتسبانِ عتبهٔ سعادت شرحِ سوانحِ اطرافِ مملکت و تفصیلِ صوادرِ اکنافِ ولایت معروض داشته بودند ضمیمهٔ گنجینهٔ معانی شد. و از اسبابِ تشخیص و تحقیق خاطرِ مشکل‌پسند مطمئن گشت.

۱۱ و همّت گماشتم که مسوّدات و بیاضهای هوشمندانِ خبرت‌گزینِ روزگار فراهم آمد، و از آن نیز ذخیرهٔ برای شادابی و سیرابیِ این گلشنِ دولت برگرفتم. و با این همه اسباب و گنجوریِ خزاینِ مطالب چون از دیرگاه خانهٔ نقل خرابست و اختلاف و تناقض در اخبار و آثار شایع، بآن بسند نکرده از حضرتِ شاهنشاهی که بقوّتِ حافظهٔ کامله جزئیّات و کلّیّاتِ وقایع و سوانح‌را که از یک‌سالگی، که عقلِ هیولانی در اهتزاز بود، تا امروز، که بوالا خرد قبلهٔ بالغ‌نظرانِ حقیقت‌بین اند،

when there was an opportunity. Based on that imperial edict, which is a translation of divine decree, as thoughts emerged from the recesses of my mind, I began to write rough drafts free of rhetorical embellishment. I obtained the register of events from the nineteenth year of the reign, when a decree was issued by H.I.M. for events to be recorded, and from those pages I verified the dates of many events. Much effort was expended to obtain either the originals or copies of most imperial decrees that were issued from the beginning of the reign until the present, and the contents of many of them became the foundation of this history. Much labor also went into collecting the many reports that nobles and officials had written describing events and incidents throughout the realm, and with their verification my mind, which is difficult to please, was put at ease.

I undertook to have the rough drafts and completed manu- 11 scripts of the experienced and intelligent persons of the age collected, and from them I selected a reservoir to make this garden of fortune verdant and well watered. Despite all these items and the wealth of information, since the house of narration has long lain in ruins, and discrepancy, contradiction, and disagreement are rampant in reports, I was not satisfied with them. I therefore asked His Imperial Majesty, who with his perfect memory remembers the details of all events and incidents that took place from the time he was one year old, when his material mind began to work, until today, when with his exalted wisdom he is the qibla of those of mature insight, to verify everything I had heard, and over the course of many sessions I ascertained the truth. I scratched out doubts with the penknife of certainty, and when I experienced an internal confidence, I set my mind to exert itself to carry out the task. It is hoped that, with

بخاطرِ اقدس مرتسم دارند التماسِ تصحیحِ شنوده‌های خویش نموده در مجالسِ متعدّده بصحّت رسانیدم. و شبهات و شکوک‌را بگزلکِ تحقیق و ایقان محو کردم. و چون باطن‌را اطمینانی پدید آمد خاطرِ اخلاصمندرا ببذلِ مجهود کارفرمای این مطلبِ عالی گردانیدم. امید که بتأییدِ اخلاص این خدمت بانجام رسانم و آنچه از عجایبِ این نوباوهٔ چمنِ کائنات و فهرستِ کارنامهٔ مکوّنات درخورِ استعدادِ خود دریافته باشم ظاهر کنم تا تاریک‌دلان‌را شمعِ بصیرت بر سرِ راهِ خرد نهاده آید و روشن‌ضمیران‌را سرمایهٔ مزیدِ آگاهی شود. سبحان الله این چه دولتیست که عبادتِ الهی‌را در پردهٔ خدمتِ پادشاهی بجای می‌آورم! و دستور العملِ صوری و معنوی و آدابِ پادشاهی و بندگی‌را برای کافّهٔ خلایق از پادشاه تا گدا ترتیب داده سرمایهٔ دولتِ ابدیِ خود میگردانم!

۱۲ و چون درین کتاب، که محمدت‌نامهٔ ایزدیست، هر زمان نامِ والاشکوهِ این پادشاهِ آفاق بصریح بردن از ادب دور میدانم لاجرم بحضرتِ شاهنشاهی عبارت‌را گرامی میسازم. و از پادشاهِ غفران‌قباب والدِ بزرگوارِ آنحضرت بحضرتِ جهانبانی جنّت‌آشیانی اکتفا نموده سخن دراز نمیکنم. و حضرتِ والدهٔ ماجدهٔ آن قدسی‌نژادرا بحضرتِ مریم‌مکانی، که حضرت شاهنشاهی‌را این خطابِ مستطاب در ضمیرِ انور گذشته اشارت می‌نمایم. و از جدّ گرامیِ این خداوندِ جهان بحضرتِ گیتی‌ستانی فردوس‌مکانی تعبیر نموده عبارت‌را کوتاه میگردانم.

the assistance of loyalty, I will complete this service and report the miracles of this sapling of the meadow of existence as I have perceived them, in order that they may be a candle of insight on the road of wisdom for those of sharp sight, and increase the awareness of the enlightened. Praise God! How fortunate am I that I can carry out divine worship in the guise of imperial service by putting together a material and spiritual manual on the protocol of kingship and servitude for all people from monarch to beggar, and making it the basis for my own everlasting fortune.

Inasmuch as I consider it impolite to mention explicitly the name of the emperor of the horizons in this book, which is a record of divine praise, I will refer to him as His Imperial Majesty (H.I.M.). I will mention H.I.M.'s late father abbreviatedly as His Majesty Jahanbani Jannat-Ashyani. I will refer to H.I.M.'s respected mother as Her Highness Maryam-Makani, a title devised by H.I.M. himself. H.I.M.'s grandfather will be referred to abbreviatedly as His Majesty Giti-Sitani Firdaus-Makani.[13]

12

ذکرِ بعضی بشارتِ غیبی اشارتِ قدسی که پیش از ولادتِ
باسعادتِ حضرتِ شاهنشاهی ظهور یافته

۱۳ بر ضمایرِ مرآت‌نظائرِ دیده‌ورانِ دوربین و رازدارانِ مکامنِ یقین که
غیب‌نمایانِ استارِ الهام و پرده‌گشایانِ اسرارِ عناصر و اجرام اند مختفی
و مستتر نیست که بدایعِ حکمتِ غامضه و غرایبِ قدرتِ کاملهٔ آفریدگار
(جلّ جلالُه) اقتضای آن میکند که بواسطهٔ ازدواجِ آبای علوی و امّهاتِ
سفلی بعد از چندین ادوارِ امتزاج و اتّصال و اجتماع و استقبال و قراناتِ
علوی و سفلی و طلوع و غروب و ظهور و خفایِ کواکب و خسوفات و
کسوفات و خواصِ شرف و هبوط و تأثیراتِ اوج و حضیض و امثالِ آن که
طرّاحانِ کارگاهِ ایجاد و ابداع و نقشبندانِ نگارخانهٔ تکوین و اختراع اند
یگانهٔ از خلوتیانِ پرده‌سرای بطونِ ببارگاهِ ظهور روی نماید، و یکتائی از
پردگیانِ نهانخانهٔ عدم بر ملأِ اعلایِ وجود جلوه فرماید که موجبِ نظامِ
سلسلهٔ کون و فساد و باعثِ تمییزِ چهار بازارِ ستم و داد گردد چه سامانِ
عالمی و سرانجامِ جهانی از تنِ واحد چگونه تمشیت پذیرد که بنیادِ نهادِ
هر فردی مبتنی بر جمعِ اضداد و انانیّتِ عظمی در هر سر و انصاف نایاب
و محبّت ناپدید و خواهش در فربهی و شهوت در روزافزونی؟

۱۴ خردمندِ دوربین داند که در هر چند مدّتی از وجودِ مدّق از وجودِ فرمانروائی که
بتأییداتِ ایزدی مؤیّد و بسعاداتِ سرمدی مستسعد باشد گزیر نیست.
و هوشمندِ خبیر شناسد که این دولت به نیرویِ بازویِ معنویست. و
مردمِ معامله‌فهم معلوم کند که هرگاه چندین سال تربیت یابد لعل
در مشیمهٔ معادن ببلوغ رسد تا لایقِ افسرِ شاهی تواند شد. این چنین
گوهرِ بی‌بها و جوهرِ یکتا که هیچ چیز بدان نماند چندین امتدادِ قرون

SOME PORTENTS OF THE FELICITOUS BIRTH
OF HIS IMPERIAL MAJESTY

It is not hidden from the mirrorlike minds of the insightful   13
farsighted, nor from those who know the secrets of the recesses
of certainty and reveal what is hidden behind the veils of inspi-
ration, that the marvels of unfathomable wisdom and the rarities
of the perfect might of the creator necessitate that, by means
of the marriage of the celestial fathers and earthly mothers
after so many aeons of admixture and connection, conjunction
and opposition, superior and inferior conjunctions, rising and
setting, appearance and occultation of stars, solar and lunar
eclipses, exaltation and its opposite, the influences of apogee
and perigee, and such things, which are planners in the workshop
of creation and designers in the studio of invention, a unique one
come from among those hidden in the palace of the interior to
the court of appearance, and an unparalleled one appear from the
recluses in the hidden house of nonexistence to the host of exis-
tence in order to bestow order upon the continuum of generation
and corruption and to give preference to the market of give and
take. Yet how can the order of an entire world be brought about
by a single individual, when the foundation of the existence of
every individual is based upon the aggregate of opposites, great
egotism lurks in every head, equity is nonexistent, affection is not
to be found, desire grows ever fatter, and lust is on the increase?

A farsighted sage knows that every once in a while there is no   14
escaping the existence of a sovereign who is granted divine assis-
tance and eternal felicity. A truly informed person recognizes
that this fortune comes about through the power of spiritual
strength. People of understanding realize that after being nour-

و دهور باید که پروردهٔ تربیتِ خاص شود تا بمدارجِ ترقّیات باستعدادِ خود فائز گردد. دقیقه‌شناسانِ معامله‌دانی دریابند که مقدارِ مدّتِ تأیید باندازهٔ کثرتِ رعایا تواند بود چه هرچند کثرت بیشتر اختلافِ تباین در افزایش و عظمتِ خدیو آن زمان ظاهرتر که بارِ عالم و عالمیان‌را بدستیاریِ تأییدِ الهی بر فرقِ همّت گرفته فرقِ عالمیان‌را از فساد نگاه میدارد و کارِ جهان و جهانیان‌را بیاوریِ آگاهی سامان و سرانجام میدهد. و هرگاه بمقتضای حکمتِ بالغه کارفرمایِ حقیقی خواهد که نظامِ صورت و معنی و آبادانیِ ظاهر و باطن در دستِ فردی از افرادِ انسانی نهد مدّتِ تربیتِ این بزرگ‌حوصلهٔ بلنددریافت در اندیشهٔ بشری و دایرهٔ امکانی کجا گنجایش پذیرد چنانچه روشندلانِ کارآگاهِ زمانِ ما این دو عطیّهٔ کبری از سوادِ پیشانیِ این خدیوِ جهان می‌یابند و از کمالِ انصاف از شرحِ مناقبِ او بعجز اعتراف مینمایند؟ و این طایفه‌را همین دولت بس که بمساعدتِ توفیق، پذیرایِ این دریافت گشته‌اند که ادراکِ رتبهٔ چنین خدیوی اندازهٔ طاقتِ بشری نیست و در احترامِ این بزرگِ والاقدر تعظیمِ قدرتِ الهی دانسته پرستشِ خدایِ خود مینمایند، و همگیِ همّت در تحصیلِ رضایِ او که هرآینه مشتمل بر گردآوریِ رضایِ ایزدِ بیچونست مصروف دارند. کدام سعادت ازین نعمت بزرگتر است؟ و کدام دولت ازین موهبت گزیده‌تر؟ و روشن‌ضمیرِ دوربین که چشمِ بصیرتش توتیایِ انصاف کشیده باشد برهنمونیِ ستارهٔ سعادت داند که چندین هزار سال بطناً بعد بطن در مهدِ تربیت درآورده حضرتِ آلنقوارا طرازِ هستی بخشید تا شایانِ آن نورِ عالم‌افروز که شرحِ آن شمسهٔ پیشطاقِ داستانهایِ باستان و کتابهٔ مبانیِ تواریخِ راستانست گردید، و شناسد که همان نور که بی‌وسیلهٔ بشری و رابطهٔ صلبی در مشیمهٔ باطنِ قدسی‌مواطنِ حضرتِ آلنقوا ظهور یافته

ished for however many years, a ruby comes to maturity within
the womb of a mine in order to be worthy of a royal crown. Such
a unique, priceless gem, which nothing else resembles, takes so
many aeons and ages to be specially nurtured before it can reach
its potential at the height of advancement. The erudite under-
stand that the length of the period of nurture must depend upon
the number of subjects, for the more they are, the greater the
differences among them and the greater the magnificence of the
lord of the age, who shoulders the burden, with divine assistance,
of warding off corruption from the people of the world and main-
taining order in the world and among its inhabitants through his
awareness. When the sovereign of reality wishes to place mate-
rial and spiritual civilization in the hands of an individual, how
can the nurture of this greatly patient and understanding one
be so conceived by the mind of man that the enlightened of our
era can discern these two great gifts from the forehead of this
lord of the age and confess with perfect equity their inability to
describe his excellence? It is sufficient for them that, with the
help of divine support, they have reached the understanding that
it is not within human capability to comprehend the level of such
a lord. Having recognized the magnificence of divine might in
their respect for this mighty one, they render worship of their
lord and focus their entire attention upon the attainment of his
pleasure, which is of course tantamount to attaining the pleasure
of the unqualifiable God. What happiness can be greater than
this? What wealth could be better than this gift? A farsighted
enlightened person, the eye of whose insight is ringed with tutty
of equity, knows through the guidance of a lucky star that it was
nurtured for thousands of years, generation after generation, and
then it brought forth Alanqoa as a vessel worthy of the world-il-

بود بعد از تربیتِ چندین قرنِ دیگر که در ملابسِ قدسی‌مظاهرِ دیگران برای استکمال سیر میفرمود امروز در عنصرِ پاکِ این یگانهٔ یزدان‌شناسِ دادارپرست ظهور میکند (شعر)

چندین زمان بگردد چندین قران بر آید کاین اخترِ سعادت از آسمان برآید

۱۵ رسمیست قدیم و عادتیست معهود که مبشّرانِ دار الملکِ قدم و منهیانِ فتح البابِ کرم در هر زمانی پیش از ظهورِ چنین برگزیدهٔ که پس از هزاران سال یکی بوجود آید دولتمندانِ بخت‌بیداررا بنویدِ قدومِ هدایت‌اقدامِ او مسرور سازند چه هر امری در تتقِ وقتی مرصود و عقدهٔ زمانی مخصوص محتجب و مکنونست. لاجرم پیش از تحقّقِ این امر دریچهٔ از عالمِ غیب مقابلِ مشاعرِ افهام میگشایند و مُواجهِ روزنه‌هایِ شبکهٔ ادراکات میدارند. گاه در عالمِ شهود مینمایند و گاه در عالمِ مثال، که تمثالیست از عالمِ ناسوت، جلوه میدهند تا بر شاهراهِ شوق امیدوار بوده منتظرِ ظهورِ نیّرِ مقصود و مترصّدِ طلوعِ نجمِ مسعود باشند چه انتظار شوق‌افزایست و شوق دولت‌آرای، و هر آنچه بعد از کشش و خواهشِ طالب وجود گیرد و بعد از انتظار و طلب حصول پذیرد، آن‌را لذّتهاست که در غیرِ اینمعنی صورت نبندد. و مصداقِ این معنی آنکه حضرتِ جهانبانی جنّت‌آشیانی از ظهورِ آنحضرت آگاه شده همواره بر خاکِ خاکساری تارکِ انکساری غبارآلود میداشتند و فرقِ نیاز بر آستانِ کعبهٔ حاجات نهاده و رویِ امید بسمتِ قبلهٔ مناجات آورده بنعتِ تضرّع و خشوع استدعایِ این دولتِ تازه که فی الحقیقت طالعِ همایون و عمرِ روزافزون عبارت ازینست میفرمودند (مثنوی)

luminating light, as is described in ancient legends.[14] He also knows that the very same light that appeared in Alanqoa's holy womb without human intermediary is manifested today in the pure elements of the unique theosoph who worships the Giver of all, after having traversed many more generations in the sacred garb of others in order to attain perfection.

> *So much time passes, so many conjunctions occur before this*
> *lucky star appears in the sky.*

15

It is an ancient custom for the bearers of glad tidings from the realm of eternity and heralds of saintly miracles always to bring the good news of his arrival to the fortunate few before the appearance of such a chosen one, who comes into existence after thousands of years, for everything is hidden behind the veil of a specific time. Therefore, before the actualization of the event, the heralds open a portal into the unseen world for the understanding of some. Sometimes they appear in the physical world, and sometimes they come in the world of ideals, which is a likeness of the world of humanity, and standing on the highway of yearning and expectancy, they wait for the appearance of the hoped-for light of the auspicious star, for expectancy increases yearning, and yearning increases fortune. Anything that comes into being after effort and desire on the part of a seeker, and after expectancy and search, gives a pleasure that is not experienced otherwise. Proof of the truth of this assertion lies in the fact that H.M. Jahanbani Jannat-Ashyani, having become aware of the imminent appearance of H.I.M., continually rubbed the head of humility in the dust of mortification, placed the forehead of petition on the threshold of the center of all hopes, and requested

خداوندا بنورِ شمعِ ذاتت بگوهرهایِ دریایِ صفاتت
بآن پاکان که چون گل پاک رُستند درون از چشمهٔ خورشید شستند
که تاجِ دولتم‌را گوهری بخش سپهرِ رفعتم‌را اختری بخش
زماهی ده شبستانِ مرا نور که ظلمت‌های عالم‌را کند دور
زخورشیدی برافروزان وجودم که افتد نُه سپهر اندر سجودم
بقائی ده بجانِ غم‌پذیرم که گر صد ره اجل آید نمیرم

الحق چیزی که حیاتِ بی‌بدل‌را بدل تواند شد و عمرِ گذرنده‌را عوض تواند گشت فرزندِ خلف و جانشینِ مسندِ شرفست که میوهٔ حدیقهٔ زندگانی و مصباحِ زجاجهٔ آسمانیست که از زیتِ عنایتِ ایزدی مستضی گشته و چراغِ خاندانِ آبا و اجداد طبقاً عن طبق روشن ساخته بر تختِ بخت متمکّن گردد و ظلالِ عدالت و جلالت بر مفارقِ عالمیان ممدود و مبسوط گرداند، خصوصاً چنین نادره ذاتی کامل و حق‌شناسی مکمّل که اگر سردفترِ اقطابِ اولیا گویند لایقست و اگر عقدِ سلسلهٔ عظمی‌را اب الآبا و جدّ اعلی نامند بنفسِ امر موافق. و هرآینه چنین پادشاهی که سلسله بر سلسله بر مسندِ فرماندهی و فرمانروائی و جهانگیری و عالم‌آرائی ثابت و مطمئن باشد بخلفِ گرامی سزاوارتر است و در طلبِ این مطلبِ عالی از همه بیقرارتر.

رؤیای همایون پادشاه

تا آنکه چهارمِ ربیع الاوّل سال نهصد و چهل و هفتم هلالی حضرت جهانبانی ١۶
جنت‌آشیانی بعد از توجه بمبدأِ فیّاض زمانی سر ببالینِ راحت نهاده و تن به بسترِ استراحت درداده بودند، ناگهان در پردهٔ خوابِ سعادت‌احتجاب که خلوتخانهٔ غیب عبارت از آنست مشاهده فرمودند که حق سبحانه خلفی

this great new fortune, of which in reality the regal ascendant and daily-increasing life consisted.

O Lord, by the light of the candle of thy essence, by the pearls
*   of the sea of thy qualities,*
By the immaculate ones that sprang forth as pure as flowers,
*   whose interiors were washed in the spring of the sun,*
Bestow a pearl upon the crown of my fortune, give a star to
*   the firmament of my exaltedness.*
Shed light upon my dark corner through a moon that banishes
*   darkness from the world.*
Brighten my existence with a sun that will bring the nine
*   celestial spheres to their knees before me.*
Give life to my suffering soul that, though death come a
*   hundred times, I die not.*

Truly the one thing that can replace irreplaceable life is a child and successor, which is the fruit of the garden of life and flame of a heavenly lamp that was lit with divine oil and has burned through generation after generation of ancestors and forefathers on the throne of fortune, casting a mantle of justice and magnificence over the heads of the people of the world. This is particularly true of such a rare and perfect individual that it would be appropriate and correct if he be called the leader of all saints or if he be named the father of fathers and great ancestor of the dynasty of greatness. It is even more appropriate for such a monarch, who has been stable and steadfast on the throne of world rule, to have such offspring and for him to be even more anxious in his search to attain such a wish.

نامدار کرامت میفرماید که شعشعهٔ عظمت از ناصیهٔ اقبالِ او تابد و بارقهٔ ابّهت از جبههٔ احوالِ او فروغ دهد، و از نورِ هدایتش ظلمت‌آبادِ عقول و اوهام روشنی پذیرد و از فروغِ معدلتش صفحهٔ لیالی و ایّام اضاءت یابد. و بعد از آنکه بشارت‌دهندگانِ عالمِ غیب از احوالِ سعادت‌مآلِ آنحضرت آگاهی بخشیدند، نامِ جلالت‌انتظامِ آن کارنامهٔ ایزدی‌را، چنانچه امروز منابر و مناشیر بآن سربلند است و وجوهِ دراهم و دنانیر بآن شکفته، بیان فرمودند. و چون حضرت جهانبانی بدولت بیدار شدند ازین بشارتِ عظمی و نعمتِ حسنی سجداتِ شکرِ الهی بتقدیم رسانیده کیفیتِ آن‌را بمحرمانِ حریمِ خاص و ملازمانِ آستانِ اخلاص در میان آوردند (شعر)

این خواب که از دیدهٔ جان پرده‌گسل بود　　　خوابش نتوان گفت که بیداریِ دل بود

رؤیای خان اتکه

از شریف خان، برادر شمس الدین محمد خان اتکه، شنیده شد که شمس ۱۷
الدّین محمد خان در بیست و دو سالگی در غزنین بخواب دیده‌اند که ماه در بغل ایشان درآمده صورتِ واقعه‌را بپدر گرامی خود میر یارمحمد غزنوی که کدخدای درویش‌منش بود گفته‌اند. پدر گرامی از سنوح این واقعهٔ سعادت‌افزا خوشوقت شده چنان تعبیر نموده‌اند که «ایزد تعالی دولتی عظیم بتو روزی خواهد کرد که باعث رفعت خاندان ما بوده باشد.» و همچنان شد که از برکاتِ انوارِ این بدرِ آسمان‌قدر پایهٔ عزّتِ این سلسله از حضیضِ خاک باوجِ افلاک تصاعد نمود.

Humayun Padishah's Vision

On the fourth of Rabi' I in the year 947 [July 9, 1540], after 16
turning to the source of temporal emanation, H.M. Jahanbani
Jannat-Ashyani (Humayun) placed his head upon a pillow to rest
and stretched out on a couch of relaxation. Suddenly he saw on
the stage of a dream, which is the private quarters of the unseen
realm, that God would grant him a renowned offspring, from
whose felicitous forehead would shine rays of magnificence,
by whose guidance dark minds would be enlightened, and by
the splendor of whose justice the pages of night and day would
be brightened. After the heralds of the unseen realm delivered
the tidings of H.I.M., they announced that the glorious name
of that divine product would be that with which today pulpits
and decrees are graced and with which the faces of dirhems and
dinars blossom. When the emperor awoke, he prostrated himself
in thanks and gratitude for this greatest of all good news and then
told it to the confidants of his royal harem and loyal attendants.

*This dream, which tore the veil from the eye of the soul, cannot
be called a dream—it was wakefulness of the heart.*

Khan Atäkä's Vision

It has been heard from Sharif Khan, the brother of Shamsuddin 17
Muhammad Khan Atäkä, that in Ghazna at the age of twenty-two
Shamsuddin Muhammad Khan dreamed that the moon entered
his embrace, and he related this vision to his father, Mir Yar-Mu-
hammad Ghaznawi, who was a dervish-like elder. The father was
gladdened by the happy vision and interpreted it, saying, "God
the Almighty will grant you a great fortune that will result in the

روشنی حضرت مریم مکانی

۱۸ دیگر از راست‌کیشانِ درست‌اندیش معلوم شده که در زمانی که حضرت مریم‌مکانی (خُلِّدَت ظِلالُ أجلالِها) بعنصرِ مقدّسِ آنحضرت حامله بودند روشنیِ غریب از جبین مبین ایشان هویدا بود. بسا اوقات بر ناظران این منظرهٔ ربانی مشتبه بآئینه میشد چنانچه آئینِ حلی‌پوشانِ سرادقِ عفّت است که نزدیک به پیشانی آئینه میبندند و کوکبِ اقبال بزبانِ حال این ترانه میسرائید (شعر)

براهِ بخت نهادم جبینِ ظلمانی   هزار آینه آویختم به پیشانی

روزی در نزدیکیِ ایّامِ باسعادت حضرت مریم‌مکانی بر هودجی میرفتند. در اثنای راه نظر ایشان بباغ انبه افتاده است. از آنجا که طبیعت درین حال بشربتهای میخوش و میوه‌های شیرین و ترش راغب میباشد بخواجه معظّم که برادر مادری ایشان بود فرموده‌اند که از آن باغ انبهٔ چند بیارد. خواجه انبهٔ چند آورده بدست مبارک ایشان میداد که در نظرش پرتو ناصیهٔ فروغ‌بخش ایشان بآئینه اشتباه یافته پرسیده است که «شما بر پیشانی خود آینه بسته‌اید؟» فرمودند که «من آئینه نبسته‌ام. از کجا میگوئید؟» خواجه چون نیک ملاحظه میکند پیشانی نورانی آنحضرت‌را بنور ایزدی تابان می‌یابد. تعجب نموده حیران آن نور ازلی میگردد و ببعضی از محرمان درگاه الهی این‌را نقل میکند. و این استفسار خواجه بجهت آن بود که شعشعهٔ انوار الهی که از جبههٔ انور میتافت خواجه‌را یارای نگاه کردنِ تمامیِ آن نبود.

elevation of your family." And thus it happened that, through the blessings of the light of this mighty full moon, the family rose from the dust to the apogee of the heavens.

H.M. Maryam-Makani's Luminescence

Again it has been learned from a truthful and trustworthy person that during the time H.H. Maryam-Makani was pregnant with H.I.M.'s holy essence, a strange light shone from her forehead. Many times the quasi-divine apparition appeared to observers like a mirror, as it is the custom of ladies of the harem to wear mirrored sequins on their foreheads— 18

*I placed my dark brow on the path of luck: I hung a thousand
mirrors on my forehead.*

One day near the blessed time, H.H. Maryam-Makani was traveling in her litter. Along the way her gaze fell upon a mango grove. Inasmuch as ladies in this condition naturally crave bittersweet beverages and sweet and sour fruits, she asked her brother, Khwaja Mu'azzam, to bring her several mangos. He brought a few and was handing them to her when a dazzling reflection from her brow caught his eye and he asked, "Have you hung mirrors on your forehead?" "I have not," she replied. "Why do you ask?" When he looked closely he saw that it was her bright forehead that was shining with a divine light. Perplexed and astounded by that eternal light, he related the incident to several intimates at court. The reason for his question was that he was unable to gaze fully upon the rays of divine light that shone from her brow.

رؤیای بیچه جان انکه

دیگر از والدهٔ ماجدهٔ خان اعظم میرزا عزیز کوکلتاش که پیشتر از «بشرف انکگی آن حضرت مشرّف است شنیده شد که آنکه باین دولت کبری سعادتمند شوم سحری بود که ناگاه نوری عظیم بمن روی آورد و در میان کنارم درآمد. پنداشتم آفتاب عالمتاب در کنار من افتاد. غریب حالتی روی نمود و عظیم حیرتی دست داد که از لذّت وجد و شوق تمام اعضا و اجزای بدنم در حرکت و اهتزاز آمد، و چاشنی آن لذّت هنوز مو بمویم‌را فرو گرفته است. و از آن وقت تباشیر آن صبح جلال و جمال و گل این شکوفهٔ دولت و اقبال‌را چشم‌براه بودم که یارب، نتیجهٔ این شگرف حالت چه تواند بود؟ تا آنکه باین خدمت والا که سرمایهٔ دولت دین و دنیاست سرفراز گشتم و بسجدهٔ شکر این نعمت جاودانی سربلندی یافتم (مصرع) ۱۹

دولت آنست که بی‌خونِ دل آید بکنار

سبحان الله چه سعادت بود که در کنار من آمد! و چه اقبال که در بر گرفتم! اگرچه در ظاهر بخدمت پرورش آن گوهر گرامی‌نژاد پشت‌قوی شدم، ولیکن در معنی دولت روی بمن آورده مرا با قبیلهٔ من می‌پرورد. هرگاه آنحضرت‌را بر دوش میگرفتم سعادت مرا از خاک بر میکشید چنانچه ببرکت این خدمت که سرنوشت بود طالع قوی و سعادت عظیم منّت بر من نهاد و با قبیلهٔ خود روشناس هفت اقلیم شدم.»

Bichä Jan Anäkä's Vision

The following has been heard from Khan A'zam Mirza Aziz
Kükältash's mother, who was honored to be H.I.M.'s wet nurse:
"One morning, before I had this great fortune, suddenly a great
light came to me and settled on my lap. I thought the sun itself
had fallen into my lap. I felt strange and experienced such great
astonishment that all the limbs of my body trembled in ecstasy
and joy. An aftertaste of that pleasure still pervades me. From
that moment on, I was in expectation of the dawn of magnifi-
cence and might, the flower of the bud of fortune and felicity.
I wondered what the result of that amazing condition would
be, until I was honored with this exalted service and prostrated
myself in thanks and gratitude.

Fortune is that which falls into one's lap without tears.

Praise God! What fortune was it that fell into my lap? What felic-
ity had I embraced? Although outwardly I was engaged in raising
that child, in reality fortune had come to me and was nurturing
me and my tribe. Every time I took His Majesty on my shoulders,
fortune raised me from the dust, and through the blessings of
that service, to which I was destined, good fortune and great
happiness placed me under obligation and made me and my tribe
known throughout the seven climes."

بشارتهای غیبی دیگر

٢٠ دیگر از مولانا نورالدین ترخان و جمعی دیگر که ملازم رکاب سعادت‌اعتصام بودند شنیده شد که در نزدیکی ظهور نیّر اقبال حضرت جهانبانی در خانهٔ مسقّف که دریچه‌های مشبّک داشت عشرت‌پیرای بودند و حرف نمودار ولادت اشرف در میان بود. ناگاه از شبکهٔ آن دولتخانه اشعّهٔ نور الهی تابیدن گرفت چنانکه نزدیکان درگاه که دولت حضور یافته بودند از خُرد و بزرگ برین نورِ جهانتاب آگاه شدند، و جمعی که راه سخن داشتند استکشاف این معنی از حضرت جهانبانی کردند. فرمودند همانا که درین زودی از گلبن خلافت تازه گلی خواهد شکفت، و «از نهانخانهٔ جاه و جلال و نگارین سرای عزّت و اقبال نورپروردی بخت‌روشن‌سازی قدم در دائرهٔ وجود خواهد نهاد که از کوکبهٔ عظمتش دلهای اعدای دولت در بوتهٔ اضمحلال بگدازد، و این خاندان والا و دودمان عالی‌را از سر فرّی و رونقی پدید آید بل شبستان عالم‌را از پرتو جهان‌افروزش ضیائی و بهائی تازه روی نماید.»

٢١ دیگر میر عبدالحی صدر که از پاک‌نژادان عالیقدر بود نقل میکرد که «سحری حضرت جهانبانی جنت‌آشیانی در مراقبه بودند و گمان برده میشد که چشم مبارک ایشان گرم شده باشد. بعد از زمانی سر برداشتند که ‹الحمد لله والمنة که چراغ خانوادهٔ سلطنت ما بتازگی روشن شد.› من سرّ این شکرانه پرسیدم. فرمودند که ‹درین نشأهٔ خواب و بیداری چنان نمودند که ستارهٔ نورانی از فلان جانب (و اشارت بمعمورهٔ که مولد اشرف بود فرمودند) طلوع کرد و ساعت بساعت بلند میشد و در بلند شدن هم نور او زیاده میشد و هم جرم او افزون میگشت تا آنکه اکثر عالم‌را نور او فرو گرفت.› من از روشن‌ضمیری می‌پرسم که ‹این جرم نورانی چیست؟› او جواب داد که ‹نور مجسّم خلف الصدق منست، و هر قدر از سطح غبرا که

Other Portents

It has been heard from Maulana Nuruddin Tarkhan and other   20
imperial attendants that near the time of the appearance of the
luminary of fortune, H.M. Jahanbani was at a party in a roofed
chamber that had a latticed aperture, and the imminent birth
was being discussed. Suddenly rays of divine light shone through
the lattice so that everyone privileged to attend became aware of
it. One of those who were allowed to speak asked the emperor
about it. "Very soon," he said, "a fresh flower will bloom in the
garden of the caliphate. One nurtured by the light of fortune will
come from the inner recesses of magnificence into the realm of
existence, and by the star of his magnitude the hearts of enemies
to his fortune will wither on the vine. This exalted dynasty will
attain glory through his aura; indeed, the dark corners of the
world will gain a new brightness and light from his world-illu-
minating rays."

Mir Abdul-Hayy Sadr, a worthy of noble birth, has related the   21
following: "One morning His Majesty Jahanbani was in a trance,
and he was thought to be experiencing a vision. After a time he
raised his head and said, 'Praise God! The lamp of our royal house
has been lit.' I asked the reason. He said, 'In my state between
sleep and wakefulness it seemed that a bright star rose from that
direction'—and he indicated the direction in which the royal
birth took place. 'As it rose ever higher its brightness increased
until most of the world was filled with its light.' Inspired, I asked,
'What is this luminous heavenly body?' 'It is the embodied light
of my offspring,' he replied, 'and to the extent that the surface
of the dusty earth upon which the world-illuminating light shed
its rays comes under his control and domination, it will flourish
with the light of his justice.' Two days had elapsed after these glad

این نور جهان‌افروز پرتو بر ساحت آن انداخته در تحت تصرّف و تسخیر او درآید، آن ملک از انوار معدلت آن گرامی‌نژاد معمور گردد.) دو روز ازین بشارت غیبی گذشته بود که خبر طلوع نجم سعادت از افق امید رسید. چون از روی ملاحظه بوقت آن معاینهٔ روحانی و رؤیای صالحه مقابله کردند ظاهر شد که حصول سعادت ولادت و شهود بشارت کرامت در یک وقت بود.» بزرگی‌را که چنین فرخنده مولودی نصیب باشد این نمود و این آگاهی چرا کرامت نکنند؟ و آنجا که چنین موهبتی از دنبال آن بود امثال این مراقبه و انکشاف چگونه رو ندهد؟ و بر ظاهربینان نقدپرست اگر امثال این سوانح شگفت نماید دور نیست. اما پاک‌سیرتان دوربین‌را بظن قبل از وقوع و به یقین بعد از حصول متحقق شد که این پرتو آن نجم عالم‌افروز است و آن مژدهٔ این نیّر ظلمت‌سوز و بر دریافته‌های دولت دوام ملازمت این خدیو جهان که بر جلایل شمایلش واقف باشند ظهور امثال این امور جای ایستاد نیست. دو روز ازین بشارت غیبی گذشته بود که خبر طلوع نجم سعادت از افق امید رسید. چون از روی ملاحظه بوقت آن معاینهٔ روحانی و رؤیای صالحه مقابله کردند ظاهر شد که حصول سعادت ولادت و شهود بشارت کرامت در یک وقت بود. بزرگیرا که چنین فرخنده مولودی نصیب باشد این نمود و این آگاهی چرا کرامت نکنند؟ و آنجا که چنین موهبتی از دنبال آن بود امثال این مراقبه و انکشاف چگونه رو ندهد؟ و بر ظاهربینان نقدپرست اگر امثال این سوانح شگفت نماید دور نیست. اما پاکسیرتان دوربینرا بظن قبل از وقوع و به یقین بعد از حصول متحقق شد که این پرتو آن نجم عالمافروز است و آن مژدهٔ این نیّر ظلمتسوز و بر دریافتههای دولت دوام ملازمت این خدیو جهان که بر جلایل شمایلش واقف باشند ظهور امثال این امور جای ایستاد نیست.

tidings when the news of the ascent of the star of fortune arrived. When the time of the vision was compared with the time of birth, it became apparent that the blessed birth coincided exactly with the time of the vision." Why should it not be called miraculous for one to have a harbinger of such a fortunate birth? When such divine gifts lay in store, why should not such revelations take place? It is not inappropriate that the superficial and worldly be surprised by these events, but the pure and farsighted suspect before the fact—and know for certain after—that one was the ray of the world-illuminating star and the other was tidings of the darkness-dispelling luminary, and the appearance of such things is certainly no cause for wonder for those who have achieved attendance upon the lord of the world and who are aware of his magnificence.

۲۲ و بر نکته‌دانان باریک‌بین پوشیده نماند که اگرچه مولانا شرف الدین علی یزدی در ظفرنامه رؤیای صادقهٔ قاچولی بهادر و تعبیر تومنه خان‌را از روی ظاهر بر وجود حضرت صاحبقرانی فرود آورده و از هشتم کوکب نورانی که جهانی از پرتو آن روشن شد و از جیب قاچولی بهادر بدر آمد اشارت بر وجود حضرت صاحبقرانی کرده که جد هشتم آنحضرت است، اما بر باطنِ نورمواطنِ دوربینانِ علمِ تعبیر و رمزدانانِ عالمِ مثال ظاهر است که از هفت کوکب هفت تن تعبیر نمودن که باکلیلِ فرمانروائی سربلندی نیافته باشند و بمتّکای دولت‌آرائی ارجمندی ندیده از وادیِ تعبیر و اشارتِ مثالی دور است، بلکه آن هفت کوکب هفت جهان‌آرای والاقدر اند و مقصود از آن لمعهٔ جهانتاب ذاتِ مقدّسِ حضرت شاهنشاهیست که بنورانیّتِ وجودِ ارفع عالم و عالمیان‌را روشن گردانیده و آن نورِ ساطع این سعدِ اکبر است که از جیبِ آن برجیسِ سعادت سر زده بود.

۲۳ اگرچه او جدّ شانزدهمِ آنحضرت است از رویِ شماره، اما درین میان هفت کوکبِ برجِ عصمت اند که نورِ این شهنشاهِ گیتی‌افروز در جبههٔ حالِ آنها کمالِ ظهور کرده این هفت تن در میانِ این هژده کس ببزرگی و گیتی‌آرائی امتیازِ تمام داشته‌اند، و هشتمِ این گروهِ والاشکوه ذاتِ اقدسِ حضرتِ شاهنشاهیست که نورِ معدلتِ ایشان آفاق‌را منوّر دارد و در سلسلهٔ علیّهٔ این هژده بزرگ این مظهرِ کمالِ قدرتِ ایزدی‌را خلعتِ گرانمایهٔ سلطنتِ صوری و معنوی ارزانی داشته نوربخشِ عالمِ باطن و ظاهر ساخته‌اند. بر متفحصانِ دقایق‌آثار صدقِ این معنی مخفی نیست چنانچه مجملی از کمالاتِ این گروهِ والا درین شگرفنامه گذارش خواهد یافت، و بر هوشمندانِ بیداربخت حقیقتِ این سخن بظهور خواهد رسید. و هرکه امروز گرامی احوالِ این بزرگانِ فرخنده‌مآل‌را بنظرِ دقّت و

It is well known to insightful scholars that Maulana Sharafud-din Ali Yazdi included in his *Zafarnāma* an account of Qachulai Bahadur's true vision and Tumina Khan's interpretation of it as a portent of H.M. Sahib-Qirani Temür,[15] and he interpreted the eighth bright star that illuminated the world and arose from Qachulai Bahadur's loins as H.M. Sahib-Qirani, who is H.I.M.'s ancestor in the eighth degree. However, it is obvious to farsighted interpreters that it is wrong to interpret the seven stars as the seven persons who were not graced with the crown of world rule. Indeed, those seven stars are seven exalted monarchs, and what is meant by the world-illuminating brightness is the blessed person of H.I.M., who has brightened the world and everyone in it. That dazzling light is this greatest felicity, which came from the loins of that Venus of fortune, Alanqoa.

Although she was H.I.M.'s ancestor in the sixteenth degree by number, in between there were seven stars of the constellation of chastity in which the world-illuminating sovereign appeared perfectly, and these seven stand out among the eighteen for their greatness. The eighth of this splendid group is the blessed person of H.I.M., the light of whose justice brightens the horizons, and who, as a manifestation of the perfection of divine might, has been cloaked in material and spiritual rule in the exalted line of these eighteen great ones and sheds light upon the inner and outer worlds. The truth of this is not hidden from those who search for the reality of things. Summary accounts of the perfection of these exalted persons will be included in this work, and the truth of these words will be plain to the lucky who are aware. Anyone who studies the careers of these great ones with care and diligence and lives during the reign of the caliph of the age and knows of the exalted levels of the lord of the world will applaud this perception.

خبرت مطالعه نموده عهدِ خلیفهٔ زمان‌را دریابد و بر مراتبِ درجات عِالیِ خدیوِ جهان مطّلع گردد آفرین برین دریافت کند.

۲۴ هیهات هیهات، سخن‌فروش نیستم که چشمِ تحسین از مردم داشته باشد. جایزهٔ عظمی ازین گزیده‌تر چه باشد که دلِ اخلاص‌گزینِ من مصدرِ نکاتِ حقّانی شده است و خردِ نکته‌دانِ من مهبطِ این دقایقِ ربّانی گشته ازین جواهرِ شبتاب گوشواره‌های گرامی بجهتِ آرایشِ گوشِ هوشِ سعادتمندانِ دانش‌پسند یادگار میگذارم؟

Alas, I am no seller of words to expect approval from people. 24
What reward could be greater than that my loyal heart should be
the receptacle of lordly tales, that my mind be the resting place
of these divine subtleties, or that I should leave these night-il-
luminating pearls as reminders to adorn the ears of the minds
of the fortunate?

ذکرِ طلوعِ نیّرِ اعظم و سطوعِ سعدِ اکبر از سمایِ سعادت، یعنی ولادتِ حضرتِ شاهنشاهیِ ظلّ اللهی

۲۵ ظهورِ نتیجهٔ آمال از مشیمهٔ ارادت و طلوعِ نیّرِ اقبال از مطلعِ سعادت، یعنی ولادتِ اقدسِ حضرتِ شاهنشاهی از خدرِ معلی و سترِ مقدّس، حضرتِ عصمت‌قباب، عفّت‌نقاب، تقدّس‌احتجاب، تجّردانتساب، ولیّهٔ عصر، بازغهٔ دهر، صاحبهٔ روزگار، کاملهٔ آموزگار، قدوهٔ طاهرات، اسوهٔ زاهرات، صفیّهٔ صافی‌نیّت، وفیّهٔ وافی‌طویّت، ملکهٔ قدسی‌ملکات، مالکهٔ سماوی‌برکات، صفوتِ زمین و زمان، برکتِ کون و مکان، موجهٔ دریای قدم، صدفِ محیطِ کرم، چراغِ خاندانِ ولایت، فروغِ دودمانِ هدایت، سراجِ حطیمِ عبادت، مشکوةِ حریمِ سعادت، ناصیهٔ طاعتِ ایزدی، باصرهٔ سلطنتِ سرمدی، قایمهٔ سریرِ سموّ، قاعدهٔ کرسیِ علوّ، خاتونِ منصّهٔ رفعت، بانویِ حجلهٔ دولت، نقاب‌گزینِ هودجِ عزّت، رفعت‌بخشِ طیلسانِ عصمت، عطیّهٔ والایِ عالمِ بالا، خزینهٔ رحمتِ ایزد تعالی، نعمتِ کبرایِ مایدهٔ ربّانی، دولتِ عظمایِ موهبتِ آسمانی، نقطهٔ دائرهٔ فضل و افضال، درّهٔ فاخرهٔ دولت و اقبال، شکوفهٔ بهارستانِ عدالت، لوحهٔ نگارستانِ جلالت، بارقهٔ انوارِ ولایت و ولا، نایرهٔ نیّرِ عظمت و اعتلا، زبدهٔ میامنِ کسبی و وهبی، نخبهٔ مکامنِ سرّی و قلبی، واسطهٔ عقدِ دانش و آگاهی، رابطهٔ انتظامِ کونی و الهی، شجرهٔ طیّبهٔ صفوت و صفا، ثمرهٔ مکرّمهٔ کرامت و اصطفا، مرآتِ حقیقت‌نمایِ وجهِ یقین، مرقاتِ اعتلایِ مصاعدِ دولت و دین، اصلِ اصولِ دوحهٔ برومندی، نخلهٔ شریفهٔ روضهٔ ارجمندی، مستورهٔ معجرِ حلم و حیا، مخدّرهٔ مقنعهٔ عزّت و کبریا، ذریعهٔ انجلایِ نورِ غیب و شهادت، وسیلهٔ انکشافِ صبحِ دولت و سعادت، پرده‌نشینِ سرادقاتِ

THE RISING OF THE GREATEST LUMINARY AND LUCKIEST STAR IN THE FIRMAMENT OF FELICITY, THAT IS, THE BIRTH OF HIS IMPERIAL MAJESTY THE SHADOW OF GOD

The object of hopes came from the veil of desire and the luminary of fortune rose from the horizon of felicity, by which is meant the blessed birth of H.I.M. from the exalted secluded lady, she who is protected by domes of chastity and veils of purity and holiness, who is hereditarily inclined to solitude, the saint of the time, mistress of the age, perfect teacher, chief of the immaculate, of purest intent, most loyal, angel of holy characteristics, queen of heavenly blessings, purity of the earth and time, blessing of time and space, a wave from the ocean of timelessness, shell that encloses nobility, lamp of the family of saintliness, splendor of the dynasty of right guidance, light of the cell of worship, lamp of the sanctuary of felicity, the forelock of obedience to the divine, perceptive eye of eternal sovereignty, prop of the throne of exaltedness, leg of the footstool of highness, princess of the dais of preeminence, lady of the chamber of good fortune, veiled one of the litter of power, she who bestows exaltedness upon the robe of chastity, sublime gift from the world above, treasury of God's mercy, the choicest morsel on the lordly table, the greatest good fortune given by heaven, the central point of the circle of excellence and beneficence, proud pearl of fortune, blossom of the springtime of justice, tablet of the chancery of magnificence, a flash of the lights of sainthood, radiant body of resplendence and highness, choicest of acquired and bestowed talents, best of those things hidden in the heart, principal pearl of the necklace of knowledge and awareness, the tie that binds existential and

25

آسمانی، حضرتِ مریم‌مکانی عصمة الدنیا والدین حمیده بانو بیگم (أدامَ اللهُ ظِلالَ جَلالِها) نقدِ پاکِ قدوهٔ اولیایِ کرام، قطبِ اقطابِ عظام، سیّاحِ بیدایِ ناسوت، سبّاحِ دریایِ لاهوت، مصباحِ مکامنِ روح، مفتاحِ خزاینِ فتوح، گلچینِ بساتینِ تجلی، نخلبندِ ریاحینِ معنی، امامِ صومعهٔ ریاضت، ساقیِ میکدهٔ افاضت، دریادلِ مرحلهٔ تجرید، دریانوشِ مصطبهٔ توحید، مستغرقِ بحارِ مجاهده، مستهلکِ بوارقِ مشاهده، مشعله‌دارِ شبستانِ طریقت، قافله‌سالارِ شاهراهِ حقیقت، اکملِ مظاهرِ تجلّیاتِ ذاتیّه، اجلایِ مجالیِ انوارِ صفاتیّه، صرّافِ سرایرِ اصحابِ کشف و شهود، نقّادِ ضمایرِ اربابِ وجد و وجود، سیّارِ مشاهدهٔ قلوب و ارواح، نظّارِ بواطنِ قوالب و اشباح، واسطهٔ انجلایِ غمامِ ظلام، وسیلهٔ انمحایِ ارقامِ آثام، عارفِ روابطِ امتزاجِ ظهور و بطون، کاشفِ لوایحِ اسرارِ بروز و کمون (رباعی)

divine order, good tree of purity and chastity, honored fruit of nobility and selection, truth-revealing mirror of the face of certitude, step on the ascent to fortune and religion, root of the tree of splendor, noble palm in the garden of worthiness, secluded lady behind the veil of clemency and modesty, she who dwells behind the screen of power and majesty, the means of polishing the light of the unseen and the seen, she through whom the dawn of fortune and felicity is revealed, she who sits behind curtains in heavenly pavilions, H.H. Maryam-Makani, chastity of the world and religion, Hamida Banu Begim—may God cause the shadow of her magnificence to last forever—the true coin of the leader of noble saints, pole of magnificent poles, traveler through the desert of humanity, swimmer in the sea of divinity, lamp of the recesses of the spirit, key to the treasure houses of saintly miracles, he who picks roses from the gardens of manifestation, designer of herbs of inner meaning, leader of the monastery of asceticism, cupbearer in the tavern of effulgence, ocean-hearted one at the stage of abstraction, ocean-quaffing one on the bench of unity, he who is inundated by the seas of striving, he who is consumed by lightning bolts of witnessing, torchbearer in the recesses of the dervish path, caravan leader on the highway of reality, most perfect manifestation of essential appearances, revealer of the lights of divine qualities, assayer of the hearts of the lords of revelation and witnessing, weigher of the minds of the lord of ecstasy and existence, traveler who sees into hearts and minds, who gazes upon the innermost thoughts in bodies and spirits, the means of revealing clouds of tyranny, the means of effacing marks of sin, knower of the bonds that bind external and internal, revealer of secret flashes of the exposed and the hidden,[16]

قطبی که بقطبَینِ فلک داشـــت پیام | شیـرانِ هـوس‌را بـادب کـرده لجام
در بـیشـهٔ دل هزبرِ سـرمســـت‌خرام | دریاکشِ عشق ژنده‌فیل احمدِ جام

۲۶ (قُدِّسَ سرُّه) اتفاق افتاد. بحسب ارتفاع شعری شامیه که سی و شش درجه بود بعد از گذشتن هشت ساعت و بیست دقیقه از اوّل شب هشتم آبان ماه جلالی سال چهارصد و شصت و چارم، موافق نوزدهم اسفندارمذماه قدیمی سال نهصد و یازدهم، مطابق شب یکشنبه پنجم رجب سال نهصد و چهل و نهم هلالی، ششم ماه کاتک سال هزار و پانصد و نوزدهم هندوی، شانزدهم تشرین الاول رومی سال هزار و هشتصد و پنجاه و چهارم، چهار ساعت و بیست و دو دقیقه از شب مذکور مانده بود در شهر کرامت‌بهر و حصار سعادت‌انحصار امرکوت که از اقلیم دوم است و عرضش از خط استوا بیست و پنج درجه و طول آن از جزایر خالدات صد و پنج درجه است در هنگامی که موکب عالی روی توجه بتسخیر ولایت تته داشت و هودج اقبال در آن حصن دولت و حصار سعادت بجهت قرب زمان اشراق این نور گیتی‌آرای توقف فرموده بود.

۲۷ و از غرایبِ امور که قریب بزمانِ ظهورِ نیّرِ اقبال سانح شد آنست که پیش ازین ساعتِ مسعود طبیعت‌را اقتضای ولادت شد. مولانا چاند منجّم که بجهت تشخیص و تعیین طالع بموجب حکم پادشاهی بر عتبهٔ عفّت بود در اضطراب درآمد که «الحال ساعت نحوست دارد. بعد از چند ساعت ساعتی فرخنده که بهزاران سال پدید آید میرسد. چه شود که تولد در توقف افتد؟» حاضران مجلس استخفاف نمودند که «این اضطراب چه گنجایش دارد؟ و امثال این امور اختیاری نیست.» مقارن این حال آن اقتضا بر طرف شد و خاطر او از گذشتن ساعت نحوست بقدری

Pole that bore a message to the two poles of the celestial sphere,
    who bridled lions of passion with courtesy,
In the jungle of the heart, a lion that roamed intoxicated,
    quaffer of the ocean of love, massive elephant, Ahmad of
Jam.

The blessed event occurred when the elevation of the Syrian   26
Dog Star was calculated at 36 degrees,[17] after the elapse of
eight hours and twenty minutes from the beginning of the eve
of the eighth of Aban 464 of the Jalali era, corresponding to the
nineteenth of Isfandarmudh 911 of the ancient era, conforming
to the eve of Sunday, the fifth of Rajab 949 of the lunar era,
which was the sixth of Karttik 1599 of the Indian calendar, and
the sixteenth of October 1854 in the Hellenic calendar,[18] with
four hours and twenty-two minutes left of the said night in the
noble town and felicitous fortress of Umarkot, which is in the
second clime, at 25 degrees of latitude above the equator and
105 degrees longitude from the Eternal Isles,[19] at a time when
the royal train had gone to conquer the province of Thatta and
the litter of fortune had stopped at that bulwark of fortune on
account of the nearness of the time of the rising of this world-il-
luminating light.

One of the strange events that took place near the time of   27
the appearance of the luminary of fortune is that nature had
determined the birth prior to the auspicious hour. The astrolo-
ger Maulana Chand, who had been commanded by the emperor
to be at the threshold of chastity to determine the ascendant,
said excitedly, "At present the hour is inauspicious. After several
hours an auspicious hour will come, the likes of which does not
come for thousands of years. Could the birth not be delayed?"

فراهم آمد، و سبب ظاهری این عطیهٔ عظمی آن بود که در آن هنگام دایهٔ از آن دیار آوردند که متکفل این خدمت شود. چون کریه‌منظر بود خاطر مقدّس حضرت مریم‌مکانی از دیدن آن نفرت نمود و مزاج اعتدال‌سرشت منزجر شد، و آن اقتضا در طبیعت نماند. و چون ساعت مختار رسید از رهگذار آنکه ساعت نگذرد مولانا در قلق بود. محرمان حرم قدس گفتند که «الحال حضرت مهد علیا بعد از محنت بسیار آسایش یافته غنوده‌اند. بیدار ساختن لایق نیست. آنچه ایزد بیچون در مشیت خویش مقرر ساخته بوقوع خواهد پیوست.» در همین حرف و حکایت بودند که حضرت مریم‌مکانی‌را شدّتِ وجع بیدار ساخت و در آن ساعتِ مسعود آن گوهرِ یکتایِ خلافت با بختِ بیدار بظهور آمد.

در سراپردهٔ عصمت و سرادق عزّت بساط نشاط بگستردند و جشن شوق و انبساط ترتیب دادند. پردگیان خرگاهی و عصمتیان حریم پادشاه دیدهٔ امید بسرمهٔ شوق مکحّل کردند، ابروی هوس‌را وسمهٔ طرب دادند، گوش بشارت بگوشوارهٔ مراد برآراستند، چهرهٔ آرزورا گلگونهٔ عیش زدند، ساعد تمنارا یارهٔ مقصود بستند، پای رقص بخلخالِ جلوه درآورده بجولانگاه عشرت و شادی درآمدند، و زمزمهٔ مبارکی و مبارکبادی برکشیدند. مروحه‌جنبانانِ صندلی‌ساعد بعطرآمیزی هوابیز گشتند، لخلخه‌سایانِ عنبرین‌موی زمین‌را تازه‌روی کردند، پرستارانِ گلچهره بگلاب‌افشانی شوق‌را آبرویِ تازه دادند، ارغوانی‌لباسانِ نوشخند بزعفران‌پاشی سیمبران‌را در زر گرفتند، گلبویانِ سمن‌عارض بصندلِ کافورآمیز گرم‌رفتارانِ جلوه‌را اعتدال بخشیدند، مجمرهایِ زرّین در حواشیِ بساط بخورانگیز کردند، از عودسوزهایِ عنبرآگین سرپوش برداشتند، خنیاگرانِ پرده‌ساز جادویِ بیخودی بنیاد کردند، و ترانه‌زنانِ نغمه‌پرداز افسونِ بیهوشی دردمیدند (مثنوی) ۲۸

Those present scoffed at this idea and said, "What good does such worry do? Such things do not happen by choice." At that point the urgency subsided, and his mind was somewhat relieved by the passage of the ill-omened hour. The external cause of this great gift was that at that time a local midwife hideous in appearance was brought to serve. Revolted by the sight of her, H.H. Maryam-Makani's balanced temperament was affronted, and therefore the urgency of nature ceased. Then, when the chosen hour arrived, Maulana Chand was terribly worried lest it too pass. The intimates of the chamber said, "The royal mother has calmed down and is sleeping after suffering greatly. It would not be appropriate to wake her. Whatever God wills will be done." No sooner were these words out of their mouths than H.H. Maryam-Makani awoke with birth pangs, and at that auspicious hour the unique pearl of the caliphate appeared with great fortune.

Celebration and rejoicing began in the ladies' tents, and a festi- 28 val of happiness ensued. The ladies and women of the emperor's harem painted the eye of hope with the collyrium of ecstasy, they penciled the brow of desire with marks of joy, they embellished the ear of glad tidings with the earring of rapture, they rouged the cheek of hope with enjoyment, they banded the arm of aspiration with the band of objective, they decorated the foot of dance with bells of beauty as they emerged into the arena of rejoicing and jubilance and raised shouts of congratulation. Fanners with arms of sandalwood perfumed the air, damsels with ambergris-scented locks made fresh the surface of the earth, rosy-cheeked nurses gave joy a new face by sprinkling rose water, laughing girls dressed in purple coated in gold those with silvery breasts by strewing saffron, jasmine-cheeked rose-scented ones moderated the speed of those rushing to behold with sandalwood mixed with camphor,

هـــم از هـنـدی زنـــانِ نـــازک‌آواز   چـو طـاءوسـانِ هـنـدی جلـوه‌پرداز
هم از چیـنـی نـــوازانِ سـبکدســت   ز ساغرهایِ بی‌می گشته سرمست
هـــم از قـانـون‌نـــوازانِ خـــراســان   دلِ مـشـکـل‌پـسـنـدان بـــرده آسـان
هـــم از دسـتان‌سـرایـانِ عـــراقـی   نـــواســـازِ نـــویـــدِ عـمـــرِ بـاقـی

الحق مجلسی شد چون عالمِ قدسیانِ تجرّدنهاد در غایتِ قرار و آرام، و محفلی چون بزمِ روحانیانِ تقدّس‌نژاد مستغنی از باده و جام، تماشائیانِ ملأِ اعلی بی‌واسطهٔ حسّ بِصر تفرّج‌کنان گذشتند، و نظّارگیانِ عالمِ بالا بزبانِ بیزبانی باین ترانه ترزبان گشتند (شعر)

این چه مستیست که بی‌باده و جامست اینجا   باده کز جام بنوشند حرامست اینجا

خوانهایِ میوهٔ رنگارنگ کشیدند، و مایده‌هایِ نعمتِ گوناگون چیدند، تشریفهایِ رنگ‌رنگ بخشش فرمودند، و خلعتهایِ تنگ‌تنگ انعام کردند. ازین شکفتگی و خوشحالی چگویم؟ که حاجتِ شرح و ابلاغ نیست. اگر توانم از برآمدِ مقصودِ قدسیانِ عالمِ بالا شمّهٔ باز گویم که پس از چندین تکاپوی و جست‌وجوی، نظام‌بخشِ ملکِ معنی و انتظام‌ارزانی‌کنِ عالمِ صورت‌را خلعتِ گرامیِ وجود پوشانیدند، و از مهدِ بطونِ صنایع و خلواتِ قدسی بمنصّهٔ ظهورِ بدایع و جلواتِ انسی آوردند، اما شرحِ ابتهاجِ ملأِ اعلی و کامروائیِ روحانیانِ تجرّدنژاد از اندازهٔ گویائی بیرونست.

golden braziers gave off incense on the edges of the carpets, covers were removed from ambergris-mingled aloes burners, playful dancers began to perform the magic of insensibility, melodic tune-singers muttered trance-inducing incantations.

Women of delicate voice from Hind, as beautiful as Indian
    peacocks.
Chinese instrumentalists of light hand intoxicated from
    wineless goblets.
Dulcimer players from Khurasan easily stole the hearts of the
    difficult to please.
Persian singers sang the glad tidings of eternal life.

In truth it was an assembly as grave and calm as the world of solitary celestials, a gathering as little in need of wine and goblet as the banquet of holy spirituals. As onlookers from the heavenly host watched without the sense of sight, spectators from the world above sang this song sweetly in a tongueless language:

What drunkenness is this, that has come about without wine
    or goblet? Wine quaffed from the cup is forbidden here.

Trays of various fruits were served, tables were set with all sorts of delicacies, elaborate honors were given, tight robes of honor were awarded. What can I say of this rapturous joy? There is no need to elaborate. If only I were capable of recounting even a bit of how the wish of the holy inhabitants of the world above had come true, that after so much searching he who gives order to the spiritual and material world was clad in the robe of existence and came from the recesses of the cradle of works to the human stage,

رسانیدن مژده بخدمت پادشاه

همان زمان که نیّر جلال از مشرق اقبال طلوع فرمود قاصدان تیزگام و سواران چابک‌خرام بجانب مخیّم اقبال و معسکر اجلال که مسافت چهار فرسخ در میان داشت برسانیدنِ این مژدهٔ جانفزا و نوید دلگشا شتافتند. و فردای آن شب که حامل روز سعادت بود وقت صبح صادق از آن منزل بدولت کوچ شده بود، و قریب به نیم روز نزدیک بمنزل در سرزمینی که بغایت دلگشا و خوش‌هوا بود و آبهای بیغش و درختان دلکش داشت حضرت جهانبانی جنت‌آشیانی بسعادت تکیه فرموده بودند و معدودی از مقربان سریر اعلی بخدمت حضور قیام داشتند (مثنوی) ۲۹

تازه درختان بفلک چترسای — سایه‌فکن بر سرِ ظلِّ همای
غلغلِ مرغولهٔ مرغانِ راغ — ریخته بر بزم نوایِ فراغ

ناگاه از عقب سواری گرم‌رفتار سیاهی کرد. مهتر سنبل، که غلام قدیم حضرت جهانبانی بود و از الطاف حضرت شاهنشاهی بعد از آن بخطاب صفدرخانی بلندنامی داشت، ازین سیاهی که سفیدروئیِ کونین درو مضمر بود آگاه گشته بعرض اقدس رسانید. حضرت فرمودند که «اگر این سوار نویدرسانِ ولادتِ نورِ دیدهٔ سلطنت باشد ترا امیر هزار سازیم (شعر)

but any description of the joy of the heavenly host is beyond the power of speech.

THE GLAD TIDINGS
ARE DELIVERED TO THE EMPEROR

The very moment the luminary of magnificence rose from the horizon of fortune, swift-footed messengers and fast-paced riders were dispatched to the royal tent in the imperial camp, which was four leagues away, to deliver the glad tidings. At dawn the next day the emperor decamped, and around noon he reached a way station in a land that was extremely delightful and pleasant, its waters unsullied and its trees delectable, with a number of courtiers in attendance.

Verdant trees scraping the celestial sphere spread their shade
over the shadow of the phoenix.
Murmuring birds in the meadow dripped tunes of leisure
over the banquet.

Suddenly there appeared in the distance a fast-traveling rider. One of H.M. Humayun's old slaves, Mihtar Sumbul (who was awarded afterward the title of Saffdar Khan by H.I.M.), becoming aware of the rider, informed the emperor, who said, "If this rider is bearing news of the birth of the apple of the eye of the sultanate, we will make you commander of a thousand."

29

پادشاهانِ جهان‌را سزد ار هفت اقلیم   مژدگانیِ چنین مژدهٔ اقبال دهند

ازین جانب نیز چابک‌روانِ بادرفتار از غایتِ شادی عنانها از دست داده پیش دویدند، و آن سوارِ رخشِ سعادت هم نزدیک رسیده از غایتِ شوق بآوازهایِ بلند شهریارِ جهان و جهانیان‌را بشادمانیِ جاوید مژده دادند، و بطلوعِ نیّرِ اجلال از افقِ امید نوید رساندند که سپیده‌دم صبحِ مراد بر حسبِ آرزو دمید و سروبنِ بهارِ اقبال بر طبقِ امید سر برزد. همان لحظه آنحضرت سر بسجدهٔ شکر بدرگاهِ خداوندگاری ماندند و جبینِ نیاز بر خاکِ خاکساری مالیدند (شعر)

تاجِ رفعت بر سپهر و رویِ طاعت بر زمین   پایِ دولت بر سریر و فرقِ منّت در سجود

بعد از ادای وظایف شکر بمعسکر والا شتافته ببارگاه سپهرکارگاه درآمدند. جهان‌را جشن عشرت و آئین دولت تازه شد و نقارهٔ عیش و شادی بآئین نشاط کیقبادی بلندآوازه گشت. بارگاهی ترتیب یافته بآئین همایونی دلکش‌تر از جشن گیومرثی و بزم فریدونی (رباعی)

ای دیده بیا قدرتِ بیچون بنگر   وین بزمگه از درون و بیرون بنگر
گر ذوقِ تماشا[3] در عالم داری   آرایشِ این جشنِ همایون بنگر

جهان پیر برگ و نوای جوانی از سر گرفت، و عالم دلگیر عشرتِ فراموش‌کرده‌را بیاد آورد (شعر)

It would be appropriate for the seven climes to give the
monarchs of the world news of such import.

Fleet-footed runners, racing like the wind, ran out in joy, and the
rider on the steed of happiness shouted loudly and joyfully as he
approached, announcing to the prince of the world the rising of
the luminary of magnificence from the horizon of hope. That
very moment the emperor prostrated himself in gratitude to the
divine court, rubbing his forehead humbly on the dust.

The crown of exaltedness higher than the celestial sphere, and
the face of worship on the earth; the foot of wealth on the
throne, and the head of obligation in prostration.

After executing the duties of thanks, he went to the imperial
camp. There celebration of joy and happiness was renewed,
drums of festivity and jubilation were sounded regally, and court
was held with splendid imperial pomp and circumstance.

O eye, come see the power of the Unqualifiable, and look upon
this banquet inside and out.
If you desire to gaze upon the world, see the embellishment of
this regal celebration.

The old world put on new raiment; the noxious earth remem-
bered forgotten delight.

ساقیان دست بجامِ میِ بیغش کردند   خضررا تشنهٔ این چشمهٔ آتش کردند
این چه می بود که ساقی بقدح ریخت فرو   که مسیح‌وخَضِرازرشک کشاکش کردند

مطربان دستانسرا و مغنیان جادونوا سازهای گوناگون نواختن بنیاد نهادند، و پرده‌های رنگارنگ ساختن آغاز نمودند، چنگیان دست برشتهٔ مقصود درزدند، عودنوازان غمهای جهان‌را گوشمال دادند، قانونیان از زلف مراد تار بربستند، ناییان گرم‌نفس نفسهای راست‌آهنگ برکشیدند، غچکیان دلهارا بزلف مطلوب درآویختند، دائره‌دستان آینهٔ اقبال در پیش رو نهادند، ظریفان شگرف از رنگ‌آمیزی ظرافت نکته‌سجنان سحرپردازرا زبان سخن‌آفرین بستند، ندیمان نادره‌حرف در بذله‌گوئی لبهای مجلسیان‌را در قهقههٔ شوق درآوردند، سپهسالاران جهانگشای و سرداران صف‌آرای فوج فوج تسلیم مبارکبادی بتقدیم رسانیدند، و طوایف اعاظم و اهالی و افاضل و موالی مراسم تهنیت و تعظیم بجای آوردند، و دانشمنشان اسکندرپسند و اصطرلاب‌دانان رصدبند که علی الدوام از همنشینان محفلِ نهانی و همرازان اسرار آسمانی بودند زایچهٔ طالع مولود ولادت‌مسعودرا مرآتِ ضمیرِ اشراق‌پذیر ساخته از نظراتِ کواکب و اتّصالاتِ کلی و تفاصیلِ احکام و عواقبِ آثار از طولِ بقا و علوّ اِرتقا بر مدارجِ سلطنت و معارجِ خلافت چنانچه رقمی از آن جداول بر صفحهٔ اجمال کشیده می‌آید معروض داشتند.

۳۰ و آنچه حضرت جهانبانی جنت‌آشیانی که در علوم ریاضی پایهٔ بلند و فکرتی فلک‌پیوند داشتند و ضمیر باریک‌بین آنحضرت آئینهٔ دلگشای اسکندری و جام گیتی‌نمای جمشیدی بود، بدریافتِ والایِ خود استنباطِ عجایب و استخراجِ مآثرِ طالعِ این کارنامهٔ ایزدی فرمودند. بآنچه دانایانِ

Cupbearers reached for goblets of unsullied wine; they made
  Khizr thirsty for this spring of fire.
What wine was it the cupbearer poured into the goblet, over
  which the Messiah and Khizr vied jealously?

Enchanting musicians and singers tuned their various instruments and adopted diverse modes; harpists plucked the right strings; lutenists strummed away the cares of the world; dulcimer players made strings from the locks of desire; hot-breathed flutists blew in correct pitch; rebec players charmed hearts with strands of desired strings; tambourine players held up mirrors of fortune; unbelievably witty persons spun such ingenious conceits that they caused enchanting poets to hold their tongues; glib courtiers caused the lips of those present to burst into enraptured laughter with their jokes; world-conquering commanders came in hordes to offer congratulations; delegations of the high and mighty presented compliments; scholars who would please Alexander and observant astrolabists, who are constant attendees at the hidden gathering and share heavenly secrets, cast the horoscope of the newborn babe and presented, as a result of their calculations of the stars and conjunctions, a catalogue of influences on length of life and height of success, as will be recorded in summary.

Inasmuch as H.M. Humayun had attained a high level in the mathematical sciences, and his insightful mind was like Alexander's mirror and Jamshed's world-revealing cup, through his own exalted comprehension he calculated the rare and marvelous influences of the ascendant of this divine product, and he compared them with the conclusions other sages had reached regarding the influences of the celestial spheres and the bodies

30

75

دیگر از تأثیراتِ بسایطِ افلاک و نتایجِ اجسام و اجرام پِی برموزِ غیبی برده بودند مقابله فرمودند. همه موافق و معاضدِ یکدیگر یافتند.

۳۱ و بعد از فراغ ازین جشن عالی مطابق بشارت غیبی و اشارت ربّانی، چنانچه گذارش یافته، آن گوهر قدسی‌را بهمان لقب ارفع و اسم اعظم ملقّب و موسوم ساختند و در صحایف سعادت و صفایح دولت مثبت و مرقوم گردانیدند. و بعد از دو سال و چهار ماه تعبیرِ رؤیایِ صدق‌پیرای بظهور پیوست. تبارک الله زهی اسمِ سامی و طلسمِ گرامی که از آسمانِ کبریا و سپهرِ نور و ضیا فرود آمد و از مشرق تا مغرب فروغِ این اسم و پرتوِ این مسمّی فرو گرفت. و از شرایف این نام بدایع‌انتظام یکی آنست که خدمت اخوی اعظمی جامع کمالات صوری و معنوی ملک الشعرا شیخ ابو الفیض فیضی در بعضی تحریرات بدیعهٔ خود ایراد نموده‌اند که از غرایب مناسبت اسرار حروف که کلمات عالیات اند و در عالم تجرّد و ترکّب آثار آن بر وجه اتمّ بحسب تفاوت مدارج و مصاعد ارتباط و انتساب ظهور می‌یابد که دویست و بیست و سه عدد «آفتاب» آنست که بیّنات حروف (رباعی) «اکبر» است موافق است بعدد حروف

نوری کــه ز مـهرِ عالم‌آرا پیـداسـت — از جبههٔ شاهنشهِ والا پیداست
اکـبر کــه بـآفتـاب دارد نسـبـت — این نکته ز بیّناتِ اسما پیداست

انتهی کلامه.

۳۲ و دیگر از لطایف این اسم جلیل آنست که واقفان رموز جفر و تکسیر و عارفان آثار و تراکیب حروف و طبایع‌شناسان الفاظ و کلمات، که از مقامات بطون هویّت و ظهور تنزّلات خبر دارند و از عالم نورانیت

they contained. He found them all in conformity and supportive of one another.

After the conclusion of the celebration, in accordance with   31
divine instruction, the babe was given the most exalted and most magnificent name, as has been reported. After two years and four months the interpretation of the true vision became apparent.[20] Praise God! What a name, and what a precious talisman descended from the heaven of magnificence and the sphere of light and illumination! From east to west the splendor of this name shed its rays. Among the noble characteristics of this marvelous name is that which my elder brother, the poet-laureate Abu'l-Faiz Faizi, has noted in one of his writings: "One of the strange characteristics of the mysteries of the letters that form exalted words, the effects of which appear in differing degrees in isolation and combination, is that the 'indications' of the letters in *aftab* (sun), which are 223, agree with the numerical value of 'Akbar.'"[21]

> *The light that shines from the world-adorning sun is*
> *apparent on the exalted emperor's forehead.*
> *That Akbar is related to the sun is obvious from the*
> *indications of names."*

Another thing about this glorious name is that those who know   32
the science of the mysteries of letters and who are acquainted with the signs and compounds of letters and the natures of words know that seven of the twenty-eight letters of the alphabet are assigned to each of the four elements of nature,[22] and the completely balanced letters of this name contain one of each of the elements, indicating the quintessence of might and majesty

و ظلمانیت حروف باعتبار تجرّد از نقط و امتزاج با نقاط آگاهند، ازین حروف بیست و هشتگانهٔ ابجد هفت هفت حرف بهر عنصری از عناصر اربعه منسوب داشته‌اند، و حروفِ عدالت‌امتزاجِ این اسمِ گرامی جامعِ مراتبِ چهارگانه بوده از جامعیتِ مدارجِ جمال و جلال و سایرِ نعوتِ فضل و کمال آگاه میسازد چنانچه الف آتشی و کاف آبی و با بادی و را خاکی است. و هرگاه اسمی بطریق سویّت در عنصریت از حروف فراهم آید که عنصری در آن ناقص نبود و عنصری مکرر نیاید هرآینه آن اسم در حدّ ذات خود در کمال اعتدال باشد، و اعتدال نشأه‌ایست که اورا در حسن سیرت و صحّت بدن و طول عمر و ارتقای دولت و دوام مسرّتِ خداوندِ آن نام مدخلِ تمام است.

۳۳ و در ضمن این، نکتهٔ دیگر بر دریچهٔ ادراک جلوه‌گر شده که این سعد اکبررا هرچند اعدا از اطراف پیدا شوند نابود و پراکنده گردند چه در ترکیب و نظمِ حروفِ این اسم دو حرفِ میانگی که آن کاف و باست کاف آبیست، دشمنِ بالای خودرا که آتش است برمیدارد، و با که بادیست دشمنِ پایان‌را که خاک است پراکنده میکند. و عارفانِ نقاطِ اسراررا باید که از رموزِ نکاتِ عالی‌اشاراتِ این اسمِ بدیع خبردار گشته از فیضِ سعادات و کراماتِ مسمّی بهره‌مند گردند.

and all characteristics of excellence and perfection. The *a* is fiery, the *k* is aqueous, the *b* is aerial, and the *r* is terrestrial. When a name is balanced in the elementality of its letters such that no element is missing or repeated, the name in and of itself is in perfect equilibrium, and equilibrium is a sign that the possessor of that name will have a full portion of excellent character, bodily health, long life, advancement of fortune, and long-lasting happiness.

Additionally, there is another point that looms in the window   33 of the mind, and that is that no matter how many enemies appear to this "greater felicity" from any direction,[23] they will be reduced to naught and scattered, for in the arrangement of the letters of this name, of the two middle letters, the *k* is watery and thus removes an enemy that is above it, that is, fire; and the *b* is airy and thus scatters an enemy that is beneath it, that is, earth. Those who know the subtle points of such mysteries should realize that the one so named receives emanations of felicity and happiness.

ذکرِ صورتِ زایچۀ مسعود که در وقتِ ولادتِ اشرف بموجبِ ارتفاعِ اصطرلابِ یونانی ثبت یافته بود

بیـــا ای آسمـان‌سنـجِ رصـدبنـد　　نـگـاهـی کـن بـعـقـلِ چـرخ‌پـیـونـد
بـحســـنِ طالعِ صاحـبقـران‌بـیـن　　سـعـادتـنـامـۀ هـر دو جـهـان بـیـن
تمـاشـا کن درین فرخنـده منشـــور　　سـعـادت بـر سـعـادت نـور بـر نـور

۳۴ در وقت نهضت رایات نصرت‌اعتصام از حصار امرکوت، مولانا چاند منجّم‌را که در معرفت اصطرلاب و تدقیق زیج و استخراج تقویم و تخریج احکام مهارتی عظیم و ممارستی تمام داشت بجهت تشخیص زمان سعادت و تحقیق وقت ولادت ملازم درگاه عفّت‌قباب ساخته بودند، و او چنان بمعسکر والا نوشته معروض داشت که بارتفاع اصطرلاب یونانی و حساب زیج گورکانی طالع سعادت‌مطالع سنبله استخراج نموده شد، و صورت زایچۀ اقدس این است: اگرچه سنبله برج ذوجسدین است مرکّب از ثبات و انقلاب، اما درین دیباچۀ اقبال ثبات طالع بامعان نظر و لمعان تأمل بدو وجه متحقق شده. یکی آنکه جزو طالع درجۀ هفتم است از ثلثِ اوّلِ برج، و آن باتفاقِ اهلِ تنجیم ثبات دارد. دوم آنکه برج ارضیست و ثبات در عناصر بارض منسوب. و این دو دلیل است بر ثبات سریر سلطنت و استقرار مسند خلافت. و صاحب طالع عطارد درین زایچۀ اشرف بمنزلۀ سعد اکبر است چه مشتری که سعد اکبر است با اوست. و عطارد کوکبیست که با سعد سعدتر گردد. و زهره که سعد اصغر است در خانۀ اوست چنانچه عطارد در خانۀ زهره است که میزان باشد و منسوبست بعقل و دانش و فراست و کیاست، و آن هم بحسب

THE FELICITOUS HOROSCOPE THAT WAS
CAST AT THE TIME OF THE ROYAL BIRTH
ACCORDING TO THE GREEK ASTROLABE

Come, observation-making surveyor of the heavens, gaze
  with a mind that pleases the celestial sphere.
Look upon the beauty of the ascendant of the lord of the
  conjunction, look upon the book of felicity in this world
  and the next.
See in this happy register felicity upon felicity and light upon
  light.

When the royal banners set forth from the fortress of Umar-   34
kot, Maulana Chand the astrologer, who had great skill in and
knowledge of the astrolabe and the details of star catalogues
and casting horoscopes, was attached to Her Majesty's court
for the purpose of ascertaining the time of felicity and marking
precisely the hour of birth. He wrote to the royal camp that, by the
measurement of the Greek astrolabe and with the calculations
of the *Zij-i Gurkani*,[24] he had ascertained the lucky ascendant as
Virgo. A diagram of the royal horoscope is given here. Although
Virgo is a bicorporal sign, partially fixed and partially tropical,[25]
nonetheless in this preface to good fortune the stability of the
ascendant can be ascertained by scrutiny in two respects: first,
the segment of the ascendant is the seventh degree of the first
third of the sign, and that, by unanimity of astrologers, possesses
stability; second, the sign is earthy, and stability in elements is
attributed to the earth. These are two indications of the stability
of the throne of rule and the caliphate. In this regal horoscope the
regent of the ascendant,[26] Mercury, functions as a greater lucky

81

ذنب اسد سرطان	زهره سنبله	عطارد مشتری میزان زحل عقرب
جوزا		قوس
ثور حمل	حوت	قمر مریخ رأس جدی دلو

تسویه و هم بحسب برجیّت در خانهٔ دوم است که تعلق باسباب معاش و
قوام زندگانی دارد افاضهٔ کمال عقل و دانش بر خداوند طالع کرده که در
امور معاش و معاد عالمرا بنور عقل بیاراید و عقدههای دین و دولترا
بسرانگشت خرد بگشاید. و زهره که بسعادت و میمنت مشهور و بعیش
و طرب منسوبست درین طالع آمده همواره اسباب شوق و سرور و مواد
ذوق حضور آماده میدارد.

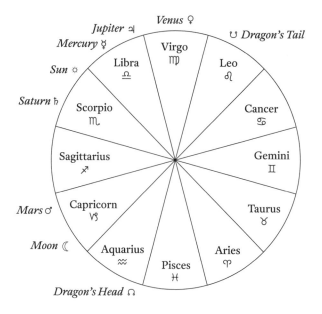

star since Jupiter, which is the greater lucky star, is with Mercury, and Mercury is a planet that becomes luckier with a lucky star. Venus, the lesser lucky star, is in Mercury's house just as Mercury is in Venus's house, which is Libra, and it has the attributes of intelligence, knowledge, perspicacity, and shrewdness. Both in terms of equal distribution and in terms of constellationality, Mercury is in the second house, which is connected to means of livelihood. It has given an effulgence of perfect intelligence and knowledge to the Native, who will adorn the world with the light of intelligence in affairs of livelihood and will solve problems of religion and state with his wisdom. Venus, which is well known for felicity and luck and has the attributes of pleasure and

و از غرایب آنکه صاحب طالع در خانهٔ معاش نشسته، و صاحب خانهٔ معاش در طالع، و هر دو سعادت ذاتی و عرضی دارند و ایام زندگانی‌را با عیش و کامرانی انتظام میبخشند. ۳۵

و مشتری که سعد اکبر است و منسوب بعدل و دیانت و علوّ همّت و استقامت طبع و تعمیر عالم نیز در خانهٔ دوم است ناظر بخانهٔ چهارم که خانهٔ عاقبت است. اسباب عشرت و کامرانی بر وجه اتم تا عاقبة العاقبه مقارن حال فرخنده‌مآل آن حضرت میدارد. ۳۶

و عطارد ممتزج المزاج بسبب مقارنه با سعد اکبر سعادت کبری یافته و سعادت بر سعادت افزوده و دلالت کرده بر آنکه صاحب طالع بعلوّ همّت و سموّ منزلت بر همه خلایق فایق باشد، و بارباب عقل و دانش و اصحاب فطانت و ذکا مجالست نماید، و دانشوران روزگار و دانایان هر فریق ملازم درگاه دانش‌پناه او باشند، و هنرمندان روی زمین ترک اوطان نموده احرام طواف آستان رفیع او بندند. و آنچه در ضمیر الهام‌ورود او پرتو حضور اندازد موافق عقل و مطابق نفس امر باشد، و ابواب نصفت و معدلت بر روی عالمیان گشاده در جمیع امور حفظ مراتب دیانت و صیانت نماید، و در اختراع مبانی عمارات عالی که ملوک گذشته‌را کمتر دست داده باشد همت بگمارد، و در آن عمارات دلپسند بانواع خوشحالی و خرمی و اصناف آزادگی و بیغمی بگذراند. ۳۷

و از جملهٔ غرایب آنکه زهره در خانهٔ عطارد است، و عطارد در خانهٔ زهره. و سه سعادت جمع شده یکی سعادت مشتری، دوم سعادت زهره، سیوم سعادت عطارد که از سعدین کسب کرده و این بغایت نادر افتد. ۳۸

entertainment, has come in the ascendant, so she holds ready everything necessary for enjoyment and pleasure.

One of the strange things is that the Native sits in the house   35 of livelihood, and the regent of the house of livelihood is in the ascendant, and both of these things have innate and coincidental felicity and endow the days of life with pleasure and success.

Jupiter, which is the greater lucky star and has attributes of   36 justice, religion, highness of mind, straightness of nature, and material improvement of the world, is in the second house, looking toward the fourth house, which is the house of final ends. He holds everything necessary for sociability and success in the most perfect way for His Majesty until the ultimate end.

Mercury, which is of mixed disposition, has acquired the   37 greatest felicity because it is contiguous with the greater lucky star and adds felicity to felicity. It indicates that the Native will surpass all people in highness of mind and loftiness of station, that he will socialize with people of intelligence and knowledge and men of great natural ability and cleverness, that scholars of the age and wise men of every group will attend his court, and that skilled persons of the world will leave their homelands and come to his exalted court. The rays of comfort his inspired mind will cast will be in agreement with intelligence and to the point, and he will fling open the gates of justice and equity to all people. In all matters he will maintain established ways of religion and tradition, and he will concentrate upon laying the foundations of lofty buildings, which past kings seldom did, and he will spend his time in those pleasing buildings enjoying all sorts of happiness and rejoicing and various delights.

Another marvelous thing is that Venus is in the house of   38 Mercury, and Mercury is in the house of Venus. Thus, three

۳۹ و نیّر اعظم عطیه‌بخش عالم که نظام‌بخش امور جهانیانست علی الخصوص کرامت‌فرمای جلالت و اقتدار و شوکت و اعتبار در خانهٔ سویم در برج ثابت واقع شده رفعت و جلالت و عظمت و شوکت موهبت نموده. و چون از هبوط برآمده رو بشرف دارد شرافتش روزافزون ساخته، و چون ناظر است بخانهٔ نهم که خانهٔ سفر است همواره در سفر رایات فتح و ظفرش سربلند بوده از آسیب و آشوب زمان در کنف حفظ و حراست روشنی‌بخش جهان باشد.

۴۰ و خانهٔ سیوم که باقربا نسبت یافته عقربست، از اقارب عقارب خبر داده. و زحل در آنجا آن نزدیکان دوررا بنحوست و نکابت بهاویهٔ ضلالت و هلاکت رسانیده.

۴۱ و قوس وتد رابع است و آن خانهٔ عواقب کارها، و مشتری که صاحب اوست نظر تسدیس دارد و متّصل است بعطارد مسعود و در حدّ خود و مثلّثهٔ خود است. در هر کاری که توجه فرماید بآسانترین روشی انصرام یابد و عاقبت کارش بکامروائی باشد.

۴۲ و خانهٔ پنجم که خانهٔ فرزندانست جدی است و آن برجیست بسیار فرزند. و مریخ که کوکب سپاه است در آنجاست و کدخدای طالعست که مدار قانون عمر بروست. و از جلایل امور آنکه این کوکب الجیش در بیت الشرف است در وجه و مثلثه و دریجان و آدرجان و اثناعشریهٔ خود از عمر دراز برومند گرداند و از بسیاریِ اولاد و احفاد بهره‌مند سازد و از فرزندان برخوردار کامکار اعتضاد بخشد و سپاه گیتی‌پوی‌را کامیاب ظفر و نصرت دارد.

felicities have coalesced: that of Jupiter, that of Venus, and that of Mercury, which has acquired felicity from the other two, and this is exceedingly rare.

The Sun, which bestows order upon the affairs of the people 39 of the world and is the particular bestower of might and magnificence, is in the third house in a fixed sign and has thus given magnificence, might, and power. Since it has come out of descent and is headed to its exaltation,[27] it has increased the Native's nobility. Since it is in the aspect of opposition to the ninth house, which is the house of travel, victorious banners will always be held high in travel, and they will shed light upon the world in the bosom of preservation and protection from the vicissitudes of time.

The third house, which has to do with relatives, is Scorpio, 40 which indicates scorpion-like relatives, but with Saturn there, distant relatives will be led by infelicity and disaster into the valley of perdition and destruction.

The fourth angle is Sagittarius,[28] the house of the outcome of 41 things. The regent of this house, Jupiter, looks upon it in sextile, is contiguous with felicitous Mercury, and is in its own term and triplicity.[29] Any labor embarked upon will be achieved in the easiest fashion, and the outcome will be successful.

The fifth house, which is the house of children, is Aries, which 42 is a sign of many children. Mars, the planet of the military, is there and is the hyleg of the ascendant,[30] around which revolves the axis of life. One particularly magnificent thing is that the martial planet is in its house of exaltation in its own face, triplicity, *darijan, adarjan,* and dodecatemory,[31] indicating long life, many children and grandchildren, and the triumph and victory of world-traversing armies.

۴۳ و از جملهٔ اتفاقات حسنه آنکه در زایچهٔ طالع حضرت صاحبقرانی نیز مریخ در پنجم بود چنانچه در ظفرنامه ایراد یافته، و حکمت‌پرورانِ تجربه‌کار در طالعِ سلاطین قوّتِ مریخ اعتبار کرده‌اند، و درین زایچهٔ قوی‌حالِ قدسی‌مثال زیادتی از طالعِ صاحبقرانی آنست که این کوکبِ والا در بیت الشرف است با قوّتهائی که گذارش یافت چنانچه این معنی از جلالت قدر و بزرگی شان و بلندی رتبت در فتح و نصرت و تسخیر ممالک آگاه میسازد، و ایما مینماید ازین که صاحب طالع هرچند درازعمر شود جاه او بیشتر و بهتر از ایام شباب باشد.و ماه که واسطهٔ تأثیر علویّات بسفلیاتست زاید النّور آمده بدولت روزافزون رهنمونی مینماید. و هیلاج هم اوست که بمثابهٔ روحست و مربّیِ بدن در خانهٔ پنجم است منصرف از مریخ بتثلیث زهره واسطهٔ دوام صحت و تندرستی مزاج و قوّت بدن گشته.

۴۴ و خانهٔ ششم دلو است منسوب بلشکر، و صاحبش که زحل است در سیوم واقع شده که خانهٔ اعوان و انصار است. و راس دروست، لشکریان‌را از خیل مخلصان و فدائیان داشته.

۴۵ و وتد سابع حوتست بدرجهٔ هفتم که حد زهره است و از مثلثه و آذرجان اوست. مخدّرات حریم عصمت‌را در لوازم رضاجوئی و آداب خدمتکاری ثابت‌قدمی عطیه نموده و از نکوخدمتی کامیاب دولت و سعادت ساخته.

۴۶ و خانهٔ هشتم حمل است. صاحبش مریخ که سعادات مذکوره دارد و ناظر بطالع بنظر تثلیث است اشارت بر حمایت الهی نموده در مواقف خوف و مکامن خطر.

Another lucky coincidence is that in the horoscope of H.M.   43
Sahib-Qirani Amir Temür, too, Mars was in the fifth house, as is
stated in the *Ẓafarnāma*.[32] Wise men of experience attach great
importance to the power of Mars in the horoscopes of rulers, and
in this potent horoscope it is even greater than in the Sahib-Qira-
ni's because that lofty planet is in its house of exaltation with the
attendant strengths mentioned above, and this indicates magnif-
icence of power, greatness, a high degree of triumph and victory,
and the conquest of territory. It also indicates that the longer the
Native lives, the more he will enjoy greater glory even than in the
days of his youth. The Moon, which is the intermediary of the
influence of the celestials over terrestrial elements, is waxing,
which indicates daily-increasing good fortune. The Moon is also
the hyleg that functions as the spirit and nurturer of the body. It
is in the fifth house, having departed from Mars, and is in trine
with Venus.[33] It is thus the means of continued good health and
physical power.

The sixth house is Aquarius, which has to do with armies. Its   44
regent, Saturn, is in the third house, the house of assistants and
helpers. The Dragon's Head is also in the sixth house,[34] meaning
that the Native will keep armies consisting of hordes of loyal
self-sacrificers.

The seventh angle is Pisces in the seventh degree, which is the   45
term of Venus and also her triplicity and *adarjan*. She bestows
constancy upon chaste ladies in the harem of immaculateness
in satisfying and serving and makes the Native happy with their
good service.

The eighth house is Aries. Its regent is Mars, which possesses   46
the felicities mentioned above and looks upon the ascendant in
trine, which is an indication of divine protection in positions of
fear and danger.

۴۷ و خانهٔ نهم خانهٔ سفر است. صاحبش زهره در طالع قرار گرفته مواد سرور و جمعیت در سفرهای دور آماده میدارد، و موجب ازدیاد ملک میگردد.

۴۸ و سهم السعادة در وتد عاشر است که خانهٔ دولت و اقبال است، و صاحبش عطارد مسعود ناظر بنظر تثلیث. و همچنین سعد اکبر ناظر بنظر تثلیث بر سلطنت عظمی و کمال عقل و عدل دلالت کرده و خزاین روزگاررا در حیطهٔ تصرف و قبضهٔ اقتدار او درآورده.

۴۹ خانهٔ یازدهم که خانهٔ امید است صاحبش قمر زائد النّور در پنجم طالع بواسطهٔ نظر تثلیث بطالع سبب حصول امانی و آمال شده.

۵۰ و در خانهٔ دوازدهم که خانهٔ دشمنانست ذنب جای گرفته در خواری و نگونساریِ اعدای دولت ابدپیوند اهتمام دارد. هر بیدولتی‌را که از قبلهٔ اطاعت روگردان شده ببادیهٔ فنا سرگردان ساخته صاحبش که نیّر اعظم است در خانهٔ سیوم که جای اعوان و انصار است جای گرفته بسیاری از مخالفان‌را پشیمان ساخته در سلک بندگی و جانسپاری درآورده.

۵۱ و از غرایب این طالع آنکه عاشر که خانهٔ دولت و سلطنت است جوزاست که خداوندش صاحب طالعست، و مقرر که هر صاحب طالع میخواهد که منسوب خودرا برتبهٔ بلند رساند، لیکن بواسطهٔ موانع از قوّه بفعل نمی‌آید. و درین طالع مسعود آن خانه جای دولت و سلطنت واقعست. هرگاه که دولت در خانهٔ خود داشته باشد چگونه از منسوب خود دریغ دارد؟

The ninth house is the house of travel. Its regent, Venus, is   47
positioned in the ascendant, meaning that she holds ready the
means for happiness and calm during long travels and will cause
an increase in territory.

The Part of Fortune is in the tenth angle,[35] which is the house   48
of wealth and fortune. Its regent, happy Mercury, looks in trine.
So also does Jupiter look in trine, indicating great sovereignty,
perfect intelligence, and justice. The Native will bring under his
control the treasure houses of the age.

The eleventh house, which is the house of hope, is ruled by the   49
waxing Moon, which is in the fifth house and looking in trine at
the ascendant: this assures the attainment of hopes and wishes.

In the twelfth house, which is the house of enemies, stands the   50
Dragon's Tail, ready to overturn and overthrow all enemies of
fortune. Any wretch who turns his face away from the focus of
obedience will be sent wandering in the desert of annihilation.
Its regent, the Sun, is located in the third house, which is the
locus of assistants and helpers: it will cause many opponents
to regret their actions and lead them onto the path of servitude
and self-sacrifice.

Among the marvelous attributes of this horoscope is that fact   51
that the tenth house, the house of dominion and sovereignty,
is Gemini, the regent of which, Mercury, is also the regent of
the ascendant. It is certain that every native desires to attribute
to himself a high rank, but not everyone achieves it because of
obstacles. In this auspicious horoscope, that house is the loca-
tion of dominion and sovereignty. When dominion is in its own
house, how can it be withheld from one to whom it is ascribed?

تصویرِ زایچهٔ طالع آسمان‌پیرای حضرتِ شاهنشاهی و مجملی از احکام بطرزِ اخترشناسانِ هندوستان

۵۲ طالعِ سعادت‌مطالعِ آنحضرت بموجبِ حسابِ منجمانِ هند اسد قرار یافته که برجِ ثابت است، و کمالِ غلبه و استیلا و صولت و استعلا دارد. و نیّرِ اعظم که از جمیعِ افرادِ عالم نظرِ تربیتش بسلاطین بیشتر است صاحب طالع واقع شده. و این نشانیست روشن که صاحبِ طالع بر شهریارانِ نامور و فرماندهانِ بزرگ‌قدر غالب و مستولی باشد، و روزِ بروزِ قوایمِ سلطنت و ایالتش استحکام و استقامت پذیرد، و قواعدِ رفعت و شوکتش باستقرار و استدامت انجامد. پنجهٔ قهرش دست گردنکشانِ بدسگال تاب دهد، و آوازهٔ کوسِ نبردش زهرهٔ صفدرانِ شیرمردرا آب سازد.

مشتری / سنبله / آفتاب زهره / عطارد / زحل میزان	اسد	سرطان / جوزا
عقرب		ثور
قوس / مریخ / جدی / قمر	دلو	حمل / حوت

A DIAGRAM OF H.I.M.'S HOROSCOPE AND A SUMMARY OF ITS INFLUENCES ACCORDING TO THE ASTROLOGERS OF INDIA

As reckoned by the astrologers of India, H.I.M.'s ascendant was 52
Leo, which is a fixed sign and possesses complete dominance,
supremacy, power, and superiority. The Sun, which gazes with
more favor upon rulers than upon any other individuals in the
world, is the regent of the ascendant. This is a clear sign that the
Native will be dominant over renowned princes and powerful
commanders. Day by day the foundations of his rule and realm will
grow stronger and firmer, and the bases of his elevation and might
will end in permanence and long-lastingness. His powerful fist will
crush the hands of refractory malevolents, and the sound of his
battle drums will turn the gall of lion-hearted warriors to water.

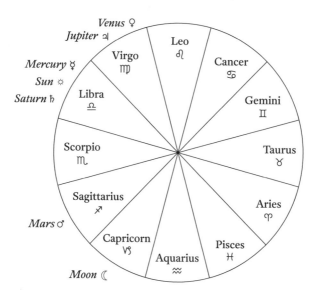

۵۳ و صورت زایچهٔ قدسی بموجب تحریر عمدهٔ منجمان هندوستان جوتکرای که از ملتزمان عتبهٔ شاهی بود رقمزدهٔ کلک تصریح میشود: باوجود کمال بی‌تعیّنی و بی‌تکلّفی حضرت شاهنشاهی چندین شعشعهٔ عظمت و جبروت که از پیشانی سطوتش میتابد دلالت میکند که قول منجمان هندوستان که طالع اشرف اسد میگویند نزدیک بواقع باشد، و در کتب احکام این طبقه مقرر است که صاحب این طالع بسیارمال و غالب بر دشمنان و بخشاینده بر گنهکاران باشد، و بآئین عدل و انصاف گراید، و کارها بعقل قوی و رای متین خود سرانجام دهد، و بسفر مایل بود، و از سفر بهره‌مند باشد، و صاحب فرزندان ارجمند رضاجوی شود.

۵۴ و مشتری و زهره در خانهٔ دوم فراهم آمده صاحب طالع‌را بفنون هنرمندی و انواع دانشوری رهنمون گشته. و چون سعد اکبر در خانهٔ عطارد است بعطیهٔ حسن صورت و تناسب ترکیب عنصری و سنجیدگی سخن و آراستگی مجلس و خرد عالی و اندیشهٔ بلند در خداشناسی و یزدان‌پرستی و نکوکاری و انتظام هر کاری از روی شایستگی ممتاز ساخته. سو زهره در سنبله بآرایش مخدّرات سرادقات اقبال و افزایش پیرایهٔ حسن و جمال اهتمام نموده.

۵۵ و نیر اعظم چون در سیوم است هرچه خواهد از کارهای بزرگ بی‌ملاحظهٔ کسی بجای آرد و توانا باشد. و برادران بپایهٔ او نرسند بلکه نجم طالع اخوان محترق گردد و جهانیان بر هواداریِ او متّحد و متّفق باشند.

۵۶ و چون عطارد در سیوم است هنرمند و کاردان بوده به بیکاری خوش نداشته باشد، مشقّت‌کش و دشمن‌کُش گردد، و در الهیات و دیگر فنون حکمت فکرهای دقیقش در مرتبهٔ ذوق و وجدان باشد، و چون در میزانست مشهور آفاق گردد، و کارهای پسندیده فراوان میدانسته باشد،

The shape of his royal horoscope, as written by the best astrol-   53
oger in India, Jotik Rai, who was an attendant at the royal thresh-
old, is as follows. Despite H.I.M.'s complete unpretentiousness
and unceremoniousness, the many rays of magnificence and
might that shine from his puissant forehead indicate that what
the astrologers of India say, that is, that his most noble ascendant
is Leo, cannot be far from the truth. It is established in their books
of astrological influences that the Native of this horoscope will be
rich, dominant over his enemies, and forgiving toward offenders.
He will incline to justice and equity, he will accomplish tasks
through his own powerful intellect and firm opinions, he will be
inclined to travel, he will benefit from travel, and he will have
excellent children who seek to please him.

Jupiter and Venus having come together in the second house,   54
they will lead the Native of the horoscope to various skills and all
sorts of learning. Since Jupiter is in Mercury's house, the Native
will excel in beauty of face, proportion of elemental arrangement,
measuredness of speech, social graces, sublime wisdom, lofty
thoughts of piety and theology, charitability, and regularity of
every act from the standpoint of propriety. Venus in Virgo takes
charge of adorning the chaste ladies of the temples of felicity and
increasing their beauty.

With the Sun in the third house, the Native will be capable   55
of doing anything great he desires without reference to anyone
else. His brothers will not achieve his level; indeed, the ascendant
star of the brothers is occulted, so everyone in the world will be
steadfast and united in supporting the Native.

Since Mercury is in the third house, the Native will be skilled   56
and will be displeased by idleness. He will be a toiler and a slayer
of enemies. In theology and other types of philosophy his precise

و در ازمنهٔ ممتدّه جهانستانی و جهانبانی کند و تدبیرات صایبه و افکار دقیقه نماید.

۵۷ و زحل چون در سیوم است آسایش و آسودگی فراوان بیند و خدمتکاران رضامند بیحساب داشته باشد و با شجاعت ذاتی بعقل کامل خود کار کند. و چون در میزان و در شرفست صاحب خزاین عالم شود. و چون در سایهٔ گرانمایهٔ آفتاب جهانتابست خزاین بیکرانش مدّتهای مدید و عهدهای دراز بر قرار بماند، و سفرهای دلخواه بکامرانی و کامستانی کند، و ازو بزرگتری در روی زمین نباشد، و جانوران سیاه‌رنگ عظیم‌جثّه بر درگاه او باشند. هرچند بسنّ و سال بزرگ گردد قدر او بزرگتر شود، و کثرت سپاه و کمال دولت و جاه بی‌مشقّت و تردّد او حاصل آید، و بدولت و اقبال دیرگاه بماند چه ازین بطی‌تر کوکبی نیست. بسط سعادت و استدامت سلطنت و امتداد زمان از عطیه‌های اوست.

۵۸ و نیّر اعظم و زحل و عطارد در یک برجند. دوست‌پرور و دشمنکاه باشد، و آئین دوستی و دشمنی نیکو داند.

۵۹ و مریخ در قوس است. جهانیان اورا ستایش کنند چه در مثلثهٔ طالع و در بیت دوست خود است. دوستی قوی‌حال که آن سعد اکبر است اندیشه‌ها و غمهای طوایف عالم دور کند، و خوشدل و کامروا باشد، و بقوّت صوری و معنوی و ذاتی و عرضی بزرگِ بزرگان و پادشاهِ پادشاهان شود، و پرتو شهرتش عالمگیر گردد، و صیت عظمتش از کران تا کران برسد. بسیاری از سلاطین و حکّام در تحت حکم او باشند، و ازو اندیشه‌ناک بوده مطیع و منقاد گردند. و چون در خانهٔ مشتریست و نیّر اعظم نظر برو دارد، سروران جهان سر بر خط فرمان او باشند و خاک آستانش سجده‌گاه اطاعت خود سازند. و قمر در ششم است. دشمنان او بزرگان باشند، اما

ideas will rise to the level of ecstasy. Since Mercury is in Libra, he will be renowned throughout the world and will perform many heroic acts. He will conquer territory and rule the world for long ages, and his plans and ideas will be correct and precise.

Since Saturn is in the third house, he will see much ease and 57 comfort, he will have countless obedient servants, and he will act with innate bravery in perfect intelligence. Since Saturn is in Libra and at its exaltation, he will be the master of all the treasures of the world, and since Saturn is in the shadow of the world-illuminating Sun, his innumerable treasures will remain stable for long ages, he will make pleasurable journeys resulting in success and prosperity, there will be no one on the face of the earth greater than he, and there will be black animals of immense size at his gate. The older he grows, the greater his power will grow and the more soldiers and perfect sovereignty and status he will acquire without any effect. He will live in splendor and fortune for a long time because there is no planet slower than this one. Extension of happiness and long-lastingness of sovereignty and life are among its gifts.

The Sun, Saturn, and Mercury are in one sign: he will keep 58 friends and reduce his enemies, and he will maintain friendship and enmity well.

Mars is in Sagittarius: the people of the world will praise him 59 because it is in triplicity with the ascendant and in the house of its own friend. The friendship of Jupiter, the greater lucky star, will banish all peoples' worries and concerns. He will be happy and successful, he will become the greatest of the great and emperor of emperors materially and spiritually, innately and coincidentally, rays of his renown will spread throughout the world, and word of his greatness will reach from shore to shore.

باو نرسند، و تاب بارقهٔ قهر و عظمت او نیارند، و همیشه دوستیِ اورا ترتیب دهند تا باقتباس انوار وفاق او از آفات سلامت بمانند. و چون در جدی است وبال دلالت بر ضعف حال دشمنان کند، و خداوند طالع‌را موافق‌مزاج آید که فصل خصومات موافق عدل و مطابق نفس الامر کند، و تحقیق ادیان مختلف و مشارب متفاوت نموده هر طایفه‌را به نکوکاری رهبری نماید، و خواهد که عالمیان از نشیب‌آباد تقلید برآمده بجادهٔ قویم تحقیق گرایند. و چون مشتری برو نظر میکند قدرت و قوّت پادشاهی زیاده از اندازهٔ قیاس باشد، و صاحب فرزندان شایسته گردد. و چون زهره ناظر است عفایف بزرگ‌منش خجسته‌کردار در خدمت او بعمرهای دراز باشند و از رضاجوئیِ فرزندانِ نیکنهاد کامران شود.

۶۰ و ضابطهٔ چند از کتب حکمای هندوستان که دلالت بر جلالت قدر این زایچهٔ قدسی میکند نیز ایراد می‌یابد. چون دوازدهمِ قمر یکی از کواکبِ سیّاره واقع شود مولود بعمر دراز کامیاب عیش باشد، و غبار عارضه بدامن عافیت او کمتر رسد. و چون در عین قوت بود و شهادت ابتزاز و سعادت شرف داشته باشد پادشاهی بزرگ یابد و بطول حیات و وفور برکات و منازل عالی‌اساس و اماکن والابنیان مسرّت‌آرای گردد. و چون درین زایچه دوازدهمِ قمر مریخ است حصول اینمعنی بر وجه کمال رو دهد، و صاحب عساکر منصوره گشته در معارک رزم صف‌شکن و دشمن‌فکن باشد، و بر هرکس نظر خشم اندازد گداختهٔ سطوت جلال او گردد. و چون دوازدهمِ نیّر اعظم کوکبی مسعود واقع شود مولود گرامی پادشاه سلیم‌طبع سخنگذار دانش‌پذیر قوی‌حال صاحب‌اقبال بود، و در جائی که دلیران نبرد و مردان مرد متوهّم شوند صاحب این سعادت هرگز متزلزل نگردد، و پای وقار در دامن تمکن و پردلی کشیده دارد، و رایحهٔ

Many sovereigns and rulers will be under his command, and they will obey him in trepidation. Since Mars is in Jupiter's house and the Sun looks at him in sextile, the leaders of the world will obey his orders and rub their foreheads in the dust of his threshold in submission. The Moon is in the sixth house: his enemies will be great but they will not be able to reach him. They will not be able to withstand the flash of his wrath and might, and they will always cultivate friendship with him so that by acquiring the light of his favor they may remain safe from calamity. Since the Moon's detriment is in Capricorn,[36] it indicates the weakness of enemies. the Native of the horoscope will have an agreeable temperament that will enable him to decide disputes in accordance with justice and to get to the heart of the matter. Because he will have investigated various religions and differing sects, he will lead every group to righteousness. He will desire to extricate the people of the world from the slippery slope of blind tradition and lead them onto the straight path of ascertaining the truth. Since Jupiter looks upon him, his sovereign might and power will be beyond measuring and he will have worthy children. Since Venus is also in aspect, great chaste ladies will live long in his service, and he will enjoy the obedience of his excellent children.

Several principles from the books of the sages of India that indicate the glory of this horoscope should also be introduced. If one of the planets occupies the dodecatemory of the Moon, the Native will enjoy long life and seldom be troubled by illness. If that planet is in the fullness of its power and is enjoying its dignity and the felicity of exaltation,[37] he will attain great sovereignty and will enjoy long life, many blessings, lofty stations, and exalted places. Since in this horoscope the dodecatemory of the Moon is Mars, the attainment of these things will be to perfection, and

60

توهّم و شایبهٔ تغیّر بساحت احتیاط او راه نیابد، و درین زایچهٔ مقدّس‌ورود سعدین در دوازدهم اتفاق افتاده افاضهٔ سعادت مینماید. چون صاحب طالع نیّر اعظم باشد و در سیوم واقع شود مولود اشرف‌را بمرتبهٔ سلطنت عظمی رساند چنانچه درین دیباچهٔ سعادت پرتو ظهور دارد. و چون مشتری و عطارد و زهره هر سه ناظر قمر باشند بر کشورگشائی و فرمانروائی مولود مسعود آگاهی بخشند چنانچه درین لوحهٔ نگارین چراغ دولت می‌افروزند. و اگر جزو طالع یا قمر در نُه‌بهرِ برج باشد و چهار کوکب یا زیاده بقمر ناظر، بیست و دو سلطنت بصاحب طالع متعلق شود و ممالک فراوان در حیطهٔ تصرف و قبضهٔ اقتدارش استمرار پذیرد. و درین طالع باوجود بودن جزو طالع و بودن قمر در نُه‌بهرِ خود قمررا پنج کوکب ناظر اند: نیّر اعظم، سعد اکبر، سعد اصغر، زحل، عطارد. و درین زایچهٔ قدسی صاحب طالع در خانهٔ سیوم است: مولود اقدس‌را اگر برادری باشد دیر نماند. و دوستان جانسپار بهم رسند، و نکوکار و بخشنده و قویحال باشد، و بسلطنت بی‌گزند و سعادت بی‌منتها بهره‌مند شود.

۶۱ و صاحب دوم در سیوم واقعست: کارهای عظیم کند، و شغلهای شگرف بوجود آورد، و اختراع قوانین دولت و حکمت کند، و بداندیشان‌را تنبیه فرماید، و ازین ممر اندیشهٔ پیرامون ضمیر والایش نگردد.

the Native will be the lord of victorious armies, will overthrow his enemies on the field of battle, and will reduce to nothingness all upon whom he gazes in wrath. Since a felicitous planet has occurred as the dodecatemory of the Sun, the Native will be a monarch of sound nature, gifted of speech, knowledgeable, strong, and fortunate. In places where battle-scarred warriors suffer trepidation, the Native of this horoscope will never tremble and will keep his feet firmly planted in steadfastness and courage. The scent of trepidation and the doubt of hesitation will never make their way onto the field of his cautiousness. In this royal horoscope the two lucky stars have coincided in a dodecatemory: it indicates felicity. When the Sun is the regent of the ascendant and occurs in the third house, it will elevate the Native to the rank of greatest sovereignty, as has already been mentioned. When Jupiter, Mercury, and Venus are in aspect to the Moon, they inform the Native of conquest and rule, as is indicated here. If the segment of the ascendant or the Moon is in *nuhbahr* with the sign,[38] and four or more planets are in aspect to the Moon, twenty-two kingdoms will belong to the Native of the horoscope and many realms will come under his powerful control. In this horoscope, in addition to the fact that both the segment of the ascendant and the Moon are in *nuhbahr* with themselves, five planets are in aspect: the Sun, Jupiter, Venus, Saturn, and Mercury. Also in this horoscope the regent of the ascendant, the Sun, is in the third house: if the Native has a brother, he will not live long. Self-sacrificing friends will gather around him, he will be righteous, generous, and strong, and he will enjoy sovereignty without detriment and felicity without obligation.

The regent of the second house, Mercury, is in the third house: he will do great things and perform marvelous works, he will

61

۶۲ و صاحب سیوم در دوم است: بیچاره‌های ازپاافتاده‌را دستگیری کند، و با خویشاوند سعادت‌پیوند بمهربانی پیش آید، و سایر نیک‌اندیشان از فیض انعام و احسان او بهره‌مند گردند، و از حدایق افضال و اکرام او ثمرات برچینند. و مقرر است که اگر صاحب سیوم سعد باشد، مولود گرامی بسلطنت علیا رسد چنانچه در زایچهٔ مقدّس صاحب سیوم سعد اصغر است: هرآینه دلالت دارد بر خلافت کبری و ایالت عظمی.

۶۳ و صاحب چهارم که مریخست در پنجم جا گرفته: پدر والاقدر از وجود اشرف او مؤیّد بتأییدات غیبی گردد، و فرزندان عالی‌نژاد او درازعمر باشند، و با دولت و اقبال بزرگ و نامدار شوند.

۶۴ و صاحب پنجم که مشتریست در دوم است: خزاینش فراوان شود، و ممالک عظیمه در تحت تصرف آورد. و چون زهره نیز در دوم است بنکات موسیقی و دقایق ادوار و رموز نغمات باریک‌بین و موی‌شکاف باشد.

۶۵ و صاحب ششم زحل در سیوم است: بعضی از ملازمان درگاهش اندیشه‌های ناشایسته پیش گیرند و پایمال قهرمان اقبال شوند.

۶۶ و صاحب هفتم زحل در سیوم است: امور شوکت و ابّهت بتدبیر صایب خود انتظام دهد، و در خاطر او این آرزو جای کند که مرا برادری نشد که در خدمت من سربلند شدی.

۶۷ و صاحب هشتم مشتری در دوم است: بتدبیر والای خود اموال فراوان و خزاین بی‌اندازه‌را متصرف باشد، و تواند بود که میراث نیز بدست او افتد.

establish laws of prosperity and wisdom, he will chastise malevolent people, and he will not be troubled by worries.

The regent of the third house, Venus, is in the second: he will 62
take the downtrodden poor by the hand, he will treat his lucky relatives with kindness, and all benevolent people will enjoy his munificence and generosity and reap benefits from the gardens of his bounty and liberality. It is well established that if the regent of the third house is a lucky star, the Native will attain the highest sovereignty. Since in the royal horoscope the regent of the third house is the greater lucky star, it indicates absolutely the greatest sovereignty and dominion.

The regent of the fourth house, Mars, occurs in the fifth house: 63
the Native's glorious father will receive divine assistance through the Native's most noble existence, and his exalted children will live long and have great renown.

The regent of the fifth house, Jupiter, is in the second: his 64
treasuries will be overflowing, and vast realms will come under his control. Since Venus is also in the second house, he will be discriminating and discerning in the finer points of music, musical modes, and the mysteries of songs.

The regent of the sixth house, Saturn, is in the third: some of 65
his court attendants will harbor improper thoughts, but they will be trampled by the champion of felicity.

The regent of the seventh house, also Saturn, is in the third: he 66
will give order to matters of splendor and grandeur by means of his own correct strategy, and in his mind will be formed a wish that he had not had a brother who grew grand in his service.

The regent of the eighth house, Jupiter, is in the second: through 67
his own grand strategy he will control abundant wealth and countless treasure. It may also be that he will be heir to a legacy.

۶۸ و صاحب نهم مریخ در پنجم در خانهٔ مشتریست: دلالت بر قوت حافظه کند، و یادداشت قوی داشته باشد، و هرچه با خلق کند شایسته کند، و پرستش خالق پسندیده نماید، و بآئین نیکو در رعیت‌پروری و معدلت‌گستری بسر برد، و اورا فرزندان دولتمند حق‌پرست شوند، و متأدب بآداب اطاعت و رضاجوئی باشند.

۶۹ صاحب دهم زهره در دوم است: بوالدین و بزرگسالان خویش بادب و رضاطلب باشد.

۷۰ و صاحب یازدهم عطارد در سیوم است: خدمتکاران و ملازمان درگاه‌را دوست دارد، و پناه جهانیان باشد، و دشمنان او بی‌محنت و مشقّت او نیست و نابود گردند.

۷۱ و صاحب دوازدهم قمر در ششم است: منافقان و مخالفان او فراوان باشند، و از صدمهٔ صدای کوس دولت و غلغلهٔ هیجای عظمت او سراسیمه و پراکنده گردند و خایب و خاسر روی بفرامشخانهٔ فنا نهند.

۷۲ و اگر مشتری یا زحل در دوم واقع شود مولود مسعود پادشاه بزرگ گردد و بر دشمنان چیره‌دست شود. و نیز هرگاه قمر در جدی که خانهٔ زحل است وقوع یابد و در نه‌بهر زحل جای گیرد دلالت کند که اکثر عالم فرمانبردار مولود محمود باشد، و اطراف ممالک او بدریای شور منتهی شود، و ایام سلطنت سعادت‌انتظام او امتداد یابد. و نیز مقرر است که چون در زایچهٔ ولادت زحل در شرف باشد مولود اشرف بپادشاهی بزرگ و عمر دراز کامیاب گردد، و این همه ضوابط و دلایل درین زایچهٔ مسعود رقم ظهور دارد.

The regent of the ninth house, Mars, is in the fifth, the house   68
of Jupiter. It indicates power of memory. Everything he does
with people will be appropriate, he will approve of worship of the
creator, he will observe good customs of caring for his subjects
and providing justice, and he will have felicitous, God-worship-
ping children who will be obedient and seek to please him.

The regent of the tenth house, Venus, is in the second: he will   69
try to please his parents and his elders.

The regent of the eleventh house, Mercury, is in the third: he   70
will love his servants and court attendants, he will be a refuge
for the people of the world, and he will annihilate his enemies
without effort.

The regent of the twelfth house, the Moon, is in the sixth: 71
opponents and rebels will be many, but they will be dispersed
with the sound of the battle drums of his fortune and flee in
frustration into oblivion.

If Jupiter or Saturn occurs in the second house, the Native   72
will be a great sovereign and triumph over his enemies. Also,
when the Moon occurs in Capricorn, the house of Saturn, and
in *nuhbahr* with Saturn, it indicates that most of the world will
be obedient to the Native, that his realm will stretch to the salty
sea, and that the days of his happy rule will be long. It is further
established that when Saturn is in exaltation in the natal horo-
scope, the Native will be a great sovereign with a long life. All of
these portents and indications occur in this happy horoscope.

ذکر زایچهٔ سعادت‌ارقام که علاّمة الزّمانی عضد الدّوله امیر فتح الله شیرازی استخراج نموده

۷۳ در سالی که قدوهٔ علمای روزگار و نقاوهٔ دانش‌اندوزان آموزگار، قسطاسِ دقایقِ علوم، اقلیدِ مغالقِ فهوم، مرتقیِ مدارجِ علیا، مبیّنِ حقایقِ اشیا، نقّادِ جواهرِ معانی، حلاّلِ غوامضِ یونانی، پرده‌شکافِ روابطِ نور و ظلام، نکته‌طرازِ حرکت و سکونِ اجرام و اجسام، عنقایِ اوجِ بلندپروازی، علامة الدّهر، عضد الدّوله امیر فتح الله شیرازی برهنمونیِ بختِ بیدار بپایهٔ سریرِ ارفعِ اعلی مشرّف شد و بمراتبِ رفیع و مدارجِ عالی خلعتِ امتیاز یافت، روزی راقم این شگرفنامه مذکور ساخت که زایچهٔ طالع مسعود مختلف بنظر میرسد. مأمول آنست که ایشان نیز بنمودار صحیح غور تمام کرده بمیزان تحقیق بسنجند. خدمت میر از کمال تدقیق بضوابط فارسی و قوانین یونانی استنباط طالع اشرف نموده اسد قرار دادند. چون باعتمادِ محرّر معتمدترینِ زایچه‌هاست صورت آن‌را با انموذجی از احکام ایراد مینماید:

THE FELICITOUS HOROSCOPE CAST BY
AZUDUDDAULA AMIR FATHULLAH SHIRAZI

In the year in which the most learned man of the age, Azudud-   73
daula Amir Fathullah Shirazi, was brought by good fortune to
the foot of the most exalted throne and attained exalted degrees
of favor, one day the writer of this amazing book mentioned that
since the royal horoscopes appeared to be in disagreement, it was
hoped he would study the matter and arrive at the truth. The mir,
employing Persian and Greek principles to extract the ascendant,
ascertained that the ascendant was Leo. Since, in the opinion
of the writer, it is the most trustworthy of all the horoscopes, a
diagram is introduced below.

زهره مشتری عطارد سنبله شمس زحل میزان	طالع اسد	ذنب سرطان جوزا
عقرب	هیلاج اول جزو اجتماع پس مشتری پس زحل	ثور
مریخ قوس قمر جدی رأس	دلو حوت	حمل

۷۴   مرکز طالع اشرف درین زایچهٔ اقدس که کارنامهٔ ادوار ثوابت و سیّاره است بیست و هشت درجه و سی و شش دقیقهٔ اسد است و قائم الاوتاد اتّفاق افتاده. و چون مرکز طالع سعادت‌مطالع از خانهٔ نیّر اعظم است هیچ کوکبی صاحب شرف خانهٔ او نیست، و حدّ مرّیخست، و ربّ مثلثه‌اش سعد اکبر است بشرکت نیّر اعظم و خدمت زحل، و وجه و دریجانِ مرّیخ، و نه‌بهرِ مشتری، و آدرجان و هفت‌بهرِ مرّیخ، و اثناعشریهٔ قمر، و وبالِ زحل است. و این درجه مذکّر است و نیّره و از نحوست خالی. و مستولی برین طالع نیّر اعظمست بنحوی از شرکت زحل. و زهره در برج سنبله در بیست و شش درجه و بیست و سه دقیقه و سی و هفت ثانیه. و سهم الولد بقولی در بیست و چهار درجه و بیست و سه دقیقه. و سهم المال در

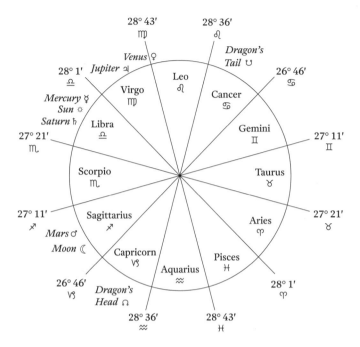

The cusp of the ascendant in this royal horoscope, which is a   74
transcript of the revolutions of the fixed stars and planets, lies at
28° 36' Leo,[39] and it has occurred with the angles in fixed signs.[40]
Since the cusp of the felicitous ascendant is in the Sun's house,
no planet rules its house. It is the term of Mars; its lord of triplic-
ity is Jupiter in partnership with the Sun and the attendance of
Saturn; it is the face and *darijan* of Mars; the *nuhbahr* of Jupiter;
the *adarjan* and *haftbahr* of Mars;[41] the dodecatemory of the
Moon; and the detriment of Saturn. It is a masculine degree,
lucid, and devoid of infelicity. Dominant over this ascendant is
the Sun, with an intent to form an alliance with Saturn. Venus is
at 26° 23' 37" Virgo. The Part of Children is said to be at 24° 23';

بیست و پنج درجه و هفده دقیقه. و سهم موت الأب در بیست و چهار درجه و بیست و سه دقیقه. و سهم الاخوة در هشت درجه و چهل و هفت دقیقه. و سهم عدد الاخوة در چهارده درجه و دوازده دقیقهٔ سنبله است.

۷۵ مرکز خانهٔ دوم بیست و هشت درجه و چهل و سه دقیقهٔ سنبله است و شرفِ عطارد است، و حدِّزحل، و ربِّ‌مثلّثه‌اش قمر است بشرکت زهره و خدمت مریخ، و وجه عطارد، و دریجان زهره، و نه‌بهر عطارد، و آدرجان قمر، و اثناعشریهٔ نیّر اعظم و هفت‌بهر و هبوط زهره، و وبال مشتریست. و مستولی برین خانه قمر است، و این درجهٔ مذکّر است خالی از ظلمت و نور و نحوست و سعادت. و مشتری در پانزده درجه و سیزده دقیقه و سی و هفت ثانیه، و عطارد در بیست و پنج درجه و بیست و چهار دقیقهٔ میزانست، و سهم الرّجا در دوازده درجه و پنجاه و سه دقیقه، و سهم النّصرة والظّفر در یک درجه و هفده دقیقهٔ میزانست، و جزوِ اجتماع مقدّم در بیست و چهار درجه و پنجاه دقیقهٔ میزانست.

۷۶ مرکز خانهٔ سیوم بیست و هشت درجه و یک دقیقهٔ میزانست، و خانهٔ زهره است و شرف زحل، و حد مریخ، و رب مثلثه‌اش عطارد است بشرکت زحل و خدمت مشتری، و وجه مشتری، و دریجان و نه‌بهر و اثناعشریه و هفت‌بهر عطارد، و آدرجان و هبوط نیّر اعظم، و وبال مریخ است. و مستولی برین خانه زحل است، و این درجهٔ مؤنّث است، و مضیّه و خالی از نحوست و سعادت. و زحل در ده درجه و چهل دقیقه و سی و سه ثانیهٔ عقربست، و سهم الغیب در هفده درجه و پنجاه دقیقه، و سهم السّعادة بر قول بطلمیوس و محی الدین مغربی در هجده درجه و نه دقیقه، و سهم الاصدقا والخیر و سهم العبید بقولی در بیست و سه درجه و دوازده دقیقه، و سهم الامراض بقولی در هفده درجه و بیست

the Part of Wealth is at 25° 17'; the Part of the Father's Death is at 24° 23'; the Part of Brothers is at 14° 12' Virgo.

The cusp of the second house is at 28° 43' Virgo. It is the exaltation of Mercury and the term of Saturn; its lord of triplicity is the Moon in partnership with Venus and the attendance of Mars. It is the face of Mercury, the *darijan* of Venus; the *nuhbahr* of Mercury; the *adarjan* of the Moon; the dodecatemory of the Sun; the *haftbahr* and descent of Venus; and the detriment of Jupiter. Dominant over this house is the Moon. It is a masculine degree devoid of darkness and light and of infelicity and felicity. Jupiter is at 15° 13' 37", and Mercury is at 25° 24' Libra. The Part of Hope is at 12° 53'; the Part of Victory and conquest is at 1° 17' Libra; the segment of anterior conjunction is at 24° 50' Libra.

The cusp of the third house is at 28° 1' Libra. It is the house of Venus, exaltation of Saturn, and the term of Mars. Its lord of triplicity is Mercury in partnership with Saturn and the attendance of Jupiter. It is the face of Jupiter; the *darijan, nuhbahr,* dodecatemory, and *haftbahr* of Mercury; the *adarjan* and opposite house of the Sun; and the detriment of Mars. Dominant over this house is Saturn. It is a feminine degree, lucid, and devoid of infelicity or felicity. Saturn is at 10° 40' 33" Scorpio. The Part of Fate is at 17° 50'; the Part of Good Fortune, according to Ptolemy and Muhyiddin Maghribi, is at 18° 9'; the Part of Friends and Sincerity and the Part of Slaves, according to one authority, is at 23° 12'; the Part of Illnesses is said to be at 17° 21'. The Sun is at 0° 45' 57" Scorpio.

و یک دقیقه، و نیّر اعظم در صفر درجه و چهل و پنج دقیقه و پنجاه و هفت ثانیهٔ عقربست.

۷۷ مرکز خانهٔ چهارم بیست و هفت درجه و بیست و یک دقیقهٔ عقربست، و این وتد قایم است و خانهٔ مریخ، و حد زحل، و وجه و اثناعشریه و وبال زهره، و رب مثلثهٔ مریخ است بشرکت زهره و خدمت قمر، و دریجان عطارد، و نه‌بهر و هفت‌بهر مشتری. و مستولی برین خانه مریخ است، و این درجهٔ مذکّر و قیّمه و خالی از نحوست و سعادتست، و سهم سفر البر در دوازده درجه و بیست و هشت دقیقهٔ قوس است، و سهم الخصومات در بیست و هفت درجه و سی و دو دقیقهٔ عقربست.

۷۸ مرکز خانهٔ پنجم بیست و هفت درجه و یازده دقیقهٔ قوس است. خانه و نه‌بهر مشتری، و شرف ذنب، و حد مریخ، و وجه زحل، و رب مثلثه‌اش مشتری بشرکت شمس و خدمت زحل است، و دریجان شمس، و آدرجان زهره، و اثناعشریهٔ مریخ، و نه‌بهر مشتری، و هفت‌بهر زحل، و هبوط راس، و وبال عطارد است. مستولی برین خانه مشتری است بنحو شرکتی از زحل، و این درجهٔ مذکّر است و قیّمه و از نحوست و سعادت خالی. سهم السلطنة والملک در بیست و هشت درجه و سی و نه دقیقهٔ قوس است، منقار الدجاجه و نسر الطائر در بیست و پنج درجهٔ جدی است، و مریخ در ده درجه و چهل و هشت دقیقه و بیست و سه ثانیه، و قمر در نوزده درجه و چهل و هشت دقیقه و چهارده ثانیهٔ جدی است.

The cusp of the fourth house is at 27° 21' Scorpio. It is at a right 77
angle to the ascendant, and it is the House of Mars. It is the term
of Saturn; the face, dodecatemory, and detriment of Venus; its
lord of triplicity is Mars in partnership with Venus and the atten-
dance of the Moon; it is the *darijan* of Mercury and the *nuhbahr*
and *haftbahr* of Jupiter. Dominant over this house is Mars, and
it is a masculine degree, fixed, and devoid of infelicity or felicity.
The Part of Land Travel is at 12° 28' Sagittarius; the Part of Law
Suits is at 27° 32' Scorpio.

The cusp of the fifth house is at 27° 11' Sagittarius. It is the 78
house and *nuhbahr* of Jupiter, the exaltation of the Dragon's Tail,
the term of Mars, and the face of Saturn. Its lord of triplicity is
Jupiter in partnership with the Sun and the attendance of Saturn.
It is the *darijan* of the Sun, the *adarjan* of Venus, the dodeca-
temory of Mars, the *nuhbahr* of Jupiter, the *haftbahr* of Saturn,
the fall of the Dragon's Head,[42] and the detriment of Mercury.
Dominant over this house is Jupiter intending to form an alliance
with Saturn. It is a masculine degree, fixed, and devoid of infelic-
ity or felicity. The Part of Sovereignty and Territory is at 28° 39'
Sagittarius; Cygnus and Aquila are at 25° Capricorn; Mars is at
10° 48' 23", and the Moon is at 19° 48' 14" Capricorn.

۷۹ مرکز خانهٔ ششم بیست و شش درجه و چهل و شش دقیقهٔ جدی است. خانهٔ زحل و شرف و حد مریخ، و وجه شمس، و رب مثلثهاش قمر است بشرکت زهره و خدمت مریخ، و دریجان و نهبهر عطارد، و آدرجان و اثناعشریه و هبوط مشتری، و هفتبهر و وبال قمر است. مستولی برین خانه مریخ است بشرکت زحل و قمر، و این درجه مذکّر و نیّره و نحس است، و راس در بیست و هفت درجه و بیست و نه دقیقه و سیزده ثانیهٔ دلو است، و سهم الحبس⁴ والاساری در بیست و چهار درجه و چهل و چهار دقیقهٔ جدی است، و سهم موت الاخوة در دو درجه و یک دقیقهٔ دلو است.

۸۰ مرکز خانهٔ هفتم بیست و هشت درجه و سی و شش دقیقهٔ دلو است، خانه و حد و اثناعشریهٔ زحل، و رب مثلثهاش عطارد است بشرکت زحل و خدمت مشتری، و وجه قمر، و دریجان زهره و آذرجان و نهبهر عطارد، و هفتبهر مشتری، و وبال شمس است. مستولی برین خانه زحل است بشرکت عطارد و نحو شرکتی از مشتری، و این درجهٔ مذکّر و مظلمه و خالی از نحوست و سعادت است. سهم الالفة والبقاء والثبات والمحبّة در بیست درجه و هشت دقیقهٔ حوت است.

۸۱ مرکز خانهٔ هشتم بیست و هشت درجه و چهل و سه دقیقهٔ حوت است، خانه و نهبهر مشتری، و شرف زهره، و حد و وجه و دریجان و آذرجان و رب مثلثهاش مریخ است بشرکت زهره و خدمت قمر، و حد و هفتبهر و اثناعشریهٔ زحل، و هبوط عطارد است. مستولی برین خانه زهره است بشرکت مریخ و نحو شرکتی از قمر، و این درجهٔ مذکّر و قیّمه و خالی از نحوست و سعادت است، و سهم الشرف در بیست درجه و هشت دقیقهٔ حمل است، و سهم الشجاعة در دو درجه و پنجاه و سه دقیقهٔ حمل است.

The cusp of the sixth house is at 26° 46′ Capricorn. It is the   79
House of Saturn and the exaltation and term of Mars; the face
of the Sun; its lord of triplicity is the Moon in partnership with
Venus and the attendance of Mars; it is the *darijan* and *nuhbahr*
of Mercury; the *adarjan*, dodecatemory, and opposite house of
Jupiter; the *haftbahr* and detriment of the Moon. Dominant over
this house is Mars in partnership with Saturn and the Moon. It is
a masculine degree, lucid, and infelicitous. The Dragon's Head is
at 27° 29′ 13″ Aquarius. The Part of Prison and Captives is at 24°
44′ Capricorn; the Part of Brothers' Death is at 2° 1′ Aquarius.

The cusp of the seventh house is at 28° 36′ Aquarius. It is the   80
house, term, and dodecatemory of Saturn. Its lord of triplic-
ity is Mercury in partnership with Saturn and the attendance
of Jupiter; it is the face of the Moon, the *darijan* of Venus, the
adarjan and *nuhbahr* of Mercury, the *haftbahr* of Jupiter, and
the detriment of the Sun. Dominant over this house is Saturn in
partnership with Mercury and intending to form an alliance with
Jupiter. It is a masculine degree, dark, and devoid of infelicity or
felicity. The Part of Intimacy, Long Life, Stability, and Affection
is at 20° 8′ Pisces.

The cusp of the eighth house is at 28° 43′ Pisces. It is the house   81
and *nuhbahr* of Jupiter; it is the exaltation of Venus; the term,
face, *darijan,* and *adarjan* of Mars, which is also the lord of
triplicity in partnership with Venus and the attendance of the
Moon; it is the term, *haftbahr,* and dodecatemory of Saturn;
and the opposite house is Mercury. Dominant over this house is
Venus in partnership with Mars and intending to form an alliance
with the Moon. This is a masculine degree, fixed, and devoid of
infelicity or felicity. The Part of Nobility is at 20° 8′ Aries; the
Part of Bravery is at 2° 53′ Aries.

۸۲ مرکز خانهٔ نهم بیست و هشت درجه و یک دقیقهٔ حمل است، خانهٔ مریخ و شرف نیّر اعظم، و حد زحل و هبوط و آذرجان و وجه و وبال زهره است، و رب مثلثهاش مشتریست بشرکت نیّر اعظم و خدمت زحل، و دریجان و نه‌بهر و اثناعشریه و هفت‌بهر مشتری است. مستولی برین خانه مریخ است بشرکت مشتری و نحر شرکتی از زحل، و این درجهٔ مذکّر و نیّره و از درجات ابار است. سهم الولد المذکّر بقولی در بیست و سه درجه و چهل و نه دقیقهٔ ثور است، و سهم سفر البحر در دو درجه و سی و شش دقیقه، و سهم الأم در پنج درجه و صفر دقیقهٔ ثور است.

۸۳ مرکز خانهٔ دهم بیست و هفت درجه و بیست و یک دقیقهٔ ثور است، خانه و آذرجان زهره، و شرف و رب مثلثهاش قمر است بشرکت زهره و خدمت مریخ، و دریجان زحل، و نه‌بهر و هفت‌بهر عطارد، و اثناعشریه و حد و وبال مریخ است. مستولی برین خانه زهره است بشرکت تام قمر و شرکتی از مریخ، و این درجهٔ مذکّر و نیّره و خالی از نحوست و سعادت است. سهم السعادة بر قول غیر بطلمیوس و محی الدین مغربی در نه درجه و بیست و دو دقیقهٔ جوزاست، و سهم العقل والنطق در نه درجه و پنجاه و یک دقیقهٔ جوزاست، و سهم المرض در بیست و پنج درجه و بیست و هفت دقیقهٔ جوزاست، و سهم الولد المذکّر بقولی در بیست و نه درجه و چهل دقیقهٔ ثور است، و سهم الورع در چهار درجه و صفر دقیقهٔ جوزاست، و سهم الاملاک در نوزده درجه و سی و شش دقیقه، و سهم الاعدا بقولی در بیست و پنج درجه و هفت دقیقهٔ جوزاست.

۸۴ مرکز خانهٔ یازدهم بیست و هفت درجه و یازده دقیقهٔ جوزاست، خانه و نه‌بهر عطارد، و رب مثلثهاش اوست بشرکت زحل و خدمت مشتری، و شرف راس، و حد و دریجان زحل، و وجه شمس، و آذرجان مشتری، و

The cusp of the ninth house is at 28° 1′ Aries. It is the house 82
of Mars and exaltation of the Sun. It is the term of Saturn, the
opposite house, *adarjan*, face, and detriment of Venus; the lord
of its triplicity is Jupiter in partnership with the Sun and the
attendance of Saturn; it is the *darijan, nuhbahr*, dodecatemory,
and *haftbahr* of Jupiter. Dominant over this house is Mars in
partnership with Jupiter and somewhat in partnership with
Saturn. It is a masculine degree, lucid, and one of the degrees
of pits. The Part of Male Children is said to be at 23° 49′ Taurus;
the Part of Sea Voyages is at 2° 36′; and the Part of the Mother
is at 5° 0′ Taurus.

The cusp of the tenth house is at 27° 21′ Taurus. It is the house 83
and *adarjan* of Venus; the Moon is at exaltation and is lord of
its triplicity in partnership with Venus and the attendance of
Mars. It is the *darijan* of Saturn; the *nuhbahr* and *haftbahr* of
Mercury; the dodecatemory, term, and detriment of Mars.
Dominant over this house is Venus in complete partnership with
the Moon and intending to form an alliance with Mars. This is a
masculine degree, lucid, and devoid of infelicity or felicity. The
Part of Happiness, according to everyone other than Ptolemy
and Muhyiddin Maghribi, is at 9° 22′ Gemini; the Part of Intel-
ligence and speech is at 9° 51′ Gemini; the Part of Illness is at
25° 27′ Gemini; the Part of Male Children is said to be at 29° 40′
Taurus; the Part of Piety is at 40° 0′ Gemini; the Part of Property
is at 19° 36′; and the Part of Enemies is said to be at 25° 7′ Gemini.

The cusp of the eleventh house is at 27° 11′ Gemini. It is the 84
house and *nuhbahr* of Mercury, which is also its lord of triplicity
in partnership with Saturn and the attendance of Jupiter. It is the
exaltation of the Dragon's Head, the term and *darijan* of Saturn,
the face of the Sun, the *adarjan* of Jupiter, and the dodecatem-

اثناعشریه و هفت‌بهر زهره است، و این درجهٔ مؤنّث و قیّمه و خالی از سعادت و نحوست است. سهم عواقب الامور و سهم التزویج در چهارده درجهٔ سرطان است. مستولی برین خانه عطارد است بشرکت زحل.

۸۵ مرکز خانهٔ دوازدهم بیست و شش درجه و چهل و شش دقیقهٔ سرطان است، خانه و وجه قمر و شرف و نه‌بهر و دریجان مشتری، و حد و وبال زحل است، و رب مثلثهٔاش مریخ است بشرکت زهره و خدمت قمر، و آذرجان و اثناعشریه و هفت‌بهر و هبوط مریخ است. مستولی برین خانه قمر است بشرکت مشتری و مریخ و زهره و زحل، و این درجهٔ مؤنّث و نیّره و خالی از سعادت و نحوست است، و ذنب در بیست و هفت درجه و بیست و نه دقیقه و سیزده ثانیهٔ اسد است، و سهم العلم والحلم والغلبة والنصرة در هجده درجه و بیست و دو دقیقه، و سهم الولد بقولی در دو درجه و چهل و نه دقیقه، و سهم الخوف والشدّة در بیست و دو درجه و پانزده دقیقه، و سهم الحیوة در دو درجه و چهل و نه دقیقه، و سهم الأب در هژده درجه و بیست و دو دقیقهٔ اسد است.

۸۶ و درین زایچه هیلاج اول جزو اجتماع مقدّم است، پس سهم السعادة، پس درجهٔ طالع، و کدخدا از ممرّ هیلاج اوّل زحل است پس مشتری. و از ممرّ سهم السعادة اوّل مشتری است پس زحل. و از ممرّ درجهٔ طالع اوّل شمس است پس مریخ.

ory and *haftbahr* of Venus. This is a feminine degree, fixed, and devoid of felicity or infelicity. The Part of Final Outcomes and the Part of Marriage are at 14° Cancer. Dominant over this house is Mercury in partnership with Saturn.

The cusp of the twelfth house is at 26° 46' Cancer. It is the house and face of the Moon, the exaltation, *nuhbahr*, and *darijan* of Jupiter, and the term and detriment of Saturn. Its lord of triplicity of Mars in partnership with Venus and the attendance of the Moon. It is the *adarjan*, dodecatemory, *haftbahr,* and opposite house of Mars. Dominant over this house is the Moon in partnership with Jupiter, Mars, Venus, and Saturn. This is a feminine degree, lucid, and devoid of felicity or infelicity. The Dragon's Tail is at 27° 29' 13" Leo. The Part of Knowledge, Clemency, Dominance, and Victory is at 18° 22'; the Part of Children is said to be at 2° 49'; the Part of Fear and Strife is at 22° 15'; the Part of Life is at 2° 49'; the Part of the Father is at 18° 22' Leo.

The hyleg in this horoscope is firstly the point of anterior conjunction, secondly the Part of Fortune, then the degree of the ascendant. The lord of the hyleg is firstly Saturn, then Jupiter. Regarding the Part of Fortune, first comes Jupiter, then Saturn. Regarding the degree of the ascendant, first comes the Sun, then Mars.

85

86

شرح احکام این زایچهٔ بدیعه که هیکل بازوی انجم و افلاک و تعویذ تارک قرون و ادوار است

۸۷ چون اساس زایچهٔ قدسیه استحکام یافت شرح اندکی از بسیار احکام بدایع‌انتظام این زایچهٔ مقدّسه ناگزیر است.

احکام خانهٔ اول

۸۸ چون مرکز طالع از اسد است که خانهٔ نیّر اعظم است دلالت میکند بر علوّ فطرت و بها و بودن هیکل مقدّس قوی و توانا و بزرگی سر و فراخی پیشانی و گشادگی سینه و قدرت و بسطت و شهامت و عظمت و مهابت و حسن منظر و قوّت دماغ. و چون اکثر درجات طالع از برج سنبله است که خانه و شرف عطارد است که در خانهٔ زهره در دوم طالع است و متصل بمشتری و در حد و مثلثه خود است، باید که در همه امور مالی و ملکی بنفس نفیس خود باز رسد، و بتدبیرات درست سرانجام مهام خود نماید. و چون مستولی برین طالع شریف نیّر اعظم است بمشارکت زحل، سلطنت تمام ممالک هندوستان و بعضی از اقلیم چهارم بصاحب طالع تعلق گیرد. و چون بحسب مقام نیّر اعظم بعد زحل است پادشاهی هندوستان مقدّم باشد بر اقلیم رابع. و چون صاحب مرکز دوم که عطارد است متصل بصاحب طالع شده دلالت کند بر آنکه مال و ملک بآسانی دست دهد. و بودن طالع و سهم السعادة و جزو اجتماع مقدّم از بروج کثیرة المطالع دلیل قوی بر درازی عمر و امتداد سلطنت باشد.

AN EXPLANATION OF THE RESULTS
OF THIS MARVELOUS HOROSCOPE

Now that the basis of this royal horoscope has been cast, some   87
explanation of the many influences is inescapable.

Influences of the First House

The cusp of the ascendant is in Leo, which is the house of the   88
Sun; this indicates great natural ability and splendor, that the
royal body will be strong and powerful, that the head will be
large, the forehead broad, the chest expansive, and that there
will be power, gaiety, fearlessness, magnificence, courageous-
ness, goodness of outlook, and strength of mind. Since most of
the degrees of the ascendant are in the sign of Virgo, which is
the house of and exaltation of Mercury, which is in the house of
Venus in the second house of the horoscope, conjoined with Jupi-
ter, and at its own term and triplicity, the Native must attend to
all financial and sovereign affairs himself and conclude his affairs
through his own correct strategies. Since the Sun is dominant
over this ascendant in partnership with Saturn, the rule over all
the realms of India and some of the Fourth Clime will belong to
the Native. Since in terms of position the Sun comes after Saturn,
sovereignty over India is anterior to the Fourth Clime. Since the
regent of the second cusp, Mercury, is conjoined with the regent
of the ascendant, it indicates that money and kingdom will be
easily acquired. Because the ascendant, the Part of Happiness,
and the anterior conjunction are all signs with multiple rising
points, it is strongly indicative of a long life and long term of rule.

احکام خانهٔ دوم

۸۹ چون مرکز خانهٔ دوم از سنبله است که خانهٔ عطارد است متصل بشمس و اکثرش از میزان که خانهٔ زهره است و او در طالع است که خانه و شرف عطارد است دلالت کند بر آنکه مال و ملک از ممرّ حسن تدبیر و عقل کامل حاصل شود و یابندهٔ منصب بزرگ پادشاهی باشد. و بودن مشتری درین خانه در حدّ خود و اتصال عطارد باو مقوّی اینمعنی است. و بر آنکه وزرا بقوّت عقل وافر این صاحبطالع در انتظام امور ملک و مال کوشند نه بتدبیر خود، بلکه اندیشههای ایشان پیش تدبیر خدیو زمان ننماید. و چون صاحب دوم در طالع است خزاین بیحساب اورا جمع شود. و چون مشتری درین خانه است مالرا در مسالک رضای ایزدی صرف کند و در مرضیات خدای نگاهدارد و نظام احوالش روز بروز دولتافزاتر باشد. و بودن مشتری در حد خود دلیل طول عمر گرامیست چنانچه فرزندزادههای گرامیرا دریابد. و این سعادتمنشان بنظر تربیت او بزرگحال شوند.

۹۰ و زحل چون در دوم است و در شرف، هرگز نقصانی بخزاین معمورهٔ او نرسد. و هیلاج که جزو اجتماع مقدّم است درین خانه است مقوّی اینمعنی است. و کدخدا که زحل است و در شرف خود و شریکش که مشتری است درینجا آمده عطیّهٔ عمر مقدّس از ممرّ دو کدخدا و سیوم که مریخ است از عمر طبیعی که صد و بیست سال است متجاوز باشد. و بودن قمر مستولی برین خانه مؤیّدی دیگر است برای اساس این سعادت.

Influences of the Second House

Since the cusp of the second house is in Virgo, which is the house   89
of Mercury conjoined with the Sun, and since most of it is in
Libra, which is the house of Venus, which is the ascendant and
the house of and exaltation of Mercury, it indicates that money
and possessions will be acquired through good planning and
perfect intellect and that the Native will acquire the great status
of emperor. Jupiter's being in this house at its own term and
Mercury's being conjoined with it support this assertion and
indicate that ministers will strive together with the Native's great
intellectual power to regulate sovereign and financial affairs, not
with their own initiative, and their thoughts will not take prece-
dence over that of the lord of the age. Since the regent of the
second house is in the ascendant, uncountable treasures will be
collected for him. Since Jupiter is in this house, he will spend
his money in ways pleasing to God, he will keep himself within
the limits of God's pleasure, and the regulation of his affairs will
increase in fortune day by day. Jupiter's being at its term indicates
that he will enjoy a life long enough to see his grandchildren, who
will grow grand under his patronage.

Since Saturn is in the second house and at its exaltation, no   90
decrease in his flourishing treasury will ever occur. The hyleg
that is at the point of prior conjunction is in this house, and this
affirms this assertion. The alcochoden,[43] which is Saturn in exal-
tation in partnership with Jupiter, has come here as representa-
tive of the gift of life, with the passage of two alcochodens and the
third, which is Mars, indicating that the Native's life will surpass
the natural term, which is 120 years. The Moon's being dominant
over this house also supports the affirmation of this felicity.

احکام خانهٔ سیوم

چون صاحب طالع در سیوم است دلالت کند بر کمال حلم و آهستگی و وقار و اعزاز و امداد اقربا، و این گروه از کوته‌بینی در مقام یکجهتی نباشند، اما چون آن مرکزی که صاحب طالع دروست خانهٔ مریخ و مثلثه و حد و وجه و آدرجان و دریجان اوست و او در پنجم طالع است که خانهٔ فرح و شرف اوست و در مثلثه و وجه مشتری و آدرجان صاحب طالع است، اندیشه‌های نادرست این طبقه موجب زیادتی جاه و سبب مزید دولت صاحب طالع گردد. و چون اوایل سیوم که تعلق ببرادران دارد مورد سطوت نیّر اعظم است دلیل است بر آنکه برادران در جنب شکوه ذات اقدس در حساب نباشند و از پیمانهٔ غصّه شربت واپسین درکشند. و اواسط و اواخر سیوم که تعلق باعوان و انصار دارد محل سهم السعادة بقول بطلمیوس و نیز وجه نیّر اعظم است و او شریک کدخداست دلیل است بر آنکه دوستان و مخلصان بر بساط یکرنگی و جانسپاری بوده در آداب دولتخواهی ثابت‌قدم باشند و از طرف صاحب طالع بسعادت و دولت رسند. و چون این محل از خانهٔ سیوم تعلق بمریخ دارد که در شرف خود است و آن خانهٔ فرح و خانهٔ زحل که کدخدای مقدّم است و آن نیز در شرف خود است دوستان همه باشکوه و شوکت باشند. و بودن زحل مستولی برین خانه که کدخداست و واقع در شرف دلالت تام برین امور دارد. و بودن صاحب سیوم در پنجم دلیل است بر انتظام احوال فرزندان گرامی و آنکه نقل و حرکت نزدیک بسیار روی نماید که موجب انبساط خاطر گردد. ۹۱

Influences of the Third House

Since the regent of the ascendant is in the third house, it indi- 91
cates great clemency, forbearance, gravity, and ennoblement of
and help extended to relatives. These people will not always be
steadfast because of their own shortsightedness, but since the
cusp that is the regent of the ascendant is in it, it is the house of
Mars, and its triplicity, term, face, *adarjan*, and *darijan*, and it is
in the fifth house, which is its house of exaltation and *gaudium*,
and it is the triplicity and face of Jupiter and the *adarjan* of the
regent of the ascendant, the incorrect thoughts of this group will
cause an increase in the Native's prestige and fortune. Since the
first part of the third house, which is connected to brothers, causes
the Sun's strength, it is indicative that brothers will not be compa-
rable in glory to the royal person and that they will quaff adverse
beverages from the goblet of grief. The middle and final parts of
the third house, which are connected to helpers and assistants,
are where the Part of Happiness is located according to Ptolemy,
and also the face of the Sun, and are in partnership with the alco-
choden. This indicates that sincere friends will be in accord and
ready to risk their lives, that they will be firm in their support-
iveness, and that they will receive happiness and fortune from
the Native. Since this position in the third house is connected to
Mars, which is at its exaltation—and that is the house of joy and
the house of Saturn, which is the anterior alcochoden, and it too is
at exaltation, the Native's friends will all be glorious and magnifi-
cent. Saturn's being dominant over this house, which is the hyleg,
and its occurring at exaltation are absolute indications of these
things. That the regent of the third house is in the fifth house is
an indication of regularity of children's affairs and of the fact that
much close movement will occur, which will cause ease of mind.

و از غرایب آنکه سهم الغیب باتفاق و سهم السعادة بر قول بطلمیوس و محیي الدین مغربی در یکجا جمع شده که درجهٔ هجدهم عقرب است که داخل خانهٔ سیوم است و این در طوالع کمتر افتد دلالت قوی میکند بر آنکه پیوسته از عالم غیب سعادت بر سعادت روی دهد. و هر آینه دلیلی متین است بر اطلاع بر خفایای امور و آنکه ضمیر منیرش مورد مغیبات باشد. ۹۲

احکام خانهٔ چهارم

چون صاحب مرکز این خانه مریخ است و در شرف و وجه و مثلثهٔ خود و حد مشتریست و او مستولیست برین خانه دلیل است بر آنکه در اول مرتبه ملک بسعی لشکریان در تصرف درآید. و چون این خانه برج ثابت است و صاحبش در شرف ناظر بنظر مودّت همیشه، ملک در تصرف اولیای دولت باشد، و هرچه در تصرف درآید پایدار بود. و چون هشتم و چهارم باعتبار این درجات که از اول عقربست جوزاست که صاحبش در تحت شعاع نیّر اعظم مختفی است دلالت کند بر آنکه چون صاحب طالع بسنّ تمیز رسد سلطان عقلش ظهور کند و والد ماجد مولود مسعود درین هنگام رو بکمون و بطون آورده اقدام بشهرستان جاودانی نماید. و چون اکثر این خانه از برج قوس است و صاحب حد در دوم طالع مولود دوستدار و حقگذار پدر باشد و از ملک پدر روزیمند گردد. ۹۳

One marvelous thing is that the Part of Fate, by unanimous   92
agreement, and the Part of Fortune, according to Ptolemy and
Muhyiddin Maghribi, have coalesced in one place, the eighteenth
degree of Scorpio, which is in the third house. This rarely occurs
in horoscopes and strongly indicates that happiness upon happi-
ness will come from the unseen world. It is, in any case, a strong
indication of knowledge of hidden things and that the Native's
brilliant mind will fathom the depths of the unknown.

Influences of the Fourth House

Since the regent of the cusp of this house is Mars, which is at   93
exaltation, and since it is the face and triplicity of itself, and since
it is dominant over this house, it is an indication that in the first
degree kingship will be taken over through the efforts of soldiers.
Since this house is a stable sign and its regent is at exaltation
and looking with an affectionate gaze, sovereignty will be under
the control of possessors of good fortune, and everything that
comes under control will be stable. Since the eighth and fourth
with respect to these degrees, which are the first of Scorpio, is
Gemini, the regent of which is hidden under the rays of the Sun, it
indicates that when the Native reaches the age of discrimination,
the ruler of his intellect will appear and the felicitous Native's
glorious father will then disappear into the realm of eternity.
Since most of this house is in the sign of Sagittarius, and it is the
regent of the term, in the second degree the Native will be loving
and respectful of his father and will enjoy his father's realm.

احکام خانهٔ پنجم

۹۴ چون صاحب اکثر خانهٔ سیوم که تعلق بمحبّان و مخلصان و معاونان دارد یعنی مریخ در پنجم و در شرف است دلیل است بر جلایل احوال فرزندان مولود و اخلاص و ارتباط ایشان. و چون مستولی برین خانه زحل است که در شرف و مثلثهٔ خود و کدخداست و مشتری که در وجه و مثلثهٔ خود است و شریک با کدخدا و صاحب مرکز این خانه است دلالت کند بر آنکه فرزندان مولود سعادت‌پذیر و معین دولت گردند، و تارک ادب از زمین رضامندی برنگیرند. و نسر طایر که بر مزاج مریخ است و مشتری و منقار الدجاجه که بر مزاج مشتری و زهره است درین خانه است دلیل قوی بر فراوانی صید مسرّت و سعادت است.

احکام خانهٔ ششم

۹۵ چون صاحب این خانه که زحل است در شرف خود است و راس درین خانه دلالت کند بر دوام سرور مولود و حصول مال و منال فراوان و استدامت صحت عنصر و اعتدال مزاج. و اگر اندک عارضهٔ پیرامون مزاج قدسی گردد بیشایبهٔ امتداد بصحت کامل انجامد. و چون مستولی برین خانه مریخ است بشرکت زحل و هر دو در شرف اند خدمتکاران و ملازمان سعادتمند فراهم آیند.

احکام خانهٔ هفتم

۹۶ چون صاحب مرکز خانهٔ هفتم زحل و در شرف است صاحب طالع‌را در اوایل جوانی پردگیان سراپردهٔ ازدواج از خاندان فرماندهان هند باشند. و چون زحل در بیت دوم است دلیل باشد بر آنکه این عصمتیان شادروان

Influences of the Fifth House

Since the regent of most of the third house, which belongs to   94
lovers, sincere friends, and assistants, that is, Mars, is in the fifth
and at exaltation, it is indicative that the Native's children will
be magnificent and sincere in their connections. Since Saturn
is dominant over this house, and since it is at exaltation and its
own triplicity and alcochoden, and since Jupiter is the face and
its own triplicity in partnership with the alcochoden and regent
of the cusp of this house, it indicates that the Native's children
will be happy and assigned to wealth and that they will never
give displeasure. Aquila, which is of the disposition of Mars and
Jupiter, and Cygnus, which is of the disposition of Jupiter and
Venus, are in this house, and that strongly indicates that much
joy and happiness will be netted.

Influences of the Sixth House

Since the regent of this house, Saturn, is at exaltation, and since   95
the Dragon's Head is in the house, it indicates that the Native's
pleasure will last, that he will acquire abundant money and prop-
erty, and that his health will continue and his temperament will
be balanced. If a slight indisposition should occur, it will end in
good health without lasting very long. Since Mars is dominant
over this house in partnership with Saturn, and both are at exal-
tation, there will be felicitous servants and attendants.

Influences of the Seventh House

Since the regent of the cusp of the seventh house is Saturn,   96
which is at exaltation, those taken in marriage in the Native's

عفت از حکّام مالگذار و خزانه‌معمورساز او باشند. و چون سهم الالفة والمحبّة درین خانه است دلالت بر مزید التذاذ در الفت و مودّت کند خصوص که سهم الالفة در حوت است که خانهٔ مشتری و شرف زهره است.

احکام خانهٔ هشتم

۹۷ چون مرکز این خانه از حوت است و صاحب او مشتری در دوم است در حد و مثلثهٔ خود و سهم الشرف درین خانه است و مستولی برین خانه زهره است بشرکت مریخ که در شرف است دلیل است بر عدم خوف و خطر و بحفظ و صیانت ایزدی مأمون بودن.

احکام خانهٔ نهم

۹۸ چون مرکز این خانه در برج حمل است و خداوند او که مریخ است در شرف و فرح و مستولی برین خانه، مولود مسعود از سفر کامیاب بود و سفرهائی که در پیش آید متضمن تسخیر ولایتی باشد.

احکام خانهٔ دهم

۹۹ چون مرکز این خانه از ثور است که خانهٔ زهره است و مستولی برین خانه و در طالع است دلالت کند بر سعادت تامه و ریاست عامه که عبارت از پادشاهی عظیم است و آنکه این منصب والا در قبضهٔ قدرت صاحب طالع امتداد پذیرد، خصوص که این خانهٔ شرف قمر است و قمر ناظر باو و بطالع با نظر تمام دوستی. و چون سهم السعادة بقول جمهور درین خانه است دلیل است بر کمال سعادت و ازدیاد دولت و آنکه اکثر اوقات در سرانجام

early youth will be from the ruling families of India. Since Saturn is the second house, it is indicative of the fact that these chaste ladies will come from tribute-paying rulers who keep the treasury full. Since the Part of Intimacy and Affection is in this house, it indicates much pleasure in intimacy and affection, particularly since the Part of Intimacy is in Pisces, which is the house of Jupiter and Venus's exaltation.

Influences of the Eighth House

Since the cusp of this house is in Pisces, the regent of which, 97 Jupiter, is in the second house at its own term and triplicity, and since the Part of Nobility is in this house and Venus is dominant over this house in partnership with Mars at exaltation, it indicates lack of fear and danger, and protection by God.

Influences of the Ninth House

Since the cusp of this house is in Aries, the regent of which, Mars, 98 is at exaltation and dominant over this house, the Native will gain success by travel, and the journeys he has in store will ensure conquest of territory.

Influences of the Tenth House

Since the cusp of this house is in Taurus, which is the house of 99 Venus, and since Venus is dominant over this house and in the ascendant, it indicates complete happiness and general leadership, which constitute great kingship. It also indicates that this exalted position will last long in the powerful grasp of the Native,

و انتظام مهام ملک و ملت باشد. و چون سهم العقل والنطق درین خانه است دلیل است بر آنکه عقل و سخن او پادشاه عقلها و سردفتر سخنان باشد و بمنسوبات زهره که ارباب عیش و نشاط اند عنایت او فراوان باشد.

احکام خانهٔ یازدهم

۱۰۰ چون مرکز این خانه از جوزاست و صاحبش در دوم که بیت المال است دلالت کند بر آنکه امیدهای او بتدبیراتی که در مال و ملک خود کند بر حسب دلخواه صورت یابد. و نیز دلیلست بر آنکه اورا دوستان یکدل باشند و ارباب علم و دانش در خدمت او بمرتبهٔ ارجمند رسند. و چون سهم عواقب امور درین خانه است دلیل است بر آنکه عاقبت آمال و امانی او همواره بخیر و سعادت برآید.

احکام خانهٔ دوازدهم

۱۰۱ چون مرکز این خانه از سرطان است و صاحبش قمر در وبال و فرح، دلیل است بر آنکه اعدای دولت پیوسته در نکبت و وبال باشند بر وجهی که صاحب طالع از آن رضامند شود. و بودن ذنب در آنخانه در درجهٔ اول مقوّی اینمعنی است. و چون سهم العلم والحلم درین خانه است دلیل است بر آنکه صاحب طالع باوجود علم بر احوال کوته‌اندیشان تیره‌رای در مقام حلم و عفو باشد و بردباری و فراخ‌حوصلگی و عموم مهربانی از صفات لازمهٔ او باشد. ایزد تعالی آن خدیو اقبال‌را بقرون و دهور ممتد دارد که صفات خلق عظیم که اصل و خلاصهٔ امور جهانداری و ملک‌آرائی و سبب صید خاطر دوست و دشمن و رابطهٔ جذب قلوب و انتظام ضمایر خواص

particularly since this is the house of the Moon's exaltation and the Moon is looking at it and at the ascendant with total friendliness. Since the Part of Happiness, according to most, is in this house, it indicates complete happiness and great wealth and that most time will be spent in administering and regulating affairs of state and nation. Since the Part of the Intellect and Speech is in this house, it indicates that the Native's intellect and speech will be king of intellects and first in the register of speech. Toward those attributed to Venus, who are regents of delight and pleasure, the Native's favor will be abundant.

Influences of the Eleventh House

Since the cusp of this house is in Gemini, and its regent is in the   100
second house, which is the house of wealth, it indicates that the Native's hopes will be achieved as he wishes through plans that he himself will make with regard to money and property. It also indicates that he will have steadfast and knowledgeable friends in high positions in his service. Since the Part of Final Consequences is in this house, it is indicative that the outcomes of his hopes and desires will always be good.

Influences of the Twelfth House

Since the cusp of this house is in Cancer, and its regent, the Moon,   101
is at detriment and *gaudium*, it indicates that those inimical to his success will always suffer disaster and detriment in a manner that will gladden the Native. That the Dragon's Tail is in the first degree of this house further strengthens this assertion. Since the Part of Knowledge and Clemency is in this house, it indicates

133

و عوام است بحمد الله والمنة در مجموعهٔ اخلاق مهذّب این مؤدّب دبستان کبریای احدیّت بر وجه اتمّ و نهج کمال مشاهد و معاین است، و از اصل فطرت و مبدأ طینت باین عطیّهٔ والا و موهبت خاص اختصاص یافته و از روی تحقیق آن همه شمایل و سجایلی پسندیده بی‌تکلف و تصلف ملکهٔ آن ذات سماوی‌برکات گشته ازین سرچشمهٔ معدلت بجداول بساتین استعدادات ارباب استفاضه جاری و ساریست (شعر)

همیشه تا که بر افلاک انجمند پدید	همیشه تا که بارواح قایمند اجسام
مباد جز بـهـوایِ تـو گـردشِ گـردون	مباد جز برضایِ تو جنبشِ اجرام

اینست انموذجی از احکام زایچه‌های طالع اقبال‌مطالع، و اگر عطیّات کواکب و سعادات نظرات و خواص بیوت و غیر آن بتمام و کمال ایراد کرده شود هر آینه دفاتر بهمرسد و صحایف ساخته گردد (شعر)

that the Native, with his knowledge, will stand in a position of clemency and forgiveness toward wrong-thinking shortsighted people and that forbearance, great patience, and general kindness will be among his inextricable characteristics. God will extend the life of the lord of good fortune for generations and ages, for the characteristics of a good nature, which are a composite of sovereignty and statecraft, a means for capturing the minds of friend and foe, a connection to attract the hearts and affection of elite and common alike, can—God be praised—be observed in the totality of the refined characteristics of this one who was bred in the school of divine magnificence in the most perfect manner. From the basis of innate disposition and the starting point of nature he was singled out for great gifts and special talents, and assuredly all of those pleasing characteristics and traits came to be his character traits without being overdone, and they flow from this fountainhead of justice through the channels of the gardens of talents of those upon whom his eminence shines.

For as long as the stars appear in the firmament, for as long
as bodies exist through the spirit,
May the turning of the celestial sphere be none other than as
you wish, may the movement of the heavenly bodies be
nothing other than pleasing to you.

This has been a sketch of the influences of the horoscopes of the fortunate ascendant. If the gifts of the planets, the felicities of their gazes, the special characteristics of the signs, and other things were to be recorded completely and perfectly, assuredly many registers would be filled and volumes would have to be made.

نمی‌رسد ز شمارِ دقایقِ شرفش مهندسانِ رصدبندرا بجز تخمین

صورت زایچهٔ اقدس منقول از خط
مولانا الیاس اردبیلی موافق زیج ایلخانی

۱۰۲ در وقت تحریر این گرامی صحیفه که محل استکشاف احوال سعادت‌قرین بود زایچهٔ بخط افادت و افاضت‌پناه نحریر عهد مولانا الیاس اردبیلی که در علوم ریاضی پایهٔ بلند داشت و از صدرنشینان بارگاه قبول حضرت جهانبانی جنت‌آشیانی بود بنظر درآمد. آن زایچه نیز بجنس منقول گشت مجرّد از بیان آثار بیوت و احکام چه بجهت اعتبار مستخرج و چه باعتبار آنکه این زایچه بر خلاف زایچه‌های دیگر مبتنی بر زیج ایلخانیست.

عقرب / میزان	زهره سنبله	ذنب اسد / سرطان
زحل شمس		
قوس		جوزا
قمر مریخ / رأس جدی دلو	حوت	ثور / حمل

Of the full count of the details of his nobility only an
approximation reaches astronomers who make
observations.

DIAGRAM OF A HOROSCOPE COPIED FROM MAULANA ILYAS ARDABILI AND BASED ON THE *ZĪJ-I ĪLKHĀNĪ*

While these pages were being written, a horoscope in the writing 102
of Maulana Ilyas Ardabili, who attained a high level in the study
of mathematics and enjoyed an intimate position at H.M. Huma-
yun's court, was seen. It is copied here exactly, devoid of any
description of the houses and their influences, as a tribute to the
caster and to the fact that this horoscope, unlike the others, was
based upon the *Zīj-i Īlkhānī*.[44]

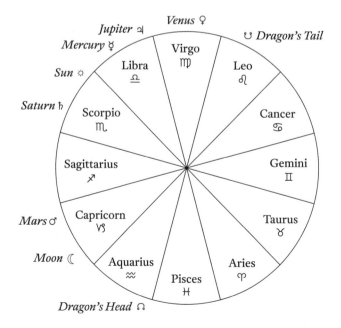

بیان حکمت در اختلاف میان حکمای یونان و منجمان هندوستان در طالع مسعود حضرت شاهنشاهی

۱۰۳ گروهی از دانشمنشان روزگاررا گمان میشد که این اختلاف که میان اخترشناسان هندوستان و فلک‌پیمایان یونان واقعست که یکی طالع آنحضرت‌را اسد میگوید و دیگری سنبله قرار میدهد بنابر آنست که حکمارا در حرکت فلک البروج اختلافست. جمهور حکمای متقدّمین و ارسطو بر آنند که فلک هشتم‌را حرکت نیست، و ابرخس حکیم قایل شده بحرکت اما تعیین مقدار نکرده. و بطلمیوس گفته که حرکت او در صد سال یک درجه است و در سی و شش هزار سال یک دورهٔ تمام کند. و اکثر حکما بر آنند که در هفتاد سال یک درجه قطع کند و در بیست و پنج هزار و دویست سال دورهٔ تمام سازد. طایفهٔ از حکما میگویند که در شصت و سه سال یک درجه قطع کند، و تمامی دوره در بیست و دو هزار و ششصد و هشتاد سال باشد. و سبب چندین اختلاف اختلافِ اسباب و آلات رصدی و تفاوت در غموض و وقت انظار است. و تحقیق آنست که حکمای متقدّمین بحرکت ثوابت از جهت کمال بطو مستشعر نشده‌اند، و بسبب آنکه مدّت عمر وفا نکرده زمانی که مقدار حرکات ثوابت‌را احساس توان نمود نیافته‌اند.

۱۰۴ پس در وقتِ تعیینِ بروجِ صورتِ اسد که از اجتماع چند کواکب ثابت متوهّم میشود محاذی و مقابل جزوی از فلک الافلاک بود که الآن بحرکت فلک البروج از آن جز انتقال نموده بموضعی که صورت سنبله در آن زمان در آن موضع بود استقرار یافته، و همچنین سنبله بموضع میرزان و میزان در مکان عقرب تا آخر بروج. پس حساب منجّمان هند بر وقف رصد

THE REASON FOR THE DISCREPANCY BETWEEN GREEK ASTROLOGERS AND INDIAN ASTROLOGERS IN HIS IMPERIAL MAJESTY'S NATAL SIGN

Some scholars of the age believe that the discrepancy between   103
the astrologers of India and the Greek stargazers, that is, that
one made H.I.M.'s natal sign Leo and the other made it Virgo, is
based on the fact that there is disagreement among astrologers
on the movement of the zodiac. The majority of ancient astrol-
ogers, and Aristotle too, believed that the eighth sphere had no
motion.[45] Hipparchus acknowledged the motion, but he did not
establish its rate. Ptolemy said that its motion was 1 degree every
100 years and that in 36,000 years it made one revolution. Most
philosophers believe that it traverses 1 degree every 80 years and
that it makes one revolution every 25,000 years. One group of
sages says that it moves 1 degree every 63 years and makes one
complete revolution every 22,600 years.[46] The reason for this
discrepancy lies in differences in observational instruments and
times and places of observation. It is certain that ancient astron-
omers were unaware of the motion of the fixed stars because they
move so slowly, and because a lifetime is insufficient to perceive
the rate of the motion of the fixed stars.

Therefore, when the constellation of Leo, which can be imag-   104
ined from a group of several fixed stars, was defined, it consisted
of a segment of the zodiac that has now moved by precession of
the equinoxes from its original place into a place that had been
originally occupied by Virgo. So also has Virgo moved into the
position of Libra, and Libra into the position of Scorpio, and
so on. The reckoning of the astronomers of India is founded

حکمای متقدّمین است که مبتنی است بر عدم حرکت ثوابت و حساب رصد جدید بر اعتبار حرکت فلک البروج که مستلزم انتقال صورت اسد است بموضع سنبله، و مقدار ما به التفاوت در میان این دو حساب هفده درجه است که هر برجی هفده درجه از مکان خود انتقال نموده. و ازینجا میتوان دانست که از رصدی که حکمای هند بسته‌اند تا رصد جدید یکهزار و یکصد و نود سال گذشته بقولی که در هر هفتاد سالی یک درجه قطع کند چنانچه اکثر حکما بر آنند، بضرب هفتاد در هفده. و بقول بطلمیوس که در صد سال قطع یکدرجه باشد فاصله در میان رصدین یکهزار و هفتصد سال بود. باریکبینان حقایق معانی و دقایق‌شناسان رموز آسمانی ازین مواقع خلاف و موارد اختلاف در وادیِ حیرت می‌افتند. و اکنون که قدوهٔ حکمای روزگار عضد الدوله امیر فتح الله شیرازی بقوانین یونانی و ضوابط فارسی استنباط طالع همایون حضرت شاهنشاهی نموده اسد قرار دادند چنانچه نموده آمد.

۱۰۵ بوضوح می‌پیوندد که منشأ اختلاف نه آنست که گمان برده میشد، خاصه که حکمای هندوستان بر وجود افلاک قایل نباشند، چنانچه در دفتر دوم مشروحست، بلکه حکمت الهی و غیرت ایزدی چنین اقتضا فرمود که احوال این فارسِ میدانِ عظمت و محرمِ خلوتسرایِ کبریا هم از نظر اندیشهٔ بالغ‌نظرانِ خورده‌دانِ باریک‌بین مخفی ماند، و هم از چشمِ بداندیشانِ کورباطن مستور و محتجب باشد. و ازین سبب است که حضرت جهانبانی جنت‌آشیانی که در تدقیقات اصطرلابی و تحقیقات زیجی و رصدی سرآمدِ تخت‌نشینانِ نکته‌دانی و ثانیِ اسکندرِ یونانی بودند باوجود کمال جهد و اجتهاد در طالع خدیو زمان چنانچه باید تصریح نفرموده‌اند. و همچنین سایر روزشناسان علم تنجیم در پردهٔ اختلاف مانده سرّی ازین

on the observations of ancient sages, which were based on the lack of motion of the fixed stars, while newer observations take precession of the equinoxes into account, which necessitates the movement of the sign of Leo into the space of Virgo. The difference between these two systems is 17 degrees; that is, every sign has moved 17 degrees away from its former position. Therefore it is easy to calculate that between the observation made by the sages of India and the new observation, 1,190 years had passed, based on the calculation of 1 degree of motion every 70 years, as most astronomers believe, and by multiplying 70 by 17. Based on Ptolemy's statement that there is 1 degree of motion every 100 years, the difference between the two observations would be 1,700 years. Those who scrutinize heavenly signs are perplexed by these differences and discrepancies. Now that the chief of the sages of the day, Azududdaula Amir Fathullah Shirazi, has extracted H.I.M.'s ascendant using Greek principles and Persian rules, he has ascertained that it was Leo, as will be explained.

It is obvious that the reason for the discrepancy is not what was   105
formerly believed, particularly since the sages of India did not accept the existence of the celestial spheres at all, as is explained in Tome Two.[47] Rather, divine wisdom and jealousy ordained that this "cavalier of the arena of divine might and confidant of the privy chamber of godly omnipotence" should be kept hidden from the gaze of the minds of erudite scholars and remain veiled from the eyes of malevolent people of inward blindness. It is for this reason that H.M. Humayun, who knew the minutiae of the astrolabe and astronomical charts and observations better than any ruler or king and could be said to be a second Alexander, was unable, despite all endeavor, to ascertain the natal sign of the Lord of the Age. So also were all practitioners of astrology, stuck

امر شگرف برنیاورده‌اند. و باوجود اتفاق قوانین حسابی و تحقیق محاسبان درست‌اندیشه که دانایان روزگار در امثال این امور کمتر اختلاف نمایند بمقتضای غیرت الهی حقیقت زایچهٔ مقدّسه در نقاب احتجاب مانده و در پردهٔ اختلاف مستتر گشته.

۱۰۶ و بالجمله هر یکی از زایچه‌های طالع‌را که انموذجی در هرکدام گفته آمد اگر بنظر انصاف دیده شود ظاهر گردد که در حالت خدادانی و ایزدشناسی و در جلالت قدر و منزلت و رفعت صوری و معنوی اورا ثانی نتواند بود. اگرچه زایچه‌ها باهم اختلافی دارد اما در دولت‌آرائی ظاهر و باطن متّفق بوده صاحب طالع‌را بمقتدائی صورت و معنی تهنیت مینمایند. و از نزدیکان حضرت جهانبانی جنت‌آشیانی که ظاهر و باطن ایشان براستی و درستی آراسته بود شنیده شد که حضرت جهانبانی جنت‌آشیانی چون زایچهٔ طالع سعادت‌مطالع‌را در پیش نظر داشته تأمّل میفرمودند بارها چنین واقع شده که در خلوتگاه خاص درها بسته از کمال شوق برقص می‌درآمدند و از غایت شوق جنبش دوری مینمودند.

۱۰۷ آری، صدرنشینان بارگاه ذوق حقیقی و چاشنی‌گیران خوان معرفت که از حلاوت وجدان و عرفان الهی لذّت‌پذیر باشند چرا بشکرِ دریافتِ این لذّات بیخودی نکنند؟ و از فرط و انشراح زمزمهٔ وجد و حال نکشند؟ چه صعود بر مدارج علیای این کمالات عین معرفت الهی است. و حضرت جهانبانی جنت‌آشیانی‌را از کمالِ دریافتِ ذاتی بوارقِ واردات و حالاتِ آتیه و کمالات و سعاداتِ مستقبلهٔ ذاتِ اقدسِ شاهنشاهی بر مشاعرِ ادراک میتافت و جمیعِ آن انوار قبل از حصول در مراتبِ فعلیّه از مرآتِ زایچهٔ بدیعه معاینه میشد و بارها بمستعدّانِ خطاب بیان میفرمودند که طالعِ این نیّرِ اقبال از طالعِ حضرتِ صاحبقرانی در بعضی امورِ عالیه بچند درجه

behind the curtain of dispute, unable to extract any secret from this amazing affair. Despite the agreement of arithmetical rules and the laws of right-thinking mathematicians, with which the sages of the age have little dispute, it was on account of divine jealousy that the royal horoscope remained hidden and veiled behind a curtain of discrepancy.

In short, if one looks dispassionately, it is apparent from every one of the horoscopes given in diagram that in terms of ability to know and recognize God, magnificence of power and position, and outward and inner augustness, he can have no equal. Although the horoscopes do not agree with one another, they agree on his external and internal wealth and congratulate the Native on his being a material and spiritual leader. It has been heard from the close confidants of H.M. Humayun, who were bedecked inwardly and outwardly with truth and righteousness, that when H.M. Humayun held the horoscope before his gaze and contemplated it, several times it happened that he closed the doors of his privy chamber and danced with joy and whirled around in glee. 106

Indeed, why should those who sit in prominence at the court of real mystical ecstasy and those who savor the banquet table of mystical knowledge, who enjoy the sweetness of divine knowledge, not be beside themselves in giving thanks for the realization of these pleasures? Why should they not shout in ecstasy and rapture from their joy and bliss when the ascent to the heights of these words constitutes the perfection of divine knowledge? H.M. Humayun, with his perfect native perception, received intuitive flashes of events to come, future states, and prospective perfections and felicities destined for H.I.M., and he perceived all those flashes of light in the mirror of his fabulous horoscope before they came to be in actuality. Many times he said to those 107

زیاده است چنانچه بر تیزبینانِ جداولِ احکام بوضوح می‌پیوندد. و چون این دو سعادتنامهٔ گرامی مقابله نموده عطیّات کواکب و سعادات علویات‌را بمیزان تأمّل برسنجند دریابند که زایچهٔ صاحبقرانی چه خبر میدهد و این زایچه‌های قدسیه از چه آگاه میسازند. سبحان الله باوجود تباعد مستخرجین از روی زمان و مکان و حال و تخالف ضوابط هر یکی از صحایف طالع فرخنده‌مطالع، که صورت گذارش یافت، توافق دارند که این مولود بپایهٔ اعلی مراتبِ کونی و الهی رسد و ذات مقدّس او مجموعهٔ مکارم صوری و معنوی گردد و از اقسام کمالات و ملکات قدسی و کامروائی صورت و معنی و سلطنت ظاهر و باطن و انواع حالات جهانبانی و درجات فرمانروائی و مدارج علیای حق‌پرستی و خداشناسی و درویش‌پرسی و غریب‌نوازی و درازی عمر و صحّت بدن و اعتدال مزاج و ممدوح عوام و خواص بودن و مشکور صغیر و کبیر شدن و کمال آگاهی و خبرداری از احوال عالم و ضبط ممالک و حفظِ مسالک و سایر امورِ ملکرانی و جهانداری.

۱۰۸ و از غرایب آنکه جملگی این حالات که رموزدانان تنجیم بفکر و تأمّل بآن پی برده‌اند ساده‌لوحانِ نقوشِ ستاره‌شناسی از فروغِ دوربینیِ خود از صفحهٔ پیشانیِ احوالِ آن حضرت میخوانند، اما قوّتِ ناطقه از اداءِ بیانِ مراتب بعجز و قصور اعتراف مینماید (شعر)

ای صفاتِ تو زبانهارا بیـان انداختـه　　عزّتِ ذاتت یقین‌را در گمان انداخته

privileged to be addressed that the horoscope of this luminary of fortune was many times better than the horoscope of H.M. Sahib-Qirani Amir Temür in certain exalted respects, as is readily obvious to those who scrutinize the tables of influences. If the two horoscopes are compared and the gifts of the stars and planets are weighed in the scales of contemplation, one will see what the Sahib-Qiran's horoscope says and what these regal horoscopes reveal. Praise God! Despite their distance in terms of time and space and the discrepancy in terms of the principles used to cast them, which have been explained, they are in agreement that this child will attain the highest of worldly and divine degrees, that his regal person will combine physical and spiritual nobilities, and that he will possess all sorts of regal perfections and characteristics, physical and spiritual success, exterior and interior rule, all types of monarchical states, all degrees of sovereignty, the highest stages of devotion and sanctity, concern for the poor, care for the distressed, long life, bodily health, balance of temperament, being praised by elite and common, being thanked by old and young, perfect awareness and cognition of the affairs of the world, control of realms, maintenance of roads, and all other sovereign affairs.

It is indeed marvelous that through their own splendid foresight those who know little of stargazing can also read on the expanse of His Majesty's forehead all these states, which those who know the secrets of astrology have discovered by thought and contemplation, but their power of speech falls short of expressing them so eloquently. 108

> Your characteristics have defeated the tongue's ability to
> express; your magnificence has cast certainty into doubt.

تصویرِ اسامیِ گرامیِ دایه‌هایِ سعادت‌پیرای و قوابلِ روحانی‌قوالبِ حضرتِ شاهنشاهی

۱۰۹ همان زمان که آسمان بفرِّولادتِ عالیش بر زمین حسد برد و زمین بمقدمِ گرامیش بر آسمان فخر جست روز آفرینش نورانی شد، پایهٔ دانش و بینش بلند گشت، و بدست سایه‌پروردانِ سعادت‌پرتو و نسرین‌بدنانِ پاکدامن عنصرِ قدسی و گوهرِ قدّوسیِ آنحضرت که بسرچشمهٔ نور الهی و دریای معرفتِ ازلی شست‌وشو یافته بود و انوارِ قبول و اقبال بر وجودِ پاکش تافته برسمِ عادت، که شیوهٔ متصدّیانِ تربیتِ ترکیبِ ظاهرِ عنصریست، اغتسال و اصطفا یافت. دایهای معتدل‌مزاج روح‌امتزاج بقماطِ سعادت‌ارتباط، که از پرده‌های دیدهٔ پاکان پاکتر بود، پیچیده آن پیکرِ ربّانی و هیکلِ آسمانی‌را بحسن ادب و کمال احترام بر کنار و کتفِ قدسی‌سیرتانِ پاک‌ذیل نهادند و پستانِ مهربانی بنوشین لبش داده بشیرهٔ جان‌پرور شیرین کام ساختند (شعر)

شیر ز بهرِ لبش انگیختند — شیر و شکررا بهم آمیختند
شیر نه از دایهٔ امّید خورد — کآب ز سرچشمهٔ خورشید خورد

چون از نقاوهٔ دودمانِ سعادت شمس الدّین محمد غزنوی در قنّوج خدمتی شایسته بتقدیم رسیده بود حضرت جهانبانی جنّت‌آشیانی در قرب ایّام طلوع این نیّر اقبال از شرایفِ مجازاتِ آن خدمت بوعدهٔ این موهبتِ عظمی امیدوارِ دولتِ جاودانی ساخته بودند که کوچِ دولت‌منشِ عصمت‌سرشتِ او، که امروز به جیجی انکه بلندخطابست، بسعادتِ خدمت دایگیِ آن نوباوهٔ بهارستانِ خلافت و اقبال و دولتِ حضانتِ آن

A LIST OF THE NAMES OF HIS IMPERIAL MAJESTY'S NURSES AND NURSEMAIDS

When heaven grew jealous of the earth on account of the splendor of his exalted birth and the earth boasted to the sky on account of his precious advent, the day grew bright and the level of knowledge and sight grew high. When the blessed pearl of His Majesty had been washed in the spring of divine light and the sea of eternal knowledge by the hands of those nourished in the shade of rays of felicity and those whose lily-like bodies were chaste, and when the lights of acceptance and fortune had shone upon his pure body, he was bathed and purified according to custom, which is the way of those charged with caring for the external arrangement of elements. Nurses of balanced temperament mingled with spirituality then wrapped him in a blanket that was purer than a veil before the eyes of an immaculate, and laid that divine, heavenly body politely and respectfully upon the breasts and bosoms of chaste ladies of holy character, who placed the breast of kindness to his lips and sweetened his palate with soul-nourishing milk.

> *They induced milk for his lips; they mixed together milk and*
> *   sugar.*
> *He drank not milk from the nurse of hope but water from the*
> *   spring of the sun.*

Inasmuch as the scion of the family of felicity, Shamsuddin Muhammad Ghaznavi, had rendered worthy service in Kannauj during the days near the advent of this luminary of fortune,[48] in recognition of that service, H.M. Humayun had made him hopeful of eternal happiness by promising that his exalted and chaste

147

گلدستهٔ سرابستانِ عظمت و جلال معجرِ افتخار و طیلسانِ امتیاز پوشد. بنابر آن، حضرتِ مریم‌مکانیِ قدسی‌ارکانی آن مایده‌سازِ آسمانی‌را طلب داشته آن مولودِ فیض‌ورودرا در ساعتِ مسعود بکنارِ امیدِ او درآوردند. و چون هنوز وضعِ حملِ این دایهٔ قدسی‌مایه نشده بود بعفّت‌مآب دایه بهاول، که خدمتکارِ خاصِ حضرت جهانبانی بود و بعصمت و طهارت امتیاز داشت، فرمودند که اوّل او شیر داد. و تحقیق آنست که اوّل بشیرِ والدهٔ ماجدهٔ قدسیه میل فرمودند. پس از آن، فخرنسا انکه کوچِ ندیم کوکه باین شرافت کامیاب شد. بعد از آن، بهاول انکه دریافتِ این سعادت نمود. بعد از آن، کوچ خواجه غازی باین دولتِ بلند عزّت یافت. از آن پس، حکیمه باین عطیّهٔ کبری مخصوص گشت. سپس از آن، عصمت‌نصاب جیجی انکه بآرزوی خود دولتمندِ صورت و معنی شد. و از پس او، کوکی انکه کوچِ توغ‌بیگی، و از گذشتِ او بی‌بی روپا گردآوریِ این خدمتِ شایسته نمود. و آنگاه خالدار انکه مادرِ سعادت‌یار کوکه باین موهبت کبری اختصاص یافت. و در آخر آن عفّت‌قباب بیجه جان انکه والدهٔ شریفهٔ زین خان کوکه باین دولت بزرگ استسعاد یافته سرمایهٔ بزرگیِ جاودانی سرانجام داد. و جمعی دیگر از عفّت‌قبابانِ بختور بشرافتِ این خدمت سربلند شدند. همانا که حکمتِ ایزدی در اختلاف این طبقات ودیعت‌نهادنِ مشاربِ مختلفه است تا وجودِ مقدّس بمدارجِ متنوّعه رسیده شناسای اطوارِ گوناگونِ تجلّیاتِ الهی گردد، یا برای آنست که بر مستبصرانِ هوشمند ظاهر شود که این نونهالِ اقبال از زلالِ جویبارِ فیضِ ایزدیست، نه از آن باب که بتربیتِ صوری بر مدارجِ معنوی ارتفاع یافته، چه حالت معنویِ این گروه بر همگنان پیدا که در چه پایه است، و بلندیِ رتبتِ قدسی‌منزلتِ این برگزیده در چه مرتبه.

wife, who is known today by the exalted title of Jiji Anäkä, would enjoy the prestige of being wet nurse to that sapling of the orchard of the caliphate and fortune and would take to her bosom that bouquet of the garden of greatness and magnificence. Therefore, H.H. Maryam-Makani summoned that preparer of the heavenly table and gave the infant of blessed advent to her hopeful embrace at an auspicious hour. Since that regal nurse had not yet given birth, a command was given to Daya Bhawal, who was a privy servant to H.M. Humayun and was distinguished for her chastity and purity, that she should nurse the babe first. It is certainly true that first he was inclined to his own glorious mother's milk. Then Fakhrunnisa Anäkä, the wife of Nadim Koka, was given the honor. After her, Bhawal Anäkä attained that felicity. After her, the wife of Khwaja Ghazi was honored by the great fortune. After her, Hakima was singled out for this greatest of all gifts. After her, the chaste Jiji Anäkä got her wish to be physically and spiritually wealthy. After her, Koki Anäkä, wife of Tughbegi, performed this service, and then Bibi Rupa. Then Khaldar Anäkä, the mother of Sa'adatyar Koka, was selected for this great gift. Finally, the chaste Bichä Jan Anäkä, the noble mother of Zain Khan Koka, attained the felicity of eternal greatness. Other chaste and lucky ladies were also honored to perform this service. Herein lies the divine wisdom of inducing various natures through a variety of classes in order that the regal body might reach various stages and be acquainted with differing types of divine manifestation, or it might be in order that it be obvious to intelligent persons of insight that this fresh sapling of fortune is from the limpid water of the brook of divine emanation, and not that he ascend spiritual levels through physical nourishment, since it is obvious to all what these persons' level of spirituality is and what the degree of these chosen ladies' exalted and holy rank is.

۱۱۰ و از غرایب آثار آنکه حضرت شاهنشاهی در بدو حال و اوّل چشم گشودن در ملک وجود بخلاف عادت دیگر اطفال بنمکین تبسّم دلهای دانارا گلگل شکفته ساختند. متفرّسانِ زیرک‌طبع تبسّم‌را فاتحهٔ تفاؤلِ ابتسامِ بهارِ دولت و اقبال شناختند و مقدّمهٔ انفتاحِ غنچهٔ امانی و آمال دانستند.

۱۱۱ بعد از آن، بگهوارهٔ سبکتر از پیکرِ خیال، که نجّارانِ سریرِ سلطنت از صندل و عود ساخته بودند، و چون شاخ و برگِ گل بیکدیگر پیوند کرده و لآلی و یواقیتِ گرانمایه از گوشه و کنارِ آن آویخته، آن گوهرِ یکتای نُه صدف‌را بخوبترین وضعی آرام داده بملایمت و رفق نرم نرم بجنبش درآوردند. و بجهتِ انس و آرام نامِ خجسته‌آغازِ شایسته‌فرجامِ خالقِ ذوالجلال والاکرام موافقِ تالیفاتِ موسیقی سرائیدند. عاکفانِ صوامعِ قدس و ساکنانِ مجامعِ انس، که منتظمانِ سلسلهٔ زمین و زمان و فراهم‌آرندگانِ دائرهٔ کون و مکان اند، کامروا شده بر عالم و عالمیان منّت نهادند، و بآن جگرگوشهٔ آسمان باین تهنیت بلندآوازه گشتند (شعر)

کای شرفِ عقل مسلّم ترا — دورِ شهنشاهیِ عالم ترا
قلزمِ ابداع بسی موج داد — تا گهری چون تو بساحل فتاد
خامهٔ تقدیر بسی نقش بست — تا ز قضا همچو تو نقشی نشست
نسخهٔ کون آیتِ تلمیحِ تست — جلدِ فلک دفترِ تشریحِ تست

One of the strange portents is that, from the very beginning, when H.I.M. first opened his eyes upon the realm of existence, in contrast to other infants, he caused hearts to laugh with a sweet smile. Clever persons of perspicacity recognized this smile as an initial portent of the smiling of the spring of fortune and a preface to the blossoming of the bud of hopes. 110

Then he was laid in a cradle lighter than the body of a phantom, which had been constructed from sandal and aloe wood by the carpenters of the royal throne. Stems and petals of roses having been woven together, and precious pearls and rubies having been hung on the cradle, that unique jewel of the nine celestial shells was calmed in the best way and rocked gently and lovingly. In order to soothe and calm him, the most auspicious name of the magnificent and generous creator was sung to him in musical compositions. Recluses in cells of heavenly sanctity and those who frequent assemblies of divine intimacy, they who regulate the continuum of time and space and oversee the circle of existence, attained their wish and placed the world and its inhabitants under obligation as they congratulated this child of heaven by reciting in clarion voices: 111

> O you to whom nobility of mind has been given, to whom
>   sovereignty of the world has been entrusted,
> The ocean of creation threw up many a wave before a pearl
>   like you fell upon the shore.
> The pen of destiny drew many a line before a design like you
>   was achieved by fate.
> The writ of existence is a verse alluding to you; the cover of the
>   celestial sphere is a volume of commentary upon you.

چون چشمِ جهان‌بین و دیدهٔ سعادت‌قرینِ حضرتِ جهانبانیِ جنّت‌آشیانی بمشاهدهٔ دیدارِ گرامیِ حضرت شاهنشاهی نگران بود، فرمانِ عاطفت‌نشان شرفِ ارسال یافت که در حضانتِ حضرتِ مریم‌مکانی متوجّهِ سرادقِ عزّت و مخیّمِ اقبال شوند. و خواجه معظّم و ندیم کوکلتاش و شمس الدین محمد غزنوی‌را فرستادند که در راه ملازمِ هودجِ سعادت باشند. لاجرم حضرتِ شاهنشاهی در کنفِ دولت و کنارِ تربیتِ حضرتِ مریم‌مکانی یازدهم شهر شعبان بساعتِ مسعود از حصارِ امرکوت سراپردهٔ اجلال بیرون زدند و بسعادت و اقبال بر تختِ روان روان شدند (شعر)

عهدِ گهواره ناگذشته هنوز | بختِ والاش کرده تخت‌نشین
چشم نگشوده و بدیدهٔ دل | دیده در انتظامِ دنیا و دین
دست نگشاده و دلش خواهان | که جهان‌را کند بزیرِ نگین
ناشکفته گلش یکی ز هزار | عالم از باغِ دولتش گلچین

چون تختِ روانِ حضرتِ شاهنشاهی که گنجِ روانِ معرفتِ الهی بود قریب رسید و مسافتِ دو منزل ماند حکمِ جهانمطاع شد که اعیان و ارکان دولت و سایر اکابر و اهالی متوجه قبلهٔ اقبال و مستقبل کعبهٔ آمال شوند. قاصدان بشارت ساعت بساعت میرسیدند و اخبار قرب مقدم گرامی زمان زمان میرسانیدند (شعر)

Since H.M. Humayun's world-seeing eyes were in expectation of seeing H.I.M., an order was sent that he should set forth in H.H. Maryam-Makani's arms for the royal camp. Khwaja Mu'azzam, Nadim Kükältash, and Shamsuddin Muhammad Ghaznavi were dispatched to attend the regal litter along the way, and consequently H.I.M. departed in a litter, in the felicitous embrace of H.H. Maryam-Makani's care, from the fortress of Umarkot on the eleventh of Sha'ban [November 20, 1542] at an auspicious hour and proceeded, attended by good fortune.

> Not yet having passed the age of the cradle, he was placed on a
>   throne by exalted fortune.[49]
> His eyes not yet opened, he had the eye of his heart upon the
>   regulation of the world and religion.
> His fists still clenched, his heart wished to put the world
>   beneath his signet.
> Not one of his thousand buds yet blown, the world picked roses
>   from the garden of his fortune.

When H.I.M.'s litter, which was a treasure house of divine knowledge, drew nigh and was at a distance of two stations, an imperial command was issued that the nobles and ministers of state should proceed to the qibla of desires and greet the Kaaba of hopes. Messengers of glad tidings arrived hourly bringing news of the happy approach.

153

میرسد موکب و شاهِ دوجهان دنبالش　　　میرود قافلهٔ شوق باستقبالش

و در آخرِ شعبان که روزِ نزولِ اجلال بود و یک منزل از معسکرِ اقبال مانده بود میفرمودند که همانا فرزندِ سعادت‌پیوند صاحب طالع قویست و سعادتِ دارین در ذاتِ او مطوی که هرچند نزدیکتر میشود در شهرستانِ وجود جمعیّتی دیگر معاینه میگردد و مسرّتی تازه مشاهده می‌افتد. از صفای باطن و نور فراستِ حضرت جهانبانی جنت‌آشیانی ادراک دقایق رموز الهی و دریافتِ حقایق کنوز آسمانی چه عجب؟ و از کمال ظهور آثار حضرت شاهنشاهی ظلّ اللهی که نسخهٔ دیباچه‌های بدایع عالم و مجموعهٔ فهرستهای کمالات بنی آدم است انجلای انواررا چه غرابت؟ و در ساعتی که سعادت قران سعدین و میمنت اقتران نیّرین داشت بدولت و اقبال بسرادقات عظمت و اجلال نزول فرمودند و بحضورِ مورد النّور مستسعد گشتند و در سایهٔ همای دولت ابدی آرامگاه گرفتند و تارکِ مبارکِ حضرت شاهنشاهی بمساس پای سریرفرسای حضرت جهانبانی به نیّتِ برخورداری و وصول بکمال پیری سعادت‌پذیر شد و از کمال عطوفت و فرط عاطفت در بر گرفته بر پیشانیِ نورانیِ آنحضرت که لوحِ سعادتِ دوجهانی و دیباچهٔ دولتِ جاودانیست بوسه دادند (ع)

گاه بر لب، گاه بر دل، گاه بر سر داشتند

The convoy approaches, and the king of the two worlds
follows; a caravan of joy goes out to greet him.

On the last day of Sha'ban [December 9, 1542], which was the
day of royal dismounting and one station from the regal camp,
the emperor said that the felicitous child possessed a powerful
ascendant and that this-worldly and otherworldly happiness
was dormant in his person, and the farther he progressed into
the realm of existence, the more other happy qualities would be
noticed. Why should it be strange for divine mysteries and heav-
enly truths to be realized through the inner purity and perspi-
cacity of H.M. Humayun? What strangeness is there for light to
shine from the manifest perfection of H.I.M. Shadow of God, who
is a copy of a sunburst of marvels in the world and a consolidated
index of the perfections of the human race? They alighted at the
royal camp at an hour that was fortunate enough to possess the
felicity of the conjunction both of Venus and Jupiter and of the
Sun and the Moon, were felicitously introduced to the luminous
imperial presence, and rested there in the shadow of the phoenix
of eternal fortune. The top of H.I.M.'s blessed head received the
felicity of touching H.M. Humayun's throne-scraping foot with
the intention of enjoying the attainment of great old age. The
emperor graciously and fondly took him in his embrace and gave
a kiss to his luminous forehead, which was a tablet of happiness
in this world and the next and a portent of eternal good fortune.

He held him betimes to his lips, betimes to his heart, betimes on
his head.

بعد از مشاهدهٔ این نور اقدس زبان الهامی‌را بادای شکرگذاریِ حضرت باری (عزّ شانُه و جلّ برهانُه) مقرون ساختند و فرقِ فرقدسای‌را بسجداتِ نیازمندی بر درگاهِ بی‌نیاز فرود آوردند (شعر)

نه تنها سـجدهٔ سـر دمبـدم بـود   که هر مو بر تنش در سجده خم بود

حافظانِ عنایتِ الهی و خازنانِ سعادتِ نامتناهی آن ودیعتِ ازلی و امانتِ ابدی‌را در کنفِ عاطفتِ پادشاهی سپرده باین زمزمهٔ شادی و ترانهٔ آزادی مترنّم گشتند (شعر)

اینســت امــانـتِ الــهــی   زیـن گـنج بـخـواه هـرچـه خـواهـی
اینســت که در دلش نــهـادنـد   مـاهـیّـتِ کـنـهِ حـق کـمـا هـی
ایــنســت کـه کـعبــهٔ درش‌را   گـیـرنـد شـهـان بـقـبـلـه‌گـاهـی
اینســت که پایِ دولتِ اوســت   رونـــق‌دهِ تـخـتِ پـادشـــاهـی

صفحه‌خوانانِ هیأتِ بشری بچشمِ تعمّق و تفکّر نظاره کردند و قیافه‌شناسانِ هیکلِ انسانی بنظرِ تأمّل و تدبّر مطالعه نمودند (قطعه)

After viewing this holy light, the emperor loosed the tongue of inspiration to render thanks to the creator and brought his exalted head low in prostrations of neediness before the court that knows no need.

Not only was his head lowered in prostration but every hair
on his body was also bent in prostration.

The guardians of divine favor entrusted that charge from eternity into the bosom of imperial affection and intoned this psalm of happiness:

This is a divine loan: ask this treasure trove for whatever you
wish.
This is he in whose heart has been deposited the essence of
the unimaginable recesses of the reality of things as they
actually are.
This is he the Kaaba of whose gate is adopted by kings as a
direction of prayer.
This is he whose fortunate foot sheds splendor on the imperial
throne.

Those who read the pages of human form with the eye of deep delving and contemplation gazed upon him, and physiognomists of the human shape looked upon him with a gaze of penetration and comprehension.

چـه دیدنـد دیدنـد نقشـی که هرگز نـدیـدنـد در جـــدولِ آفـریـنـش
ز حیـرت نـگفـتنـد چیزی و گفتنـد زهـی نـورِ دانـش زهـی چشمِ بینش

انوارِ پادشاهی از ناصیهٔ غرّایش لامع، ارقامِ ظلِّاللهی از خطوطِ دستِ والایش ساطع، شواهدِ عقل از ترکیبِ وجودش ظاهر، دلایلِ خداشناسی از مجموعهٔ هستیش باهر، براهینِ عدالت از اعتدالِ مزاجش پیدا، سواطعِ کرامت از جوهرِ ذاتش هویدا، رقومِ صاحبقرانی از جدولِ احسن تقویمش روشن، علومِ غیبدانی از بیاضِ نورنهادش مبرهن، رموزِ دوربینی از تیزبینیش واضح، اطوارِ دوراندیشی از نگاهِ بلندش لایح.

ذکر بعضی از تواریخ بدیعهٔ ولادت سعادت‌پیرای حضرت شاهنشاهی

بجهت ولادت اشرف نکته‌پردازان نظم و نثر تواریخ مناسب یافتند و ۱۱۲
قصاید تهنیت گفتند و همه بعرض قبول مجلس‌نشینان بارگاه حضرت جهانبانی که عیارگاه جواهر انسانی بود رسانیده کامیاب جایزه‌های گرامی گشتند. ازانجمله این تواریخ‌را مولانا نورالدین ترخان یافته بتحسین و احسان ممتاز شده بود (رباعی)

What did they see? They saw a form they had never before
  seen in the margins of creation.
In amazement they only said, "Behold the light of knowledge!
  Behold the eye of insight!"

Regal lights shone from his dazzling forehead, traces of God's shadow radiated from the lines in his exalted palm, testimony of intelligence was manifest in the harmony of his body, attestations of piety were obvious in the totality of his being, proofs of justice were manifest in the balance of his temperament, rays of munificence were evident in the essence of his being, lines of lordly conjunction were clear in his most perfect proportions, knowledge of the unseen was confirmed in his resplendent whiteness, traces of farsightedness were obvious from his sharp-sightedness, and signs of foresight shone from his lofty gaze.

SOME OF THE CHRONOGRAMS
INVENTED FOR HIS IMPERIAL MAJESTY'S
FELICITOUS BIRTH

To commemorate the regal birth, composers of prose and poetry 112
invented appropriate chronograms and composed odes of congratulation, all of which were graciously accepted and generously rewarded by the courtiers of H.M. Humayun, the assessor of human gems. Maulana Nuruddin Tarkhan received praise for the following chronogram:

چون کلکِ قضا نشانِ تقدیر نوشـــت آیـــاتِ ابـــدرا همـه تـفسیـر نـوشت
از بـهـرِ ولادتِ شــــهنشـاهِ جــهـان تـاریـخ شـهـنشـهِ جـهانـگیـر نـوشت

و این تاریخ نیز از غرایب اتفاقاتست که یکی از فضلای عصر یافته بود (شعر)

لله الحمـــــد که آمـــد بـــوجـــود آنـکـه از کـون و مـکـان منتخبست
پادشــــاهـی که ز شـــاهـانِ جهان اکـبـرش نـام و جـلالـش لقبست
شـــب و روز و مـــه و ســـالِ مـیلاد شـب یـکـشـنـبـه و پـنـج رجـبـسـت

شکرگذاریِ مؤلفِ این شگرفنامه ابو الفضل بر دریافتِ زمانِ سلطنت و دوامِ ملازمتِ حضرت شاهنشاهی

در هنگام طلوع این نیّر اقبال اگرچه راقم این شگرفنامه در نهانخانۀ عدم ۱۱۳
بی‌مایۀ هستی و پیرایۀ ایزدپرستی گرانبار حسرت بود، اما شکر این موهبت عظمی چگونه گذارد که زمان ظهور این بزرگ حقیقی و مجازی پیشوای صوری و معنوی دریافته از نظرکرده‌های چشم التفات و تربیت است؟ و صد شکر دیگر آنکه پیشتر از آنکه زایچۀ قدسی بنظر درآید و بدقایق شرایف و بدایع جلایل ارقام آن اطّلاع یابد کمال ایزدشناسی و ملک‌آرائی که از پایۀ شناختِ منجّم فراتر است دریافته پرستار قدرت ایزدی بود.

When the pen of fate wrote the rescript of destiny, it wrote a
  commentary on all verses of eternity.
For the birth of the emperor of the world it wrote the date as
  world-seizing king of kings. [50]

The following chronogram is also among the amazing things that
came by chance, and it was composed by one of the literary men
of the age:

Praise be to God that he who was the chosen one of time and
  space came into existence.
An emperor whose name is greater (akbar) than that of the
  kings of the world and whose epithet is magnificence
  (jalāl).
The night and day and month and year of his birth are the eve
  of Sunday and the fifth of Rajab. [51]

THE AUTHOR OF THIS AMAZING BOOK, ABU'L-FAZL, GIVES THANKS FOR LIVING DURING THE REIGN OF AND ENJOYING THE OPPORTUNITY TO SERVE HIS IMPERIAL MAJESTY

When this luminary of fortune rose, the writer of this amazing   113
book was still laboring in the recesses of nonexistence under the
burden of regret for not yet existing and worshipping God. How
can he express his gratitude for the most magnificent gift of living
during the time of this truly and metaphorically great man and
for being one of those gazed upon with the eye of patronage and

ولله الحمد ثم لله الحمد که مثل امام الکلام حسّان العجم لسان الحقیقه حکیم خاقانی در حسرت صاحب وقت که انتظام سلسلهٔ صورت و معنی‌را از آن گزیر نمیباشد نیست چنانچه نگاشتهٔ قلم حقایق‌رقم اوست (رباعی)

گویند که هر هزار سال از عالم — آید بوجود اهل وفائی محرم
آمد زین پیش و ما نزاده ز عدم — آید پس ازین و ما فرو رفته بغم

و بطرزی دیگر میگوید (رباعی)

هر یک چند از خسان جهان سیر آید — روشن‌جانی ز آسمان زیر آید
خاقانی ازین جنس درین دهر مجوی — بر ره منشین که کاروان دیر آید

و باقبالِ سعادت کامیابِ ملازمتِ این فرمانفرمایِ کُل و عقده‌گشایِ سُبُل گشته از دولتِ توجه و التفاتِ عالی مزاجِ زمانهٔ عشوه‌دهِ دانافریب‌را فهمیده خاطررا که سرگردانِ بادیهٔ اسباب بود فراهم آورده در نشأهٔ تعلّق جز تحصیلِ خوشنودیِ او که عینِ رضایِ ایزدیست بهیچ چیز سرگرمی ندارد و دل‌را از قیودِ تعلّقات و تقیّداتِ دنیوی آزاد ساخته نه در حسرتِ گذشته و نه در آرزویِ آینده دلخراش است چنانچه شرحِ احوالِ خودرا از استسعادِ ملازمت و استظلال بظلالِ رأفت و عاطفت و سربلندی از اوجِ عزّت و ارجمندی بغرفهٔ معرفت در محلِ خود رقمزدهٔ کلکِ عرض خواهد گردانید.

favor? A hundred thanks that, before even the royal horoscope was taken into consideration and the marvels of its glories were realized, he attained perfect piety and sovereignty, which are higher than the bases of astrologers' cognition, and was nursed by divine power. Praise God! And praise God again! The likes of the chief of poets, Hakim Khaqani,[52] wrote the following in regret that there was no lord of the age, upon which the regulation of the continuum of matter and spirit depends:

> *They say that every thousand years of this world there comes*
> *into existence a faithful confidant.*
> *He came prior to now when we were not yet born, and he will*
> *come after this, when we will have sunk into grief.*[53]

In another fashion he says:

> *Every once in a while, the world is choked with chaff, and*
> *someone with a bright soul comes down from heaven.*
> *Khaqani, seek not one of this sort in this age. Sit not upon*
> *the road, for it will be a long time before that caravan*
> *arrives.*[54]

Having fortunately attained the honor of serving this ruler of all, and having understood the nature of flirtatious but deceptive time through his attention and favor, I have concentrated my mind, which was a wanderer in the desert of material things, and I entertain no notion in the inebriation of attachment other than the acquisition of his pleasure, which is tantamount to divine pleasure, and having detached my heart from the worldly bonds of attachment, I have no regret of the past or hope for the future,

ترتیبِ انسابِ معالی‌القاب و تنسیقِ اسامیِ گرامیِ آبایِ کرامِ حضرت شاهنشاهی

۱۱۴ تعداد القاب مستطاب آسمانی‌انتساب آبای کرام و اجداد گرامی حضرت شاهنشاهی که در مدارج رفعت و مراتب عظمت با آبای علوی توأمانند و همه شاه و شاهنشاه و پادشاهی‌بخش و پادشاه‌نشان آمده‌اند و بدانش خداداد و بینش حق‌بین چنانچه مقتضای عدالت و انصافست در انتظام عالم و عالمیان طنطنهٔ نام نیکورا که عمر ثانیست بلکه حیات جاودانی درین بساط گذاشته، باین ترتیب و منوال است: ابوالمظفر جلال الدین محمد اکبر پادشاه بن نصیر الدین محمد همایون پادشاه بن ظهیر الدین محمد بابر پادشاه بن عمر شیخ میرزا بن سلطان ابوسعید میرزا بن سلطان محمد میرزا بن میرانشاه بن صاحبقران قطب الدنیا والدین امیر تیمور گورکان بن امیر طراغای بن امیر برکل بن النگیر بهادر بن ایجل نویان بن قراچار نویان بن سوغوچیجن بن ایردمچی برلاس بن قاچولی بهادر بن تومنه خان بن بایسنغر خان بن قایدو خان بن دومنین خان بن بوقا قاآن بن بوزنجر قاآن بن آلنقوا بنت جوینه بهادر بن یلدوز بن منگلی خواجه بن تیمورتاش است. و او از نسل قیان بن ایلخان بن تنگیز خان بن منگلی خان بن یلدوز خان بن آی خان بن کُن خان بن اغوز خان بن قرا خان بن مغل خان بن النجه خان بن گیوک خان بن دیب باقوی بن النجه خان بن ترک بن یافث بن نوح بن لمک بن متوشلخ بن اخنوخ بن یرد بن مهلائیل بن قینان بن انوش بن شیث بن آدم (علیهم السلام).

as will be reported in the proper place in my biography, about how I attained the felicity of service, enjoyed of the shade of affection and favor, was ennobled by the zenith of power, and was appreciated in the upper reaches of intimacy.

A List of His Imperial Majesty's Exalted Ancestors

The exalted heavenly names of the Emperor's ancestors, who were twins to the celestial fathers in the ranks of highness and degrees of magnificence, all of whom were monarchs, king-makers, or imperial, and each of whom, for their God-given knowledge and truth-seeing sight in the regulation of the world and its population, as is necessary for justice and equity, left behind a good name—which is not only equivalent to a second life but is actually eternal life on this earth—are as follows: Abu'l-Muzaffar Jalaluddin Muhammad Akbar Padishah, son of Nasiruddin Muhammad Humayun Padishah, son of Zahiruddin Muhammad Babur Padishah, son of Umar-Shaikh Mirza, son of Sultan Abusa'id Mirza, son of Sultan-Muhammad Mirza, son of Miranshah, son of Sahib-Qiran Qutbuddin Amir Temür Gürkän, son of Amir Taraghai, son of Amir Bürkül, son of Elängär Bahadur, son of Ejil Noyan, son of Qarachar Noyan, son of Sughuchijin, son of Erdämchi Barlas, son of Qachulai Bahadur, son of Tumina Khan, son of Bay Singhor Khan, son of Qaidu Khan, son of Dutummänän Khan, son of Buqa Qa'an, son of Bodhonchar Qa'an, son of Alanqoa, daughter of Juyina Bahadur, son of Yulduz, son of Mängli Khwaja, son of Temürtash, who was of the lineage of Qiyan, son of El Khan, son of Tängiz Khan, son of Mängli Khan, son of Yulduz Khan, son of Ay Khan, son of Gün Khan,

۱۱۵ پوشیده نماند که تا یلدوز که جد بیست و پنجم حضرت شاهنشاهیست احوال سعادتمآل این عالی‌نژادان در صحف صدور گذارندگان سخن مضبوط و مسطور و بر السنهٔ مستحفظان ارقام دهور محفوظ و مذکور است، و از منگلی خواجه تا ایلخان که احوال دو هزارساله بطریق تخمین تواند بود بنظر درنیامده چنانچه سبب این مذکور خواهد شد. و از ایلخان تا آدم که بیست و چهار تن اند و ارباب تواریخ ذکر کرده‌اند نیز نگاشتهٔ کلک اجمال خواهد گشت.

۱۱۶ نزد خردمندان دوربین که با دل انصاف‌گزین و دانش خداداد تتبّع اخبار گذشته‌ها نموده بلکه شناسایِ سخنان راست‌را سرمایهٔ دیانت و پیرایهٔ امانت خود ساخته تکاپوی در سنجیدگی کردار درست مینمایند پوشیده نیست که آنچه بر صفحاتِ مسامع و الواحِ اخبار رقمِ اشتهار دارد که آغازِ آدمیان‌را هفت هزار سال میگویند اصلی که شایستگی قبول عقول و افکار دانایان که تماشائیان بهار و خزان این چار چمن و پرده‌شناسان زیر و بم این هفت انجمن اند داشته باشد ندارد. و در امثال این امور عقل درست‌اندیش دوربین از راستیها و درستیهای دریافت گاه انکار میکند و گاه از احتیاط که موقف اطمینان و محل ادراک است در ردّ و قبول آن توقف مینماید. بدستیاری فروغ جهان‌افروز خرد و مددکاری نقلهای معتبر و خبرهای معتمد روزگار مثل کتب قدیمهٔ هندی و خطائی و غیر آن که از جولان حوادث مصون مانده و بنای قواعد نجوم و احکام ارصاد و غیر آن بر آنست و شواهد صدق و سداد از نتایج آن پیدا و از ضبط تواریخ متواترهٔ حکمای این اقالیم و آثار ملاحق افکار این طبقهٔ مرتاض مفهوم میشود که این عالم و عالمیان‌را ابتدائی و این مظاهر اسمای صفاتی‌را مبدأی پدید نیست، یا بمعنی قدم چنانکه اکثری

son of Oghuz Khan, son of Qara Khan, son of Moghul Khan, son of Alanja Khan, son of Güyük Khan, son of Dib Baqui, son of Alanja Khan, son of Türk, son of Japheth, son of Lamech, son of Methuselah, son of Enoch, son of Jared, son of Mahalaleel, son of Cainan, son of Enos, son of Seth, son of Adam.

It should be known that back to Yulduz, the Emperor's ances-   115
tor in the twenty-fifth degree, accounts of these persons of exalted lineage have been recorded by outstanding persons of the past and preserved by those who keep records of the ages. From Mängli Khwaja to El Khan, however, a period of approximately two thousand years, no accounts have been seen, and the reason for this will be explained. The twenty-four persons from El Khan back to Adam have been mentioned by historians, and they will be discussed briefly.

It is not unknown to farsighted wise men, who not only trace   116
accounts of the past with equitable minds and God-given knowledge but have also made recognition of true words the basis of their religiosity and reliability and endeavor in weighing right conduct, that what is etched on the pages of history, that the beginning of human beings occurred seven thousand years ago, has no basis worthy of acceptance by the minds of the wise, who are spectators of spring and fall in this meadow and have ears to hear the treble and bass of this concert. In such affairs, a right-thinking, foresighted mind sometimes rejects the truth of such an assertion and sometimes cautiously hesitates to trust such things. With the assistance of the world-adorning splendor of wisdom, and with the aid of credible accounts of time such as those contained in ancient books from India, China, and the like, which have been preserved from the vicissitudes of time and contain the influences of the stars and celestial observations, the

حکمای متقدمین بر آنند یا بمعنی کمال طول امتداد که پهلو بقدم میزند.

۱۱۷ گروه سیورها که بریاضت و تجرد و حکمت در کل ممالک هندوستان امتیاز دارند زمانه‌را که بزبان هندی «کال» گویند بر دو قسم منقسم ساخته‌اند، یکی «اوسر پنی» یعنی زمانی که آغازش بشادمانی گذرد و آخرش باندوه انجامد، دوم «اوت‌سر پنی» یعنی بر عکس اول. و هرکدام ازین دو قسم‌را بشش حصه جدا ساخته‌اند، و هر حصه‌را «آره» مینامند، و هر یک ازین آره‌هارا نامی مخصوص نهاده‌اند بمناسبت خواص آن زمانه چنانچه آرهٔ قسم اول‌را «سکهمان سکهمان» بتکرار این لفظ میگویند، یعنی زمانه‌ایست که مسرّت بر مسرّت و فرح بر فرح می‌آرد، و امتداد این زمان فرحت‌بخش چهار کوراکور ساگر است.

۱۱۸ و نام آرهٔ دوم سکهمانست، یعنی زمان خوشحالی و فارغبالی، و مدت او سه کوراکور ساگر است.

۱۱۹ و نام آرهٔ سیوم که سکهمان دکهمان اشتهار دارد، یعنی در موسم خوشحالی اندوه و بدحالی طاری شود، و مقدار امتداد این آره دو کوراکور ساگر است.

۱۲۰ و آرهٔ چهارم به دکهمان سکهمان مشهور است، یعنی در اوقات اندوه و غم خرمی و بیغمی روی دهد، و درازی این آره یک کوراکور ساگر است بچهل و دو هزار سال کم.

۱۲۱ و آرهٔ پنجم دکهمانست بر خلاف آرهٔ دوم که سکهمان بوده، طول مدت این آره بیست و یکهزار سال است.

۱۲۲ و آرهٔ ششم دکهمان دکهمانست بر خلاف آرهٔ اول، و مدت او نیز بیست و یکهزار سالست.

truth and veracity of which are obvious, and from the continuous recorded histories of the sages of these regions, it can be understood that this world, together with its inhabitants, has no beginning, meaning either that it is eternal, which is the view upheld by most ancient philosophers, or that it extends back in time practically forever, which is next to being eternal.

The Seoras,[55] who are famous throughout India for their   117
asceticism, reclusivity, and wisdom, have divided time, which is called *kal* in the Indian language, into two parts. One part is called *avasarpini*,[56] which means a time that begins with happiness but ends with sadness. The second part is *utsarpini*,[57] which means the opposite of the first. Each of these two parts is subdivided into six portions, and each portion is called an *ara*. Each of these *aras* has a special name in accordance with its particular characteristics. The first *ara* they call *sukhman-sukhman*, with duplication of the word, and it means a time that brings happiness after happiness and joy after joy; this joyous time lasts four *korakors* of *sagars*.

The name of the second *ara* is *sukhman,* that is, a time of happiness and leisure, and it lasts three *korakors* of *sagars*.   118

The third *ara* is known as *sukhman-dukhman,* which means   119
that grief and misfortune intrude upon the season of happiness, and it lasts two *korakors* of *sagars*.

The fourth *ara* is called *dukhman-sukhman,* that is, happiness   120
and freedom from grief appear during the time of despondency and grief, and the duration of this *ara* is 42,000 years less than one *korakor* of *sagars*.

The fifth *ara* is *dukhman,* the opposite of the second *ara,* which   121
is *sukhman,* and it lasts 21,000 years.

The sixth *ara* is *dukhman-dukhman,* the opposite of the first   122
ara, and its duration is also 21,000 years.

۱۲۳ و اسامی آره‌های قسم دوم بعینه همین اسامیست، لیکن آرهٔ اول قسم دوم در نام و مدت متحد است بآرهٔ ششم قسم اول، و آرهٔ دوم قسم دوم نیز متحد است بآرهٔ پنجم قسم اول، و سیومِ دوم بچهارمِ اول مطابق است، و چهارمِ دوم بسیومِ اول موافق است، و پنجمِ دوم عینِ دومِ اولست، و ششمِ دوم عینِ اولِ اولست. و الحال بزعم ایشان از آرهٔ پنجمِ قسمِ اول دو هزار و کسری سپری شده است.

۱۲۴ پوشیده نماند که محاسبان هندوستان صدهزاررا یک «لک» خوانند، و ده لک‌را «پرَیُوت» گویند، و ده پریوت‌را یک «کرور» نامند، و صد کروررا یک «ارب» خوانند، و ده ارب‌را یک «کهَرب» نامند، و ده کهرب‌را یک «نِکهَرب» گویند، و ده نکهرب‌را «مَهاسَروج» و «پَدم» میخوانند، و ده پدم «سَنکَهَ» باشد، و ده سنکه‌را «سَمُدر» گویند و «کوراکور» نامند.

۱۲۵ و مخفی نماند که زعم ایشان آنست که در زمان پیش در یک جای مخصوص از هر شکمی یک پسر و یک دختر بوجود می‌آمد چنانچه در میان عوام ما هم اشتهار دارد. و گمان این گروه آنست که از موی سر اینها که به جگلی موسوم اند چهار هزار و نود و شش مقدار مویهای خُردان دیار دهلی سطبر است. و میگویند که موی طفل جگلی هفت‌روزه که بغایت باریکست تجزیه بمثابهٔ باید کرد که دیگر قسمت نپذیرد، و از جنس اجزای موی مذکور چاهی‌را که طول و عرض و عمق آن چهار کروه باشد پر ساخت، و بعد از گذشتن صدهزار سال یک جزو از اجزای مذکوره‌را از آن چاه برآورد تا زمانی که آن چاه خالی شود. این مقدار زمان‌را که آن چاه بروشِ مذکور خالی شود «پلوپم» گویند. و هرگاه ده سمدر که شرح آن گفته شد از پلوپم گذرد یک ساگر شود، و کمیّت ادوار مذکور باعتقاد این مردم از حیطهٔ بیان و احاطهٔ تبیان افزونست.

The names of the *aras* of the second part are exactly the same   123
as those of the first part, but the first *ara* of the second part corre-
sponds in name and duration to the sixth *ara* of the first part,
and the second *ara* of the second part corresponds to the fifth
ara of the first part, and so on. At present, as they claim, two
thousand–odd years of the fifth *ara* of the first part have elapsed.

It should not be unknown that the mathematicians of India   124
call a hundred thousand a lac. They call ten lacs a *prayut,* and
ten *prayuts* they name a crore. Ten crores are called an *arb,* ten
arbs a *kharb,* ten *kharbs* a *nikharb,* and ten *nikharbs* are called a
mahasaroj or a *padm.* Ten *padms* are a *sankh,* and ten *sankhs* are
called a *samudr* or a *korakor.*[58]

They also claim that formerly, in a particular place, every time   125
birth was given, boy and girl twins were born, as is also popu-
larly believed among our common people. What these people
believe is that those twins, who are called *jugali,*[59] had hair that
was a 1,096 times finer than the hair of children in the region
of Delhi. They say that the hair of a seven-day-old *jugali* child,
which is extremely fine, should be split until it cannot be further
divided. Then a pit four leagues long, four leagues wide, and four
leagues deep has to be filled with those split strands. Once every
hundred thousand years one strand is taken out of the pit, until it
is emptied. The amount of time it takes to empty the pit is called
a *plavlam.*[60] When ten *samudrs,* the meaning of which has been
explained, have elapsed of one *palupam,* it is one *sagar.*[61] The
extent of the aforementioned ages, as these people believe, is
beyond anyone's ability to express.

۱۲۶ و گمان این جماعت آنست که بجهت انتظام عالم صورت و معنی در هر شش آره بیست و چهار آدم گرامی از دارالملک کمون بعالم ظهور می‌آیند و سپری میشوند که نام اول «آدناته» است و «رگهوناته» هم میگویند، و روائی دستور العمل این برگزیدهٔ ایزدی پنجاه کرور لک ساگر است. و نام آخرین مهاویر[5] است و مدت رواج احکام او بیست هزار سال است که امروز دو هزار سال ازو گذشته است. و اعتقاد این جماعه آنست که چندین بار این بیست و چهار کس از کتم عدم بوجود آمده‌اند و چندین بار خواهند آمد.

۱۲۷ و براهمهٔ هندوستان که جمهور اهل هند تابع اقوال و اعمال ایشانند بر آنند که مدار گردش روزگار بوقلمون بر چهار دور است. دور اول‌را که مدت او هفده لک و بیست و هشت هزار سال متعارفست «ست جگ» گویند. درین دور اوضاع جهانیان فرداً فرداً بر صلاحست. وضیع و شریف و غنی و مسکین و صغیر و کبیر راستی و درستی‌را شعار خود ساخته در مرضیات الهی سلوک مینمایند و عمر طبیعی مردم این دور یک لک سال است. و دور دوم که مسمی به «تریتا» است بقای آن دوازده لک و نود و شش هزار سال عرفیست. درین زمانه سه حصه از چهار حصه اوضاع آدمیان بمقتضای رضای الهیست و عمر طبیعی مردمان درین دور ده هزار سالست. و دور سیوم که بنام «دواپر» اشتهار دارد امتداد آن هشت لک و شصت و چهار هزار سالست و درین هنگام دو حصه روش جهانیان راست‌گفتاری و درست‌کرداریست و عمر طبیعی آدمیان این زمان هزار سالست. و دور چهارم که به «کل جگ» شهرت دارد مدت آن چهار لک و سی و دو هزار سالست. درین دور سه حصه از چهار حصه اطوار جهانیان بر ناراستی و نادرستیست و عمر طبیعی مردم این روزگار صدسالست.

These people believe that for regulating the spiritual and phys-   126
ical world, twenty-four Adams come into existence and pass away
every six *aras*. The name of the first Adam was Adinath, also
called Raghunath,[62] and the rule of this divinely chosen individ-
ual lasted fifty crores of lacs of *sagars*.[63] The name of the latest
of these Adams is Mahavir,[64] and the length of his rule will be
twenty thousand years, of which two thousand have elapsed.
These people believe that these twenty-four individuals have
already come into existence several times and will come into
existence several times more.

The Brahmans of India, whose words and practice most people   127
follow, say that the axis of the turning of chameleon time is based
upon four ages. The first age, the length of which is 1,728,000
years, is called Sat Jug.[65] During this age each and every human
being is pious. Commoner and noble, rich and poor, young and
old alike make truth and rectitude their watchwords, and they
conduct themselves in a manner pleasing to God. The natural
life span of humans in this age is a hundred thousand years. The
second age, which is called Treta,[66] lasts for 1,296,000 years.
During this age three-fourths of humans act in accordance with
divine pleasure, and the natural life span of humans during this
age is ten thousand years. The third age, which is known by the
name Dwapar,[67] lasts for 864,000 years. During this age half the
people speak and act righteously, and the natural life span of this
age is a thousand years. The fourth age, known as Kal Jug,[68] lasts
for 432,000 years. During this age three-fourths of humanity
follows falsehood and unrighteousness, and the natural life span
of this age is a hundred years.

۱۲۸ و این گروه جزم دارند که هر یکچندی حضرت هستی‌بخش جهانیان و پدیدآرندۀ عالمیان تجردنهادی و دانش‌نژادی‌را از مکمن ستر و خفا بموطن بروز و جلا میدارد و از ساحت غیب و عدم بجلوه‌گاه شهادت و وجود می‌آرد، و اورا وسیلۀ آفرینش عالم میسازد و این بزرگ‌را «برهما» نام شد. و اعتقاد ایشان آنست که این برهما صد سال عمر دارد که هر سالی از آن سیصد و شصت روز است و هر روزی مشتمل بر هزار و چهار دور مذکور، و هر شبی بدستور روز متضمن هزار ادوار مسطور است. و بزعم ایشان عدد برهما که بوجود آمده‌اند علم بشری احاطۀ آن نمیکند و میگویند که آنچه از ثقات شرح احوال برهما رسیده است برهمای حال هزار و یکم است و از عمر این شخص بدیع امروز پنجاه سال و نیم روز گذشته است.

۱۲۹ و راقم این کارنامۀ ایزدی این دو روایت‌را خود بترجمانی مردم دانشورِ راست‌گوی نکوکار هند از روی کتب معتبرۀ ایشان نوشته و آنچه در تصانیف شیخ ابن عربی و شیخ سعد الدین حمویه که از کبار اولیا و اعاظم اهل کشف و وجدانند در شرح روزهای الهی و روزهای ربانی منقولست ازین عالمست چه هر روز ربانی متضمن هزار سالست و هر روز الهی مشتمل بر پنجاه هزار سال. و مؤلف نفایس الفنون آورده که در تاریخ خطائی چنانست که از ابتدای عهد آدم ابو البشر تا این زمان که هفتصد و سی و پنجم هجریست هشت صد و شصت و سه ون[۶] و نه هزار و ششتصد سالست، و هر ون پیش ایشان ده هزار سالست. و امثال این روایات و حکایات گوناگون در وسعت‌آباد قدرت الهی دور نیست که صورت صحتی داشته باشد، و آدم بسیار بظهور آمده باشد چنانچه از امام جعفر صادق ﷺ منقولست که پیشتر از آدم که پدر ماست هزار هزار آدم بوده‌اند، و شیخ ابن عربی میفرماید که دور نیست که بعد هفتۀ ربانی که

These people insist that every once in a while he who bestows   128
life upon humans and brings worldlings into existence produces
an ascetic sage and makes him a means for the creation of the
world. This great one is called Brahma, and their belief is that
Brahma lives a hundred years, each year of which consists of
360 days, each day and night of which comprises a thousand of
the four above-mentioned ages. According to their claim, the
number of Brahmas that have come into existence cannot be
fathomed by human understanding, but they say that they have
heard from reliable sources that the present Brahma is the thou-
sand and first, and of the life of this extraordinary individual fifty
years and half a day have now elapsed.

The writer of this divine record has copied these two accounts   129
from reliable books with translation by learned and truthful men
of India, and explanations of "divine" and "dominical" days in the
works of Shaikh Ibn Arabi and Shaikh Sa'duddin Hamoë,[69] who
are great saints and mystics, are not far removed, for a "dominical
day" is a thousand years, and a "divine day" is fifty thousand years.
The author of *Nafayisu'l-funun*[70] reports: "In Cathayan history
it is said that from the beginning of the era of humanity until the
present time, which is the seven hundred thirty-fifth year of the
Hegira, it has been 863 *wans* and 9,800 years. A *wan* for them is
ten thousand years."[71] It is not impossible, given the vastness of
divine power, for the likes of these accounts to be true and for
many Adams to have come into existence. It is reported that Imam
Ja'far Sadiq said, "Before the Adam who is our father, there have
been a thousand thousand Adams." Shaikh Ibn Arabi has said,
"It is not unlikely that after a dominical week, which is seven
thousand years, or the length of rule of the seven planets, one
race will become extinct and another Adam will come into being."

هفت هزار سال باشد و مدت دور سلطنت سیارات سبعه است نسل یکی منقطع شود و آدم دیگر خلعت وجود پوشد.

۱۳۰ و پس از درازی سخن و کوتاهی کلام انموذجی از احوال برکت‌اشتمال این پنجاه و دو تن که از آدم تا حضرت شاهنشاهیست اکتفا بکتب و تواریخ مبسوط نکرده درین شگرفنامه درآرم تا باعث مزید آگاهی شود و این فروغ شناسائی‌را از متمّمات احوال حضرت شاهنشاهی دانسته برسم اجمال که شیوهٔ راقم است گذارش کنم.

ذکر احوال آدم

۱۳۱ مشهور چنانست که پیش ازین بهفت هزار سال و کسری بمحض قدرت کاملهٔ ربانی بی‌رابطهٔ صلب پدر و رحم مادر از عناصر اربعه مرکّبی معتدل پدید آمد، و بقدر استعداد و قابلیّتِ جسم روح از مبدأ فیّاض فایض گشت، و ملقّب بانسان و موسوم بآدم شد.

۱۳۲ در زمانی که اوّل درجهٔ جدی بر افق شرقی منطبق بود، و زحل در آنجا، و مشتری در حوت، و مریخ در حمل، و قمر در اسد، و شمس و عطارد در سنبله، و زهره در میزان، و بعضی گفته‌اند که در آن هنگام جمیع کواکب در درجات شرف بوده‌اند، و ظاهر این کلام بضابطهٔ اهل هیأت و نجوم درست نباشد چرا که در عطارد مشکل میشود چه شرف نیّر اعظم در حمل و شرف عطارد در سنبله است، و عطارد از نیّر اعظم بیش از بیست و هفت درجه دور نباشد. پس در حین شرف نیّر اعظم شرف او چگونه صورت بندد؟ و همچنین در هنگام شرف عطارد شرف نیّر اعظم واقع

To cut short this long-winded speech, and not relying solely on   130
available books and histories, I will give in this marvelous book a
brief account of each of the fifty-two individuals from Adam to
His Majesty the Emperor, and, in order to increase awareness,
and considering the splendor of knowledge as among H.I.M.'s
crowning achievements, I will report them in summary, as is the
writer's custom.

AN ACCOUNT OF ADAM

It is well known that seven thousand–odd years ago, by sheer   131
divine power and without the medium of father's loins or moth-
er's womb, a balanced being compounded of the four elements
came into being, and through the strength of the readiness and
receptivity of the body, the spirit emanated from the origin of
emanation. It was called "human" and named Adam.

This occurred at a time in which the first degree of Capricorn   132
corresponded with the eastern horizon, Saturn too was there,
Jupiter was in Pisces, Mars was in Aries, the Moon was in Leo,
the Sun and Mercury were in Virgo, and Venus was in Libra.
Some say that at that time all the planets were in their degrees
of exaltation. Obviously this claim does not agree with the rules
of astronomers since there are difficulties with Mercury. The
exaltation of the Sun is in Aries, the exaltation of Mercury is in
Virgo, and Mercury never gets more than 27 degrees from the
Sun. Therefore, how could Mercury be in exaltation during the
exaltation of the Sun? Likewise, the exaltation of the Sun does
not occur during the exaltation of Mercury. The view of this
writer coincides with what has been established by astronomers,

177

نشود. و همانا که نظر این گوینده بر آن مقرر منجّمین افتاده باشد که عطارد با هرکه پیوندد حال او گیرد. پس میتواند بود که عطارد با یکی ازین کواکب که در شرف بودند نسبت اتّصال داشته باشد.

۱۳۳ و او درازبالای گندم‌گون مجعّدموی زیباروی بود. و در درازی قامت این ابو الآبا اختلاف کرده‌اند. بیشتری بر آنند که شصت گز بوده. و ایزد تعالی از ضلع ایسر او حوارا بوجود آورد و با او ازدواج داد و ازو فرزند پدید آمد. و در احوال این بزرگ ارباب تواریخ غرایب و عجایب فراوان آورده‌اند که اگرچه نظر بر وسعت قدرت ایزدی مستبعد نیست اما مرد معامله‌فهم مزاج روزگار دانسته کارآزموده نظر بر عادات جهان از روی حساب در قبول آن بقدری می‌ایستد. منقولست که در زمان انتقال او چهل هزار فرزند و فرزندزاده‌ها بهم رسیده بود، و فرزندان بیواسطهٔ او چهل و یک تن بودند، بیست و یک پسر و بیست دختر، و بقولی نوزده دختر. و شیث از همه بزرگتر بود. بعضی گفته‌اند اورا در تعفینات و غیر آن از علوم غریبه تصانیف است چنانچه علامه شهرزوری در تاریخ الحکما نقل میکند. گویند وفات او در هندوستان افتاده و بر کوه سراندیب که بر سمت قطب جنوبی واقع شده مدفون گشت، و اکنون بقدمگاه آدم مشهور است. بیست و یک روز بیمار بود. و حوا بعد ازو بیک سال، و بقولی هفت سال، و بروایتی پس از سه روز، وفات کرد. شیث که خلیفه و وصی بود اورا در جوار آدم دفن کرد. و نقلست که نوح در زمان طوفان تابوت ایشان‌را بکشتی درآورد و بعد از آن در کوه ابوقبیس، و بروایتی در بیت المقدس، و بقولی در نجف کوفه، دفن کردند.

that Mercury takes on the characteristics of anything with which it joins. Therefore it may be that Mercury had formed a relationship with one of the planets that was in exaltation.

Adam was tall, wheaten in color, had curly hair, and was handsome. There is disagreement over the height of the father of mankind. Most say he was sixty cubits tall. God brought Eve into existence from Adam's right side and gave her to him in marriage, and from her came children. Concerning this great one, the authors of histories have said marvelous and strange things, which a man of understanding who knows how things in the world usually work would hesitate to accept even though they are not inconsonant with the vastness of divine power. It is related that at the time of his death Adam had forty thousand offspring and forty-one children fathered directly by him, twenty-one sons and twenty daughters—or nineteen daughters in other reports. Seth was the eldest. Some have said that he wrote books on tinctures and other strange sciences, as is recorded by Shahrazuri in his *History of the Sages*.[72] It is said that Adam's death took place in India and that he was buried on a mountain in Ceylon, which is located in the direction of the South Pole. It is now known as Adam's Footprint. He was ill for twenty-one days. Eve died one year—or, according to others, seven years, or, according to one report, three days—after his death. His successor and heir, Seth, buried her near Adam. It is recorded that at the time of the deluge Noah took their coffins into the ark and then reburied them on Mount Abu-Qubays—or, according to another report, in Jerusalem, or, according to yet another report, in Najaf.

133

شیث

اشرف فرزندان بیواسطهٔ آدم است. بعد از سانحهٔ هابیل سعادت ولادت یافت. آورده‌اند که هرگاه حوا حامله گشتی پسری و دختری آوردی مگر شیث که اورا تنها زاد. و اقلیمیا خواهر قابیل در عقد ازدواج او درآمد. چون عمر آدم بهزار سال رسید اورا ولیعهد خود ساخت و همگنان‌را بمتابعت و مطاوعت او امر فرمود. بعد از آدم انتظام عالم صورت و معنی بر رای رزین او استقرار گرفت. همواره در جمعیت ظاهر و معموری باطن همّت مصروف میداشت. در طوفان نوح جز اولاد او کسی نماند و اورا اوریای اوّل گویند، و اوریا بزبان سریانی معلّم باشد. همواره بعلوم طبیعی و ریاضی و الهی اشتغال میفرمود، و اکثر اوقات در دیار شام اقامت میداشت، و بسیاری از فرزندان او ترک اسباب نموده در گوشهٔ عزلت بریاضت مشغول شدند. و چون از عمر گرامی او نهصد و دوازده سال گذشت جهان‌را پدرود کرد. و بعضی بر آنند که او نبیرهٔ آدمست، پدر او صلحا بود. و همانا که این قول از فروغ صحّت ضیائی ندارد. ۱۳۴

انوش

انوش در ششصد سالگی شیث از خلوتسرای عدم بجلوه‌گاه وجود آمده بود. گروهی از گذارندگان سخن بر آنند که مادر او قدسی‌نژادی بود که مثل آدم بی‌پدر و مادر خلعت هستی پوشیده بود. و بعد از پدر بموجب وصیت مسندآرای خلافت شد، و اول کسی که درین دور اساس فرمانروائی نهاد ۱۳۵

SETH

He was the noblest of Adam's direct offspring. He was born after 134
the appearance of Abel. It is related that every time Eve became
pregnant she gave birth to boy and girl twins, except for Seth, who
was born single. He was married to Iqlimya, Cain's twin sister.
When Adam was 1,000 years old, he made Seth his heir and
successor and charged all his offspring to obey him. After Adam
the regulation of the world rested on Seth's mind, and he always
kept his mind focused on external harmony and inner rectitude.
After Noah's flood, only his offspring remained, and they call him
the First Orya (*orya* means teacher in Syriac).[73] He was always
occupied with the natural sciences, mathematics, and theology.
He resided mostly in Syria, and many of his offspring abandoned
material goods and retired into isolation for spiritual practices.
When 912 years of his life had passed he bade the world farewell.
Some claim that he was Adam's grandson and that his father was
Salha, but this claim does not have a shred of veracity to it.

ENOS

Enos was born when Seth was 600 years old. Some reporters 135
believe that his mother was of divine lineage and was born, like
Adam, without mother and father. After his father's death and
in accordance with his wishes, he succeeded to the throne. He
was the first person in this era to lay the foundations of sover-
eignty. They say he ruled for 600 years. According to the Jews
and Christians he lived for 965 years, while Ibn Jawzi said 950
years, and Qazi Baizawi said 600. He had many children.

او بود. گویند ششصد سال کامروائی سریر اقبال داشت، و بروایت یهود و نصاری نهصد و شصت و پنج سال، و بقول ابن جوزی نهصد و پنجاه سال، و بقول قاضی بیضاوی ششصد سال عمر یافت. اورا فرزند بسیار شد.

قینان

۱۳۶ قینان از جمیع فرزندان انوش روشن‌ضمیر و بیداربخت و فراخ‌حوصله‌تر بود. این بزرگنهاد بعد از رحلت پدر بنابر تمهید وصیت بانتظام مهام جهانیان مشغول گشت و بر شاهراه متابعت اقتضای آبای کرام سلوک نمود. عمارت بابل و شهر سوس بنای اوست. ابداع بساتین و عمارات هم باو نسبت میدهند، و در عهد او آدمیزاد بسیار شد. بکاردانی خود همه‌را متفرق ساخت و خود با اولاد شیث در حدود بابل اقامت فرمود، و نهصد و بیست و شش سال زندگانی کرد. بعضی بر آنند که شش صد و چهل سال آب زندگانی میخورد، و طایفهٔ بر آنند که قریب صد سال فراهم‌آورِ پریشانیهای روزگار بود.

مهلائیل

۱۳۷ مهلائیل بهترین فرزندان قینان بود. چون عمرش بنهصد سال رسید اورا بجای خود مسندنشین ساخت و او سیصد سال فرمانروائی گیتی یافت. عمر او نهصد و بیست و شش سال بود یا هشتصد و چهل یا هشتصد و نود و پنج سال.

CAINAN

Cainan was the most intelligent, most felicitous, and most capa-   136
ble of all Enos's children. After his father's death, and in accor-
dance with his charge, he ruled the affairs of the people in the
world and followed the ways of his exalted forefathers. He built
Babylon and the city of Susa. The introduction of gardens and
hospices is attributed to him. During his reign humans multi-
plied. In his wisdom he sent them out while he resided with Seth's
children in the region of Babylon. He lived for 926 years. Some
claim that he lived for 640 years, and others believe he endured
the miseries of life for 100 years.

MAHALALEEL

Mahalaleel was the best of Cainan's offspring. Cainan made him   137
his successor when he himself was 900 years old, and he ruled
the world for 300 years. He lived for 926 years, 840 years, or
895 years.

یرد

۱۳۸ یرد رشیدترین اولاد مهلائیل بود. بحکم پدر گرامی انتظام‌بخش جهان گشت. رودها و جویها او پدید آورد و نهصد و شصت و دو سال، و بقولی نهصد و شصت و هفت سال، عمر یافت. و این گرامی‌نژادان خانوادهٔ اقبال همه در زمان حیات آدم از بطون نیستی بظهور هستی آمده بودند.

اخنوخ

۱۳۹ اخنوخ که بادریس مشهور است فرزند گرامی یرد است که بعد از گذشتن آدم متولد شد. اگرچه کوچکترین اولاد است اما بفرهنگ و رای از همه بزرگ و به بخت و دانش از همه بیش بود. و بعد از شیث کسی که تجدید نوامیس نمود اوست. و بعضی گفته‌اند که ادریس در وقت آدم صدساله بود، و برخی سیصد و شصت ساله گفته‌اند. در مراسم سلطنت و دقایق حکمت یگانه بود. اگرچه بعضی جا جمیع علوم و صنایع‌را بآدم نسبت میدهند اما بقول اشهر علم اخترشناسی و نوشتن و رشتن و بافتن و دوختن او در میان آورد. و او از آغاذیمون[۷] مصری که اورا اوریای ثانی میگویند دانش آموخت. و از القاب گرامی او هرمس الهرامسه است، و اوریای سیوم نیز میگویند. و اورا پایهٔ بلند در خداشناسی میسّر شد، و به هفتاد و دو نوع زبان خلق‌را بیزدان‌پرستی دعوت فرمود. صد شهر آبادان ساخت و کوچکترین آن شهرها مدینهٔ رهاست[۸] که از شهرهای جزایر است. بعضی آن‌را داخل حجاز میدانند. و این شهر تا زمان هلاگو خان آبادان بود. و

JARED

Jared was the eldest of Mahalaleel's children. By his father's   138
decree he ruled the world. He introduced irrigation canals and
streams, and he lived for 962 years, or, according to another
report, 967 years. All of these persons of exalted lineage were
born during Adam's lifetime.

ENOCH

Enoch, who is known as Idris,[74] was a son of Jared born after   139
Adam passed away. Although he was the youngest of Jared's chil-
dren, he was the greatest in wisdom and intelligence and the
eldest in terms of felicity and knowledge. After Seth it was he who
renewed the law. Some say that Idris was 100 years old at the time
of Adam's death, and others say that he was 360 years old. He was
without peer in the rites of governance and the minutiae of rule.
Although some attribute all sciences and crafts to Adam, most
assert that astronomy, writing, spinning, weaving, and sewing
were introduced by him. He learned from Agathodaemon of
Egypt, who is called the Second Orya. Among his epithets are
Hermes Trismegistus and the Third Orya. He reached a high
level in theology, and he called upon people to worship God in
seventy-two languages. He built 100 cities, the smallest of which
was Edessa, a city in Mesopotamia, although some include it in
the Hejaz. (This city flourished until the time of Hülägü Khan,
who, it is said, destroyed it in the best interests of the state and
for the well-being of the subjects.) He led every group of people
and every class of humanity onto the right path in a different

185

گویند خان مذکور آن‌را بجهت مصالح ملکی و صلاح رعیّت ویران ساخت. و هر گروهی از مردم و هر طبقهٔ از آدمیان‌را بروشی خاص باندازهٔ حوصلهٔ دریافتِ آنها هدایت نمود. آورده‌اند که در تعظیم نیّر اعظیم عطیّه‌بخش عالم که بیشتری از دریافتِ فیوضِ انفسی و آفاقیِ او محروم بوده آدابِ شکرگذاریِ آن نور الانوار بجای نمی‌آوردند رهنمونی کرد و آن‌را سرمایهٔ دولت صوری و معنوی میدانست. و در هنگام نزول اجلال و تحویل اقبال از برجی ببرجی که هنگام ظهور فیض خاص است علی الخصوص در تحویل حمل جشنی بزرگ ترتیب میداد. و چون کواکب سیاره که فیض‌پذیران خوان انوار اویند هرگاه در خانهٔ خود یا شرفگاه خود میرسیدند آن‌را گرامی شمرده شکر بدایع آفرینش ایزدی بجای می‌آورد، و آن ازمنه‌را مواقیت و مظاهر نعم والای حق میدانست، و همگی روزگار او بخدمت ارواح علویّه و اجرام مقدّسه میگذشت.

۱۴۰ و گنبدهای اهرام مصری که بگنبد هرمان مشهور است بناکردهٔ اوست. و در آن بنای عالی جمیع صنایع و آلات آن‌را تصویر کرده است تا اگر از دل رود باز آورده شود. مرقوم است که یکی از عظمای دولت‌را بر آن داشت که گنبدهای مذکوررا اساس نهاد. و سیر تمام عالم فرموده مراجعت بمصر نمود.

۱۴۱ و ابو معشر بلخی آورده که هرامسه بسیار است، اما افضلِ ایشان سه تن اند: اول هرمسِ هرامسه که آن ادریس است، و اهل فرس بر آنند که گیومرث است؛ دوم هرمسِ بابلی است که بعد از طوفان بنای شهر بابل از آثار اوست و فیثاغورس از شاگردان او، و بسمعی این هرمس بلبلی آنچه از علوم در طوفان نوح مندرس شده بود از سر نو رونق گرفت. وطن او مدینهٔ کلدانین بود که اورا مدینهٔ فلاسفهٔ مشرق گفتندی. سیوم هرمسِ

manner, in accordance with their ability to comprehend. It is said that he guided people to the veneration of the Greater Luminary, the bestower of light upon the world, for most of them were deprived of his power of understanding and were not grateful for that great Light of Lights. He considered it the source of spiritual and material wealth and established a great festival every time the Sun's glory moved from zodiacal sign to zodiacal sign, which is a time of special glory, particularly when it moves into Aries. Considering it especially auspicious when the planets, which are the recipients of bounteous light from the Sun, reach their own houses or points of exaltation, he rendered thanks for the marvels of divine creation, and he considered those times to be points and manifestations of God's great bounty. His entire life was spent serving the celestial spirits and sacred bodies.

The pyramids in Egypt, which are known as the shrines of Haruman, were built by him. In those exalted structures he depicted all crafts and tools so that if they were forgotten they could be recovered. It is written that he stationed one of his ministers of state to lay the foundations of the above-mentioned shrines while he himself toured the whole world and returned to Egypt.   140

Abu-Ma'shar of Balkh relates that there have been many named Hermes,[75] but preeminent among them are three: (1) Hermes Trismegistus, who was Idris, and whom the Persians believe to be Gayomarth;[76] (2) Hermes of Babylon, who built the city of Babylon after the Deluge. Pythagoras was his student. According to one report it was this Hermes of Babylon by whom all the knowledge that had been effaced during Noah's Flood was reestablished; his homeland was the city of the Chaldeans, which was called the city of philosophers of the east. (3) Hermes of Egypt, the master of Asclepius.[77] He too was a master of all   141

مصری استاد اسقلبیوس[۹] : او نیز در جمیع علوم خصوصاً در طبّ و کیمیا ید طولی داشت. اکثر اوقات بسفر گذرانیدی.

۱۴۲ و مولد هرمس الهرامسه مدینهٔ منیف که الحال بمنوف اشتهار دارد از دیار مصر بود، و آن مدینه‌را پیش از بنای اسکندریه مدینة الحکما گفتندی، و بعد از آن که اسکندر این‌را بنا کرد جمیع حکمای منیف و غیره آن‌را باسکندریه آورد. از سخنان اوست که بهترینِ نکوئیها سه چیز است: راستی در وقت غضب، و بخشش در زمان تنگدستی، و عفو در هنگام قدرت. و در رفتن او ازین سرای غم‌پیرای در تواریخ حکایتی بدیع آورده‌اند که خردمندان در قبول آن می‌ایستند، و بروایتی در آن وقت هشتصد و شصت و پنج ساله، و بقولی چهارصد و پنج ساله، و نزد گروهی سیصد و شصت و پنج ساله بود.

متوشلخ

۱۴۳ متوشلخ بن اخنوخ را فرزند بسیار بود چنانکه بدشواری شمار می‌آمد. بعد از پدر بزرگوار بزرگ قوم شد و خلایق‌را بیزدان‌پرستی دعوت کرد. چون عمر او بنهصد رسید اورا پسری آمد، لمک نام کرد، و بعد از آن دویست و نود سال دیگر بزیست.

sciences, especially medicine and alchemy. He spent most of his time traveling.

Hermes Trismegistus was born in the city of Memphis,[78] which is now known as Manuf, in the land of Egypt. Prior to the building of Alexandria, that city was called the city of philosophers. After Alexander built his city, all the philosophers of Memphis and other places went to Alexandria. One of his sayings is, "The best of good deeds are three: truth in the time of anger, charity in the time of need, and forgiveness in the time of power." Concerning his leaving this abode of sorrow there is an amazing story in histories, that wise men hesitate to accept. According to one version he was then 865 years old; in another version he was 405 years old, and in yet another he was 365 years old.

142

METHUSELAH

Enoch's son Methuselah had so many children they were difficult to count. After his father's death he became the chief of his tribe and called upon the people to worship God. When he was 900 years old he had a son he named Lamech. After that, he lived another 290 years.

143

لمک

لمک در علوّ مرتبت و سموّ منقبت یگانهٔ عهد بود. بعد از پدر مسند سروری بدو ثبات یافت و مدت زندگانی او هفتصد و هشتاد سال بود، و گروهی اورا لمکان و لامک و لامخ نیز گویند. ۱۴۴

نوح

نوح بن لمک بعد از وفات آدم بصد و بیست و شش سال بطالع اسد متولد شد. و او ممهّد رسوم عبادت و مشیّد اساس دادارپرستی گشت. و قضیهٔ دعوت خلایق بر خداپرستی و نافرمانبرداری قوم او و سنوح طوفان و غیر آن مشهور است. و ارباب تواریخ سه طوفان نشان داده‌اند: اول طوفانی که پیش ازین آدم مشهور بظهور آمده بود چنانچه علامه شهرزوری میگوید آدم در دور اول بود بعد از خرابی عالم بطوفان اول. و طوفان دوم در زمان نوح بود که آغاز آن در کوفه شد از تنور سرای نوح و تا شش ماه بود و هشتاد کس درکشتی بودند. و هم ازین سبب بعد از برآمدن جائی که اینها مقام ساختند سوق الثمانین نام نهاده شد. سیوم طوفان زمان موسی که خاص باهل مصر بود. اگرچه نقل‌پرستان روزگار که در نقل طوفانی میکنند آن دو طوفان‌را هم بهمه عالم نسبت میدهند، ظاهراً نه چنان باشد چه در هندوستان که کتب چندین هزارساله موجود است از آن دو طوفان نیز نشانی پیدا نیست. القصه، در اندک فرصتی آن هشتاد تنِ کشتی‌نشین همه ودیعت حیات سپردند الا هفت کس، نوح و سه پسرش یافث و سام و حام و زنان ایشان. نوح شام ۱۴۵

LAMECH

In loftiness of station and highness of character, Lamech was 144
unique in his time. After his father's death the throne of lead-
ership became his, and he lived for 780 years. He is also called
Lamkan, Lamek, and Lamekh.

NOAH

Lamech's son Noah was born under the sign of Leo 126 years 145
after Adam's death. He laid the foundations of worship of God.
The story of his calling upon the people to worship God, their
refusal to obey, and the occurrence of the Flood is well known.
Historians have pointed to three floods: first, the flood that
happened before Adam, as Shahrazuri says that Adam was in
the first epoch after the destruction of the world by the first flood.
The second flood was in Noah's time. It began in Kufa from an
oven in Noah's house and continued for six months. There were
eighty people in the ark, and it is for this reason that, after they
disembarked, the place they settled became called Suq al-Tham-
anin, or Market of the Eighty. The third flood was during Moses's
time, but it was limited to Egypt. Although storytellers of the
age, who deluge us with words, attribute the first two floods to
the entire world, apparently it was not so, for in India, where
there are books several thousand years old, there is no trace of
either of these floods. Anyway, within a short while all but seven
of the eighty persons who had been in the ark departed this life,
and the seven were Noah, his three sons, Japheth, Shem, and
Ham, and their wives. Noah gave Syria, Mesopotamia, Iraq, and

و جزیره و عراق و خراسان‌را بسام داد، و دیار مغرب و حبشه و هند و سند و اراضی سودان‌را بحام عطا فرمود، و چین و سقلاب و ترکستان‌را بیافث کرامت کرد. و اکنون بزعم مورّخان سگّان اصلی این مواضع از اولاد ایشانند و انتساب بنی آدم بعد از طوفان باین سه تن است.

۱۴۶ عمرش چون بهزار و ششصد سال رسید یا هزار و سیصد سال درگذشت، و در عمر او اقوال دیگر هم داستان‌طرازان ایراد نموده‌اند، و گویند بعد از طوفان دویست و پنجاه سال یا سیصد و پنجاه سال بزیست. و بالجمله بعد از فوت آدم بصد و بیست و شش سال یا در اواخر عهد آدم متولد شد. و چون پنجاه ساله شد یا صد و پنجاه ساله یا دویست و پنجاه ساله یا سیصد و پنجاه ساله بر مسند رهنمونی خلایق نشست و مدت نهصد و پنجاه سال در راهبری جهانیان بود.

۱۴۷ اما حام‌را نه پسر بود: هند، سند، زنج، نوبه، کنعان، کوش، قبط، بربر، حبش. و بعضی حام‌را شش پسر نوشته‌اند: سند و کنعان‌را ذکر نمیکنند و نوبه‌را پسر حبش میگویند.

۱۴۸ و سام‌را نیز نه پسر شد: ارفخشد، و گیومرث که پدر ملوک عجم است، و اسود، که مداین و غیره از بنای اوست و اهواز و پهلو پسران اویند، و فارس پسر پهلو است، و یغن که شام و روم پسران اویند، و بورج که در میان مورّخان ازو جز نامی نمانده، و لاوز که فراعنهٔ مصر از نسل اویند، و عیلم که عمارت خوزستان کرد، خراسان و تنبال پسران اویند و عراق پسر خراسانست و کرمان و مکران پسران تنبال اند، و ارم که قوم عاد از جملهٔ احفاد اویند، و بوذر که آذربیجان و اران و ارمن و فرغان پسران اویند. بعضی سام‌را هم شش پسر میگویند: گیومرث و بورج و لاوزرا ذکر نکرده‌اند. و بالجمله در فرزندان این دو گروه بسیار اختلافست.

Khurasan to Shem; to Ham he gave North Africa, Ethiopia, India, and the lands of the blacks; and to Japheth he awarded China, the lands of the Slavs, and Turkistan. Historians now claim that the original inhabitants of these places are their descendants, and the lineages of all human beings after the deluge go back to these three.

When Noah was 1,600 years old, or 1,300, he died. There are various reports of his age, and it is said that he lived for 250 or 350 years after the flood. In short, he was born either 126 years after Adam's death or toward the end of Adam's life. When he was either 50, 150, 250, or 350 years old he took over the rule of his people and led them for 950 years.

146

Ham had nine sons: Hind, Sind, Zanj, Nuba, Canaan, Cush, Copt, Berber, and Habash. Some have recorded that Ham had six sons: they do not mention Canaan and they make Nuba a son of Habash.

147

Shem also had nine sons: (1) Arphaxad; (2) Gayomarth, who is the father of the kings of Persia; (3) Aswad, who built Ctesiphon and other places and whose sons were Ahwaz and Pahlaw, and Fars was Pahlaw's son; (4) Yaghan, whose sons were Sham and Rum; (5) Buraj, of whom only a name is mentioned by historians; (6) Lawaz, from whom were descended the pharaohs of Egypt; (7) Elam, who built Khuzistan and whose sons were Khurasan and Timbal, and Iraq was Khurasan's son while Kirman and Makran were sons of Timbal; (8) Iram, whose offspring formed the tribe of Ad; and (9) Budhar, whose sons were Azerbaijan, Arran, Armen, and Ferghan. Some claim that Shem had six sons, and they do not mention Gayomarth, Buraj, or Lawaz. Anyway, there are many disagreements about the children of these two groups.

148

یافث

۱۴۹ یافث ارشد اولاد نوح است. سلسلهٔ علیّهٔ حضرت شاهنشاهی باو می‌پیوندد و نسبت تمامی خانان بلاد مشرق و ترکستان باو میرسد، و اورا ابو التّرک گویند، و بعضی مورّخان اورا الونجه خان میگفته‌اند. در هنگامی که یافث از سوق الثمانین با اهل و عیال رخصت دیار شرق و شمال که نامزد او شده بود یافت از پدر التماس نمود که اورا دعائی آموزد که هرگاه خواهد باران بارد. نوح سنگی‌را که خاصیتِ او آوردنِ باران بود باو داد و چنان نمود که اسم اعظم برو خوانده‌ام بجهت این مصلحت که ساده‌لوحان پی بآن نبرده از صوابدیدِ او بیرون نروند یا واقع اسم اعظم برو خواند و اکنون آن سنگ در میان ترکان بسیار است. آن‌را «جده تاش» گویند. فارسیان «سنگ یده» خوانند و عرب «حجر المطر» گوید.

۱۵۰ و او بآن حدود رفته صحرانشینی اختیار کرد و هرگاه میخواست بوسیلهٔ آن سنگ ابر عنایت ایزدی در باریدن می‌آمد. و اورا بمرور ایام فرزندان پدید آمدند. و آئینهای شایسته که هم تسلی‌بخش کوته‌اندیشان تواند شد و هم مسرّت‌افزای خاطر بلندهمّتان والافطرت تواند گشت در میان آورد. ازو یازده پسر ماند: ترک و چین و سقلاب و منسج که اورا منسک گویند و کماری که اورا کیمال نیز خوانند و خلج و خزر و روس و سدسان و غز و یارج. و در بعضی کتب هشت پسر مذکور است، خلج و سدسان و غزرا یاد نکرده‌اند.

JAPHETH

Japheth was the eldest of Noah's sons. H.I.M.'s exalted lineage goes back to him, as does the lineage of all the khans of the east and Turkistan. They call him the father of the Turks. Some historians call him Alunja Khan. When Japheth obtained permission to leave Suq al-Thamanin with his family for the east and the north, which had been assigned to him, he asked his father to teach him the prayer that would bring rain whenever he wanted it. Noah gave him a stone that had the power to bring rain and said, "I have spoken the Great Name over it so that simpletons will not be able to discover it and so be able to disobey it." There are now many such stones among the Turks, and they call them *jädä tash*. The Persians call them the *sang-i yada*, and the Arabs call them *ḥajar al-maṭar*.

Japheth went to those regions and chose to dwell in the wilderness, and whenever he wanted, he would bring rain with the stone. With the passage of time he had many children, and he established appropriate customs that not only delight the shortsighted but also cheer the intelligent. He left eleven sons: Türk, Chin, Saqlab, Mansaj (also called Mansag), Kumäri (also called Kimal), Khalaj, Khazar, Rus, Sadsan, Ghuzz, and Yaraj. In some books it is stated that he had eight sons, Khalaj, Sadsan, and Ghuzz not being mentioned.

149

150

ترک

۱۵۱ ترک بزرگترین فرزندان یافث بود. ترکان اورا یافث اوغلان گویند. و بهوشیاردلی و کارگذاری و رعیّت‌پروری از همه برادران امتیاز داشت. بعد از رحلت پدر بر تخت فرمانروائی نشست و داد مردمی و مردانگی و مظلوم‌پرسی داد و در جائی که ترکان اورا سیلول یا سلیکای میگفتند و چشمهای آب روان سرد خوشگوار و گرم عافیت‌بخش و مرغزارهای دلکش داشت اقامت فرمود. و از چوب و گیاه خانه‌ها اختراع کرد و خرگاه پدید آورد. و از پوست بهایم و سباع لباس پوشیدنی دوخت. و نمک در زمان او ظاهر شد و در آئین او آن بود که پسررا جز شمشیری میراث ندهند، و تمامِ خواسته دختررا باشد. و گویند که معاصر او گیومرث است. چنانچه گیومرث اولِ ملوکِ عجم است، او اولِ سلاطینِ ترکستانست. و عمر او دویست و چهل سال بود.

النجه خان

۱۵۲ النجه خان بهترینِ فرزندانِ ترک بود. چون پیمانهٔ زندگی ترک پر شدن گرفت اورا بمشورت بزرگان بر تخت سلطنت نشاند و او خرد دوربین‌را پیشوای خود ساخته در عدالت‌گستری روزگار گذراند و چون پیر شد عزلت اختیار فرمود.

TÜRK

Türk was the eldest of Japheth's sons, and the Turks call him   151
Yafeth-oghlan. He excelled his brothers in intelligence, compe-
tence, and ability to shepherd his people. After his father's death
he mounted the throne of rule and made a name for himself for
courage, manliness, and investigation of oppression. He took
up residence in a place the Turks call Silul, or Selenga, which
has deliciously cool flowing water, health-giving hot springs,
and delightful meadows. He fashioned dwellings of wood and
plants and invented the tent. He sewed clothing from the skins
of animals and wild beasts, and salt appeared during his time. It
was his custom to give a son nothing but a sword as a legacy, with
everything else going to daughters. They say he was contempo-
rary with Gayomarth. Just as Gayomarth is the first of the kings
of the Persians, he was the first of the rulers of Turkistan. He
lived 240 years.

ALANJA KHAN

Alanja Khan was the best of Türk's sons. When the cup of his   152
father Türk's life began to be full, he was seated upon the throne
with the consent of the elders, and, making farsighted wisdom
his guide, he spread justice. When he grew old he retired.

دیب باقوی

۱۵۳   دیب باقوی بعد از عزلت پدر و باشارت عالیش فرمانروا شد.

گیوک خان

۱۵۴   گیوک‌خان فرزند رشید اوست. پدرش در هنگام پدرود کردن جهان سریر خانی باو عنایت فرمود. او قدر سلطنت‌را دانسته در لوازم آن اهتمام بجای آورد.

النجه خان

۱۵۵   النجه خان پسر اوست. در آخر عمر پدر ولیعهد شد و او داد و دهش‌را از اندازه بیرون برد و ترکان در زمان دولت او مستِ دنیا شده از راه خردمندی عدول نمودند. چون مدّتی بر آن بگذشت اورا دو پسر بیک شکم آمد، یکی‌را مغل نام کرد و دیگری‌را تاتار. و چون بحد کاردانی رسیدند ملک خودرا بدو حصه بخش کرد، یک نصف‌را بمغل داد، نصف دیگررا بتاتار. و چون پدر بزرگوار ایشان ودیعت حیات سپرد فرزندان با یکدیگر موافقت نموده هرکدام در ولایت خود دارائی میکردند و چون این سلسلهٔ علیّه‌را بتاتار و شعب هشتگانهٔ او نسبت نیست ذکر اورا منطوی ساخته بشرح احوال مغل و فرزندان گرامی او میپردازد.

DIB BAQUI

Dib Baqui became ruler by indication of his father after his father retired.   153

GÜYÜK KHAN

Güyük Khan was Dib Baqui's eldest son. When his father bade   154
farewell to the world, he was given the throne of the khanate.
Appreciating the value of rule, he strove in all works pertaining
to it.

ALANJA KHAN

Alanja Khan was his son. At the end of his father's life he became   155
heir apparent, and his generosity and liberality were beyond
measure. The Turks became drunk on the world during his reign
and deviated from the path of moderation. After a long time had
passed like that, he had twin boys. One he named Moghul and the
other he called Tatar. When they reached maturity he divided
his kingdom into two and gave one half to Moghul and the other
to Tatar. When their exalted father bade farewell to life, they
agreed with each other that each would rule in his own territory.
Since our imperial line does not go back to Tatar or the eight
branches of his progeny, we can disregard him and concentrate
on Moghul and his sons.

مغل خان

۱۵۶ مغلخان فرمانروائی دانا بود. در ولایت خود آنچنان سلوک فرمود که دلهای رعایا در سلک بندگی و رضاجوئی او درآمد و همه در نیکوخدمتیها کوشش میکردند و شعب مغل نه نفر بودند، اول ایشان مغل خان و آخر آنها ایل خان است. و مغولان تقوزرا ازین گرفته‌اند، این عددرا در جمیع اشیا فرخنده دانسته‌اند. و اورا جهان‌آفرین چهار پسر داد، قرا خان، آذر خان، کر خان، و اور[10] خان.

قرا خان

۱۵۷ قرا خان هم در سال بزرگترین فرزندان بود و هم در شغل جهانداری رشد و امتیاز تمام داشت. بعد از پدر بزرگمنش بر اورنگ فرمانروائی نشست و در قراقرم بحدود دو کوه که آن‌را ارتاق کرتاق میگفتند جهت یورت ییلاق و قشلاق معیّن ساخت.

اغوز خان

۱۵۸ اغوز خان فرزند گرامی قرا خانست که در هنگام فرمانروائی از خاتون بزرگ ولادت یافت و در نام نهادن و در راه خداپرستی گام زدن افسانه‌گذاران سخنی چند باو نسبت میکنند که خرد انصاف‌گزین بقبول آن چندان اقبال

MOGHUL KHAN

Moghul Khan was a wise ruler. He conducted himself so well in his territory that his subjects served and obeyed him willingly. The branches of Moghul's house are from nine persons, the first being Moghul Khan, and the last El Khan, and it is from this that the Mongols have adopted the number nine as the auspicious number in all things. Moghul Khan had four sons, Qara Khan, Azer Khan, Kür Khan, and Or Khan.

156

QARA KHAN

Qara Khan was both the eldest of Moghul Khan's sons and the best ruler. After his father he mounted the throne, and to dwell in he built summer and winter quarters in Qaraqorum in the vicinity of two mountains called Artaq and Kartaq.

157

OGHUZ KHAN

Oghuz Khan was Qara Khan's son who was born of a great lady during his father's reign. Concerning how he got his name and how he began to worship God, storytellers say things the mind cannot accept, but he was by all accounts a wisdom-loving ruler and a justice-minded worshipper of God. He established among the people of the world good laws and customs that brought order to a disturbed world. Among the kings of the Turks he is like Jamshed among the Persians. With culture, a lofty mind, good fortune, and innate courage, he brought under his sway

158

نمینماید، و او باتفاق فرمانروائی خرددوست و خداپرستی معدلت‌گستر بود. و بایستهای نیک و آئینهای خجسته که باعث انتظام احوال عالم گوناگون و موجب التیام اختلافات روزگار رنگارنگ بود در میان جهانیان نهاد. و او در میان ملوک ترک مثل جمشید بود در ملوک عجم. بفرهنگ درست و همّت بلند و بخت ارجمند و شجاعت ذاتی ملک ایران و توران و روم و مصر و شام و افرنج و دیگر ولایتهارا در حیطهٔ تصرف درآورد. و اکثر اهل عالم در سایهٔ عاطفت او درآمدند. و ترکان‌را بمناسبتهای مناسب لقبها نهاد که تا امروز زبانزد مردم است، مثل ایغور و قنغلی و قبچاق و قارلیغ و خلج و غیر آن. و اورا شش پسر شد: کن، آی، یولدوز، کوک، طاق، تنگیز. و سه بزرگ‌را بوزوق میگویند و سه دگررا اوچوق[11]. و فرزندزاده‌های او به بیست و چهار شعبه منشعب گشتند و تمامی ترکان از نسل این بزرگان اند. و لفظ ترکمان در قدیم نبوده است. چون اولاد ایشان بایران درآمدند و در آن سرزمین توالد و تناسل شد بتدریج صورتهای ایشان مانند تاجیک شد. و چون تاجیک نبودند تاجیکان ایشان‌را ترکمان گفتند، یعنی ترک‌مانند. و بعضی بر آنند که ترکمان قومی علیحده اند و بترکان نسبت قرابت ندارند.

۱۵۹ و منقول است که اغوز خان بعد از آنکه تسخیر عالم نموده بیورت اصلی خود بازگشته بر مسند دولت نشست بزمی خسروانه ترتیب نمود و هرکدام از فرزندان دولتمند و امرای اخلاص‌اندیش و سایر ملازمان‌را بنوازشهای پادشاهانه بنواخت و نصیحتهای بلند و وصیتهای ارجمند که بر ثبات دولت رهنمون باشد فرمود. و مقرر ساخت که دست راست که ترکان برانغار گویند و ولیعهدی به پسر بزرگ و اولاد او مقرر باشد و دست چپ که جونغار[12] باشد و وکالت بفرزندان خرد داد. و قرار داد که همواره بطن بر بطن برین آئین باشند. و اکنون ازین بیست و چهار فرقه یک نیمه

the lands of Iran and Turan, Anatolia, Egypt, Syria, Europe, and other realms, and most of the people of the world entered the shadow of his favor. For appropriate reasons he gave the Turks epithets that are still known: Uyghur, Qanghli, Qipchaq, Qarligh, and so on.[79] He had six sons: Gün, Ay, Yulduz, Gök, Taq, and Tängiz.[80] The three elder sons are called Buzuq, and the other three are known as Üchoq.[81] His grandchildren split into twenty-four branches, and all the Turks are descended from them. The word Turcoman did not exist in the past. When the descendants of these people entered Iran and multiplied there, their faces gradually became like those of the Persians. Since they were not Persians, the Persians called them *Turk-mān* because they were like Turks.[82] Some believe that the Turcomans are a separate nation unrelated to the Turks.

It is said that after conquering the world, Oghuz Khan returned to his original territory, mounted the throne, and held a regal banquet at which he rewarded all his sons, his faithful commanders, and all other attendants with kingly gifts and gave them sage counsel that would ensure stability of fortune. He established that the right wing of the army, which the Turks call *baranghar,* and the heir-apparency would belong to the eldest son and his sons, and that the left wing, which is called *jävünghar*, and the office of deputy would go to the youngest son.[83] He also established that generation after generation this custom would be followed. Even now the right wing belongs to half of those twenty-four branches, and the left wing belongs to the other half. He ruled for seventy-two or seventy-three years and bade this world farewell.

بدست راست تعلق دارد و یک نیمه بدست چپ. هفتاد و سه سال یا دو
سال لوازم جهانبانی بجای آورده این جهان‌را وداع کرد.

کن خان

۱۶۰   کن خان بموجب وصیت بجای پدر بنشست و در فرماندهی و جهانداری
با خرد دوربین خود تدبیرات صایبهٔ ارقیل خواجه که وزیر اغوز خان بود
کامروا شد. و با برادران و فرزندان و برادرزاده‌ها که بیست و چهار کس
بودند چه هر یکی ازین شش برادررا چهار فرزند شده بود آنچنان سلوک
نمود که هرکدام اندازه و حالت خود دانسته در گیرودار سلطنت مددکار
هم بودند، و هفتاد سال کامیاب دولت شده آی خان‌را ولیعهد خود
ساخت و درگذشت.

آی خان

۱۶۱   آی خان به نیروی بخت بیدار و دولت پایدار آئین پدر بزرگوار خود داشت
و عدالت‌را با خوی خوش آراسته بود و دانش‌را با کردار نیک فراهم آورده.

GÜN KHAN

Gün Khan succeeded his father and ruled wisely with the advice 160
of Irqil Khwaja, Oghuz Khan's vizier. He dealt with his brothers and their sons and grandsons—for each of the twenty-four had six sons—so well that everyone recognized his position and station, and they all helped each other in the inevitable struggles of rule. He ruled for seventy years, made Ay Khan his heir, and passed away.

AY KHAN

Through the power of good fortune Ay Khan maintained his 161
father's custom, brought together justice and a good nature, and married knowledge with good action.

یلدوز خان

۱۶۲ یلدوز خان پسر مهین و جانشین او بود. در آداب جهانداری و دادگستری پایهٔ بلند یافت.

منگلی خان

۱۶۳ منگلی خان پسر دوستدار او بود. بعد ازو بر سریر فرماندهی نشست و بنظر عنایت یزدان و ستایش ایزدشناسان امتیاز یافت.

تنگیز خان

۱۶۴ تنگیز خان بعد از رحلت پدر گرامی متصدی انتظام امور سلطنت شده صد و ده سال در مغولستان تاج دولت بر سر داشت.

ایلخان

۱۶۵ ایلخان فرزند گرامی اوست. پدر در هنگام پیری و ناتوانی سر انجام مهام جهانداری باو ارزانی داشت و خود بعذرخواهی ایّام کثرت بگوشهٔ وحدت نشست.

YULDUZ KHAN

Yulduz Khan was the eldest son and successor. He attained a high   162
level in ruling and spreading justice.

MÄNGLI KHAN

Mängli Khan was his beloved son. After Yulduz Khan's death   163
he mounted the throne and was singled out for God's favor and
praise by the pious.

TÄNGIZ KHAN

After his father's death Tängiz Khan took charge of ruling the   164
world. He lived for 110 years and wore the crown of state in
Mongolia.

EL KHAN

El Khan was his beloved son. In the father's old age and infir-   165
mity he turned over the rule to him and retired in apology for
his many days.

قیان

۱۶۶ قیان فرزند ایلخانست که بمقتضای غوامض حکمت ایزدی مورد شداید احوال شد. چون ایزد دانا خواهد که جوهر انسانی‌را بکمال معنوی رساند اول مرادی چند در ضمن نامرادی جلوه‌گر آرد و چندین بزرگان پاک‌طینت‌را فدای آن بزرگ ساخته اورا خلعت ظهور دهد. مصداق این حال قصّهٔ ایلخانست که چون نوبت سریرآرائی باو رسید بآئینی که عالم صوری از آن نظام گیرد و ملک معنوی مراعات پذیرد زیست میکرد و دلهای پراکنده‌را فراهم می‌آورد تا آنکه تور بن فریدون بترکستان و ماوراء النهر استیلا یافت و باتّفاق سونج خان ملک تاتار و ایغور با ایلخان نبرد عظیم کرد، و زمرهٔ مغل از حسن معاشرت ایلخان فدائیانه جنگ کردند و بسیاری از ترکان و ایغور و تاتار درین نبرد کشته شدند. و در اثنای جنگ تور و تاتار مقاومت نکرده فرار اختیار نمودند و بمکر و حیلت دست زده از راه روباهبازی روی بگریز نهادند، و پارهٔ از راه رفته در نشیبی فرود آمدند. و آخرهای شب ناگهانی بر سر لشکر ایلخان شبیخون آوردند و چندان کشش شد که از مردم ایلخان جز پسر او قیان و پسر خال او نکوز و دو حرم ایشان که خودرا در میان کشتگان پنهان ساخته بودند هیچکس جان بسلامت بیرون نتوانست برد. چون شب درآمد آن چهار کس خودرا بکوه کشیدند و بزحمت و مشقت بسیار چون از گریوها و تنگیهای کوه گذشتند مرغزاری که درو چشمه‌های خوشگوار و میوه‌های فراوان بود بنظر درآمد. ناچار آن مواضع نزه‌را بمقتضای وقت غنیمت دانسته طرح اقامت انداختند، و ترکان این جای‌را ارگنه‌قون نامند و گویند این واقعهٔ هایله بعد از هزار سال بود از گذشتن اغوز خان. دانا داند که درین

QIYAN

Qiyan was El Khan's son who suffered difficulties necessitated by divine wisdom. When God the omniscient wants to take a human gem to the pinnacle of spiritual perfection, he first brings about several desired things in the folds of undesirability and sacrifices several pure ones for the sake of that one great person before bringing him into existence. In consonance with this is the story of El Khan, for when it came his turn to rule, he lived in accordance with the custom by which the external world is regulated and the spiritual world is maintained, and he soothed distressed hearts until Tur, the son of Fredun, conquered Turkistan and Transoxiana and, together with Sevinch Khan, the king of the Tatars and the Uyghurs, he fought a great battle with El Khan. The best of the Mongols fought self-sacrificingly because of the good terms on which they had been with El Khan, and many Turks, Uyghurs, and Tatars were killed in this battle. During the fighting, Tur and the Tatar, unable to withstand the onslaught, managed to flee in a wily fashion. They had not gone far when they came to a cliff. Without warning, toward the end of the night, they launched a surprise attack on El Khan's forces and committed such massacre that, of El Khan's men, only his son Qiyan, his cousin Nüküz, and their two wives, who had hidden themselves amongst the slain, escaped with their lives. When night fell these four got themselves to the mountains, and passing the cliffs and defiles with great difficulty, they spied a meadow with refreshing springs and abundant fruit. Realizing what a blessing these wonderful places were, they settled there. The Turks call that place Ärgänä-qun and say that the dreadful battle took place a thousand years after the death of Oghuz Khan. Of

قضیّهٔ بدیع تدبیر ابداع گوهر جامع حضرت شاهنشاهی بود تا هم نسبت فدائیت بجای آید و هم مراتب غربت و عزلت و مشقت باین طرز بدیع فراهم شود تا گوهر یکتای حضرت شاهنشاهی که مقصود اصلی از آفرینش این طبقهٔ گرامی اوست و هم سرمایهٔ این محمدت‌نامهٔ ایزدیست جامع مدارج اطوار کونیه شده و قدردان طبقات انام که باین حالت باشند گشته کامروای صورت و معنی گردد و باین طرز گردی از نامرادی پیرامون حال مقدّس او نگردد.

۱۶۷ و بالجمله چون قیان با همراهان در آن سرزمین بسر برد از ایشان اولاد شد و قبایل پدید آمد و جماعهٔرا که از قیان بوجود آمدند قیات نام نهادند و طایفهٔ که از نکوز رسیدند به درلکین ملقّب گشتند. احوال فرزندان قیان تا زمانی که در ارگنه‌قون بودند که دو هزار سال تقریبی باشد بنظر درنیامده و همانا که در آن زمان و مکان رسم نوشتن و خواندن نبوده باشد، و بعد از سپری شدن دو هزار سال تخمیناً در آخرهای زمان نوشیروان قیات و درلکین بجهت آنکه زمین ارگنه‌قون‌را گنجایش این مردم نمانده بود ارادهٔ برآمدن کردند و سر راه ایشان‌را کوهی که معدن آهن بود مسدود داشت. دانایان اندیشه‌هارا کار فرموده از چرم گوزن دمها اختراع نمودند و آن کوه آهنین‌را گداخته گذر پیدا کردند و ملک خودرا بزور شمشیر و نیروی تدبیر از دست تاتار و غیر او برآوردند و بر سریر کامرانی و جهانبانی متمکّن گشتند. و تخمین کیشان درست‌اندیش از چهار هزار سال پیش از آن، که اجداد عالی بیست و هشت تن بوده‌اند، و هزار سال بعد از آن، که آبای کرام بیست و پنج نفس بوده‌اند، چنان قیاس کنند که درین دو هزار سال بیست و پنج کس باشند. پوشیده نماند که زمین مغول در طرف مشرق است و از آبادانی دور. دور آن هفت هشت

course, a wise person realizes that in this fabulous story lies a plan for the creation of H.I.M.'s essence so that both the trait of self-sacrifice and the characteristics of exile, isolation, and difficulty would be combined in this marvelous manner in order that the unique pearl that is H.I.M., which is the original aim of the creation of this nation and also the raw material of this divine book of splendor, might combine all stages of existence and appreciate all classes of humanity, and in this manner the dust of undesirability would not swirl around his regal state.

In short, when Qiyan and his companions settled in that land, they produced children, and tribes came into existence. Those who were descended from Qiyan were named the Qiyat, and those who came from Nüküz were called the Dürlükin. Nothing has been seen of the condition of Qiyan's children during the time they were in Ärgänä-qun, which was around two thousand years, since at that time and in that place there was neither reading nor writing. After the passage of approximately two thousand years, toward the end of Anoshirvan's reign, the Qiyat and the Dürlükin wanted to get out of Ärgänä-qun because it was not large enough for so many people, but their way was blocked by a mountain that contained iron mines. The wise ones put their minds to work, invented bellows from deer skins, melted the mountain, and got out. Then they retook their kingdom by the sword and good strategy from the Tatars and others and mounted the throne of success and world rule. Those who are capable of approximating correctly analogize that four thousand years prior to that, when the ancestors numbered twenty-eight, and a thousand years later, when they numbered twenty-five, there must have been twenty-five generations during the two thousand years in Ärgänä-qun. It is well known that the territory of the Mongols

ماهه راه است. سرحد شرقیش تا سرحد خطا و غربی آن تا زمین ایغور و شمالی او پیوسته با قرغز و سلنگایست[۱۳] و جنوبی آن متّصل با تبت. خورش ایشان گوشت شکار و پوشش ایشان پوست بهایم و سباعست.

تیمورتاش

۱۶۸ تیمورتاش از نسل سعادت‌اصل قیان است. بسروری و فرماندهی سربلند بود.

منگلی خواجه

۱۶۹ منگلی خواجه گرامی فرزند تیمورتاش است. سرفراز تاج دولت و سعادت بود و مسند ایالت و عدالت داشت.

یلدوز خان

۱۷۰ یلدوز خان خلف بزرگمنش منگلی خواجه است که درین آمدن قیات و درلکین بامارت و سرداری سرفراز بود و بعد از قیان فرزندان ایشان بطناً بعد بطنٍ در ارگنه‌قون سروری قبایل داشتند. یلدوز خان بمددکاری بخت کوکب دولتش رفته رفته از افق سعادت طلوع نمود و او اولوس مغل‌را آبادان ساخت و فرمانروای والاشکوه شد و نزد قوم مغل آنکس

is in the east and far from civilization, and it would take seven or eight months to travel its perimeter. Its eastern boundary is the border with Cathay, it stretches westward to the Uyghur, to the north it borders Kyrghyz and Selenga, and to the south it borders on Tibet. Their food is from meat they hunt, and their clothing is the skin of wild beasts.

TEMÜRTASH

Temürtash was descended from Qiyan. He held his head high in leadership and rule.   168

MÄNGLI KHWAJA

Mängli Khwaja was Temürtash's beloved son. He was exalted by crown and fortune and held the throne of governance and justice.   169

YULDUZ KHAN

Yulduz Khan was Mängli Khwaja's great successor who was the leader and commander when the Qiyat and Dürlükin departed, for after Qiyan's death his descendants, generation after generation, had ruled over the tribes in Ärgänä-qun. With the help of good fortune, Yulduz Khan's star rose, and he caused the Mongol nation to flourish while he ruled in splendor. Among the Mongols only he who is undoubtedly descended from Yulduz Khan is worthy to rule as khan.   170

درست‌نسب و شایستهٔ خانی باشد که نسب خودرا بیلدوز خان رساند.

جویینه بهادر

۱۷۱ جویینه بهادر پسر رشید یلدوز خانست. بعد از پر شدن پیمانهٔ عمر پدر بر تخت جهانبانی کامیاب گشت.

حضرتِ عصمت‌قبابِ قدسی‌نقاب آلنقوا

۱۷۲ دادار بدایع‌آفرین هرچه از مکمن خفا بمجلای ظهور آرد بسیاری از عجایب اموررا مشتمل باشد لیکن آدمیزاد بموجب غفلتی که در نشأهٔ کثرت و لباس تعلق ستون این بنای عالی‌اساس است از دریافتِ آن باز میماند چه اگر این طور نشدی اورا از نظارگی بودن فرصت نبودی و بهیچ کاری نپرداختی. مبدع جهان‌آرا اکثری از عجایب قدرت خودرا از نظر جهانیان می‌پوشد و بقدر احتیاج که یکبارگی از تماشای غرایب مقدّرات الهی محروم نمانند پردهٔ چند از روی مقدّسات مکامن غیب بر میدارد و باز از دید بسیار از غفلتی که در سرشت ایشان ودیعت نهادهٔ تقدیر است همان دیدرا پردهٔ شناسائی میگرداند، و پس از آن، رأفت عامهٔ الهی برای هزار گونه حکمت که یکی از آن آگاهی غفلت‌زده‌های این جهانست آفرینش دیگر بظهور می‌آرد و نقاب و احتجاب‌را اندکی برداشته رنگ‌آمیز تعجب میگرداند. از آن جمله احوال بدایع‌طراز حضرت آلنقواست.

۱۷۳ او دختر قدسی‌اختر جویینه بهادر است از قوم قیات از نسل برلاس. از زمان خردی تا بسنّ بزرگ حسن صوری و معنوی او در افزایش بود تا آنکه

JUYINA BAHADUR

Juyina Bahadur was Yulduz Khan's eldest son. After the cup of his father's life was filled, he mounted the throne.

SHE WHO IS PROTECTED BY DOMES OF CHASTITY AND VEILED IN SANCTITY, ALANQOA

Everything the Great Giver brings forth from the hidden recesses contains many strange and marvelous things. However, on account of heedlessness, which props up this lofty edifice with the intoxication of multiplicity and the raiment of worldly attachments, humans are not always capable of recognizing it, for if it were otherwise, they would have no chance to gaze upon being and would not apply themselves to any action. Therefore the creator of the world hides most of the marvels of his power from the eyes of mortals and only lifts the veil from the sacrosanct recesses every once in a while, and then only when necessary in order that people not remain deprived of the sight of divine marvels. Then, all-encompassing divine kindness, for thousands of reasons, only one of which is the awareness of the heedless in this world, brings into being another creation, lifts the veil slightly, and creates amazement. One example of this is the marvelous story of Alanqoa.

Alanqoa was the daughter of Juyina Bahadur of the Qiyat tribe and the lineage of the Barulas. From childhood on, her physical and spiritual beauty increased until she became unique in her time for her exalted native intelligence and high-mindedness, and by the agreement of friend and foe alike she was a great,

بفطرت عالی و همّت والا یگانهٔ روزگار گشت و باتفاق دوست و دشمن و خویش و بیگانه بزرگمنش خردپرور خداپرست بود. انوار خداشناسی از چهره‌اش پیدا، اسرار الهی بر پیشانی او هویدا، پرده‌نشین سرادقات عفّت، خلوت‌گزین مراقبات احدیت، مظهر تجلیات قدسی، مهبط فیوضات قدوسی بود. چون بحد کمال رسید اورا چنانچه آئین سلاطین و رسم بزرگان دنیا و دین است به ذوبون بیان که فرمانفرمای مغلستان و پسر عم او بود پیوند کردند و آن گوهر یکتای قدسی‌را قرین فرمانروائی انسی ساختند. از آنجا که او همسر نبود بملک نیستی شتافت. حضرت آلنقوا که آسایش عالم معنی بود آرایش ملک دنیا نیز گشت و بضرورت بظاهر امور پرداخته بسروری و سریرآرائی الوس خود متوجه شد.

۱۷۴ شبی آن نورپرورد الهی بر بستر استراحت پهلو نهاده و بر چار بالش استراحت تکیه زده بود که ناگاه نوری شگرف در خرگاه پرتو انداخت و آن نور در کام و دهان آن سرچشمهٔ عرفان و حضور درآمد، و آن عفّت‌قباب بر منوال حضرت مریم بنت عمران از آن نور آبستن شد. سبحان الله نفوس قدسیهٔ انسانی‌را از آدم تا این نورپرورد در نعمت و محنت و فراخی و تنگی و فتح و هزیمت و لطف و غضب و سایر صفات متضادّه مرتبه بمرتبه پرورش داده مستعدّ فیضان نور مقدّس میساختند و پیشتر از آنکه این نور اقدس از آسمان تقدّس نزول اقبال نماید قیان‌را از تعلق‌آباد شهر و اقلیم برآورده در صحرای تجرّد پرورش بخشیده چندین آبا و اجداد اورا بطن ببطن در مدّت دو هزار سال در آن کوهستان هم تصفیه بخشیده آشنای ملک تقدّس میساختند و هم مرتبهٔ انسانی‌را جامع مراتب کونی و الهی میگردانیدند. چون پرورش معنوی سرانجام یافت بمقتضای حکمت بالغه یلدوز خان‌را از کوه بشهر آورده سریرآرای گردانیدند تا نوبت این سلسلهٔ

wise, and God-fearing lady. The lights of piety shone from her countenance, and divine mysteries could be read on her forehead. She dwelt in the seclusion of chastity, a manifestation of holy emanations and a focus of heavenly effulgence. When she reached the level of perfection, she was given in marriage, as is the custom of rulers of the world and great ones of religion, to Dobun Bayan, the ruler of Mongolia and her cousin, and thus that unique holy pearl was joined to the rulership of humanity. Since he was unequal to her, he died. Alanqoa, who was repose for the world of the spirit, also became the adornment of the external world, and necessarily taking part in affairs, she became the leader and monarch of her nation.

One night she, who had been nourished by divine light, was resting in bed, when suddenly a magnificent light shed its rays into her tent. The light entered her mouth, and she became pregnant by the light, just like Mary the daughter of Amram.[84] God be praised! From Adam until her, holy human souls had been nurtured stage by stage through all contradictory degrees—luxury and deprivation, expanse and contraction, victory and defeat, kindness and wrath—to be made ready to receive the emanation of holy light, and before this holy light descended from heaven, Qiyan had been weaned from attachment to civilization and nourished in the wilderness of isolation, and her many fathers and forefathers, generation after generation, over a period of two thousand years, were refined in those mountains until they were acquainted with the kingdom of holiness and had transformed their human state into a compendium of all mundane and divine stages. Once spiritual nurture was completed, as deemed necessary by mature wisdom, Yulduz Khan was brought out from the mountains into cities and turned into a monarch in order

174

217

مقدّسه بحضرت آلنقوا رسید و آن نور الهی بمیانجی چندین بزرگان دین و دولت بیواسطهٔ بشری در عالم ظاهر جلوه‌گر آمد. آغاز ظهور حضرت شاهنشاهی آن روز بود که بعد از سیر در مدارج مختلفه از خدر مقدّس حضرت مریم‌مکانی برای سرانجام نشأهٔ صورت و معنی بعالم بروز شتافت. افلاطون‌تجرّدی باید که این سخنان بگوش هوش شنود که خدیو زمان در پرده‌آرائی و زمانیان با درد چشم و زحیر باطن پرده‌در است.

۱۷۵ و بالجمله بر سر سخن رفته باز گویم که همواره در اوقات فرخنده و ساعات خجسته سرای مقدّس آن عفّت‌قباب بفروغ آن نور روشن میشد و زمان زمان ظاهر و باطنِ آن قدسی‌نژاد اضاءت می‌یافت. آنان که از بال همّت بلندپروازی فرموده از اسباب‌پرستی گذشته مسبّب‌بین اند امثالِ این امور در وسعت‌آباد قدرت الهی بدیع و بعید نمیدانند و مستبعد عادت‌پرستان ظاهربین در پیش حساب ایشان معتبر نیست، و آنان که در سبب مانده پیشتر قدم ننهاده‌اند لیکن بقلاوزیِ بختِ بیدار از محاسبهٔ ظاهری گریز ندارند آنها نیز در مبادی حال توقفی نمیکنند، خصوصاً فرزندِ بی‌مادر و پدر که آدمِ اوّل باشد قبول کرده‌اند و فرزندِ بی‌مادررا که حوا نامند پذیرفته‌اند و فرزندِ بی‌پدر تنهارا چگونه قبول نکنند؟ فکیف که مثل این واقعه در قصّهٔ عیسی و مریم متیقّنِ آنها باشد (بیت)

حکایاتِ مریم اگر بشنوی بآلنقوا همچنان بگروی

لیکن مبدع جهان‌آرا که از عنفوان ابداع کارخانهٔ ایجادرا سرانجام میدهد بمقتضای تضادّ و تباین اسمای جمالی و جلالی چنانچه گروه آدمیان‌را بدانش والا و تدبیر درست و فطرت عالی و تصرف عظیم و اندیشهٔ صواب

that, in time, the sacred line would reach Alanqoa. Thus that divine light appeared in the world through so many great ones of religion and state without human intermediary. The beginning of the appearance of H.I.M. happened on that day so that after traveling through the various stages he would appear in the world through the pure vessel of H.H. Maryam-Makani. It would take someone as able as Plato to comprehend the abstract notion that the lord of the age remains hidden behind a veil while mortals rend the veil with outer sorrow and inner anguish.

Let us return to the topic at hand. That chaste lady's abode was always bright with the splendor of that light, and from time to time it illuminated upon her externally and internally. Those who have taken flight on the wing of high-mindedness and passed beyond materialism to reach the stage at which they can see ultimate causes know that such things are not even improbable, given the vast expanse of divine power, and the skepticism of those who see only externals is of no consequence to them. Those who are stuck in secondary causes and cannot get beyond that stage are unable, even with the guidance of good fortune, to escape external calculation, but even they do not have to remain as they are. When they accept the existence of a child without mother or father, that is, the first Adam, and they accept the existence of a child without a mother, which they call Eve, how can they not accept the existence of a child without a father? Are they not absolutely certain that such a thing happened in the story of Jesus and Mary?

If you listen to tales of Mary, then incline likewise to Alanqoa.

However, just as the creator, who keeps his factory of creation

175

مخصوص ساخته روز بروز در افزایش حال آنها میکوشد همان طور گروه انبوه آدم‌صورتان‌را بکم‌بینی و کوته‌یابی و کج‌اندیشی و بدگمانی و فتنه‌انگیزی و بی‌تصرفی اختصاص داده سرگرم کار میدارد، و اگرچه در هر دو طور پیمانهٔ استعداد پر میشود اما بسا حکمتها که درین کار شگرف اندراج دارد. بنابر آن، پیوسته ظلمت با نور و نحوست با سعادت و ادبار با اقبال همقران میباشد و همواره بیدولتانِ تیره‌رای سنگِ تفرقه در پیش می‌اندازند و بزودی شرمسار صوری و معنوی گشته بکوی عدم میشتابند، و مصداق آن حال این سانحهٔ نورانیست که چون چنین امر بدیع بظهور آمد جمعی از کوته‌نظران ناقص‌خرد ظاهرپرست که از دولت حقیقی بی‌نصیب اند و از نعمت معرفت بعید اندیشه‌های نادرست بخاطر آوردند.

۱۷۶ و آن مسندنشین عفّت از کمال مهربانی نخواست که این نابینایان بی‌سعادت در وبال این خیال گرفتار مانند. اعیان مملکت خودرا از واقعه آگاه ساخت و فرمود که «اگر ساده‌لوحی ناقص‌عقل که از بدایع قدرتهای الهی و صنوف تقدیرات ازلی خبردار نبوده در بلیّهٔ سوء ظن افتد و آئینهٔ دل‌را بزنگ خیالات فاسده تیره‌رنگ سازد، هرآئینه از عقوبت آن ابد الآباد در خسران و نکال ماند. بهتر آنست که ساحت اندیشهٔ ایشان‌را ازین دغدغه وا پردازم. و نظر برین مقدمه، ضرورت است که بیداردلان حقیقت‌شناس و معتمدان اخلاص‌پیوند در حوالی خرگاه بحراست شب زنده دارند تا تاریکی شک و ریب از سویدای دل ایشان بنور واردات الهی و مشاهدهٔ انوار غیبی بروشنی گراید و مظنّهٔ اوهام فاسد از درون این تیره‌جانان بیرون رود.» بنابر آن، چندگاه پاسبانان بیداردل و خردپروران دوربین حوالی خرگاه بوده چون اختران شب‌زنده‌دار دیده برهم نزدند. ناگاه در دل شب که وقت نزول رحمت الهیست نوری فروزنده چون ماه

running at full steam through the antonymity and synonymity of his magnificent and awesome names, has singled out one group of humans for knowledge, good planning, exalted innate ability, great control, and correct ideas and striven day after day to elevate their state, so has he also given the greater portion of those who look like humans shortsightedness, incompetence, crooked thinking, suspiciousness, seditiousness, and uselessness and put them to work. Although in both cases the cup of receptivity is full, how much wisdom is contained in this labor! Therefore darkness is always coupled with light, ill omens with good portents, and reversals with progress; and dark-minded wretches always cast stumbling blocks of dissention, but they quickly suffer physical and spiritual shame and hasten off to the path of nonexistence. The truth of this assertion can be found in this luminous event, for when such a marvelous thing happened, some shortsighted, feebleminded, superficial individuals, who were deprived of the real fortune of cognition, hatched improper thoughts.

Because of her perfect kindness, that queen of chastity did not want these blind wretches to remain captive to their detrimental notions. Apprising the nobles of her kingdom of this event, she said, "If feebleminded simpletons who are not aware of the marvels of divine power should fall into the calamity of suspicion, and should the mirror of their hearts be clouded by vain notions, they will certainly remain for all time in perpetual loss as a consequence. It would be better for me to clear this confusion from the fields of their minds. For this purpose it will be necessary for some open-minded devout persons and trustworthy friends to stand watch by night around my tent so that the darkness of doubt in their hearts may be illuminated by the light of divine sendings and the sight of otherworldly lights, and so that their

176

تابان بدستوری که بانوی سراپردهٔ عفّت فرموده بود از فراز به نشیب روی کرده بخرگاه درآمد. غریو از حاضران آگاه برخاست. لختی در مقام حیرت بوده اندیشه‌های باطل از دلهای وسوسه‌خیز فرو نشست.

۱۷۷ و چون ایام آبستن سپری شد سه پسر گرامی سعادت ولادت یافت، یکی بوقون قتقی[۱۴] و تمامت قوم قتقین[۱۵] از نسل او پدید آمد، و دوم یوسقی سالجی که قبیلهٔ سالجیوت از وی منشعب گشت، سیوم بوذنچر قاآن است و اولاد این گرامی‌نژادان‌را نیرون گویند یعنی پدید آمده از نور، و ایشان‌را بزرگترین اقوام مغل دانند.

بوذنچر قاآن

۱۷۸ بوذنچر قاآن جد نهم چنگیز خان و قراچار نویان و جد چهاردهم حضرت صاحبقرانی و جد بیست و دوم حضرت شاهنشاهیست. چون بسن تمییز رسید سریر سلطنت توران‌زمین‌را زینت داد و سرداران قبایل از ترک و تاتار و غیر آن که بطریق ملوک طوایف زندگانی میکردند کمر خدمتکاری بمیان جان بستند و او به نیروی تدبیر پریشانیهای روزگار فراهم آورده داد عدالت و احسان داد و زمانی دراز بمردانگی و فرزانگی روزگاررا آرایش و آسایش بخشید و او با ابومسلم مروزی معاصر بود. چون رخت هستی بربست ازو دو پسر ماند، بوقا و توقبا.

dark and vain suspicions may leave these dark-souled persons' innards." Therefore, for some time pious, wise, and open-minded guards were stationed around her tent, as watchful and waking as the stars. Suddenly, in the heart of the night, which is the time for the descent of divine mercy, a blazing light like the shining moon came down, exactly as the chaste lady had said, and went into her tent. A cry arose from those present. At first they were perplexed, but soon false notions in their trepidatious hearts were quelled.

When the days of her pregnancy were over, she gave birth to three sons. One was Buqun Qataqi, from whom all the Qataqin are descended. The second was Bughutu Salji, from whom the tribe of the Salji'ut sprang. The third was Bodhonchar Qa'an. The sons of these exalted ones are called Niru'un, which means born of light, and they are considered the greatest of the Mongols. 177

BODHONCHAR QA'AN

Bodhonchar Qa'an was Genghis Khan's ancestor in the ninth degree, the ancestor of Sahib-Qirani Amir Temür in the fourteenth degree, and H.I.M.'s ancestor in the twenty-second degree. When he reached the age of discrimination he mounted the throne of Turan, and the tribal chieftains of the Turks, the Tatars, and others, who had been living like petty independent kings, girded their loins in service to him, and he knit together the disparities of the age through the power of his mind and gave forth justice and benevolence. He kept the age quiet and calm with his manliness and wisdom for a long time, and he was a contemporary of Abu-Muslim of Merv.[85] When he died he left two sons, Buqa and Tuqba. 178

بوقا خان

۱۷۹ بوقا خان پسر مهین اوست که جد هشتم چنگیز خان و قراچار نویانست. بموجب وصیت بجای پدر بنشست و مسند پادشاهی‌را بعدل و داد آراسته کرد و قاعده‌های تازه در جهانداری و گیتی‌ستانی اختراع نموده دستور العمل خواقین روزگار ساخت و با زیردستان چنان زیست کرد که خواص و عوام ازو خوشوقت شدند.

دوتمنن خان

۱۸۰ دوتمنن[۱۶] خان پسر رشید اوست. پدر چون بآگاهدلی زمان گذشتن دریافت اورا ولیعهد و جانشین خود کرد. او در لوازم دارائی و ملک‌افزائی کوشش نمود. اورا نه پسر بود. بعد از گذشتن او منولون والدۀ فرزندان که بعقل و تدبیر یکتا بود بگوشۀ رفته بتربیت فرزندان مشغول گشت. روزی جلایر که از قوم درلکین اند کمین گرفته منولون و هشت فرزند اورا بقتل رسانیدند. قایدو خان که پسر نهم بود بخواستگاری یکی از خویشان پسر عم خود ماچین رفته بود نجات یافت و بدستیاری و مددکاری ماچین جلایر بر نادانی خود معترف شده هفتاد تن‌را که در کشتن شریک بودند بخون منولون و پسرانش کشتند و عیال و اطفال ایشان‌را بسته پیش قایدو خان فرستادند. خان داغ بندگی بر جبین آنها نهاده گذاشت و فرزندان ایشان زمانی دراز در قید بندگی بودند.

BUQA KHAN

Buqa Khan was Bodhonchar Qa'an's eldest son, and he is Genghis   179
Khan's and Qarachar Noyan's ancestor in the eighth degree. In
accordance with his father's will he succeeded to his father's
position on the throne, established new principles of rule and
conquest, and created a code for the emperors of the age. He
comported himself with his underlings in such a way that noble
and commoner alike were pleased with him.

DUTUMMÄNÄN KHAN

When Buqa Khan perceived his imminent departure, he made   180
his eldest son, Dutummänän Khan, his heir and successor. He
strove in all the concomitants of rule. He had nine sons. After his
death, Monolun, the mother of his sons, who was unique in her
time for her intelligence and strategy, withdrew to a remote spot
to raise her sons. One day the Jalayir, who were of the Dürlükin,
laid a trap and killed Monolun and eight of her sons. Qaidu Khan,
the ninth son, who had gone to marry a relative of his cousin
Machin, alone escaped. With Machin's help and assistance, the
Jalayir were forced to admit their culpability, and the seventy
men who had participated in the massacre were killed in retri-
bution for Monolun and her sons. The wives and children of the
seventy were brought to Qaidu Khan bound. The khan placed
the brand of slavery on their foreheads and let them go. Their
offspring remained in bondage for long ages.

قایدو خان

۱۸۱ قایدو خان بعد از چندین وقایع بسعی ماچین بر سریر سلطنت نشست و در آبادانی عالم اهتمام نمود. قصبه‌ها آبادان ساخت و خیل و حشم او بسیار پدید آمد و با جلایر اورا کارزارها بوقوع پیوست. ملکرانی و جهانبانی باستقلال کرد و چون از عالم درگذشت ازو سه پسر ماند.

بایسنغر خان

۱۸۲ بایسنغر خان بزرگترین فرزندان او بود. بکاردانی و سربراهیِ رعیّت و سپاهی یگانهٔ روزگار بود. بوصیّت پدر تخت‌آرای فرماندهی گشت.

تومنه خان

۱۸۳ تومنه خان پسر گرامی اوست. پدر در هنگام گذشتن ازین جهان گذران ملک و دولت باو سپرد. مسند شهریاری و جهانگیری بوجود او فروغ یافت. با مردانگی خردمندی زینت‌بخش حال او بود و با بزرگمنشی بردباری رونق‌افزای روزگار او بسیاری از مملکت مغلستان و ترکستان‌را بزور بازوی تدبیر و نیروی سرپنجهٔ اقبال بر ملک موروثی افزون ساخت و تمام ترکستان در هیبت و عظمت مماثل او نداشت. اورا دو خاتون بود، از یکی هفت پسر آمد و از دیگری دو پسر بیک شکم متولد شد. ازین

QAIDU KHAN

After many mishaps Qaidu Khan attained the throne with
Machin's help, and he turned his attention to improving the
world. He built flourishing cities, and he was surrounded by
hordes of retainers. He fought many battles with the Jalayir,
but he ruled independently, and when he died he left three sons.

181

BAI SINGHOR

Bai Singhor Khan was the eldest of his sons and unique in his time
for his competent shepherding of the military and civilians. He
ascended the throne in accordance with his father's will.

182

TUMINA KHAN

Tumina Khan was his dear son. When the father was dying he
turned over his kingdom to him, and the throne attained magnif-
icence through him. He had both bravery and wisdom, and with
greatness and strength he added to his hereditary kingdom much
of Mongolia and Turkistan. In all of Turkistan there was no one to
equal him in magnificence and awesomeness. He had two wives;
by one he had seven sons, and by the other he had twin sons. One
of the twins was named Qabul—and he was the great-grandfather
of Genghis Khan—and the other was called Qachulai.

183

توأمان یکی‌را قبل نام بود که جد سیوم چنگیز خانست و دیگری قاچولی نام داشت.

قاچولی بهادر

۱۸۴ قاچولی بهادر جد هشتم حضرت صاحبقرانیست. مظهر انوار دولت و مورد آثار سعادت بود. فرّ بزرگی از چهرهٔ او میتافت و شکوه بختیاری از پیشانی او میدرخشید. شبی بخواب دید که از جیب قبل خان ستارهٔ رخشان برآمد و باوج فلک رسیده تاریک گشت. و همچنین پی درپی سه بار واقع شد، و در نوبت چهارم ستارهٔ بغایت نورانی از گریبان دولتش طلوع کرد که آفاق‌را نور او فرو گرفت و پرتو نور او بچند ستارهٔ دیگر رسید که بهر یک از آنها ناحیتی روشنائی پذیرفت، و چون آن کوکب نورانی ناپدید شد اطراف جهان همچنان روشن بود. از خواب بیدار شد و در تعبیر این نمودار غیبی طایرِ اندیشه‌را پرواز میداد. ناگهان باز خوابش درربود و همچنان مشاهده کرد که از گریبان او هفت بار ستارهٔ روشن پدید آمد و غروب کرد، و نوبت هشتم ستارهٔ بزرگ طلوع نمود. تمام جهان‌را ضیا و رونق بخشید و ازو چند ستارهٔ دیگر خرد منشعب شد که هر یک گوشهٔ از عالم‌را روشن ساختند. و چون آن ستارهٔ بزرگ ناپدید شد عالم همان روشن ماند و ستاره‌های دیگر همچنان روشنائی داشتند. صبحدم صورت واقع‌را قاچولی بهادر به پدر بزرگوار خود تومنه خان عرض کرد. پدر تعبیر فرمود که از قبلخان سه شاهزاده بر تخت خانی نشینند و در مملکت حاکم شوند اما مرتبهٔ چهارم آن باشد که از عقب ایشان پادشاهی ظهور کند که

QACHULAI BAHADUR

Qachulai Bahadur was the Sahib-Qirani's ancestor in the eighth
degree. In him the lights of fortune and traces of felicity were
obvious. An aura of greatness radiated from his countenance,
and the glory of fortune shone from his forehead. One night he
dreamed that from Qabul Khan's loins a shining star rose to the
pinnacle of heaven and then went out. The same thing happened
three times. The fourth time, a star of such brilliance rose that
the horizons were illuminated and its rays extended to several
other stars, by each of which a region was lit. When the brilliant
star disappeared, the ends of the earth remained illuminated.
When he awoke he wondered about its interpretation. Suddenly
he fell asleep again and saw a bright star rise and set from his
own loins seven times. The eighth time a great star rose and lit
the whole world, and several other smaller stars sprang from
it, each of which lit a corner of the world. When the great star
disappeared the world remained illuminated, and the other stars
retained their brilliance. The next morning Qachulai Bahadur
told his dream to his father, Tumina Khan, and he interpreted it,
saying, "Three princes from the lineage of Qabul Khan will sit
on the throne of the khanate and rule the land, but the fourth in
succession will be an emperor who will bring most of the world
under his sway, and he will have sons each of whom will rule a
region. From Qachulai there will appear seven lucky sons who
will wear the crown of leadership and rule, and the eighth time,
a child will appear who will conquer the world and lead everyone
in the world. From him will come sons, each of whom will rule a
region and govern a kingdom."

اکثر عالم‌را در تحت تصرف خود درآورد و اورا فرزندان پدید آیند و هر یکی حکومت ناحیتی داشته باشد، و از قاچولی هفت فرزند دولتمند که افسر پیشوائی و تاج فرمانروائی بر سر داشته باشند بظهور آیند و نوبت هشتم فرزندی پدید آید که جهانگیری نماید و بر عالمیان سری و سروری کند و ازو فرزندان بوجود آیند که هر یکی حاکم جانبی باشد و والی مملکتی شود.

۱۸۵ و چون تومنه خان از تعبیر فارغ شد برادران بفرمودهٔ پدر با یکدیگر عهد و پیمان بستند که سریر خانی بقبل خان مسلّم باشد و قاچولی سپهسالار و صف‌آرای و مدار کل و تیغ‌زن باشد، و مقرر شد که فرزندان یکدیگر بطن ببطن همین طریقه منظور و مسلوک دارند و عهدنامهٔ بخط ایغوری درین باب قلمی فرمودند و هر دو برادر بر آن خط مهر نهادند و بآل‌تمغای تومنه خان رسانیدند.

۱۸۶ از آدم تا تومنه خان آبای کبار حضرت شاهنشاهی که مقصود از جنبش این سلسله ایشانند بریاست مطلقه و سلطنت مستقلّه ممتاز گشته ثبات‌بخش سریر معدلت بودند، و طایفهٔ ازین گروه والاشکوه مقتدائی ملک معنی نیز یافته کامیاب ظاهر و باطن گشتند چنانچه باستانی‌نامه‌ها از آن آگاهی میبخشد، و حکمت الهی که در ظهور نشأهٔ جامهٔ مراتب کونی و الهی بچندین میانجی کارفرمایان ملک صورت و معنی اهتمام دارد منتظر زمان ولادت حضرت شاهنشاهی که نقاوهٔ کاینات بودن طراز خلعت فاخرهٔ اوست بوده روز بروز اسباب آن‌را سرانجام میدهد و برای جامعیت و شناسائیِ قدرِ خدمت و لذّتِ سربراهیِ شایسته قاچولی بهادررا لباسِ وکالتِ مستعار پوشانید تا مراتب این حالت نیز برأی العینِ این سلسلهٔ علیّه درآید و سرمایهٔ جمعیّتِ مراتب برای حضرت شاهنشاهی حاصل گردد. و باوجود رشد و کاردانی و بزرگی و بزرگمنشیِ قاچولی بهادر، قبلخان

When Tumina Khan had finished interpreting the dream, the 185
brothers, at their father's command, made a pact with each other
that the throne would be given to Qabul Khan, and Qachulai
would be commander in chief, tactician, general, and wielder of
the sword. It was further settled that their sons, generation after
generation, would maintain this custom. A contract in Uyghur
script was written to this effect, both brothers affixed their seals,
and Tumina Khan's red seal was added.

From Adam to Tumina Khan, the great ancestors of H.I.M., 186
who is the ultimate goal of this line, were chosen for absolute
leadership and independent sovereignty, and they gave stability
to the throne of justice. Some of them also attained leadership in
the realm of spirituality and thus were successful both outwardly
and inwardly, as is reported in ancient books. Divine wisdom,
which took care to garb so many generations of rulers of the
physical and spiritual realm in all worldly and divine degrees, was
waiting for the time of the birth of H.I.M., the legend of whose
robe of honor reads "the chosen one of all beings," and day by day
it produced secondary causes and clothed Qachulai Bahadur in
the raiment of deputyship in order to gather together and make
him appreciate the value of worthy service so that all stages of
this condition might be experienced by this exalted line and all
such degrees might be assembled in H.I.M. Qachulai Bahadur's
maturity, competence, and greatness notwithstanding, Qabul
Khan was made the heir. Although externally primogeniture,
which is of no consequence to the wise, was being maintained, in
reality the sovereign of divine power was effecting an assemblage
of experience.

ولیعهد شد. اگرچه بظاهر مراعاتِ کلانیِ سن شد که منظورِ دانشوران نیست اما در معنی کارفرمای قدرت الهی نشأهٔ جامعیّت‌را سرانجام داد.

۱۸۷ چون تومنه خان‌را ستارهٔ حیات در مغرب فوات متواری شد قبلخان بر تخت فرمانروائی متمکن گشت و قاچولی بهادر بموجب وفا بعهد که سرمایهٔ دولت سرمدیست در مقام یکجهتی و موافقت درآمده بآئین دوستداری و شاهنشانی متصدیِ انتظامِ مهامِ سلطنت گشت. و چون قبلخان از دار الفتنِ هستی بدار الأمانِ نیستی خرامید قوتله[17] خان که در میان شش پسر او شایستهٔ تاج و تخت بود بسلطنت نشست، و قاچولی بهادر بهمان منصب والای سپهسالاری مشغول بوده پاس پیمان خود میداشت و بدستیاری فرزانگی و مردانگی سرانجام کارگاه ملک و دولت مینمود. و قوتله خان به پشت‌گرمیِ اینچنین مهربانی که هم عقل خدادانی داشت و هم تیغ کشورستانی، انتقام برادر خود از التان خان حاکم خطای کشید و جنگهای بزرگ که کارنامهٔ مردان کار تواند بود کرده بر لشکر خطای شکست عظیم انداخت.

۱۸۸ و مجملی ازین سرگذشت آنکه فرمانروایان خطا پیوسته ازین طبقهٔ والاشکوه دغدغه داشتند و همواره محرّک سلسلهٔ دوستی بوده روزگار میگذرانیدند. چون دارائیِ خطا بالتان خان استقرار یافت از استماع شجاعت و تدبیر قبلخان بیشتر هراسان گشت. بوسیلهٔ فرستاده‌های کاردان اساس موافقت محکم ساخت بمرتبهٔ که قبلخان‌را استدعای آمدن خطا نمود و خان بمقتضای راستی و درستی که طبیعیِ این دودمان والانژاد است داروگیرِ ملک‌را بقاچولی بهادر سپرده بخطا رفت و نقش صحبت دلپذیر نشست و از آنجا کامیاب عیش و عشرت بیورت خود متوجه شد. بعضی از اعیان دولت التان خان که تنگ‌حوصله و فرومایه

When Tumina Khan's star of life set, Qabul Khan ascended the   187
throne, and Qachulai Bahadur, with fidelity to his word—which
is the basis of eternal fortune—was steadfastly loyal and took
charge of regulating affairs of the kingdom in the manner of a
loving prince. When Qabul Khan departed this world, Qutula
Khan,[86] the worthiest of his sons, became the ruler. Qachulai
Bahadur retained his office of commander in chief in loyalty to
his promise and kept order in the realm with wisdom and manli-
ness. With the support of such a kind man, who had both intel-
ligence and a conquering sword, Qutula Khan took revenge on
Altan Khan of Cathay and fought great battles in which he dealt
a crushing defeat to the Cathayan army. A short account of this
episode is as follows.

The rulers of Cathay, ever in fear of this splendid nation, always   188
rattled the chain of friendship. When the ruler of Cathay came to
Altan Khan, having heard of Qabul Khan's bravery and strategy,
he grew even more fearful. First he strengthened the foundations
of friendship through competent envoys, and then he invited
Qabul Khan to come to Cathay. In accordance with loyalty and
correctness, which were innate to this exalted family, the khan
turned over the affairs of state to Qachulai Bahadur and went to
Cathay, where pleasing discussions were held. Having enjoyed
himself there, he set out to return to his own territory, but some
of the great men of Altan Khan's state, who were ambitious and
mean, spoke of improper things and roused Altan Khan's ire.
Regretting having bade Qabul Khan farewell, he sent a messen-
ger to summon him back. Qabul Khan read Altan Khan's evil
intents in the signs of the times and answered the messenger,
saying, "Having departed at an auspicious hour, I do not think it
proper to return." The khan of Cathay seethed in anger and sent

بودند سخنان ناشایسته گفته التان خان‌را متغیّر گردانیدند. التان خان از وداع پشیمان شد و کس فرستاده طلب داشت. قبلخان از سواد پیشانی روزگار نقش ناراستی التان خان خوانده جواب فرستاد که «چون بساعت فرخنده توجه نموده‌ام برگشتن‌را لایق نمیدانم.» خان خطا جوشیده لشکری نامزد او کرد که بهر وضع که ممکن باشد خان‌را بگردانند. قبلخان بخانهٔ دوستی سالجؤتی[18] نام که در سر راه مأوائی داشت سردار لشکر خطارا فرود آورد و قرار داد که برمیگردم. سالجوتی پنهانی گفت که «معاودت‌را مصلحت نمیدانم. من اسبی دارم تیزگرد و دوررو که هیچکس بآن نتواند رسید. همعنان احتیاط شدن و بر آن اسب سوار شده ازین مخاطره بدر رفتن صلاح وقت است.» قبلخان برین رای عمل نموده بر آن اسب سوار دولت شده بیورت خود شتافت. فرستاده‌های خطای چون آگاه شدند چابکدستان تیزپای از عقب درآمدند و جز در یورت خانی بجای دیگر نه‌پیوستند. قبلخان این بداندیشان‌را گرفته ازهم گذرانید. درین اثنا پسر کلان اوقین برقاق که بحسن صورت بی‌همتای روزگار بود در حوالی دشت همتگیِ غزالان داشت. ناگاه قوم تاتار دوچار شده دستگیرش کردند و اورا گرفته پیش التان خان بردند، و خان بانتقام آن سگ‌جانانِ گرگ‌منش تیغِ بیداد برین غزال شیرنژاد راند. قوتله خان که پسر دوم بود چون تخت‌آرای سلطنت شد بجهت انتقام برادر خود بجمع لشکرها همّت گماشته متوجه التان خان شد و نبرد عظیم درپیوست و شکست غریب خطائیان‌را داده اسباب و اموال ایشان‌را بتاراج برد.

۱۸۹ و چون نوبتِ تاختِ سپاهِ اجل دررسید برتان بهادر برادر گرامی او بمشاورت اعیان مملکت بر سریر خانی متمکن گشت و یاساق پدر و برادر خودرا تازه گردانید. و چون در عهد او هیچکسی‌را یارای آن نبود

out an army to bring the khan back in any way possible. Qabul Khan took refuge at the home of a friend, Salji'utai, which was on his way, and lodged the commander of the Cathayan army there too, promising to return with him. Secretly Salji'utai said to Qabul Khan, "I do not think it is in your best interests to return. I have a horse that can gallop so fast and so far that no one can catch it. The best thing for you to do now is to take the reins of precaution in hand, mount that horse, and escape from this perilous situation." Qabul Khan acted in accordance with this suggestion, mounting the horse and hastening to his territory. When the envoys of Cathay learned what had happened, they quickly set out in pursuit, not stopping until they reached the khan's territory. Qabul Khan seized the malevolents and had them hacked to pieces. Meanwhile, his eldest son, Ökin Barqaq, who was handsome without peer, was out hunting deer in the wilderness when he was attacked without warning by the Tatar, who seized him and took him to Altan Khan. In revenge for the deaths of the men with souls of dogs and forms of wolves who had been killed, he put this fawn of leonine lineage to the sword of injustice. When Qutula Khan, the second son, came to the throne, he assembled his armies to take revenge for his brother and set out against Altan Khan. A pitched battle was fought, and a rare defeat befell the Cathayans and their goods were plundered.

When Qutula Khan was waylaid by the brigand death, his brother Bartan Bahadur ascended the throne with the consent of the nobles and renewed his father's and brother's laws. During his reign no one could vie with him on the field of battle, and consequently the title of khan and the epithet of hero were constantly spoken of together, and the coin of bravery was struck in his fear-inspiring name. It was during this time that Qachu-

189

که با او دعوی مبارزت و سپهکشی کند لاجرم لقبِ خانی او در افواه بلفظِ بهادری زبانزدِ شهر گشت و نقدِ شجاعتِ اورا باین نامِ مهابت‌فزا مسکوک ساختند. و درین زمان قاچولی بهادر، که هم برادر جانسپار بود و هم بهادر سپهسالار، متوجه عالم بقا شد.

ایردمچی برلاس

١٩٠ ایردمچی برلاس پسر ارشد قاچولی بهادر است که در مسالک فرهنگ و معارک جنگ مغزِ هوشِ بلند و بختِ بیدار داشت. بعد از پدر طغرای سپهسالاری بنام او سربلندی گرفت و او بآئینی که پدر بزرگوار رونق داده بود در تنسیق مهام ممالک و تدبیر عظام امور کوشش مینمود. و اوّل کسی که بلقب برلاس اختصاص یافت او بود، و معنی این لفظ معلّی شجاعِ بانسب است. و نسب تمام الوس برلاس باو میرسد. و چون زندگانی برتان بهادر بسر آمد از چهار پسر او سیومین ییسوگای بهادر که پدر چنگیز خان است و بجوشن فرزانگی و مغفر مردانگی آراسته بود تاج خانی بر سر نهاده زینت‌بخش سریر جهانبانی گشت، و درین هنگام ایردمچی برلاس بشهرستان بقا اساس اقامت نهاده ازو بیست و نه پسر یادگار ماند.

lai Bahadur, who was both self-sacrificing brother and heroic commander in chief, set out for the realm of eternity.

ERDÄMCHI BARULA

Erdämchi Barula was Qachulai Bahadur's son who possessed a 190 high degree of intelligence and good fortune in both the ways of culture and the frays of battle. After his father's death the seal of commander in chief was put in his name, and he strove to order affairs in the kingdom according to the principles his father had set down. He was the first person to be known as Barula,[87] the meaning of which is brave one of good descent. All of the Barlas tribe are descended from him. When Bartan Bahadur's life came to an end, the third of his four sons, Yesügäi Bahadur, Genghis Khan's father, a man clad in wisdom and courage, placed the khan's crown on his head. Also at that time Erdämchi Barlas died, leaving twenty-nine sons.[88]

سوغوچیجن

۱۹۱ سوغوچیجن در میان فرزندان گرامی ایردمچی برلاس بدل دلاور و رای جهاندار و خرد و عطوفت کارساز نظامبخش سربلندی داشت و از روی سال نیز بزرگترین اولاد بود. جای پدر عالیقدر گرفت، بمعنی شهریار، و بصورت سپهسالار بود. ییسوگای بهادر برأی جهانآرای سوغوچیجن لشکر بر سر تاتار کشید و خانومان و دولت ایشانرا پیسپر غارت ساخت و بیاریِ یزدان و نیروی بخت فیروز بر تاتار غالب آمده بدولت و اقبال متوجه دیلون بلدق شدند. و چون بدان موضع سعادتافزا رسیدند در بیستم ذیقعده تنگوز ییل سال پانصد و چهل و نه هلالی خاتون وی اؤلون ایکه۱۹ که آبستن بود فرزند گرامی بزاد. ییسوگای بهادر اورا تموجین نام نهاد. سوغوچیجن که خرد بلند و دریافت والا داشت به ییسوگای بهادر گفت که «از رموز حساب‌دانی و نظرات سعود آسمانی چنان استدلال میتوان نمود که این همان ستارهٔ دولتست که در نوبت چهارم از جیب قبلخان برآمده بود.»

۱۹۲ اگرچه در سلسلهٔ علیّهٔ حضرت شاهنشاهی که درین محمدت‌نامهٔ ایزدی سخن از آن میرود احتیاج بذکرِ تموجین نیست که از شعب این شجرهٔ قدسیه است لیکن چون پرتوی از نور مقدّس آلنقوا بود مجملی از ذکر آن ناگزیر افتاد. طالع مسعود تموجین میزان بود و هفت ستاره در طالع بودند و راس در سیوم و ذنب در نهم. و بعضی بر آنند که در سال پانصد و هشتاد و یک که بسرداری الوس و قوم نیرون رسید سبعهٔ سیّاره در میزان فراهم آمده بودند.

SUGHUCHIJIN

Sughuchijin stood out among Erdämchi Barlas's sons for his brave heart, ruling mind, wisdom, and effective kindness, and he was the eldest of the sons. He assumed his father's position spiritually as prince but outwardly as commander in chief. Upon Sughuchijin's advice Yesügäi Bahadur attacked the Tatars and pillaged their homes and wealth. With God's help and good luck he emerged triumphant over the Tatar, and he and his army set out for Deli'ün Boldaq. When they reached there his pregnant wife, Ö'älün Ekä, gave birth to a son he named Tämüjin on the twentieth of Dhu'l-Qa'da 549 [January 26, 1155]. Possessed of wisdom and insight, Sughuchijin said to Yesügäi Bahadur, "From calculations and auspicious celestial observations, it can be deduced that this is that very star of fortune that rose from Qabul Khan's loins the fourth time."

There is no need to mention Tämüjin in H.I.M.'s exalted lineage,[89] which is what is being spoken of in this record of glory, because he is collateral to this sacred tree. Nonetheless, since he was a ray of Alanqoa's holy light, a summary account of him is inescapable. Tämüjin's felicitous ascendant sign was Libra, and all seven planets were in that sign, with the Dragon's Head in the third house and the Dragon's Tail in the ninth. Some claim that in the year 581 [1185–86 CE], when he attained the leadership of his nation and the Niru'un tribe, the seven planets were also together in Libra.

قراچار نویان

۱۹۳ قراچار نویان فرزند گرامی سوغوچیجن است. پادشاهمنش شهریارنشان بود. چون در سال تنگوز ییل، پانصد و شصت و دو، ییسوگای بهادر درگذشت و درین سال تموجین سیزده ساله بود و سوغوچیجن که مدار ملک و سلطنت و گیرودار لشکر و سپاه برو بود همدران چند روز باردوی فنا کوچ نمود، قراچار نویان ایام صغر داشت. قوم نیرون از تموجین روی‌گردان شده بمردم تایچؤت[۲۰] پیوستند و تموجین محنتها کشید و در بند بلا افتاد، و عاقبت بتأیید آسمانی از آن ورطه‌ها و مخاطره‌های سهمناک نجات یافت و با قوم جاموقه و تایچؤت و قنقرات و جلایر و غیر آن کارزارها کرد. وقتی که سال عمرش از سی درگذشته بود سردار ایل و الوس خود شد. بنابر مخالفت بعضی از فرمانروایان ترکستان در چهل سالگی برهنمونی قراچار نویان پیش اونگ خان حاکم قوم کرایت که با ییسوگای بهادر سابقهٔ محبّت داشت رفت و کارهای پسندیده برای او بجا آورد و دستبرد نیکو نمود و رتبهٔ قوّت منزلت و علوّ مرتبت او بسرحدی رسید که مشام حسن اخلاصش از شمامهٔ اتحاد معطّر گشت بنوعی که امرای عظام و خویشان برو حسد بردند. جاموقه که مهتر جاجرات بود سنگو پسر اونگ خان‌را با خود متّفق کرده در باب او سخنان ناشایسته و سقیفه‌های ناپسندیده بهم بسته خاطر اونگ خان‌را از راه راستی برده در خیال فاسد انداختند. و تموجین اندیشه‌مند گشته باستصواب قراچار نویان و تدبیرات درست او از آن مهلکه برآمد. و دو مرتبه در میدان ایشان محاربات عظیم درپیوست و تموجین ظفر یافت.

QARACHAR NOYAN

Qarachar Noyan was Sughuchijin's beloved son. He was kingly and princely. When Yesügäi Bahadur died in the Year of the Pig, 562 [1166–67], in which year Tämüjin was thirteen years old, and Sughuchijin, the axis of the kingdom and commander of the army, also died, Qarachar Noyan was young. The Niru'un tribe turned away from Tämüjin and joined the Tayichi'üt. Tämüjin suffered great trials and tribulations. In the end, through heavenly wisdom, he escaped the brink of disaster and fought battles with the tribe of Jamuqa, the Tayichi'üt, the Qunqirat, the Jalayir, and others. When he was just over thirty, he became leader of his tribe and nation. Because of opposition by some of the rulers of Turkistan, when he was forty years old he went, at Qarachar Noyan's advice, to Ong Khan, the ruler of the Kerait tribe who had been on friendly terms with Yesügäi Bahadur, and he performed splendid deeds for him. Indeed, he and Ong Khan formed such a bond of friendship and loyalty that the great commanders grew jealous of him. Jamuqa, the elder of the Jäjirät, allied himself with Ong Khan's son Sangu, and together they said such slanderous things of Tämüjin that they seduced Ong Khan's mind from the right path and cast him into suspicion. Tämüjin was worried, but with Qarachar Noyan's correct advice and planning, he escaped the danger. Twice he met them in battle, and Tämüjin emerged victorious.

۱۹۴ و در چهل و نه سالگی و بقولی در پنجاه سالگی در رمضان پانصد و نود و نهم بدولت سلطنت و جهانداری کامران شد. و چون مدت سه سال از فرمانروائی و جهانبانی او گذشت تب تنگری که از مبشّران عالم غیب و مژده‌رسانان درگاه کبریا بود بالهام ربانی تموجین‌را بخطاب چنگیز خان مخاطب ساخت، یعنی شاهِ شاهان، روز بروز نجم سعادتش فروزانتر میشد و سال بسال برق دولتش سوزانتر میگشت. بر تمام خطای و ختن و چین و ماچین و دشت قبچاق و سقسین[۲۱] و بلغار و آس و روس و آلان و غیر آن سروری یافت. اورا چهار فرزند بود: جوجی، چغتای، اوگدای، تولی. ترتیب بزم و شکار تعلق بجوجی داشت، و یرغو رسیدن و سیاسات بتقدیم رسانیدن که نظام ممالک‌آرائی بآن منوط است برأی رزین چغتای مفوّض بود، و تدبیرات جهانبانی و ترتیب امور ملکی باوگدای اختصاص داشت، و سرانجام مهام سپاه و محافظت اردو بتولی متعلق بود.

۱۹۵ در شهور ششصد و پانزده بقصد سلطان محمد خوارزمشاه بجانب ماوراء النهر توجه نمود و اهل آن دیار بسطوت قهر بیاسا رسیدند. و چون از کار ماوراء النهر پرداخت از آب آمویه عبور نموده عنان کشورگشائی بجانب بلخ مصروف داشت و تولی خان‌را با لشکری گران بولایت خراسان روانه ساخت. و بعد از تسخیر ممالک ایران و توران از بلخ بطالقان آمد و از آنجا متوجه دفع سلطان جلال الدین منگبرتی[۲۲] شد. و در ماه رمضان ششصد و بیست و چهارم سال هلالی سلطان جلال الدین‌را تا کنار آب سند هزیمت داد. و از آنجا بماوراء النهر شتافته بجانب یورت اصلی استقرار گرفت.

۱۹۶ و در تنگوز ئیل مطابق چهارم صفر ششصد و بیست و چهارم که هم سال ولادت و هم سال جلوس سلطنت بود در حدود ولایت تنگقوت ودیعت حیات سپرد. و پیشتر از آن وصیّت کرده بود که «چون قضیهٔ ناگزیر

At the age of forty-nine, or, as is also said, at the age of fifty, in 194
Ramadan 599 [May 1203], Tämüjin succeeded in attaining the
rule. After three years of his reign had passed, with divine inspi-
ration Täb Tängri, a soothsayer and shaman, gave Tämüjin the
title of Genghis Khan, which means king of kings, and day by day
and year by year the star of his fortune grew brighter. He came
to rule over all of Cathay, Khotan, Chin, Machin, the Qipchaq
Steppe, Saqsin, Bulghar, As, Rus, Alan, and others.[90] He had
four sons: Jochi, Chaghatai, Ögödäi, and Tolui. Supervision of
banquets and hunts belonged to Jochi; carrying out the law and
executions, upon which rests the order of the realm, were under
the sharp mind of Chaghatai; strategy for maintaining the world
belonged to Ögödäi; and tending to the army and maintaining
the camp were Tolui's duties.

In the year 615 [1218], he invaded Transoxiana to attack Sultan 195
Muhammad Khwarazmshah, and he executed the inhabitants of
that region in wrath. When he was finished with Transoxiana, he
crossed the Oxus River and turned his world-conquering reins
toward Balkh. Tolui Khan was dispatched to Khurasan with a
large army, and after subduing Iran and Turan, he went from
Balkh to Taligan, and from there he set out to deal with Sultan
Jalaluddin Mängüberti. In the month of Ramadan 624 [August
1227], he drove Sultan Jalaluddin to the banks of the Indus. From
there he pulled back to Transoxiana and then returned to his
original territory.

Genghis Khan died on the fourth of Safar 624 [January 24, 196
1227] in the Year of the Pig—which was both the year of his
birth and the year of his accession to the rule—in the region of
Tangqut.[91] Prior to his death he had charged that if he died on
that campaign they would keep his death secret until the Tangqut

درین یورش روی نماید پنهان دارید تا کار اهل تنگقوت بانجام رسد و در ممالک دوردست فتوری نرود.» و فرزندان و امرا بموجب وصیت عمل نموده در اخفای این حال کوشش نمودند تا آنکه اهل تنگقوت بیرون آمدند و علف تیغ شدند. و بعد از آن، صندوق نقش اورا برداشته روی براه آوردند و هر آفریده‌را که در راه میدیدند ازهم میگذرانیدند تا خبر باطراف و اکناف بزودی نرسد. و چهاردهم رمضان همین سال نعش اورا باردوی بزرگ آورده اظهار واقعهٔ ناگزیر نمودند. و در پای درختی که بروزی در شکارگاه جهت تربت خویش خوش کرده بود مدفون ساختند. و در اندک روزگار از اشجار گوناگون چندان انبوهی روی داد که مرقد در تراکم اشجار پنهان گشت تا آنکه هیچکس پی بآن سرزمین نتوانست برد. و همانا درینمعنی سرّیست بدیع که جز دانای هوشمند دوربین پی بآن نتواند برد، یعنی چنانچه در زندگانی در حراست ایزدی بود، بعد از آن هم در کنف نگاهداشت الهی درآمد تا کوته‌اندیشی بآن مقام دستِ بی‌ادبی دراز نتواند کرد. اگرچه بتربت چنین اندیشه کردن خودرا سخرهٔ جهانیان ساختن است لیکن چون فرمانروایان‌را بیشتر معامله با ظاهربینان باشد چنین صیانتی از مواهب عظمی است. و چرا حراست ایزدی نگاهبانیِ اینچنین بزرگی نکند که عالمی در سایهٔ پاسِ او بود؟ اگرچه این بزرگ پیش عوام و در نظر اول خواص از مظاهر عظیمهٔ قهر الهی بود اما در نظر دوربین هوشمندان اخصِّخواص از مجالیِ الطافِ ایزدیست چه در محکمهٔ عدالت الهی که فرمانروائی خلایق پرتویست از آن، بیدادی نرود و ستمی بظهور نیاید، و هر امری که در عالم کون و فساد متکوّن شود مبتنی بر چندین مصالح معنویست که دیدهٔ ظاهربینان‌را بکنهِ حقیقتش راه نیست، جز ضمایرِ بیداردلان بر حقیقتِ آن آگاه نی.

affair was completed, lest trouble break out in faraway countries. His sons and commanders acted in accordance with his will and kept his death secret until the people of Tangqut capitulated and were put to the sword. After that, they lifted his coffin and set forth, and every living creature they encountered on the way was hacked to pieces lest the news be spread abroad. On the fourteenth of Ramadan of that year [August 28, 1227], they brought his body into the great camp and announced that the inevitable had happened. He was buried at the foot of a tree he had seen one day while hunting and chosen as his grave site. In a short while trees grew up in such profusion that his grave was hidden beneath the tangle of growth and no one was able to find his way to it. There is a great mystery here that only a farsighted wise person can discover, and that is that, just as he was under divine guardianship during his life, he entered into the bosom of divine protection in death so that no shortsighted person would ever be able to extend a discourteous hand to that site. Although to worry thus about a grave is to expose oneself to the ridicule of the people of this world, since rulers have mostly to deal with superficial people, such protection is a great gift. And why should divine protection not safeguard such a great one, under the shadow of whose custody lay the whole world? Although the great Genghis Khan is considered by the common folk and, at first glance, by the elite too as an eminent manifestation of divine wrath, in the view of farsighted intelligent people, who are the elite of the elite, he was a manifestation of divine kindness and favor, since at the court of divine justice—of which rule over people is a ray—injustice is not done and tyranny never appears, and every thing that comes to be in the world of generation and corruption is based on various spiritual interests that a superficial eye cannot see—only the minds of those whose hearts are awake can realize them.

۱۹۷ عمرش هفتاد و دو سال تمام شده بود و از سال هفتاد و سیوم اکثری سپری گشته. از آنجمله بیست و پنج سال بفرمانروائی و کشورگشائی منقضی گشت، و بملاحظهٔ تاریخ ولادت و وفات او که در تواریخ مذکور است مدّت عمرش هفتاد و چهار سال و سه ماه بوده باشد، و همانا که خلاف باعتبار شهور و سنین شمسی و قمری تواند بود یا بوجهی دیگر از وجوه مشهوره. درین مدت همواره انتظام مهمات ملکی و مالی باستصواب رأی جهان‌آرای قراچار نویان رونق داشت. و والاشکوهی‌را که چنین برادری بجان و جهان برابری رهنمونِ دولت و اقبال باشد، چگونه بآن همه کشورستانی و سلطنت‌رانی تارکِ عظمت باوج علّیّین نساید؟ (شعر)

قراچار و چنگیز ابنِ عمند   بکشورگشائی قرینِ همند

و هنگامِ نواختنِ کوسِ رحیل سریرِ خانی‌را باوگدای مسلّم داشت.

۱۹۸ و مجمل این قصّهٔ دلشکن آنکه در یورش خطای شبی بر پیشگاهِ خیالِ او بصورتِ مثالی جلوه دادند که پدرود کردنِ این جهانِ سراب‌نما نزدیکست. فرزندان گرامی و قراچار نویان سپهسالار و دیگر اعیان دولت و ارکان سلطنت‌را طلب داشته نصایحی که انتظام جهانیان از نتایج او باشد در میان آورده خانی‌را باوگدای مقرّر ساخت و عهدنامهٔ قاچولی و قبلخان که بآل تمغایِ تومنه خان رسیده بود و اسلاف بزرگنهاد بترتیب نامهای گرامی خودرا رقم کرده بودند از خزانه طلب فرموده بر حاضران مجمع عالی خواند. فرمود که «بقراچار نویان بدین وثیقتنامه پیمان بسته بودم. شما نیز بدین یوسون بسر برید.» و وثیقتنامهٔ دیگر میان اوگدای و فرزندان و خویشان نوشته باوگدای سپرد، و دیار ماوراء النهر و ترکستان و بعضی از

He lived for seventy-two full years and into most of his seven- 197
ty-third year. Twenty-five years were spent in rule and conquest.
In terms of the years of his birth and death mentioned in histo-
ries, he lived seventy-four years and three months, the differ-
ence being attributable to the difference between solar and lunar
years and months—or for some other well-known reason. During
this period the regulation of administrative and financial affairs
was brilliantly carried out by Qarachar Noyan. And how could
a splendid man who had such a brother, an equal in soul and the
world, to lead him to fortune and fame not have reached the
pinnacle of magnificence with all that conquest?

*Qarachar and Genghis were cousins: in conquest they were
equals.*

When Genghis Khan died, Ögödäi acceded to the throne.

A summary account of the sad story is as follows. One night 198
in Cathay an image appeared in Genghis Khan's mind to inform
him that he would soon bid farewell to the mirage of this world.
Summoning his dear sons, his commander in chief Qarachar
Noyan, and other nobles and ministers, he bequeathed to them
advice that would give order to the people of the world. Settling
the khanate upon Ögödäi, he asked that the covenant Qachulai
and Qabul Khan had sealed with Tumina Khan's red seal, and to
which their ancestors had also added their names, be brought
from the treasury, and he read it to those assembled. "I made a
pact with Qarachar Noyan in accordance with this document,"
he said. "You too live according to this *yosun* (custom)." Another
covenant among Ögödäi and Genghis Khan's other sons and rela-
tives was written, and it was turned over to Ögödäi. According

حدود خوارزم و بلاد ایغور و کاشغر و بدخشان و بلخ و غزنین تا آب سند بچغتای خان مقرّر ساخت، و پیمان‌نامهٔ قبلخان و قاچولی بهادر بچغتای حواله کرد و گفت «از استصواب قراچار نویان تجاوز جایز نداری و در ملک و مال شریک خود دانی.» و میان ایشان عقد پدرفرزندی بست. بهمین ملاحظه این سلسلهٔ علیّهٔ قدسیه‌را چغتای گفتند و الا چغتای‌را با آبای کرام او نسبت بحضرت شاهنشاهی باعث افتخار و مباهاتست نه نسبت قرابت و مضاهات. و خانزاده‌ها و نوئینان بموجب وصیّت عمل نمودند. سبحان الله از مثل چنگیز خان بزرگی دانائی چنین نقض عهد شود! بایستی که آن پیمان‌نامه که بآل تمغای تومنه خان مزیّن بود باوگدای قاآن میداد و تربیت و معاونت اورا برأی رزین قراچار نویان میسپرد تا مطابق آن عهدنامه عمل میشد یا آن وثیقتنامه‌را حاضر نمیساختند تا بر نسیان که همزادِ انسانست محمول میگشت و مدّ بدنامی در دفتر دانش او ملتبس بخطّ سهو میشد. و عجب از سخن‌گزینان باستانی که درین باب با شرهٔ حرفسرائی و حرص نکته‌گیری و دوزبانی بسر وقت این نرسیده‌اند، و همانا که چون ایزد جهان‌آرا میخواست که این لباس مستعار سپهسالاری که تومنه خان قرار داده بود و در معنی کارگران ابداع نشأهٔ جامعیّتِ حضرتِ شاهنشاهی سرانجام داده بودند از قامتِ این سلسلهٔ علیّه بردارد چنین سهو و خطا رفت که بر هزاران قصدِ صواب شرف دارد. و چون حراست ایزدی همواره نگهبان این گروه والاشکوه بود، فتوری در عهد و پیمان از جانب فرزندان گرامی قاچولی بهادر نشد تا چون نوبت سلطنت از رشد ذاتی و مکتسبیِ او باولاد قاچولی بهادر رسد و بدولت روزافزون مسندآرای خلافت گردد مطعونِ خردمندان نباشد، و همانا که این از مقدّمات طلوع نیّر اقبال حضرت صاحبقرانی بود که وجود مقدّسش طلیعهٔ دولت ابدپیوند حضرت شاهنشاهیست.

to the pact, Transoxiana, Turkistan, part of Khwarazm, the lands of the Uyghur, Kashgar, Badakhshan, Balkh, and Ghazni to the Indus River were settled upon Chaghatai. He also gave Qabul Khan's and Qachulai Bahadur's covenant to Chaghatai and said, "Never act without Qarachar Noyan's consent, and always consider him your partner in administration and finance." Between them a pact of father-son relationship was sworn. In consideration of this, this exalted and sacred line was called "Chaghatai"; otherwise, the relationship between H.I.M.'s noble ancestors and the Chaghatai was an honorary one, not one of blood relationship. God forbid that any great and wise person break his word to the likes of a Genghis Khan! He should have given the covenant that was sealed with Tumina Khan's red seal to Ögödäi Qa'an and entrusted him to the wise Qarachar Noyan to raise and assist, for then the terms of that pact would have been observed, or else the document should not have been produced only to be assigned to forgetfulness, which is congenital to the human condition, and a dash of ill repute be drawn in the register of knowledge clothed in the handwriting of error.[92] It is strange that ancient storytellers, with all their eagerness to recount, and in their readiness to find fault and speak with forked tongues, have not managed to realize this. However, since God wanted to remove the metaphorical garb of military command, which Tumina Khan had established, and which spiritually the laborers of creation used to fashion H.I.M.'s collective seed, from the shoulders of this glorious line, such a mistake and error happened, but it turned out to be thousands of times more noble than good intentions. Inasmuch as divine protection always stood guard over this line, there was never any compromise of their promise and pact on the part of Qachulai Bahadur's

۱۹۹ و چغتای خان بعد از شنقار شدنِ پدر بیش بالیغ‌را دار الملک ساخته عنان اختیار مهمّات سپاهی و رعیّت بقبضهٔ اقتدار امیر قراچار نویان گذاشت و خود بیشتر اوقات در خدمت اوگدای قاآن بسر میبرد، و با آنکه اوگدای بسال از وی خرد بود در لوازم حقیقت و اطاعت دقیقهٔ فروگذاشت نمینمود و با بخت بیدار وصیّت خان پاس میداشت. چون چغتای خان‌را مدّت حیات بی‌ثبات بآخر رسید جهت انتظام کارگاه سلطنت امیر قراچار نویان‌را وصیِ خود ساخت و فرزندان‌را بدو سپرد، و هفت ماه پیش از اوگدای خان در اود ئیل ذیقعدهٔ ششصد و سی و هشتم ازین سرای گذران درگذشت و قراچار نویان بر قرار خود در ضبط و نسق امور مملکت قیام مینمود. و بعد از چند گاه قرا هلاگو خان بن مواتکان بن چغتای خان‌را بحکومت ولایت جد گرامیش ارجمند گردانید، و پس از چند سال چون گیوک خان بن اوگدای خان بر مسند خانی نشست دست قدرت قرا هلاگو خان‌را از تصرفات حکومت و اختیار بازداشته عزل نمود و یسومنکا بن چغتای‌را بجای او نظام‌بخش آن ملک گردانید. پوشیده نماند که اوگدای قاآن در ایام سلطنت خویش پسر بزرگتر خودرا کوچو ولیعهد خود گردانیده بود، و او در ایام حیات پدر وفات یافت. ولیعهدی به پسر وی شیرامون که از همگنان دوست‌تر میداشت ارزانی فرمود و هنگامِ حادثهٔ ناگزیرِ قاآن، گیوک خان که در بلاد روس و چرکس و بلغار بود بعد از سه چهار سال باردوی والا رسیده مسندآرای سلطنت گشت و در عدل و رعیّت‌پروری اساس عالی نهاد. و چون یسومنکا بحجاب فنا مخفتی شد قراچار نویان باز قرا هلاگورا بفرمانروائی آن دیار نصب فرمود و در ایام دولت او بتاریخ ششصد و پنجاه و دوم آن نوئینِ کامبخشِ کامران هشتاد و نه ساله شده رخت هستی بربست.

descendants, so that eventually, when the rule would come to Qachulai Bahadur's son because of their innate and acquired greatness and they would grace the throne of the caliphate with their daily-increasing fortune, the wise would find no fault with them. This was another of the prefigurations of the rise of H.M. the Sahib-Qirani's lucky star, whose existence was a prefiguration of H.I.M.'s eternal fortune.

After his father's death, Chaghatai Khan made Besh Baligh his 199 capital and turned rule of the military and subjects over to Amir Qarachar Noyan's powerful hands while he himself spent most of his time serving Ögödäi Qa'an. Although Ögödäi was younger than he, he never failed to obey him in any way, and he observed the khan's will with great good fortune. When Chaghatai Khan's life was coming to an end, he made Qarachar Noyan his executor and entrusted his sons to him. He died seven months before Ögödäi Khan, in the Year of the Horse, in Dhu'l-Qa'da 638 [May 1241], and Qarachar Noyan remained, as he had been, in charge of affairs of the kingdom. After a time, he made Qara Hülägü, a son of Chaghatai Khan's son Mö'ätükän, ruler of his grandfather's territory. Several years later, when Ögödäi Khan's son Güyük Khan acceded to the throne of the khanate, he wrested control of the government from Qara Hülägü Khan and deposed him, and he made Chaghatai's son Yesü Möngkä ruler instead. It is no secret that during his reign Ögödäi Qa'an had made his eldest son, Köchü, heir apparent, but he predeceased his father, and then he gave the heir-apparency to his son Shirämün, whom he loved the most. When Ögödäi Qa'an died, Güyük Khan, who had been in the lands of the Rus, Circassians, and Bulghars, returned to the great camp three or four years later and succeeded to the throne to rule with justice. When Yesü Möngkä died, Qarachar

ایجل نویان

۲۰۰ ایجل نویان بمزید دانش و مزیّت خداشناسی از میان ده فرزند رشید کاردان قراچار نویان نشان اختصاص داشت. در عهد خانی قرا هلاگو از فرط دانائی و کمال توانائی رفعت‌بخش مقام پدر شد و در سنهٔ ششصد و شصت و دوم از کمال استقلال بر مسند دولت متمکّن گشت. الوس چغتای در ایام دولت او خوشوقت شدند و چون در میان فرزندان چغتای خان خلاف و نزاع بسیار پدید آمد از ارتباط و اختلاط نفرت گرفته در شهر کش که جای موروثی بود قرار گرفت تا آنکه منکو قاآن بن تولیخان بن چنگیز خان برادر خود هلاگو خان‌را بجانب ایران فرستاد و از هر چهار الوس جوجی و چغتای و اُگتای و تولی امرا و مردم همراه ساخت. از الوس چغتای خان ایجل نویان‌را باستدعای تمام برسم سالبوری تعیین نمود که مصاحب هلاگو خان باشد و خان مذکور مراغهٔ تبریز باو داد و بآداب بزرگی سلوک نمود.

امیر ایلنگر خان

۲۰۱ امیر ایلنگر خان ارشد اولاد والانژاد ایجل نویان بود. چون ایجل نویان با هلاگو خان از توران بایران نقل کرد او در الوس چغتای خان قایم مقام پدر گرامی شد و چون در ایران ایجل نویان این جهان نظرفریب‌را پدرود کرد دوا خان بن براق خان بن ییسنتؤا بن مواتکان بن چغتای خان بن چنگیز خان باو رسیده بود اورا امیر الامرا ساخت و زمام حل و عقد

Noyan again installed Qara Hülägü as ruler over that territory, and during his reign, in 652 [1254 CE], Qarachar Noyan died at the age of eighty-nine.

EJIL NOYAN

Ejil Noyan was the most knowledgeable and pious of Qarachar   200
Noyan's ten sons. During Qara Hülägü's khanate, he acceded to his father's position because of his great knowledge and ability, and in 662 [1263–64 CE] he sat in total independence upon the throne of fortune. During the days of his fortune the Ulus Chaghatai prospered, but when many disputes appeared among Chaghatai Khan's sons, he grew to loathe his involvement and retired to the city of Kish,[93] his hereditary place, until Tolui Khan's son Mängü Qa'an sent his brother Hülägü Khan to Iran and gave him commanders and men from all four of the nations of Jochi, Chaghatai, Ögödäi, and Tolui. From the Ulus Chaghatai he assigned Ejil Noyan to accompany Hülägü Khan. The aforementioned khan gave him Maragha in Tabriz, and he conducted himself in accordance with the code of greatness.

AMIR ELÄNGÄR KHAN

Amir Elängär Khan was the eldest of Ejil Noyan's sons. When Ejil   201
went with Hülägü Khan from Turan to Iran, Elängär remained in the Ulus Chaghatai in his father's stead. Then, when Ejil Noyan bade this deceptive world farewell in Iran, Dua Khan, son of Baraq Khan, son of Yesün To'a, son of Mö'ätükän, son of Geng-

سلطنت بدست تدبیر او داد و مرتبهٔ پدران باو مسلّم داشت. و او چنانچه مقتضای دانش و بینش است در رواج کار مملکت کوشید و او بملّت زهرای احمدی درآمد.

امیر برکل

۲۰۲   امیر برکل عظیم‌قدر قوی‌حال بود. و چون پدر بزرگوارش امیر ایلنگر نویان در زمان ترمشیرین خان بن دوا خان ازین جهان بی‌مؤاسا درگذشت ازو همین یک فرزند ارجمند ماند و او همواره بمعالجهٔ نفس خود پرداخته فرصت بغیر پرداختن نیافت و از صحبت خانان متقاعد بوده آئین پدران به بنی اعمام گذاشت و فارغ البال در حدود کش میبود و در گردآوری رضای ایزدی تکاپوی داشت و در تحصیل مکارم اخلاق جست‌وجوی مینمود. در آن نواحی به بعضی محال و مواضع که از املاک قدیم بود صرفِ معیشت و کفاف میکرد تا آنکه بعالم تقدس و ملک بقا پیوست.

امیر طراغای

۲۰۳   امیر طراغای فرزند گرامی‌نژاد و بزرگمنش امیر برکل و پدر بزرگوار حضرت صاحبقرانیست. از عنفوان صغر و ریعان شباب انوار دولت و اقبال از ساحت احوال او میتافت و آثار عظمت و جلال از پیشگاه اطوار او میدرخشید. و آن بزرگمنش‌را برادری بود خرد، هیبت نام، در حق‌شناسی

his Khan's son Chaghatai Khan, came to him to make him chief commander, to turn the reins of government over to him, and to accord him the office of his forefathers. In accordance with knowledge and foresight, he strove to manage the kingdom. He also entered into the glorious Muhammadan nation.

AMIR BÜRKÜL

Amir Bürkül was mighty and powerful. When his father, Amir Elängär Noyan, died during the reign of Dua Khan's son Tarmashirin Khan, he left behind only this one son. Constantly concerned with dealing with his own recalcitrant soul, he had no time to deal with others. Retiring from the service of khans, he left his forefather's position to his cousins and dwelt peaceably in Kish, endeavoring to please God and to refine his character. He gained his daily bread from some villages and lands that were family property until he died.

AMIR TARAGHAI

Amir Taraghai was Amir Bürkül's son and the father of H.M. Sahib-Qirani. From his youth the lights of fortune shone from his deeds, and traces of greatness could be discerned on his forehead. He had a younger brother named Haibat, who was a paragon of piety and rectitude, but the die of physical and spiritual greatness was cast in the name of the elder brother. Since his father was constantly involved with men of spiritual practice and found favor with intimates at the court of eternality, particularly Shaikh

202

203

و حقیقت‌طلبی کامل‌عیار، اما قرعهٔ بزرگی صوری و معنوی بنام برادر بزرگ افتاده بود. چون والد بزرگوار همواره روی بر آستانهٔ ارباب ریاضت میداشت و منظور مقرّبان عتبهٔ صمدیّت بود خصوصاً قدوهٔ اصحاب وجد و حال شیخ شمس الدین کلال که امیررا بغایت حرمت میداشت و بنظر تعظیم میدید و خدمت شیخ آن بزرگِ دوران‌را از صفای باطن بظهورِ کوکبهٔ صاحبقرانی نویدِ سعادتِ جاوید رسانیده بود.

صاحبقرانِ اعظم، ثالث القطبین، قطب الدنیا والدین امیر تیمور گورکان

۲۰۴ ارادهٔ ازلی و مشیّتِ لم‌یزلی هزاران حکمت در هر چیز ودیعت نهاده جهان آراست و لهذا درین پنجاه و دو تن که سلسلهٔ علیّهٔ شاهنشاهی بآن انتظام دارد عبرت‌بخشِ هوشمندان است. ایزد متعال ریاست و حکمت و سلطنت و هدایت و عطوفت و رأفت و چندین جلایل نعوت و شرایف صفات‌را امانت سپرده سرانجام گوهر یکتای خلافت شاهنشاهی نمود مگر از قاچولی بهادر هفت شخص بزرگ‌را ازین سلسلهٔ قدسیّه از نظام سلطنت صوری فرود آورده رتبهٔ سپهسالاری و شاهنشاهی داد تا این مرتبهٔ تابعیّت‌را در لباس متبوعیّت دریافته سامان کارخانهٔ جامعیّت بر وجه دلخواه صورت دهد، و آن بزرگان والاشکوه که در ارگنه‌قون بسر بردند اگرچه احوال آنها معلوم نیست اما همان طور پدر بر پدر بزرگی داشتند. اگرچه اسم سلطنت نبود اما معنی سلطنت ظهور داشت و آنهم بجهت حراست عزّت بیرون از سکنهٔ عالم بظهور آورد و اکنون که مراتب تجرد و

Shamsuddin Kulal, who held the amir in the greatest respect, the shaikh informed him of the imminent appearance of the Sahib-Qiran's star.

THE MOST MAGNIFICENT SAHIB-QIRAN, THE THIRD AXIS OF THE WORLD, QUTBUDDIN AMIR TEMÜR GÜRKÄN

Eternal will placed thousands of wise reasons in every thing when it created the world, and that is why there is a lesson for the intelligent to learn in the fifty-two persons who form this exalted imperial line. God the most high endowed the unique pearl of the imperial caliphate with leadership, wisdom, sovereignty, munificence, clemency, commiseration, and other noble characteristics. Seven grand persons of this regal line, from Qachulai Bahadur on, were demoted from external sovereignty to the office of commander in chief in order that the degree of obedience be experienced in the garb of leadership and that the equipment of the workshop of collectivity take shape as desired. The exalted great ones who lived in Ärgänä-qun, although their history is not known, maintained their greatness from father to son. Although there was no label of sovereignty, the intrinsic meaning of sovereignty was there, and it too appeared removed from the inhabitants of the world in order to protect its glory, and then, when all the degrees of seclusion and worldly involvement had been traversed, and potential receptivity was ready to be actualized with the appearance of H.I.M.'s unique pearl, God removed the metaphorical robe of honorable loyalty that had entered this line with Tumina Khan and brought into existence a

204

257

تعلق سامان یافت و استعداد قوّه بفعل مهیّا شد که گوهر یکتای حضرت شاهنشاهی بظهور آید خلعت مستعار تابعیّت که برای تومنه خان بظاهر درین سلسله درآمده بود خدای جهان‌آفرین آن خلعت‌را برگرفته بزرگی‌را بظهور آورد که قابل و لایق سلطنت عظمی تواند بود. و مصداق اینمعنی ظهور حضرت صاحبقران، طرازندهٔ هفت اقلیم، فرازندهٔ تخت و دیهیم، قطب الدنیا والدین امیر تیمور گورکانست.

۲۰۵ و آن والانژاد عالیقدر در شب سه‌شنبه بیست و پنجم شعبان سال هفتصد و سی و ششم بیچقان ییل بطالع جدی در ظاهرِ خطّهٔ کش که بشهرسبز مشهور است از بلاد ایران از خدر مطهّر و ستر مصفّای حضرت عفّت و برکت‌مرتبت، صفوت و طهارت‌منقبت، عصمة الدنیا والدین تکینه خاتون در انجمنِ وجود قدمِ سعادت‌توأم نهاده جهان‌افروز گشت. و این قطب دایرهٔ خلافت عظمی و مرکز محیط سلطنت کبری کوکب اقبالیست که از بطن هشتم قاچولی بهادر در مطلع سعادت و اجلال طلوع نمود. و بقول یکی از مؤرخّین رؤیای صادقهٔ قاچولی بهادر بظهور پیوست و بدریافتِ والایِ خردمندِ دوربین امروز آغازِ طلوعِ کوکبِ اوّل و درخشیدنِ ستارهٔ نخستین است چنانچه سابقاً پرتو اشارت برینمعنی تافت. درین زمان مسعود که حضرت صاحبقرانی سعادت ولادت یافتند در ماوراء النهر ترمشیرین خان بن دوا خان بن براق خان بن ییسنتؤا بن مؤاتکان[۲۳] بن چغتای خان فرمانروائی داشت، و در مملکت ایران زمین چهار ماه از وفات سلطان ابوسعید گذشته بود و بدین واسطه هرج و مرج تمام در آن سرزمین بظهور آمده بود. و امیر صاحبقران از صغر سن تا عنفوان شباب همواره بآداب شکار و آئین رزم و پیکار اشتغال میفرمود.

great one who would be worthy of the greatest sovereignty. The proof of the truth of this statement is the appearance of H.M. the Sahib-Qiran Amir Temür Gürkän.

This grand, exalted person was born on the eve of Tuesday, 205 the twenty-fifth of Sha'ban in the year 736 [April 8, 1336], the Year of the Monkey, under the ascendant of Capricorn, outside of the city of Kish, which is known as Shahrisabz, in the land of Iran, of the pure and chaste vessel Täkinä Khatun. This axis of the circle of the caliphate and center of the circumference of sovereignty is the star of fortune that rose from the eighth generation after Qachulai Bahadur. According to one historian, Qachulai Bahadur's vision came true, and by the realization of a farsighted wise man, today was the beginning of the rise of the first star, as has been indicated. At the felicitous time when H.M. the Sahib-Qiran was born, Tarmashirin Khan, son of Dua Khan, son of Baraq Khan, son of Yesün To'a, son of Mö'ätükän, son of Chaghatai Khan, was ruling in Transoxiana. In the land of Iran it had been four months since the death of Sultan Abusa'id, and for that reason utter chaos had enveloped that country. From his childhood to his youth Amir Sahib-Qiran was constantly involved with the customs of the hunt and the traditions of battle and contest.

۲۰۶ و در بیچقان ئیل هفتصد و شصت و دوم امیر طراغای ازین مرحله رحلت فرمود و ازو چهار پسر و دو دختر بود: صاحبقرانی، و عالم شیخ، و سیورغتمش، و جوکی، قتلغ ترکان آغا، شیرین بیکی آغا.

۲۰۷ و چون عمر گرامی صاحبقرانی بسی و چهار سال شمسی رسید بطالع خجسته و بخت بلند بمشورت عقل خداداد که مورد الهام ربّانیست در روز چهارشنبه دوازدهم رمضان هفتصد و هفتاد و یکی سال ایت ئیل در بلخ افسر فرماندهی و اکلیل کشورگشائی و کامکاری بر سر نهاده اورنگ سلطنت و جهانبانی‌را پایهٔ بلند بخشید.

۲۰۸ و بمدّت سی و شش سال که ایّام سلطنت و جهان‌آرائی او بود ولایت ماوراء النهر و خوارزم و ترکستان و خراسان و عراقین و آذربایجان و فارس و مازندران و کرمان و دیاربکر و خوزستان و مصر و شام و روم و غیر آن بهمّت کشورگشائی و دانش فراخ‌حوصله در حیطهٔ تصرّف و قبضهٔ اقتدار درآورد، و رایات استیلا و استقلال‌را در ساحت ربع مسکون و عرصهٔ هفت اقلیم سربلندی داد. هرکه سلامت حال رفیق روزگار دولت بود و بقدم اطاعت پیشواز آمد گل سعادت از فرق بخت او شکفت، و هرکه شآمتِ کردار و وخامتِ عاقبت دامنگیرِ او شد و سر از گریبانِ انقیاد بیرون آورد موی‌کشان بسیاستگاهِ قهرمانِ عدالت رسیده خارستانِ نتایجِ اعمال در کنارِ خود دید.

۲۰۹ وروز دوشنبه ذیقعده هفتصد و هشتاد و نهم بواسطهٔ فتنه و فسادی که از مردم اصفهان واقع شده بود آن شهررا قتل عام فرمود و از آنجا عنان عزیمت بجانب دارالملک فارس منعطف ساخت و آل مظفّر بخدمتش پیوستند. و چون خبر مخالفت توقتمش[24] خان که فرمانروای دشت قبچاق و از تربیت‌یافتگان آنحضرت بود شنید دو نوبت لشکر بر سر او

In the Year of the Monkey 762 [1361 CE], Amir Taraghai died, 206
leaving four sons and two daughters: the Sahib-Qiran, Alam-
Shaikh, Soyurghatmish, Jüki, Qutlugh Tärkän Agha, and Shirin
Beki Agha.

When the Sahib-Qiran was thirty-four solar years old, he 207
placed the crown of dominion and world conquest on his head
and graced the throne of sovereignty and world rule under a
favorable ascendant and with God-given intelligence—which
causes divine inspiration—on Wednesday, the twelfth of Rama-
dan 771 [April 9, 1370], the Year of the Dog.

Over the period of thirty-six years that formed the days of his 208
rule he brought under his mighty control the lands of Transoxi-
ana, Khwarazm, Turkistan, Khurasan, the two Iraqs, Azerbaijan,
Fars, Mazanderan, Kirman, Diyarbekir, Khuzistan, Egypt, Syria,
Anatolia, and others, and he raised the banners of conquest and
autocracy over the inhabited quarter of the world and the seven
climes. Everyone who was fortunate enough to come before him
in obedience experienced felicity, but anyone who was unlucky
enough to disobey him was dragged by the hair to the court of the
champion of justice, where he was cast into the bramble patch
of the consequences of his actions.

On Monday the sixth[94] of Dhu'l-Qa'da 789 [November 18, 209
1387], because of the restiveness of the inhabitants of Isfahan,
he staged a general massacre in that city and then headed for the
capital of Fars, where the House of Muzaffar joined his service.
When he heard the news of the rebellion of Toqtamish, the ruler
of the Qipchaq Steppe who had been patronized by H.M., he
twice led his army against him, raised the banner of victory,
and returned. Traversing the Qipchaq Steppe, which is a thou-
sand leagues long and six hundred leagues wide, he cleared it of

برد و لوای فتح برافراخته مراجعت نمود و دشت قبچاق‌را که طولش هزار فرسنگ و عرضش ششصد فرسنگ است بنفس نفیس سیر فرموده از خس و خاشاکِ فتنه پاک ساخت. و نوبت دیگر بایران نهضت فرموده در هفتصد و نود و پنجم شاه منصوررا که کلاه گردنکشی کج مینهاد در شیراز بقتل آورد و آل مظفّررا برانداخت. و بهمّت والا کارهای عظیم که ناسخ کارنامه‌های رستم و افراسیاب باشد در آن مرز و بوم بوقوع آورد و ممالک فارس‌را بجهت آسایش اولیای دولت قاهره گلزار بیخار ساخت.

۲۱۰ و بعد از آن به نیروی دولت و اقبال فتح بغداد کرد. چند نوبت بگرجستان درآمد و همعنان فتح و نصرت برآمد. و دوازدهم محرّم هشتصد و یکم دریای سندرا جسر عالی بسته عبور فرمود و بدولت و اقبال فتح هندوستان کرد. در هفتصد و سیوم بعزم شام اقدام فرموده صبح اقبال بدمانید و انوار فتوحات آسمانی بروزگار آن جهانگیر عالم‌پیرای تافت. آنگاه شهر حلب مفتوح شد و از آنجا لشکر بدمشق کشید و امرای شام‌را که در ذلّ قید اسیر بودند خون آنها هدر فرمود.

۲۱۱ و در سال دیگر بعزم تسخیر روم رایات جهانتاب نهضت داد و در جمعه نوزدهم ذیحجّه هشتصد و چهارم در حدود انگوریه[۲۵] معرکهٔ مصاف آراسته و لوای نبردرا بمهچهٔ فتح حلی بسته با ایلدرم قیصر روم جنگ شگرف نمود و از تأییدات غیبی که همواره همعنان آن شهسوار میدان شکوه بود جنود مجنّدهٔ فتح و فیروزی ملازم رکاب معلی گشته طغرای فتحنامه بنام نامی آن خدیو ممالک کشورستانی خوانده شد، و ایلدرم بایزید بدست سپاه نصرت‌اعتصام گرفتار آمد و چون اورا بپایهٔ اورنگ عالی حاضر ساختند از کمال عاطفت و اعزاز در زیر دست شاهزاده رخصت نشستن یافت.

the debris of rebellion. Once again he went to Iran, and in 795 [1393 CE] in Shiraz he put to death Shah Mansur, who had set the cap of refractoriness jauntily on his head, and overthrew the House of Muzaffar. In that land he performed great deeds that would erase the record of Rustam and Afrasiab, and he turned the land of Fars into a thornless rose garden for the repose of his supporters.

After that, he conquered Baghdad through the might of his   210 good fortune. He went to Georgia several times, emerging in triumph. On the twelfth of Muharram 801 [September 24, 1398] he constructed a bridge over the Indus River, crossed, and conquered India. In 803 [1400–1401] he went to Syria, and the lights of heaven-sent victory shone on him. The city of Aleppo was conquered, and then he led his army to Damascus, where the blood of the princes of Syria, who had been reduced to the bondage of captivity, was shed.

The next year he set out to conquer Anatolia. On Friday the   211 nineteenth of Dhu'l-Hijja 804 [July 20, 1402], in the vicinity of Ankara, he fought an amazing battle with Ïldïrïm, the Caesar of Rome. With heaven's assistance, which was always with that cavalier of the field of glory, triumph and success attended him, and the proclamation of victory was adorned with the name of that world-conquering monarch. Ïldïrïm Bayezid was captured by the victorious army, and when he was brought before the throne, he was honored to be allowed to sit below the prince's hand.

و از آنجا بآذربایجان مراجعت فرمود و یکسال و شش ماه در آن حدود بعدل‌پیرائی مشغول بود و سلاطین‌نژادان از اطراف بخدمت پیوستند. حاکم مصر نقود فراوان از سرخ و سفید بنام نامی سکّه زده بدرگاه گیتی‌پناه ارسال داشت، و سایر فرمانروایان آن حدود اعلام هواخواهی در میدان اطاعت برافراشتند و بر منابر حرمین شریفین و دیگر اماکن شریفه و مشاعر قدسیّه خطبهٔ فرمانروائی بنام آن حضرت خوانده شد. ۲۱۲

و در ذیقعده هشتصد و ششم رایات ظفرپیرای بجانب فیروزه‌کوه نهضت داد و بی‌توقّف و اهمال در همان روز فتح فرموده عنان مراجعت بسمت خراسان مصروف داشت. و در غرّهٔ شهر محرّم هشتصد و هفتم از راه نیشاپور بماوراء النهر ظلال اقبال گسترد و در آن موطن مألوف طرح جشنی عظیم نموده طوی بزرگ که حیرت‌افزای ارباب همّت و سماح باشد ترتیب داد. جهانیان‌را بصلای انعام و احسان کامیاب ساخته بتسخیر ممالک خطای متوجه شد. ۲۱۳

و در شب چهارشنبه هفدهم شعبان هشتصد و هفتم در موضع أترار که از سمرقند تا آنجا هفتاد و شش فرسخ است بفرمان قهرمان ایزدِ بیچون روی بجانب دار الملک بقا آورده رخشِ حیات بفسحت‌سرایِ باقی تاخت، و نعشِ عرش‌پایهٔ آن حضرت بخطّهٔ سمرقند بشکوهی که شایستهٔ آن بزرگوار باشد رسانیدند. و در تاریخ ضبط سنین احوال آن جهان‌آرای گفته‌اند (رباعی) ۲۱۴

سلطان تمر آنکه مثلِ او شاه نبود / در هفصد و سی و شش درآمد بوجود
در هفصد و هفتاد و یکی کرد جلوس / در هشصد و هفت کرد عالم پدرود

From there he returned to Azerbaijan, where he remained for 212
a year and six months to dispense justice and to be joined by the
princes of the world. The ruler of Egypt struck abundant gold
and silver coins in his name and sent them to his court, and indeed
all rulers in those territories raised the banner of support in the
field of obedience. The rule over Mecca and Medina and other
holy places was also proclaimed in his name.

In Dhu'l-Qaʿda 806 [May 1404] the victorious banners headed 213
for Firozkoh, and without any delay, on the very day of his arrival,
he achieved victory and withdrew to Khurasan. On the first of
Muharram 807 [July 10, 1404] he set out from Nishapur for Tran-
soxiana, and there, in his native land, he held a great banquet at
which he rewarded the people of the world with gifts of benefi-
cence before setting out to subdue Cathay.

On the eve of Wednesday the seventeenth of Shaʿban 807 214
[February 18, 1405], in Otrar, which is seventy-six leagues from
Samarkand, he turned his face toward the realm of eternity by
God's command and galloped the steed of life into the vast eter-
nal expanses. H.M.'s bier was brought to Samarkand with pomp
and circumstance equal to his greatness. In a chronicle of the
world-conqueror's career it has been said that:

Sultan Temür, a king the likes of whom there never was, was
born in seven hundred thirty-six.
In seven hundred seventy-one he ascended the throne, and in
eight hundred seven he bade the world farewell.

آن صاحبقران سعادت‌قرین‌را چهار پسر والاقدر بود: اول غیاث الدین جهانگیر میرزا در اوایل سلطنت پدر بزرگوار خود در هفتصد و هفتاد و شش در سمرقند رحلت نمود. ازو دو پسر ماند: اول، محمد سلطان که امیر صاحبقران اورا ولیعهد خود کرده بود. بعد از فتح روم در هفدهم شعبان هشتصد و پنجم در سوری حصار روم کوسِ رحلت زد. دوم، پیر محمد که بعد از رحلت برادر گرامی طغرای ولیعهدی بنام او سربلندی یافت و حضرت صاحبقرانی در آخر عمر باطاعت و سلطنت او وصیّت فرمود و در آن زمان او حاکم غزنه و حدود هند بود. و چهاردهم رمضان هشتصد و نه بر دست پیرعلی تاز که یکی از امرای او بود درجهٔ شهادت یافت و داغِ لعنتِ ابد بر پیشانیِ عملِ آن حرام‌نمک گذاشت.

۲۱۵ فرزند دوم، حضرت صاحبقرانی میرزا عمر شیخ است که حکومت فارس داشت و او هم در ایام حیات صاحبقرانی در ربیع الاول هفتصد و نود و ششم در پای قلعهٔ خرماتو درگذشت.

۲۱۶ فرزند سیوم، جلال الدین میرانشاه میرزاست که مجملاً احوال سعادت‌اشتمال او که درین سلسلهٔ علیّه مقصود بالذّات است مذکور خواهد شد.

۲۱۷ فرزند چهارم، میرزا شاهرخ است که ایالت خراسان داشت و در اکثر یورشها در رکاب پدر عالیمقدار بود. بعد از حضرت صاحبقرانی باندک زمانی فرمانروای باستقلال شد و ایران و توران و آنچه در تحت تسخیر حضرت صاحبقرانی بود در حیطهٔ تصرف درآورده چهل و سه سال در سلطنت کامرانی نمود. ولادت او روز پنجشنبه چهاردهم ربیع الآخر هفتصد و هفتاد و نهم است، و در صبح یکشنبه نوروز سلطانی بیست و پنجم ذیحجّه هشتصد و پنجاه بعالم بقا شتافت.

The Sahib-Qiran had four exalted sons. The first, Ghiyasuddin Jahangir Mirza, died during his father's reign in 776 [1374–75] in Samarkand. From him two sons remained. One was Muhammad Sultan, whom the Sahib-Qiran made his heir. He died in Suri Hisar,[95] after the conquest of Anatolia, on the seventeenth of Sha'ban 805 [March 12, 1403]. The second son was Pir-Muhammad, who became the heir after his brother's death. At the end of his life the Sahib-Qiran charged all to obey him and make him ruler, and at that time he was governor of Ghazni and the borders of India. On the fourteenth of Ramadan 809 [February 22, 1407] he was martyred by Pir-Ali Taz, one of his commanders, and the brand of an everlasting curse was placed of the forehead of that maleficent ingrate.

The Sahib-Qiran's second son was Mirza Umar-Shaikh, who   215
held the governorship of Fars. He also died during the Sahib-Qiran's lifetime in Rabi' I 796 [January 1394] at the foot of the Khurmatu fortress.

The third son was Jalaluddin Miranshah. A summary of his   216
career will be mentioned below because he figures in this glorious lineage.

The fourth son was Mirza Shahrukh, who held the governorship   217
of Khurasan. He attended his father on most of his campaigns. A short while after the Sahib-Qiran's death he became the autonomous ruler, and Iran, Turan, and all the lands that had been subdued by the Sahib-Qiran came under his control as he ruled for forty-three years. He was born on Thursday the fourteenth of Rabi' II 779 [August 20, 1377], and he died on Sunday morning, the twenty-fifth of Dhu'l-Hijja 850 [March 13, 1447], which was Nauroz.

جلال الدین میرانشاه

۲۱۸ جلال الدین میرانشاه جد ششم حضرت شاهنشاهی است. ولادت گرامی او در هفتصد و شصت و نهم بود و در زمان حضرت صاحبقرانی حکومت عراق عرب و عجم و آذربایجان و دیاربکر و شام داشت و چون حضرت صاحبقرانی بهند متوجه شدند این ممالک بالکل بعهدهٔ اهتمام همّت عالی او بود چنانچه در لوازم معدلت و مبانی سلطنت دقیقهٔ نامرعی نگذاشت. روزی در شکار سر قوچ صحرائی‌را در تاختن گرفته برداشته بود که اسب رم خورد و میرزا از سر زین بزمین آمد و آسیبی عظیم در سر و روی رسید. اطبّا و جرّاحان حاذق تدابیر و معالجات موافق بکار بردند و مزاج شریف بصحّت گرائید لیکن غباری از آن گردِ راه بر مرکزِ اعتدالِ طبیعی ماند. بعد از شنقار شدن حضرت صاحبقرانی ابابکر میرزا که پسر کلان میرانشاه بود خطبه و سکّه بنام پدر عالیقدر کرد. حضرت میرزا اکثر اوقات در تبریز میگذرانید و جمیع مهمّات سلطنت‌را میرزا ابابکر سرانجام مینمود و در بیست و چهارم ذیقعده هشتصد و دهم در محاربهٔ قرا یوسف ترکمان که در حوالی تبریز واقع شد شهادت یافت. و آنحضرت‌را هشت پسر بوده است: ابابکر میرزا، النگر میرزا، عثمان چلبی میرزا، عمر، خلیل، سلطان محمد میرزا، ایجل میرزا، سیورغتمش.

JALALUDDIN MIRANSHAH

Jalaluddin Miranshah was H.I.M.'s ancestor in the sixth degree. His birth took place in 769 [1367 CE], and during H.M. the Sahib-Qiran's reign he held the governance of Arab and Persian Iraq, Azerbaijan, Diyarbekir, and Syria. When the Sahib-Qiran went to India he turned these regions over to him totally, and he did not fail in the slightest way to administer them with justice. One day while hunting he was chasing a ram when his horse shied, throwing the prince from the saddle, and he received a serious wound on his head and face. Skilled physicians and surgeons treated him, and his noble constitution inclined to health, but a remnant of the blow had affected his temperamental balance. After H.M. the Sahib-Qiran's death, Ababakr Mirza, Miranshah's eldest son, put the khutba and coinage in his father's name. The prince spent most of his time in Tabriz, but Ababakr Mirza actually dealt with affairs of state. Miranshah died in battle with Qara-Yusuf the Turkoman in the Tabriz vicinity on the twenty-fourth of Dhu'l-Qa'da 810 [April 21, 1408]. He had eight sons: Ababakr Mirza, Elängär Mirza, Usman Chalabi Mirza, Umar, Khalil, Sultan-Muhammad Mirza, Ejil Mirza, and Soyurghatmish.

218

سلطان محمد میرزا

۲۱۹ سلطان محمد میرزا فرزند دولت‌پیوند میرانشاه است. والدهٔ ماجده‌اش مهرنوش نام داشت از قوم فولادقیا. میرزا همواره با برادر خود میرزا خلیل در سمرقند می‌بوده‌اند و چون میرزا خلیل بجانب عراق متوجه شده‌اند میرزا شاهرخ آنچه از مکارم اخلاق و شمایل علیّهٔ او دریافته بود بمیرزا الغ بیگ گفته‌اند و جلایل قدر ایشان بیان کرده‌اند. همواره میرزا در اعزاز و احترام کوشیده بآداب برادری سلوک میفرمود. و آنحضرت‌را دو فرزند سعادتمند بود: سلطان ابوسعید میرزا و منوچهر میرزا. و در بیماریی که عالم‌را پدرود خواهند فرمود میرزا الغ بیگ بپرسیدن آمده‌اند. میرزا فرزند خود سلطان ابوسعیدرا سفارش عظیم کرده‌اند. لاجرم پیوسته سلطان در سایهٔ سلطنت و عاطفت میرزا کامیاب عیش و طرب بود و بنظر تربیت و عطوفت هر روز بر مدارج دولت و معارج اقبال متصاعد میشد. روزی یکی از مقرّبان بساط والا که راه سخن داشت بموقف عرض رسانید که «این پسر عم شما عجب خدمت بجد میکند.» میرزا در جواب فرمودند که «او خدمت ما نمیکند. آداب جهانبانی و گیتی‌ستانی از صحبت ما فرا میگیرد.» و الحق میرزا از روی کمال دید و دریافت بیان حال نموده‌اند.

سلطان ابوسعید میرزا

۲۲۰ سعادت ولادتش در هشتصد و سی بوده در بیست و پنج سالگی سریرآرای سلطنت شد و مدت هژده سال بفرمانروائی و کشورستانی باستقلال اشتغال

SULTAN-MUHAMMAD MIRZA

Sultan-Muhammad Mirza was Miranshah's son. His mother   219
was named Mihrnosh, and she was of the Foladqaya tribe.
The prince lived with his brother Mirza Khalil in Samarkand,
and when Mirza Khalil went to Persia, Mirza Shahrukh told
Mirza Ulugh Beg what he had perceived of Sultan-Muhammad
Mirza's noble character traits. He always acted respectfully and
conducted himself with brotherly etiquette. He had two sons,
Sultan-Abusaʻid Mirza and Minuchihr Mirza. Mirza Ulugh Beg
came to visit him during the illness of which he would die, and the
prince entrusted his son Sultan-Abusaʻid to him. Consequently
he dwelt in luxury and splendor in the shadow of the mirza's favor
and rose day by day to the heights of fortune. One day a court-
ier who enjoyed freedom of speech said, "This cousin of yours
certainly serves with amazing seriousness." In reply the mirza
said, "He doesn't serve us. He is acquiring the ways of world rule
and conquest from association with us." And actually the prince
expressed the truth with his perfect insight and comprehension.

SULTAN-ABUSAʻID MIRZA

Sultan-Abusaʻid Mirza was born in 830 [1427 CE]. When he was   220
twenty-five years old he acceded to the throne, and for eighteen
years he maintained autonomy in dominion and conquest, bring-
ing under his sway Turkistan, Transoxiana, Badakhshan, Kabul,
Ghazni, Kandahar, and the borders of India. Toward the end of
his life he also subdued Persia. Despite such great power and
vast territory, which might have engendered all sorts of intoxica-

فرموده ترکستان و ماوراء النهر و بدخشان و کابل و غزنین و قندهار و حدود هندوستان بتصرف درآورد و در آخرها عراق نیز در حیطهٔ تسخیر درآمد. و با چنین دولت بزرگ و مملکت عظیم که سرمایهٔ هزار گونه مستی تواند شد هشیاردل و بیدارمغز بوده از درویشان و گوشه‌نشینان همّت میطلبیدند. و در هشتصد و هفتاد و دو میرزا جهانشاه بن قرا یوسف حاکم آذربایجان که بدفع أزون[۲۶] حسن آق‌قویلو رفته بود و از غایت بی‌پروائی و کمال بی‌تدبیری بدست او کشته شد سلطان لشکر بر سر او کشید. ازون حسن هرچند درِ صلح زد فایدهٔ نکرد. ناگزیر راهها‌را از آمدوشدِ غلّه نگاهبانی نمود تا در اردو قحط عظیم پدید آمد، بمرتبهٔ که چهارده شب اسبان خاصه جو نیافتند. بتقریب قحط سپاهی پراکنده شد و ازون حسن در میدان جنگ غالب آمد.

۲۲۱ و بتاریخ بیست و دوم رجب هشتصد و هفتاد و سیوم بتقدیر ایزدی سلطان بدست مردم ازون حسن درآمده‌اند و بعد از سه روز بدست یادگار محمد میرزا ابن سلطان محمد میرزا ابن بایسنغر میرزا بن شاهرخ میرزا که همراه ازون حسن بود داده است، و آن بی‌حقیقتِ کم‌سعادت آن پادشاهِ بزرگ‌قدر‌را به بهانهٔ خونِ گوهرشاد بیگم که کدبانوی دولتسرای شاهرخ میرزا بود بدرجهٔ شهادت رسانیده است، و «مقتل سلطان ابوسعید» تاریخ این واقعه است.

tion, he remained sober and alert and always sought the psychic power of dervishes and hermits. In 872 [1467 CE], when Qara Yusuf's son Mirza Jahanshah, the ruler of Azerbaijan, went out to repel Uzun Hasan Aqqoyunlu but was killed by him because of his carelessness and lack of planning, Sultan-Abusa'id led his army against Uzun Hasan. No matter how hard Uzun Hasan tried to sue for peace, it was to no avail. Left with no alternative, he blocked the roads to prevent the transport of grain, and such great want occurred in Sultan-Abusa'id's camp that the royal horses went without barley for fourteen days. Famine caused the soldiers to desert, and Uzun Hasan won on the field of battle.

On the twenty-second of Rajab 873 [February 5, 1469], by divine destiny, Sultan-Abusa'id was captured by Uzun Hasan's men, and three days later he was turned over to Yadgar-Muhammad Mirza, son of Sultan-Muhammad Mirza, son of Shahrukh Mirza's son Baysunghur Mirza, who was accompanying Uzun Hasan, and that wretch martyred the mighty emperor on the pretext of retaliation for the blood of Gauharshad Begim, the wife of Shahrukh. "The murder of Sultan-Abusa'id" is the chronogram of the event.[96]

221

عمرشیخ میرزا

۲۲۲ عمرشیخ میرزا پسر چهارم سلطان ابوسعید است، از سلطان احمد میرزا و سلطان محمد میرزا و سلطان محمود میرزا خردتر و از سلطان مراد میرزا و سلطان ولد میرزا و الغ بیگ میرزا و ابابکر میرزا و سلطان خلیل میرزا و شاهرخ میرزا کلانتر. ولادت آن والانژاد در سمرقند بتاریخ هشتصد و شصت بوده سلطان ابوسعید میرزا اوّل کابل‌را بمیرزا داده بابای کابلی‌را اتالیغ کرده رخصت فرموده بودند. بعد از آن بجهت طوی از دره‌گز گردانیده بردند. پس از انجام جشن، ولایت اندجان و تخت اوزجند بایشان داده‌اند و امرا و نوّاب مقرّر ساخته تیمورتاش بیگ‌را اتالیغ گردانیده بولایت مذکور فرستادند. و سبب آنکه این ناحیت بایشان که ارشد فرزندان بودند عنایت شد فرط توجه در نگاهداشت ملک موروثی بود، و چون حضرت صاحبقرانی این ولایت‌را بفرزند گرامی خود عمرشیخ میرزا که بکاردانی متفرّد بود ارزانی داشته بودند حضرت گیتی‌ستانی نیز این ملک‌را بمناسبت همنامی باین والاخرد عنایت کردند. آورده‌اند که حضرت صاحبقرانی مکرّر میفرمودند که «ما تسخیرِ عالم بقوّتِ شمشیرِ عمرشیخ میرزا کردیم که او در اندجان نشست و در میان ولایت ما و دشت قبچاق سدِّشدید شد. و باهتمامِ او در حفظ ثغور و ضبط حدود اهل قبچاق نتوانسند که سر بغی و عناد بردارند و دست فتنه و فساد بگشایند. و ما بفراغِ خاطر کمرِ همّت در جهانگشائی بستیم.» و این شایستۀ تخت و تاج نیز آن ولایت‌را که حدود مغلستان بود بنوعی ضبط فرمود که لشکر بیگانه‌را مجال عبور بآن حدود نشد، و یونس خان هرچند تدبیر انگیخت بر آن ولایت دست نیافت. و بجمعیّتِ آن ولایت خدشۀ آسیبی و تفرقۀ آشوبی نرسید.

UMAR-SHAIKH MIRZA

Umar-Shaikh Mirza was Sultan-Abusa'id's fourth son. He was younger than Sultan-Ahmad Mirza, Sultan-Muhammad Mirza, and Sultan-Mahmud Mirza; he was older than Sultan-Murad Mirza, Sultan-Walad Mirza, Ulughbeg Mirza, Ababakr Mirza, Sultan-Khalil Mirza, and Shahrukh Mirza. His exalted birth took place in Samarkand in 860 [1456 CE]. First Sultan Abusa'id Mirza gave him Kabul and sent him off under the tutelage of Baba Kabuli, but they were recalled from Daragaz for a banquet. At the conclusion of the banquet the province of Andizhan and the throne of Uzjand were given to him. Amirs and deputies were assigned, Temürtash Beg was appointed his tutor, and they were dispatched there. The reason that region was awarded to him, who was the most mature of the sons, was his great attention to and maintenance of hereditary territory; and because H.M. the Sahib-Qiran had given that province to his son Umar-Shaikh Mirza, who was uniquely competent, Sultan-Abusa'id also gave it to his son of the same name. It is related that H.M. the Sahib-Qiran often used to say, "We subdued the world through the power of Umar-Shaikh Mirza's sword. Now that he sits in Andizhan, he forms a strong barrier between our realm and the Qipchaq Steppe. By virtue of his maintenance of the marches and control of the borders, the people of the steppe cannot raise their heads in rebellion or initiate sedition. We have thus girded our loins to engage in world conquest with peace of mind." So also did this Umar-Shaikh, who was worthy of throne and crown, so maintain that territory, which forms the border of Moghulistan, that foreign armies could not cross into it. No matter what strategy Yunus Khan employed, he could not gain a hold over that territory, and no strife found its way there.

۲۲۳ آن فرخنده‌بختِ بلنداختر سخن‌سنج و سخن‌گستر بود، و توجه تمام بارباب نظم داشت و خود هم نظمی میگفت و طبعش در نظم موافق بود اما پروای شعر گفتن نداشت. و غالب اوقات بکتب نظم و تواریخ توجه میفرمود و در ملازمت او اکثر شاهنامه میخواندند. و بغایت خوش‌صحبت و شکفته‌پیشانی و نیک‌محاوره بود و ابیات مناسب محل از کلام شعرای پیشین بر زبان گرامی او جاری میشد. همّت بلند از لوحهٔ حال او میتافت و جمال اقبال از جبههٔ جاه و جلال او هویدا بود. و در قواعد ملکداری و رعیّت‌پروری و آداب فرمانروائی و معدلت‌گستری در ازمان و اعصار معادل و مساهم نداشت. سخاوت‌را با شجاعت همزانو ساخته و همّت‌را با قدرت همنشین گردانیده مسندآرای سلطنت بود چنانچه یکبار کاروان خطا در طرف کوهستان شرقی اندجان فرود آمده بود. برفی عظیم بارید و تمام کاروان‌را زیر کرد چنانچه غیر از دو کس جان بسلامت نبردند. چون این حادثه معلومِ آن والاهمّتِ عدالتمنش گشت و از وفورِ جمعیّتِ آن قافله آگاهی یافت، باوجود احتیاجِ وقت، مطلقاً التفات بدان اموال ننمود. و ارباب دیانت تعیین فرموده آن مالِ فراوان‌را ضبط کرد و باصحاب امانت و صیانت سپرد تا جمیع وارثان‌را از مواطن اصلی گرد آورده هر یک‌را بحقِّ‌خود واصل گردانیدند و حقوقِ جمیعِ اشخاص و افراد بمرکزِ خود قرار یافت. همواره آن پادشاهِ درویشمنش بصحبتِ درویشانِ خداشناس متوجه بود و دریوزهٔ همّت از درِ دلهایِ خداآگاه میکرد، علی الخصوص بولایت‌پناه هدایت‌انتباه ناصرالدّین خواجه عبیدالله که بخواجه احرار مشهور اند.

۲۲۴ و بعد از پدر عالیمقدار در اندجان که پای تخت ولایت فرغانه است زینت‌بخش سریر سلطنت گشت و تاشکند و شاهرخیّه و سیرام در تصرف آن والاشکوه بود. چند نوبت بر سمرقند لشکر کشید و چند بار یونس خان‌را

That star-favored child of fortune was poetic and eloquent, and he held poets in the highest favor, composing poetry himself and having a nature disposed to poetry, although he did not attach much importance to the composition of poetry. He spent most of his time reading books of poetry and histories, and often the *Shāhnāma* was recited in his presence. He was extremely gregarious, of a pleasant disposition, and talkative. He always had appropriate verses from ancient poets ready on his tongue. High-mindedness radiated from his actions, and traces of good fortune were obvious on his magnificent forehead. In the principles of administration, taking care of subjects, governance, and dispensing justice he had no equal in any age. Combining generosity with bravery and ambition with power, he graced the throne of sovereignty. As an example, once when a caravan from Cathay stopped in the mountains east of Andizhan and so much snow fell that it stranded the caravan, only two persons escaped with their lives. When this event became known to the just prince, and he was made aware of the abundance of goods in the caravan, despite his need at the time, he absolutely paid no attention to the goods and assigned honest men to register the goods and turn them over to trustworthy people to hold until all the heirs could come from their lands and receive their due. This dervish-like king constantly conversed with pious dervishes and asked for their psychic assistance, particularly Nasiruddin Khwaja Ubaidullah, known as Khwaja Ahrar.

After his father's death he graced the throne of Andizhan, which is the capital of Fergana, and Tashkent, Shahrukhiyya, and Sayram came under his control. Several times he led his armies against Samarkand, and several times he summoned Yunus Khan, who was khan in Chaghatai Khan's territory among the Moghul

که در یورت چغتای خان و الوس مغل خان بود و نسبت قرابت قریب داشت استدعا نموده آورد، و در هر بار که می‌آورد ولایتی عطا میفرمود و باز بتقریبات بمغلستان میرفت. و در نوبت آخر تاشکندرا باو داد و تا ایام تاریخ نهصد و هشت ولایت تاشکند و شاهرخیّه در تصرف فرمانروایان چغتای بود، و خانیِ الوس مغل بمحمود خان پسر کلان یونس خان تعلق داشت تا آنکه سلطان احمد میرزا برادر عمرشیخ میرزا والی سمرقند و سلطان محمود خان مذکور باهم سخن یکی کرده بر سر میرزا لشکر کشیدند. از جانبِ جنوبِ آبِ خجند سلطان احمد میرزا و از طرفِ شمال سلطان محمود خان آمد، و درین اثنا قضیّهٔ ناگزیرِ میرزا از مکمنِ تقدیر بوقوع پیوست.

۲۲۵ و تفصیلش بطریق اجمال آنکه اخسکت که باخسی مشهور است یکی از بلاد هفتگانهٔ ولایت فرغانه است و میرزا عمرشیخ آن‌را پای تخت خود ساخته بودند. و این شهر بر جری عظیم واقع شده عماراتِ آن همه بر سر جر است. بحسب سرنوشت بتاریخ روز دوشنبه چهارم رمضان هشتصد و نود و نه بحوالی کبوترخانه که بر یکی از آن عمارات بود نشسته بتماشای کبوتران متوجه بودند که یکی از ایستاده‌های بارگاه حضور آگاهی یافته از گسستنِ جر خبر داد. میرزا فی الحال برخاسته یکپای‌را در کفش آورده بودند و فرصت پای دیگر درآوردن نشد که آن جر از هم جدا شد و آن سطح از پای افتاد، و میرزا بحسب صورت قدم در حضیضِ سفلی نهادند و نظر بمعنی ارتقا باوجِ علوی فرمودند. سنّ گرامی آنحضرت سی و نه بود. ولادت مسعود در سال هشتصد و شصت بود در سمرقند.

۲۲۶ پوشیده نماند که فرغانه از اقلیم پنجم است و در کنارهٔ معمورهٔ عالم واقع. شرقیِ آن کاشغر و غربیِ آن سمرقند، و جنوبیِ آن کوهستان سرحد بدخشان، و شمالی آن اگرچه پیش ازین شهرها بود مثل المالیغ و الماتو

people and was also closely related, and every time he brought him in, he gave him some territory, but he always returned to Moghulistan shortly thereafter. The last time he gave him Tashkent, and it and Shahrukhiyya remained under the control of Chaghatayid rulers until 908 [1502 CE]. The khanate of the Moghul nation was held by Yunus Khan's eldest son, Sultan-Mahmud Khan, until Sultan-Ahmad Mirza, Umar-Shaikh Mirza's brother and ruler of Samarkand, conspired with the above-mentioned Sultan-Mahmud Khan to attack Umar-Shaikh Mirza. Sultan-Ahmad Mirza was to come from south of the Oxus, and Sultan-Mahmud Khan was to come from the north, but just at that point, the inevitable happened to Umar-Shaikh from the recesses of destiny. A summary of what happened is as follows.

Akhsikat, which is known as Akhsi, is one of the seven cities of the province of Fergana, and Mirza Umar-Shaikh had made it his capital. It is built atop a high bluff, and the royal buildings are on the edge of the bluff. As fate would have it, on Monday the fourth of Ramadan 899 [June 8, 1494], he was seated near a dovecote that was one of the royal buildings, watching his doves, when one of those standing in attendance realized that the bluff was giving way and shouted out a warning. The prince immediately jumped up and put one foot in a shoe, but before he had a chance to put his other shoe on, the bluff broke away and fell, taking the prince physically into the lowest abyss but spiritually elevating him to the highest heaven. He was thirty-nine years old, having been born in 860 [1456 CE] in Samarkand.

225

It should be known that Fergana is located in the Fifth Clime, on the edge of civilization. East of it is Kashgar, and to the west is Samarkand; south are the mountains that form the border of Badakhshan, and to the north, although once there were cities

226

و یانگی که بأُترار مشهور است اما الحال اثری از رسوم و اطلال آنها هم نمانده. غربیِ او که سمرقند و خجند است کوه ندارد و غیر از اینجانب گذار بیگانه صورت‌پذیر نیست. و دریای سیحون که بآب خجند مشهور است از میان شرق و شمال این آمده بسمت غرب میرود، و از جانبِ شمالِ خجند و جنوب فناکت که بشاهرخیّه اشتهار دارد میگذرد، و از آنجا بطرف شمال میل کرده جانب ترکستان میرود و بهیچ دریائی همراه نمیشود و پایانِ ترکستان در ریگستان فرو رفته غایب میگردد. و درین ولایت هفت قصبه واقع است، پنج بجانب جنوب دریای سیحون و دو بطرف شمال او. از قصبات جنوب اندجان و اوش و مرغینان و اسفره و خجند است، و از قصبات شمال اخسی و کاسان[۲۷].

۲۲۷ آن گوهر یکتای سلطنت‌را سه پسر و پنج دختر بود. بزرگترین پسران گرامی حضرت گیتی‌ستانی فردوس‌مکانی ظهیرالدّین محمد بابر پادشاه بودند. بعد از آن بدو سال خردتر جهانگیر میرزا بود از فاطمه سلطان از امرای تومان قوم مغل. و سیوم ناصر میرزا بدو سال خردتر از جهانگیر میرزا، مادر عصمت‌سرشتش از اندجان بود غنچه‌جی امید نام.

۲۲۸ و از همه دختران عفّت‌قباب کلانتر خانزاده بیگم همشیرهٔ عینی حضرت گیتی‌ستانی فردوس‌مکانی پنج سال از ایشان کلان بودند. در آن هنگام که شاه اسمعیل صفوی اوزبک‌را در مرو زیر کرد آن پرده‌نشین محفّهٔ عفّت در مرو بودند. شاه اسمعیل احترام نموده باعزاز بسیار در قندز پیش گیتی‌ستانی فردوس‌مکانی فرستاد، و بعد از ده سال ملاقات حضرت گیتی‌ستانی واقع شد. حضرت گیتی‌ستانی میفرمودند که «در وقت آمدن ایشان من و محمدی کوکلتاش روبرو رفتیم. بیگم و نزدیکان ایشان نشناختند هرچند تصریح کردیم. بعد از مدّتی بجا آوردند.»

like Almaligh, Almatu, and Yangi, which is known as Otrar, at present there is no trace of their remains. To the west are Samarkand and Khodzhent, where there are no mountains. Aside from the western side, foreigners cannot get into it. The Jaxartes River, which is known as the Khodzhent River, flows from the northeast of the province toward the west, passing north of Khodzhent and south of Fanakat, which is known as Shahrukhiyya. From there it turns northward and flows toward Turkistan City, but it does not empty into any sea, for it sinks into the sands below Turkistan and disappears. There are seven towns in this province, five south of the Oxus River and two north of it. The towns south of the river are Andizhan, Osh, Margilan, Isfara, and Khodzhent. The towns north of the river are Akhsi and Kassan.

That unique pearl of the sultanate had three sons and five   227
daughters. The eldest of the sons was H.M. Giti-Sitani Firdaus-Makani Zahiruddin Muhammad Babur Padishah. Two years younger was Jahangir Mirza, by Fatima Sultan, the daughter of a commander of ten thousand of the Moghul nation. Third was Nasir Mirza, who was two years younger than Jahangir, and his chaste mother was a concubine from Andizhan, Umed by name.

The eldest of the daughters was Khanzada Begim, a full sister   228
to H.M. Babur and five years older than he. When Shah Ismail defeated the Uzbeks in Merv, she was in Merv. Shah Ismail treated her with great respect and sent her to H.M. in Konduz. They met after a separation of ten years, and H.M. used to say, "When she arrived, Muhammadi Kükältash and I went before her, but the begim and her people did not recognize us no matter how much we told them who we were. After a time she did recognize us."

۲۲۹ دختر دیگر مهربانو بیگم خواهر عینی ناصر میرزا هشت سال از حضرت فردوس‌مکانی خرد بود. دیگر یادگار سلطان بیگم، مادرش آغا سلطان غنچه‌چی بود. دیگر رقیّه[۲۸] سلطان بیگم، مادرش مخدومه سلطان بیگم که قراکوز بیگم میگویند. و این هر دو دختر بعد از فوت میرزا عمرشیخ متولد شده بودند و از الوس[۲۹] آغا دختر خواجه حسین دختری شده بود، در صغر سن رحلت نمود.

حضرت گیتی‌ستانی فردوس‌مکانی ظهیرالدّین محمد بابُر پادشاه غازی

۲۳۰ پادشاهِ چاربالشِ هفت‌منظر، شهریارِ سماوی‌سریرِ علوی‌افسر، بلندی‌بخشِ همّتِ بلند، سعادت‌افزایِ طالعِ ارجمند، آسمان‌حوصلهٔ زمین‌وقار، شیردلِ اقلیم‌شکار، عالی‌فرِ والاشکوه، بیدارمغزِ دانش‌پژوه، صفدرِ هزبرصولت، رفیع‌قدرِ قوی‌دولت، دریادلِ گوهرنژاد، پادشاهِ درویش‌نهاد، مسندنشینِ سلطنتِ حقیقی و مجازی، ظهیرالدّین محمد بابر پادشاه غازی، گوهر عنصرش موردِ آثارِ عظیمه و همم عالیه بود، بی‌تعیّنی و آزادگی با تقیّدِ علوِّشان و سطوتِ عظمت از لایحهٔ اطوارِ او پرتوِ ظهور میداد، فقر و فنایِ جنیدی و بایزیدی با شکوه و همّتِ سکندری و فریدونی از ناصیهٔ احوالِ او میتافت.

The second daughter was Mihr Banu Begim, a full sister to 229
Nasir Mirza and eight years younger than H.M. Babur. Another
was Yadgar Sultan Begim, whose mother was Agha Sultan,
a concubine. Then there was Ruqayya Sultan Begim, whose
mother was Makhduma Sultan Begim, who was called Qara Köz
Begim. Both of the last mentioned daughters were born after
Mirza Umar-Shaikh's death. There was also a daughter by Ulus
Agha, the daughter of Khwaja Husain, but she died in infancy.

HIS MAJESTY GITI-SITANI
FIRDAUS-MAKANI ZAHIRUDDIN
MUHAMMAD BABUR PADISHAH GHAZI

Emperor of the throne of the seven belvederes, prince of heavenly 230
throne and celestial crown, he who gives elevation to high-mind-
edness, he who increases the felicity of a lucky ascendant, with
a spirit as vast as heaven and gravity like the earth, lion-hearted
hunter of climes, of splendid and exalted aura, alert of mind and
scholarly, warrior of leonine courage, elevated by fate and rein-
forced by fortune, with a heart like the ocean of pearly lineage,
emperor of dervish temperament, who sits on the throne of true
and metaphorical sovereignty, Zahiruddin Muhammad Babur
Padishah Ghazi: the pearl of his essence brought about magnif-
icent deeds and lofty thoughts, unpretentiousness and modesty
appeared in the record of his deeds together with loftiness and
magnificence, the spiritual poverty of a Junaid and a Bayazid
shone from his forehead with the splendor of an Alexander and
a Fredun.

۲۳۱ ولادت مقدّس آنحضرت در ششم محرّم هشتصد و هشتاد و هشت از بطن مقدّس و خدر مطهّر افتخار عفایف گرامی‌نژاد قتلق نگار خانم شرف وقوع گرفت و این گوهر عمّان دولت و درّی آسمان اقبال از افق سعادت طلوع نمود. و آن عصمت‌معجرِ عفّت‌طیلسان دختر دوم یونس خان و خواهر بزرگ سلطان محمود خان بود، و نسب عالی آن عصمت‌پیرایه برین نمط است: قتلق نگار خانم بنت یونس خان بن ویس خان بن شیرعلی اوغلان بن محمد خان بن خضر خواجه خان بن تغلق تیمور خان بن ایسنبوغا خان بن دوا خان بن براق خان بن ییسون‌توا بن مؤاتکان بن چغتای خان بن چنگیز خان. و مولانا حسامی قراکولی در تاریخ ولادت اشرف گفته (شعر)

چون در ششِ محرّم زاد آن شـهِ مکرّم　　　تاریخِ مولدش هم آمد ششِ محرّم

هرچند این تاریخ از غرایب اتفاقاتست و فکررا در آن گنجایش نیست اما غریب‌تر آنکه این تاریخ از شش حرف که نزد اهل حساب عدد خیر است فراهم آمده، و لفظ «شش حرف» و نقش «عدد خیر» نیز دو تاریخ ظهور این عنصر مقدّس از مکامن غیب میگردد. و یکی از غرایب جوهر حروفش آنکه آحاد و عشرات و مآت آن در یکمرتبه واقع شده و بر تسویتِ سلوکِ اطوار اشارت نموده. بدیع ذاتی که چندین اسرار غیبی درو ودیعت نهاده‌اند امثال این بدایع در باب او روی میدهد!

۲۳۲ قدوهٔ اولیای کبار ناصرالدّین خواجه احرار بزبان فیض‌آثار خود اسم گرامی این مسعودطالع بظهیرالدّین محمد تسمیه فرموده‌اند، و چون بر زبان ترکان این لقب گرامی از بزرگی قدر و رفعت منزلت لفظی و معنوی

This pearl of the ocean of fortune rose from the horizon of felic-   231
ity on the sixth of Muharram 888 [February 14, 1483] from the
blessed womb of Qutlugh Nigar Khanïm. That pious and chaste
lady was the second daughter of Yunus Khan and the elder sister of
Sultan-Mahmud Khan. Her lineage was as follows: Qutlugh Nigar
Khanïm, daughter of Yunus Khan, son of Wais Khan, son of Sher-
Ali Oghlan, son of Muhammad Khan, son of Khizr-Khwaja Khan,
son of Tughlugh-Temür Khan, son of Esän-Buqa Khan, son of Dua
Khan, son of Baraq Khan, son of Yesün Tö'ä, son of Mö'ätükän,
son of Chaghatai Khan, son of Genghis Khan. Maulana Husami
Qaraköli produced the following chronogram of his birth:

Since that ennobled king was born on the sixth of Muharram,
the date of his birth is also the "sixth of Muharram".[97]

Although such a chronogram is of rare occurrence, and there is
no room in it for thought, it is even rarer that this chronogram
is composed of six letters, which is a number of good portent
for mathematicians. The words "six letters" and the words
"a number of good portent" also render chronograms for the
appearance of his blessed body from the recesses of the other
world.[98] One of the rarities of the essence of the numerals is
that the units, tens, and hundreds in 888 are all the same, and
it indicates an evenness of disposition. What an extraordinary
individual to combine so many otherworldly mysteries and for
the likes of these rarities to appear with regard to him!

The leader of great saints, Nasiruddin Khwaja Ahrar, gave   232
him the lucky-starred name of Zahiruddin Muhammad with his
own saintly tongue. However, since this epithet was too lofty
and elevated a sound to run easily across the tongues of Turks,

بآسانی جاری نمیشد، بابر نیز نام نامی آنحضرت مقرّر شد. و آن حضرت اعظم و ارشدِ فرزندان عمرشیخ میرزا اند.

در دوازده سالگی روز سه‌شنبه پنجم رمضان هشتصد و نود و نه در خطّهٔ دلگشای اندجان بر سریر سلطنت و تخت خلافت نشستند، و آن قدر مشقّت و تردّد که در مهام تسخیر ممالک آنحضرت‌را پیش آمده کم پادشاهی‌را رو نموده باشد، و آن مقدار دلیری و دلاوری و توکّل و تحمّل که آنحضرت بنفس نفیس در معارک و مخاطر بر خود روا داشته‌اند مقدور بشر نیست. در وقتی که واقعهٔ ناگزیر حضرت عمرشیخ میرزا در اخسی روی نمود حضرت گیتی‌ستانی فردوس‌مکانی در چارباغ اندجان کامیابِ عیش بوده‌اند. روز دوم این واقع سه‌شنبه پنجم رمضان خبر جانکاه باندجان آمد. در ساعت سوار شده متوجه قلعهٔ اندجان شدند. در محلّ رسیدن بدروازه، شیرم طغایی جلوِ آنحضرت‌را گرفته بجانب نمازگاه روان شد که بطرف اوزگند و آن دامنِ کوه ببرد بخیال آنکه سلطان احمد میرزا باقتدار و شوکت تمام می‌آید. مبادا امرا غدری نسبت بآنحضرت اندیشیده ولایت باو مسلّم دارند. اگر از حرام‌نمکی آن مردم ولایت از دست رود وجود اقدس آنحضرت ازین مهلکه نجات یافته بجانب طغاییان خود الچه خان یا سلطان محمود خان مقدم گرامی ارزانی دارند. امرا ازین معنی آگاه شده خواجه محمد درزی‌را که از بابریان و قدیمیان حضرت عمرشیخ میرزا بود پیش آنحضرت فرستادند که دغدغهٔ توهّمی که بخاطر اقدس راه یافته بود برآورد. موکب عالی بنمازگاه رسیده بود که خواجه محمد برکاب‌بوس والا مشرّف شد و بمقدّمات معقوله آنحضرت‌را مطمئن‌باطن ساخته عنان عزیمت‌را منعطف ساخت. چون بارگ اندجان نزول سعادت فرمودند جمیع امرا و ارکان دولت بشرف ملازمت عالی مشرّف شدند و بنوید انواع تربیت کامیاب گشتند.

he was also called Babur. He was the most magnificent and the eldest of Umar-Shaikh Mirza's sons.

He mounted the throne at the age of twelve, on Tuesday the fifth of Ramadan 899 [June 9, 1494] in the delightful region of Andizhan. Few rulers have been faced with the difficulties he experienced in subduing realms, but the courage, bravery, trust, and endurance he exhibited in battles and dangerous situations are beyond human estimation. When the inevitable happened to Umar-Shaikh Mirza in Akhsi, H.M. was enjoying himself in a garden in Andizhan. The day after the event, which was Tuesday the fifth of Ramadan, the tragic news came to Andizhan. He immediately mounted and rode to the Andizhan fortress. When he arrived at the gate, Sherim Taghaÿi took H.M.'s reins and set off for the *namazgah* to take him to Uzgand and the foothills, thinking, "Sultan-Ahmad Mirza is coming with great might and power. May the amirs not contemplate mutiny against H.M. and yield the province to him. If the province is lost on account of those men's ingratitude, at least let H.M. escape this peril and go to one of his uncles, Alacha Khan⁹⁹ or Sultan-Mahmud Khan." The amirs got wind of this plan and sent Khwaja Muhammad Darzi, a supporter of Babur's and one of Umar-Shaikh Mirza's veteran retainers, to H.M. to allay any fear or suspicion in his mind. The royal retinue had just reached the *namazgah* when Khwaja Muhammad came to pay homage and reassure H.M. with rational arguments, so he turned his reins back. When he stopped in the citadel in Andizhan, all the amirs and ministers paid homage to him and received shows of favor.

۲۳۴ سابقاً ایراد یافته بود که سلطان احمد میرزا و سلطان محمود خان اتّفاق نموده بر سر عمرشیخ میرزا می‌آیند. درینولا که بحسب سرنوشت آسمانی قضیّهٔ ناگزیر واقع شد و بتوفیق ایزدی جمیع ارکان دولت از خرد و بزرگ که بر یکرنگی و یکجهتی اتّفاق نموده بودند بر نگاهبانیِ قلعه لوازمِ جدّ و مراسمِ اهتمام بجای آوردن گرفتند. سلطان احمد میرزا اوراتیپه[30] و خجند و مرغینان که از ولایت فرغانه است گرفته بچهار کروهی اندجان فرود آمد. هرچند ایلچی فرستاده درِ صلح زدند قبول نکرده پیشتر فرود آمده اما چون تأیید غیبی همواره قرین حال این دودمان ابدپیوند است در اندک فرصتی بسبب وفور استحکام قلعه و یکجهتی امرای صاحب قدرت و سنوحِ وبا در اردوی میرزا و سقط شدنِ اسبان از نشستن بتنگ آمده از داعیهای سابق مأیوس شد و صلح گونهٔ در میان آورده بناکامی برگشت.

۲۳۵ و از جانب شمال دریای خجند که سلطان محمود خان متوجه شده بود آمده اخسی‌را قبل کرد. جهانگیر میرزا برادر آنحضرت و جمعی کثیر از امرای اخلاص‌اندیش آنجا بودند. خان چند مرتبه جنگ انداخت. امرای اخسی تردّدات پسندیده کردند. عاقبتِ کار خان نیز کاری نساخته از بیماریی که عارض او شد ازین خیال باطل عنانتاب شده بولایت خود باز گشت. و آنحضرت بقوّت همّت بلند و طالع ارجمند مظفّر و منصور شدند.

۲۳۶ و آن گیتی‌ستان‌را مدّت یازده سال در ماوراء النهر با سلاطین چغتای و اوزبک نبردهای عظیم روی داد. سه نوبت بشعشعهٔ تیغ صاعقه‌آثار و مشعل عقل جهانتاب فتح سمرقند فرموده‌اند. یکی در سال نهصد و سه از بایسنغر میرزا پسر سلطان محمود میرزا که از اندجان آمده به نیروی اقبال و لمعان شمشیر تسخیر فرمودند. فتح دوم از شیبک خان در سال نهصد و شش. و سیوم بعد از کشته شدن شیبک خان در سال نهصد و هفده. چون

It has been mentioned previously that Sultan-Ahmad Mirza   234
and Sultan-Mahmud Khan were collaborating to attack Umar-
Shaikh Mirza, and it was just at that point that Umar-Shaikh
Mirza died and all the pillars of the state, great and small alike,
who were united in their support, decided to endeavor to hold
and defend the fortress. Sultan-Ahmad Mirza took Ura-Tyube,
Khodzhent, and Margilan, all of which belonged to the province
of Fergana, and camped within four leagues of Andizhan. No
matter how many envoys were sent to propose a treaty, he refused
to accept and then advanced even further. Since divine assistance
has always been on the side of this family, in short succession
Sultan-Ahmad Mirza was beset by the great defenses of the
fortress, the loyalty of the powerful amirs, the outbreak of pesti-
lence in his own camp, and the illness of his horses. Despairing of
his former ambitions, he proposed a truce and withdrew in failure.

From north of the Jaxartes came Sultan-Mahmud Khan, who   235
laid siege to Akhsi, where H.M.'s brother Jahangir Mirza and
a group of loyal amirs were. The khan provoked battle several
times, but the amirs of Akhsi fought bravely. In the end, the
khan also failed to achieve anything, withdrew on account of
an illness with which he was afflicted, and returned to his own
territory. H.M. thus triumphed through high-mindedness and
good fortune.

For eleven years the world conqueror fought great battles with   236
Chaghatayid rulers and Uzbeks in Transoxiana. Three times he
conquered Samarkand with glittering sword and world-illumi-
nating intelligence. The first time was in 903 [1497 CE], when
he went from Andizhan and took the city from Sultan-Mah-
mud Mirza's son Baysunghur Mirza by good fortune and the
sword. In the second conquest he took it from Shaibak Khan in

289

مشیت الهی در اظهار گوهر یکتای حضرت شاهنشاهی بود و میخواست که اقلیم هندوستان‌را کامیاب سازد و آنحضرت‌را در ملک غربت بمراتب کامرانی و کام‌بخشی رساند، در دیار خود و مواطن اصلی که مجمع ملازمان صادق است ابواب کلفت بر روی روزگار آنحضرت گشاده آنچنان ساخت که بهیچوجه بودن آنجا لایق ناموس دولت ندیدند. ناگزیر با معدودی متوجه بدخشان و کابل شده‌اند. چون ببدخشان رسیده‌اند تمام مردم خسروشاه که والی آنجا بود بخدمت شتافته‌اند و خود نیز بیچاره شده بملازمت پیوسته. باوجود آنکه این بیدولت سرحلقهٔ بی‌اعتدالان بود که بایسنغر میرزارا شهید کرده و میل در چشمان سلطان مسعود میرزا کشیده بود، و این هر دو میرزا عمزاده‌های آنحضرت میشدند، و در هنگام صاحبقرانی که عبور موکب عالی آنحضرت در بدخشانات شده بود آثار بی‌آزرمی و نامردمی ازو بظهور آمده بود، درینولا که چهرهٔ اعمال در آئینهٔ مکافات دید و دولت از آن بی‌سعادت روی گردانید، آنحضرت از کمال مردمی و فرط جوانمردی در مقام انتقام نیامده حکم فرمودند که از اموال خود آن مقدار که اختیار کند برگیرد و بخراسان رود. او پنج شش قطار خچر و شتر از مرصّع آلات و طلا آلات و دیگر نفایس اجناس بار کرده بجانب خراسان رفت، و حضرت گیتی‌ستانی فردوس‌مکانی تنسیق ولایت بدخشان فرموده متوجه کابل شدند.

۲۳۷ و در آن وقت محمد مقیم پسر ذوالنّون ارغون کابل‌را از عبدالرّزاق میرزا بن الغ بیگ میرزا بن سلطان ابوسعید میرزا که عمزادهٔ حضرت گیتی‌ستانی فردوس‌مکانی میشد گرفته بود. طنطنهٔ نهضت رایات اقبال شنوده متحصّن شد، و بعد از چند روز امان خواسته با مال و اسباب بقندهار پیش برادر خود شاه بیگ رخصت یافت. کابل در اواخر ماه ربیع

906 [1500 CE].[100] The third time was after Shaibak Khan was killed in 917 [1511 CE]. Inasmuch as divine will wanted to bring H.I.M.'s unique essence into being, to make India flourish, and to lead H.M. through the degrees of success in the realm of exile, it opened the gates of difficulty to H.M. in his own homeland and made it impossible for him to remain there. With no alternative, he and a few of his men went to Badakhshan and Kabul. When they arrived in Badakhshan, all the men of Khusraushah, the governor there, joined him, and Khusraushah himself, reduced to helplessness, paid him homage. It was this very intemperate wretch who had martyred Baysunghur Mirza and blinded Sultan-Mas'ud Mirza, both of whom were H.M.'s first cousins. When he was at the height of his power and H.M.'s retinue passed through the Badakhshan region, he had shown great disrespect and disdain, but now he paid the price for his actions as fortune turned her face away from him. H.M., in perfect chivalry and manliness, did not take revenge and said that he could take away as much of his property as he chose and go to Khurasan. He had five or six mules and camels loaded with bejeweled and gold vessels and other valuable items and left for Khurasan. H.M. then put the Badakhshan region in order and headed for Kabul.

Not long before, Dhu'n-Nun Arghun's son Muhammad-Muqim had taken Kabul from H.M.'s cousin Abdul-Razzaq Mirza, son of Ulughbeg Mirza, son of Sultan-Abusa'id Mirza. When he learned of the approach of the banners of good fortune, he holed up in the fortress, but several days later he sued for a truce, took his property and goods, and went to his brother Shah Beg in Kandahar. Toward the end of the month of Rabi' I 910 [September 1504] Kabul fell to H.M.'s supporters. After that, in 911, H.M. went to take Kandahar. Qalat, a dependency of

237

الاول سنۀ نهصد و ده بدست اولیای دولت ابدپیوند درآمد. بعد از آن، آنحضرت در نهصد و یازده متوجه تسخیر قندهار شدند و قلات که از مضافات قندهار است مفتوح گشت. و از آنجا بجهت مصالح ملکی فسخ عزیمت قندهار نموده جانب جنوب آن توجه نمودند و قبایل افغانان سواسنگ و الاتاغ تاخته بکابل مراجعت فرمودند.

۲۳۸ مبادی این سال زلزلۀ عظیم در حدود کابل واقع شد. فصیلهای قلعه و اکثر منازل بالای حصار و شهر افتاد و خانه‌های موضع پمغان[۳۱] تمام ازهم ریخت و سی و سه مرتبه در یک روز زمین جنبید. تا یک ماه شب و روز یک دو مرتبه زمین در تزلزل بود و اساس عمر بسیاری از مردم فرو ریخت. در میان لمغان[۳۲] و بیگتوت پارچۀ زمین که عرض او یک کته‌باش‌انداز باشد بریده یک تیرانداز پایان رفت و از جای بریده چشمه‌ها پیدا شد و از استرغج تا میدان که قریب شش فرسنگ بوده باشد زمین آنچنان شکافت که بعضی از اطراف او برابر فیل بلند شده بود. و در آغاز زلزله از سر کوهها گردبادها برخاست. و در همین سال در هندوستان نیز زلزلۀ عظیم عام شد.

۲۳۹ و از سوانح این ایام آنست که شیبک خان لشکر فراهم آورده ارادۀ توجه خراسان نمود. سلطان حسین میرزا جمیع فرزندان خودرا جمع ساخته متوجه دفع او شد، و سیّد افضل پسر میر سلطان علی خواب‌بین‌را باستدعای قدوم گرامی حضرت فردوس‌مکانی فرستاد، و آنحضرت در محرّم نهصد و دوازده بکومک او متوجه شده عزیمت خراسان نمودند. و در اثنای راه در حدود کهمرد خبر فوت سلطان حسین میرزا رسید. حضرت فردوس‌مکانی رفتنِ حال‌را بهتر از سابق دانسته بر خلاف کنگش اهل روزگار متوجه خراسان شدند و پیشتر از آنکه موکب عالی بخراسان رسد باتّفاق کوته‌اندیشان نامعامله‌فهم از فرزندان میرزا بدیع الزمان میرزا

Kandahar, was conquered, but for administrative reasons he had to cancel the Kandahar campaign and go to the south, where he attacked some Afghan tribes at Sawa Sang and Ala Tagh before returning to Kabul.

At the beginning of that same year a violent earthquake struck the Kabul area. The walls of the fortress and most of the houses in Bala Hisar and in the city collapsed, and all the houses in Paghman were destroyed. The earth shook thirty-three times in one day, aftershocks continued once or twice a day for a month, and many lost their lives. Between Laghman and Begtut a plot of land an arrow shot wide split away and sank a bow shot deep, and springs appeared where it was split. From Istarghij to Maidan, a distance of nearly six leagues, the earth split in such a way that on some sides it rose as high as an elephant. At the beginning of the quake, dust storms rose from the summits of the mountains. A violent and widespread earthquake also occurred that same year in India.

238

Among the events of this year, Shaibak Khan gathered a large army and set out for Khurasan. Sultan-Husain Mirza assembled all his sons and went out to repel him. Mir Sultan-Ali, the dream interpreter's son Sayyid Afzal, was dispatched to invite H.M. to come. In Muharram 912 [May 1506] H.M. set forth for Khurasan to help. Along the way, in the vicinity of Kahmard, news of Sultan-Husain Mirza's death came. H.M. now considered it even more imperative to go, and he proceeded to Khurasan against the concerted wishes of his men, but before his retinue arrived some improvident inexperienced men put Badi'uzzaman Mirza and Muzaffar-Husain Mirza jointly on the throne. H.M. met the princes at the Murghab River on Monday the eighth of Jumada II [October 26, 1506], and at their invitation he went to

239

و مظفر حسین میرزارا بر تخت سلطنت نشانده بودند. دوشنبه هشتم ماه جمادی الاخری سال مذکور آنحضرت‌را در مرغاب بمیرزایان ملاقات واقع شد و باستدعای ایشان بهرات نزول سعادت فرمودند.

۲۴۰ و در فرزندان میرزا آثار رشد و دولت مشاهده نفرموده معاودت موکب عالی‌را لایق حال دانسته در هشتم شعبان این سال متوجه دار الملک کابل شدند. و در کوههای هزارجات خبر رسید که محمد حسین میرزا وفا نکرد[۳۳]. و سلطان سنجر برلاس جمعی از مغلان‌را که در کابل مانده بودند بطرف خود کشیده و خان میرزارا ببزرگی برداشته کابل‌را قبل دارند. و در میان مردم عوام این خبررا شایع کرده‌اند که پسران سلطان حسین میرزا نسبت بحضرت فردوس‌مکانی غدر اندیشیده‌اند. ملا بابای پشاغری و امیر محب‌علی خلیفه و امیر محمد قاسم کوه‌بر و احمد یوسف و احمد قاسم که حراست کابل بایشان مفوّض بود در لوازم قلعه‌داری اهتمام دارند. بمجرّد استماع این واقعه پرتال و اسباب‌را بجهانگیر میرزا که قدری بیماری داشت سپرده با معدودی از عقبهٔ هندوکوه که پربرف بود بصعوبت تمام گذشته سحری بر سر کابل رسیده‌اند. مخالفان هر یکی از صولتِ صیتِ قدومِ موکبِ عالی بگوشهٔ اختفا خزیدند. حضرت گیتی‌ستانی فردوس‌مکانی اوّل مرتبه پیش شاه بیگم مادر کلان سببی خود که باعث برداشتن خان میرزا بودند آمده و زانوی ادب بر زمین نهاده ملاقات فرموده‌اند. از روی تمکّن و وقار و بزرگمنشی از راه عرفان درآمده بحسن ادا و لطف سخن عرض نموده که «اگر مادری بفرزندی شفقتِ خودرا خاص گرداند، فرزندِ دیگررا چه گنجایشِ رنجیدن و چه حدِّسر از حکم پیچیدن باشد؟» و فرموده‌اند که «بیدار بوده‌ام و راه بسیار آمده‌ام.» سر در کنار بیگم نهاده بخواب رفتند و برای تسلیّ بیگم که بس مضطرب و متوحّش بود انواع مهربانیها بظهور

Herat. Seeing no signs of leadership or fortune in the mirza's sons, he considered it expedient for his train to return, and so, on the eighth of Sha'ban of that year [December 24, 1506], he set out for Kabul.

In the mountains of Hazarajat news arrived that Muhammad-Husain Mirza had been disloyal, Sultan-Sanjar Barlas had won over the Moghul troop that had remained in Kabul, and they had elevated Khan Mirza to the throne and laid siege to Kabul.[101] Among the common people a rumor had spread that Sultan-Husain Mirza's sons had plotted against His Majesty. Mulla Baba Pishaghari, Amir Muhibb-Ali Khalifa, Qasim Kohbur's son Amir Muhammad, Ahmad Yusuf, and Ahmad Qasim, who had been charged with the protection of Kabul, strove to hold the fort. As soon as he heard this news, H.M. turned over his baggage and goods to Jahangir Mirza, who was suffering from a minor illness, and he and a few men crossed the Hindu Kush, which was full of snow, with great difficulty and arrived outside of Kabul at dawn. As soon as they heard that the royal retinue had arrived, the foes crept away into obscurity. H.M. went first to Shah Begim, his step-grandmother who had masterminded the elevation of Khan Mirza. He knelt politely and met her. With respectful gravity he said courteously, "If a mother shows particular affection for one son, why should she insult and disobey her other son?" Then he said, "I have been awake and traveled far." So saying, he put his head on her lap and went to sleep. He treated the begim, who was very upset and disturbed, with great kindness. Scarcely had he fallen asleep when Mihr Nigar Khanïm, his aunt's daughter, came in. H.M. rose at once and greeted her. She had caught Muhammad-Husain Mirza and brought him in.[102] Inasmuch as H.M. was a mine of chivalry, he spared the mirza's life and gave him

240

295

آورده‌اند. و هنوز خواب نربوده بود که مهرنگار خانم که خاله‌زادهٔ آنحضرت باشد آمدند. آنحضرت بسرعت برخاسته ایشان‌را دریافتند. محمد حسین میرزارا گرفته آوردند و آنحضرت از آنجا که معدن مروّت بودند جانبخشی فرموده رخصت خراسان دادند. و بعد از آن، خانم خان میرزارا همراه گرفته پیش آنحضرت آوردند و گفتند «ای جانِ مادر، برادرِ گناهگارِ ترا آورده‌ام. اشارت چیست؟» آنحضرت خان میرزارا بلطف در کنار گرفته انواع نوازش و پرسش نمودند. و بعد از آن ببودن و رفتن مخیّر ساختند. خان میرزا از نهایت شرمندگی بودنِ خود قرار نتوانست داد. رخصت قندهار گرفت. و این قضیّه نیز در همان سال واقع شد.

۲۴۱ و بعد از سال دیگر بقندهار متوجه شده‌اند و بحاکم آنجا شاه بیگ ولد ذوالنّون ارغون و محمد مقیم برادر خرد او محاربهٔ عظیم واقع شد. و خان میرزا سعادت ملازمت دریافت و آن حضرت قندهاررا بناصر میرزا که برادر خرد جهانگیر میرزا بود عنایت فرموده بکابل نزول اجلال فرمودند. و شاه بیگم و خان میرزارا ببدخشان رخصت دادند. و او بعد از سرگذشت بسیار زبیر راغی‌را کشت و حکومت بدخشان باستقلال بحوزهٔ تصرف او درآمد و همواره تارک سعادت بر زمین فرمانبرداری میسود تا آنکه در سال نهصد و شانزده مسرعی فرستاده معروض داشت که «شاهی بیگ خان‌را کشته‌اند. مناسب آنست که باینجانب نهضت فرمایند.» بنابر آن در شوال این سال به نیروی توکل نهضت عالی فرمودند و با اوزبکان محاربات عظیم بوقوع پیوست و همواره فتح و نصرت همعنان موکب عالی بود تا بار سیوم منتصف شهر رجب نهصد و هفده بدولت و فیروزی سمرقندرا تسخیر فرموده‌اند و هشت ماه بفرمانروائی آنجا سایه‌گستر بوده‌اند. و در صفر نهصد و هژدهم در کول ملک بعبیدالله خان جنگی عظیم درپیوست

permission to depart for Khurasan. Then the khanïm brought Khan Mirza before H.M., saying, "My dear, I have brought your criminal brother. What is your command?" He embraced Khan Mirza affectionately and treated him with kindness. Then he gave him his choice to stay or to go. Khan Mirza was so embarrassed that he could not remain, so he obtained permission to go to Kandahar. This episode also occurred during that year.

A year later H.M. went to Kandahar, where he fought a large-scale battle with the ruler there, Dhu'n-Nun Arghun's son Shah Beg, and his younger brother Muhammad-Muqim. Khan Mirza was allowed to rejoin the retinue. H.M. awarded Kandahar to Nasir Mirza, Jahangir Mirza's younger brother, and then he returned to Kabul. He gave Shah Begim and Khan Mirza permission to go to Badakhshan. After many adventures Khan Mirza killed Zubair Raghi to take control of Badakhshan, and he remained loyal to H.M. until 916 [1510–11 CE], when he sent a messenger to say, "Shahi Beg Khan has been killed.[103] It would be appropriate for you to come here." In Shawwal of that year [January 1511] H.M. set forth with perfect trust in God and fought many battles with the Uzbeks, continually enjoying victory, until the third time, the middle of Rajab 917 [October 8, 1511], when he conquered Samarkand and ruled there for eight months. In Safar 918 [April 1512], a huge battle was fought with Ubaidullah Khan at Köl-i-Malik, and although he had been winning, suddenly through the machinations of heaven the evil eye struck and he turned his reins toward Hissar. Once more—and this time in collaboration with Najm Beg[104]—he did battle with the Uzbeks at the foot of the Gizhduvan fortress. Najm Beg was killed, and H.M. returned to Kabul.

241

و با آنکه فتح شده بود ناگاه بشعبدۀ آسمانی چشم‌زخمی رسید و عنان جنیبت جهان‌نورد بحصار منعطف ساختند. بار دیگر باتفاق نجم بیگ در پای قلعۀ غجدوان با اوزبک نبرد قوی دست داد و نجم بیگ کشته شد و آنحضرت متوجه کابل شدند.

۲۴۲ دیگر بالهام غیبی رفتن ماوراء النهررا بر طرف کرده تسخیر ممالک هندوستان‌را پیشنهاد همّت والا ساختند و چهار نوبت بتسخیر هندوستان متوجه شده‌اند و بجهت سنوح دواعی مراجعت فرموده‌اند. بار اول در شعبان نهصد و ده از راه بادام چشمه و جگدلک از خیبر گذشته به جم نزول اجلال نموده‌اند. در واقعات بابری که کتابیست ترکی نگاشتۀ خامۀ صدق‌نگارِ آنحضرت، نوشته‌اند که چون از کابل بشش منزل در راه کرده بآدینه‌پور رسیده شد ولایت گرمسیر و نواحی هندوستان که هرگز دیده نشده بود بمجرّد رسیدن عالم دیگر در نظر آمد. گیاه و درخت بروش دیگر، و وحوش و طیور آن بطرز دیگر، راه و رسم ایل و الوس بوضع دیگر. حیرتی روی داد و فی الواقع جای حیرت بود. ناصر میرزا از غزنین درین منزل بعزّ بساطبوسی استسعاد یافت. در منزل جم مجلس کنگش منعقد شد که موکب عالی از دریای سند که مشهور به نیلابست بکدام گذر رسیده بگذرد. بشومیِ بعضی چغتاییان گذشتن سند در توقف افتاد. بجانب کهت توجه فرمودند. بعد از تاختنِ کهت، بنگش و بنّورا[۳۴] تاختند و از آنجا عیسی‌خیل رفته بچند منزل در ظاهر تربیله، که قصبه‌ایست بر کنار آب سند از توابع ملتان، رایات اقبال نزول فرمود. و کنار دریا گرفته بچند منزل مخیّم اقبال شد. و از آنجا بحدود دکی[۳۵] نزول اجلال روی نمود، و پس از چند روز غزنین مقرّ موکب دولت گشت. و در ماه ذیحجه ساحت کابل بمقدم عالی رونق گرفت.

Inspired to forgo his aspirations to Transoxiana, he decided to   242
conquer India. Four times he went to subdue the subcontinent,
but for various reasons he had to return to Kabul each time. The
first time was in Sha'ban 910 [January 1505], when he went via
Badam Chashma and Jagdalak through the Khyber Pass and
camped in Jam. In his own account, which is a book composed in
Turkish by his own pen, he has written that when six leagues had
been traveled from Kabul and they arrived in Adinapur,[105] there
was a tropical region and the borders of India, which had never
been seen. Immediately upon arrival there a different world came
into view. Plants and trees were different, animals and birds were
different, customs and manners of the people were different. He
was amazed—and it was certainly amazing. At that place Nasir
Mirza came from Ghazni to pay homage. At Jam, a council was
held to discuss where to cross the Indus River, which was known
as the Nilab. Because of the pessimism of some of the Chagha-
tayids, the crossing was put into abeyance, and the direction of
Kohat was taken. After a raid on Kohat they raided Bannu, then
the Isa Khel, and then camp was made several leagues outside
of Bila, a town on the banks of the Indus and a dependency of
Multan. Several leagues further along the riverbank another
camp was made. From there they went to Duki, and several days
later they stopped in Ghazni. In the month of Dhu'l-Hijja [May
1505] Kabul witnessed the return of the royal retinue.

۲۴۳ بار دوم موکب معلی در ماه جمادی الاولی نهصد و سیزده از راه خرد کابل متوجه فتح هندوستان شدند. از نواحی مندراول بعز و شیوه رفته از ناموافقی رای همراهان مراجعت دست داد و از غرنگر و نورگل نیز عبور واقع شد. و از کنر در جاله نشسته باردوی ظفرقرین رسیده براه بادپخ ظلال افضال برساحت کابل انداختند و بر سنگی که بر بالای بادپخ واقع شده تاریخ این عبور بفرمودهٔ آنحضرت کنده‌اند و هنوز آن رقم غیبی هست. و تا این زمان اولاد عالی‌نژاد حضرت صاحبقرانی‌را میرزا میگفتند. درین تاریخ فرمودند که آنحضرت‌را «پادشاه» گویند. و در سه‌شنبه چهارم ماه ذیقعدهٔ این سال همایون‌فال بر بالای ارگ کابل ولادت باسعادت حضرت جهانبانی جنّت‌آشیانی اتّفاق افتاد چنانچه در جدول تفصیل رقم‌پذیر خواهد شد.

۲۴۴ مرتبهٔ سیوم روز شنبه غرّهٔ محرّم سال نهصد و بیست و پنج که جانب بجور متوجه بودند در اثنای راه زلزلهٔ عظیم شد. امتداد آن تا نیم ساعت نجومی کشید. و سلطان علاؤ الدین سوادی معارض سلطان ویس سوادی بسعادت ملازمت مشرّف شده و باندک زمانی قلعهٔ بجور بتصرف درآورده بخواجه کلان بیگ ولد مولانا محمد صدر که از اعاظم ارکان دولت میرزا عمرشیخ بود عنایت فرمودند، و خواجهٔ مذکوررا نسبت غریبی بآنحضرت بوده است. شش برادر او در نیکوخدمتی جانِ خودرا در قدم رضا و خشنودیِ آن حضرت نثار کرده‌اند. خواجه خود از فرط عقل و فراست منظور نظر خاص حضرت گیتی‌ستانی فردوس‌مکانی بود. چون آنحضرت‌را یورش ولایت سواد و تسخیر یوسف‌زئی پیشدیدِ ضمیرِ انور بود، طاؤس خان برادر خرد شاه منصور که کلانتر خیل یوسف‌زئی بود دختر اورا آورده زبان عجز و انکسار گشود و عسرت غلّه نیز در آن مساکنِ وحوش روی

The second time, the royal train set out in Jumada I 913 [October 1507] through Khurd Kabul to conquer India. He proceeded grandly through Mandrawar, but because of the disagreement of his companions he had to return via Kunar[106] and Nur Gul. At Kunar he got onto a raft to go to the camp and then return to Kabul via Badpakh.[107] At H.M.'s command the date of the passage was carved on a rock at the top of the Badpakh Pass, and it is still there. Until this time the offspring of H.M. the Sahib-Qiran were called "mirza," but on this date H.M. ordered that he be styled "padishah." On Tuesday the fourth of Dhu'l-Qa'da of this year [March 6, 1508] H.M. Humayun was born in the citadel of Kabul, as will be recorded in detail later.

The third time was Saturday the first of Muharram 925 [January 3, 1519], when he set out for Bajaur. Along the way an earthquake occurred that lasted half an hour. Sultan Ala'uddin of Swat, the opponent of Sultan-Wais of Swat, paid homage, and in a short while the Bajaur fortress was taken. It was given to Khwaja Kalan Beg, the son of Maulana Muhammad Sadr, who had been a great minister under Mirza Umar-Shaikh. The khwaja had a rare relationship with H.M. His six brothers had all given their lives in devoted service to him. The khwaja himself had attracted H.M.'s special attention because of his great intelligence and perspicacity. When H.M. decided to go on a campaign to Swat and to subdue Yusufzai, Taus Khan, the younger brother of Shah Mansur, the chief of the Yusufzai tribe, brought his daughter and surrendered. A scarcity of grain also occurred in those wild parts, and since H.M. had originally decided on a campaign to India, he turned his reins from Swat. Although they were unprepared for a campaign to India and the amirs were not happy about such a campaign, they set forth. On Thursday morning the sixteenth

داده بود، و در اصل یورش هندوستان نیز در ضمیر جهانگشای تصمیم داشت. عنان عزیمت از سواد باز گردانیدند. هرچند استعداد و سرانجام سفر هندوستان نبود [و] امرا هم برین یورش راضی نبودند، مشعل همّت افروخته بظلمت‌زدائیِ سوادِ هندوستان متوجه شدند. صباح روز پنجشنبه شانزدهم محرّم با اسب و شتر و پرتال از آب عبور کرده اردوی بازاری‌را بجاله گذرانیده بنزدیک کچه‌کوت نزول اجلال فرمودند.

۲۴۵ از بهیره هفت کروه جانب شمال کوهیست که آن‌را در ظفرنامه و غیره کوه جود[ی] نوشته‌اند. آن موضع مخیّم عساکر اقبال گشت. آنحضرت در کتاب واقعات نوشته‌اند که «تا این تاریخ وجه تسمیۀ این کوه ظاهر نبود. عاقبت معلوم شد که درین کوه از نسل یک پدر دو خیل مردم بوده‌اند: یک قبیله‌را جود میگفتند و دیگررا جنجوهه.» و بجهت دلاسای عبدالرحیم شقاولی‌را ببهیره فرستادند که کسی دست تطاول دراز نکند. و آخرهای روز خود بدولت و اقبال در شرقی بهیره بر کنار آب بهت نزول فرمودند و چهارصد هزار شهرخی مال آن از بهیره گرفته بهندو بیگ عنایت فرمودند. سربراهیِ این ولایت برأی رزین او قرار گرفت و خوشاب بشاه حسن سپرده بکمک هندو بیگ مقرّر ساختند. و ملا مرشدرا برسالت پیش سلطان ابراهیم ابن سلطان سکندر لودی که پنج شش ماه شده بود که بجای پدر فرماندهیِ هندوستان میکرد فرستادند که نصایح ارجمند بنماید. دولتخان حاکم لاهور ایلچی مذکوررا نگاهداشته از کمال نادانی بی‌نیلِ مقصود باز فرستاد.

۲۴۶ جمعه دوم ربیع الاول خبر تولد فرزند سعادت‌پیوند آمد. چون متوجه تسخیر هندوستان بودند تفاؤل گرفته بموجب الهام غیبی هندال نام نهادند.

of Muharram [January 18] they crossed the Indus with horses, camels, and baggage, put the camp market on rafts, and stopped in Kachakot.

Seven leagues north of Bhera there is a mountain that is called 245 Mount Jud in the *Ẓafarnāma* and other books. At that place the army camped. In his memoirs H.M. wrote: "I had not known why it was so called, but I later found out that there are two clans on this mountain descended from a single ancestor, and one is called Jud and the other Janjuha."[108] To appease them, Abdul-Rahim Shiqavul was dispatched to Bhera to prevent anyone from acting tyrannically. Toward the end of the day H.M. dismounted east of Bhera on the banks of the river. The 400,000 *shahrukhis* that had been taken in tribute from Bhera were awarded to Hindu Beg, and the governorship of the area was assigned to him. Khushab was turned over to Shah Hasan, who was assigned to assist Hindu Beg. Mulla Murshid was sent on a mission to offer sage advice to Sultan Ibrahim, the son of Sultan Sikandar Lodi who had succeeded to his father's rule in India five or six months earlier. Daulat Khan, the governor of Lahore, foolishly detained the envoy and then sent him back without accomplishing his mission.

On Friday the second of Rabi' I [March 4, 1519] news arrived 246 of the birth of a son. Since H.M. was on his way to conquer India, he took it as a good omen and, by divine inspiration, named him Hindal.[109]

۲۴۷ یکشنبه یازدهم ربیع الاول بجهت مصالح ملکی هندو بیگ‌را بسرانجام بهیره وداع کرده خود بصوب کابل مراجعت فرمودند و پنجشنبه سلخ ربیع الاول کابل مستقرّ سریر خلافت گشت. و دوشنبه بیست و پنجم ربیع الآخر هندو بیگ از بی‌پروائی بهیره‌را گذاشته بکابل آمد.

۲۴۸ تاریخ توجه نوبت چهارم بنظر نیامده همانا که در آن یورش تسخیر لاهور فرموده مراجعت نموده‌اند. و از تاریخ فتح دیپالپور که بتقریبی در قید سطور خواهد آمد معلوم میشود که در نهصد و سی بوده است.

۲۴۹ چون هر کاری در گرو وقت خود است جمال این مطلب در جلباب توقف میبود و سست‌رایی امرا و ناهمپائی برادران سبب ظاهری میگشت تا آنکه مرتبهٔ پنجم برهنمونی توفیق ایزدی و سپهسالاری اقبال ازلی روز جمعه غرّهٔ صفر نهصد و سی و دو که نیّر اعظم در برج قوس رایات انوار افراخته بود بطالعی که ظلمت‌شکافِ سوادِ عالمی تواند شد پای عزیمت در رکاب توکل‌اعتصام آورده متوجه تسخیر هندوستان شدند. میرزا کامران‌را در قندهار مسلّم داشته خبرداری کابل نیز باو تفویض فرمودند، و چون این یورش فتح شد فتح بر فتح و اقبال بر اقبال روی داد. لاهور و بعضی بلاد عظیمهٔ هندوستان در تصرف اولیای دولت قاهره بود. و هفدهم صفر که باغ وفا مخیّم سرادقات اقبال شده بود حضرت جهانبانی جنت‌آشیانی نصیرالدین محمد همایون از بدخشان با لشکر خود آمده بعزّ بساطبوس مشرّف شدند، و خواجه کلان بیگ هم از غزنین درین روز سعادت آستانبوسی دریافت. و غرّهٔ ربیع الاول این سال از آب سند نزدیک کچه‌کوت عبور فرموده شان واجب دیدند. دوازده هزار سوار ترک و تاجیک و سوداگر و غیر آن بقلم عرض درآمد و از بالای جیلم از آب بهت مرور واقع شد. و نزدیک بهلول‌پور از آب چناب عبور مرکب عالی اتفاق افتاد، و روز آدینه چهاردهم ربیع الاول در

For reasons of administration he bade farewell to Hindu Beg   247
on Sunday the eleventh of Rabiʿ I [March 13, 1519] and returned
to Kabul on Thursday the last of Rabiʿ I [April 1]. On Monday
the twenty-fifth of Rabiʿ II [April 26] Hindu Beg thoughtlessly
abandoned Bhera and returned to Kabul.

The date of the fourth campaign has not been seen, but during   248
that campaign he conquered Lahore and then withdrew. From
the date of the conquest of Dipalpur, which will be given, it is
clear that it took place in 930 [November 10, 1523–October 28,
1524].

Since everything comes about in its own time, this affair was   249
delayed, and the poor ideas of the amirs and the discord among his
brothers were the immediate causes. Finally, the fifth time, with
divine assistance and the guidance of good fortune, on Friday
the first of Safar 932 [November 17, 1525], when the Sun was in
Sagittarius, under an ascendant that would part the black clouds
of the world, he placed his foot in the stirrup with determination
and trust in God and set forth to conquer India. He turned over
Kandahar to Mirza Kamran and also charged him with keeping
an eye on Kabul. Once this campaign was inaugurated, victory
came after victory and triumph after triumph. Lahore and several
of the great cities of India fell to H.M.'s supporters. On the seven-
teenth of Safar [December 3], while camped in the Wafa Garden,
H.M. Nasiruddin Muhammad Humayun came with his soldiers
from Badakhshan. Khwaja Kalan Beg also arrived from Ghazni
that day. On the first of Rabiʿ I [December 16] he crossed the
Indus near Kachakot and held a troop review. Twelve thou-
sand Turkish and Persian cavalry, merchants, and others were
recorded. Then he crossed the Bahat River above Jhelum and
the Chenab near Bahlolpur. On Friday the fourteenth of Rabiʿ I

ساحت سیالکوت لوای ظفرشعاع افراشتند. و بخاطر جهان‌پیرای قرار یافت که سیالکوت‌را ویران ساخته در بهلولپور آبادان سازند. و درین ایام پیوسته از مخالفان خبر میرسید و چون آنحضرت بکلانور نزول اقبال داشتند محمد سلطان میرزا و عادل سلطان و سایر ملازمان درگاه که بحراست لاهور قیام داشتند بشرف زمینبوس کامیاب سعادت شدند.

۲۵۰ روز شنبه بیست و چهارم ربیع الاول قلعهٔ ملوت بدست اولیای دولت قاهره مفتوح شد و اموال و اسباب بدست افتاد و کتابهای غازی خان که درین قلعه بود آوردند. بعضی‌را بحضرت جهانبانی مکرمت فرمودند و برخی‌را بقندهار ارمغانی کامران میرزا ساختند. چون بمسامع علیّه رسید که حمید خان حاکم حصار فیروزه از آنجا بقدم جرأت دو سه منزل پیشتر آمده یکشنبه سیزدهم جمادی الاولی که موکب والا از انباله کوچ کرده در کنار کولی فرود آمده بود حضرت جهانبانی نصیرالدین محمد همایون‌را بر سر او رخصت فرمودند، و امیر خواجه کلان بیگ و امیر سلطان محمد دولدی و امیر ولی خازن و امیر عبدالعزیز و امیر محب‌علی خواجه خلیفه و از امرای دیگر که در هندوستان مانده بودند چون هندو بیگ و عبدالعزیز محمدعلی جنگ‌جنگ و جمعی دیگر از خاصان درگاه‌را ملازم رکاب ظفرانتساب فرمودند. ببن که از اعیان امرای هندوستان بود درین روز بدولت آستانبوس متفخر شد و حضرت جهانبانی بهمعنانی بخت بیدار و همرکابی اقبال بلند باندک توجهی لوای فتح برافراشتند. روز دوشنبه بیست و یکم همین ماه بمستقرّ موکب عالی شتافتند. آنحضرت حصار فیروزه‌را با توابع و لواحق که یک کرور باشد و یک کرور نقد دیگر در جلدوی این فتح که مقدمهٔ فتوحات بی‌اندازه بود بحضرت جهانبانی عنایت فرمودند، و بطلیعهٔ سعادت کوچ بکوچ پیشتر متوجه شدند.

[December 29] the victorious banners were raised in Sialkot. It occurred to H.M. to raze Sialkot and rebuild in Bahlolpur. During these days news of foes was constantly coming, and when H.M. reached Kalanaur, Muhammad-Sultan Mirza, Adil Sultan, and other attendants who had been sent to protect Lahore came to pay homage.

On Saturday the twenty-fourth of Rabi' I [January 8, 1526] the fortress at Malot fell to H.M. supporters, and much booty was taken. Ghazi Khan's books, which had been in the fortress, were taken. Some were awarded to H.H. Humayun and others were sent to Kandahar as gifts for Kamran Mirza. H.M. heard that Hamid Khan, the ruler of Hissar Firoza, had audaciously come two or three stages out of the city. On Sunday the thirteenth of Jumada I [February 25], when the royal train departed from Ambala and stopped next to a lake, H.M. Nasiruddin Muhammad Humayun was assigned to attack Hamid Khan. Amir Khwaja Kalan Beg, Amir Sultan-Muhammad Dulday, Amir Wali Khazin, Amir Abdul-Aziz, Khwaja Khalifa's son Amir Muhibb-Ali, and other amirs who had remained in India—like Hindu Beg, Muhammad-Ali Jang-Jang's son Abdul-Aziz, and some other elite commanders—were attached to him. Babban,[110] a great amir of India, had the honor to pay homage on this day. With good fortune at his side, H.H. Humayun raised the banners of victory in a short while. On Monday the twenty-first of the month [March 5] they returned to the camp. H.M. rewarded Humayun with Hissar Firoza and its dependencies, which was worth ten million, and ten million in cash as a prize for the victory, which was a harbinger of countless victories to come. They proceeded under a favorable ascendant.

۲۵۱ و پیوسته خبر میرسید که سلطان ابراهیم با یک لک سوار و هزار فیل پیش می‌آید. و نزدیک سرساوه مخیّم اقبال شده بود که حیدرعلی ملازم خواجه کلان بیگ که بر زبانگیری رفته بود آمده بعرض والا رسانید که داود خان و حاتم خان با پنج شش هزار سوار از اردوی سلطان ابراهیم جدا شده پیشتر می‌آیند. بنابر آن روز یکشنبه هژدهم جمادی الاخری چین تیمور سلطان و محمد سلطان میرزا و مهدی خواجه و عادل سلطان با تمام مردم جوانغار که سلطان جنید و شاه میر حسین و قتلق‌قدم بودند و از غول هم یونس علی و عبدالله و احمدی و کته بیگ و جمعی دیگررا تعیین فرمودند که پایمردی نموده دستبردی بآنجماعتِ خون‌گرفته نمایند. و این بهادران نبردطلب و دلاوران معرکه‌جوی تند و تیز رفته بعد از آئین جنگ و روش پیکار بر آن فرقه مظفر و منصور شدند، و جمعی کثیررا اسیر کردند و گروهی عظیم‌را ببرق شمشیر و باران تیر هلاک ساختند. حاتم خان‌را با هفتاد کس دستگیر کرده زنده بدرگاه عالی فرستادند و در اردوی معلی بیاسا رسیدند. و حکم جهانگشای شرف نفاذ یافت که گردونها سامان نمایند، و استاد علیقلی مأمور شد که بروش روم ارابه‌هارا زنجیر و خام گاو که بصورت ارغمچی ساخته بودند با یکدیگر اتصال دهند و در میان هر دو ارابه شش و هفت توره تعبیه سازند تا تفنگ‌اندازان بفراغ خطر تفنگ توانند انداخت. و در پنج شش روز این معنی سامان یافت تا آنکه روز پنجشنبه سلخ جمادی الاخری بشهر پانی‌پت همای دولت باجنحهٔ اقبال سایه‌گستر گشت و صفوف عساکر بآئین شایسته مرتّب آمد. برانغار لشکر منصور در شهر و محله واقع شد و ارابه‌ها و توره‌ها که ترتیب یافته بود پیش غول استقرار گرفت. جوانغار بخندق و درختان استحکام پذیرفت. سلطان ابراهیم با لشکری گران در شش کروهی شهر عرصهٔ نبرد آراسته

News kept coming that Sultan Ibrahim was approaching with a   251
hundred thousand cavalrymen and a thousand elephants. Camp
had just been made near Sarsawa when Haidar-Ali, Khwaja Kalan
Beg's attendant who had gone to reconnoiter, came to report that
Daud Khan, Hatim Khan, and five or six thousand cavalrymen
had been detached from Sultan Ibrahim's camp and were headed
that way. On Sunday the eighteenth of Jumada II [April 1, 1526]
Chin Temür Sultan, Muhammad-Sultan Mirza, Mahdi Khwaja,
and Adil Sultan, with all the men of the left wing under the
command of Sultan-Junaid, Shah Mir Husain, and Qutlugh-Qa-
dam, and from the center Yunus Ali, Abdullah, Ahmadi, Kata
Beg, and others, were assigned to assist in a peremptory attack.
These warriors galloped into battle and soon emerged victori-
ous, having taken many captive and dispatched many others with
their swords and under the rain of arrows. Hatim Khan was taken
alive along with seventy men and sent to court. He was executed
at the royal camp. A royal edict was issued to ready the cannons,
and Master Aliqulï was ordered to fasten together carts in the
Anatolian fashion with chains and ropes of raw leather and to fill
the spaces between the carts with six or seven large shields so
that the musketeers might fire with ease. All these preparations
were made within five or six days, and on Thursday the last of
Jumada II [April 13] the phoenix of fortune spread the shadow
of its felicitous wings over the town of Panipat, and the ranks of
soldiers were arrayed. The right wing was stationed in the town
and outskirts, and the carts and shields were placed in front of the
center. The left wing took up positions in the trenches and trees.
Sultan Ibrahim arrayed his troops six leagues outside of town.
During the week they were in Panipat, both youthful soldiers
and older experienced warriors went to the edge of the enemy

بود. چون هفتهٔ در پانی‌پت اتفاق اقامت افتاد هر روز جوانان سپاه و پیران کارآگاه بکنار اردوی مخالف رفته با بسیاری از لشکریان غنیم بجنگ پیوسته غالب می‌آمدند تا آنکه جمعه هشتم رجب سلطان ابراهیم با لشکر گران و فیلان پرشکوه متوجه معسکر معلی شد و حضرت گیتی‌ستانی نیز افواج قاهره ترتیب دادند و میدان معرکه‌را بصفوف او‌پچینان[۳۶] پیراستند.

محاربهٔ حضرت گیتی‌ستانی فردوس‌مکانی با سلطان ابراهیم و ترتیب صفوف نبرد

۲۵۲ چون مهیمن کارساز خواهد که تدارک شکستهای پیشین نماید، بکامروائی تلافی مشاقّ گذشته فرماید، مقدمات آن‌را ترتیب دهد و اسباب آن‌را سرانجام نماید. ازانجمله آمدن سلطان ابراهیم بقصد پیکار و فوج آراستن حضرت گیتی‌ستانیست که باوجود کثرت مخالف و قلّت موافق چون تأیید ایزدی همراه و اقبال روزافزون در پیش بود با خاطر مطمئن و دل آرمیده توسّل بفتّاح بی‌منّت نموده بترتیب صفوف توجه عالی فرمودند. غول‌را بوجود ذات مقدّس زینت بخشیدند. بر دست راست غول که ترکان آن‌را «اون غول» نامند چین تیمور سلطان و سلیمان میرزا و امیر محمدی کوکلتاش و امیر شاه منصور برلاس و امیر یونس علی و امیر درویش محمد ساربان و امیر عبدالله کتابدار قرار یافتند، و بر دست چپ غول که ترکان «سول غول» گویند امیر خلیفه و خواجه میرمیران صدر و امیر احمدی پروانه‌چی و امیر تردی بیگ برادر قوچ بیگ و محب‌علی خلیفه و میرزا بیگ ترخان‌را مقرّر فرمودند. برانغار بحسن تدبیر و بفرّ شکوه حضرت جهانبانی

camp and successfully engaged the foe every day until Friday the eighth of Rajab [April 20], when Sultan Ibrahim set out toward the camp with his large army and magnificent elephants. H.M. Giti-Sitani also arrayed his troops and filled the field of battle with armored men.

HIS MAJESTY GITI-SITANI FIRDAUS-MAKANI'S BATTLE WITH SULTAN IBRAHIM, AND THE DISPOSITION OF TROOPS

When the ever-vigilant creator wills to make up for past rever-   252
sals of fortune and to make recompense for past difficulties, he makes the necessary preliminary arrangements. Among these were Sultan Ibrahim's coming out to do battle and H.M.'s array of his troops, for although the enemy outnumbered them, since divine assistance and fortune were on the increase, H.M. resigned himself to the Omnipotent Conqueror with peace of mind and arrayed his battle lines. The center he commanded himself. The right wing of the center, which the Turks call *ong ghol*, was under the command of Chin Temür Sultan, Sulaiman Mirza, Amir Muhammadi Kükältash, Amir Shah Mansur Barlas, Amir Yunus Ali, Amir Darwesh Muhammad Sarban, and Amir Abdullah Kitabdar. The left wing of the center, which the Turks call *sol ghol*, was assigned to Amir Khalifa, Khwaja Mirmiran Sadr, Amir Ahmadi Parvanachi, Qoch Beg's brother Amir Turdï Beg, Khalifa's son Muhibb-Ali, and Mirza Beg Tarkhan. The right wing was placed under the worthy command of H.H. Humayun with Amir Khwaja Kalan Beg, Sultan-Muhammad Dulday, Amir Hindu Beg, Wali Khazin, and Pirqulï Sistani attached to

جنّت‌آشیانی شایستگی پذیرفت، و امیر خواجه کلان بیگ و سلطان محمد دولدی و امیر هندو بیگ و ولی خازن و پیرقلی سیستانی در رکاب دولت ایشان بوده آرایش‌بخش رای و شمشیر گشتند. جوانغار محمد سلطان میرزا و سید مهدی خواجه و عادل سلطان و سلطان جنید برلاس و خواجه شاه میر حسین و امیر قتلق‌قدم و امیر خان بیگ و امیر محمد بخشی و دیگر بهادران نامی قرار یافتند. و هراول خسرو کوکلتاش و محمدعلی جنگ‌جنگ بود، و امیر عبدالعزیز بخدمت طرح مقرر شد. در اوج برانغار ولی قزیل[۳۷] و ملک قاسم و بابا قشقه با مغلانش بتولقمه متعیّن گشتند، و در اوج جوانغار قراقوزی و ابوالمحمد نیزه‌باز و شیخ علی و شیخ جمال و تنگری‌قلی مغول بتولقمه قرار یافت. چنانچه راه و رسم دلاوران کارزار و بهادران تیغزن بود پای استقلال در عرصهٔ نبرد محکم ساخته در مقام ثبات ایستادند و بسهام جانستان و صمصام خون‌آشام داد شجاعت و شهامت دادند (شعر)

دلیران ستادند پا کرده سخت ستادن درآموخت زیشان درخت

تا آنکه بعد از حمله‌های عظیم و صدمه‌های قوی تأییدات آسمانی همعنان قلب و جناح موکب عالی شد و توفیقات ازلی باعث فتوحات سترگ گشته شکست بر مخالفان افتاد، و فتح عظیم از جانب اولیای دولت ابدی‌اعتصام روی نمود. سلطان ابراهیم نادانسته در یک گوشه بقتل رسید، و جمعی کثیر از افغانان علف تیغ قهرمان اقبال پادشاهی شدند و این قوافل شهرستان عدم ببدرقهٔ سپاه منصور و مشعلهٔ تیغ جهانگشای بمنزلگاه فنا پیوستند. و قریب بقالب سلطان ابراهیم در یک گوشه پنج شش هزار کس کشته افتاده بودند. آفتاب عالمتاب یک نیزه‌وار سمت

him. The left wing was assigned to Muhammad-Sultan Mirza, Sayyid Mahdi Khwaja, Adil Sultan, Sultan Junaid Barlas, Khwaja Shah Mir Husain, Amir Qutlugh-Qadam, Amir Khan Beg, Amir Muhammad Bakhshi, and other renowned warriors. The forward detachment consisted of Khusrau Kükältash and Muhammad-Ali Jang-Jang; Amir Abdul-Aziz was assigned to the reserve. At the tip of the right wing were assigned Wali Qïzïl and Baba Qash-qa's Malik Qasim and his Moghuls for the flank attack. At the tip of the left wing were stationed Qaraquzi, Abu'l-Muhammad Naizabaz, Shaikh Ali, Shaikh Jamal, and Tängriqulï Moghul for the flank attack. As was the custom of warriors and champions of the sword, they stepped confidently onto the field of battle, shouting bravely and courageously and brandishing their blood-thirsty spears and swords.

> *The braves planted their feet and stood firmly: from them*
> *trees learned how to stand.*

After mighty charges and thunderous clashes, heavenly assistance joined the royal center and wings and brought about wondrous miracles as defeat befell the foe and the supporters of eternal fortune emerged in resounding triumph. Sultan Ibrahim was killed ignominiously in an obscure corner, and many Afghans became fodder for the swords of royal fortune as caravans set out for the realm of nonexistence, escorted by victorious troops with torches of world-conquering swords. In a corner near the body of Sultan Ibrahim five or six thousand men lay slain. The sun had risen only one lance when flashes from the banners of fortune lit the field and the battle began; at noon the breeze of victory began to blow. How can this great triumph,

ارتفاع گرفته بود که شعشعهٔ رایات اقبال شعله‌افروز نبرد شده آغاز مصادمه و مقاتله اتفاق افتاد، و نیم روز نسیم صبح نصرت و شمال بهار فیروزی وزیدن گرفت. شرح این فتح بزرگ که کارنامهٔ اقبالست چگونه در حوصلهٔ بیان گنجد؟ و خردمند قادرسخن بچه آئین از عهدهٔ تقریر برآید؟ که از وسعت‌آباد اندیشه بیرونست.

۲۵۳ در زمانی که سلطان محمود غزنوی بهندوستان آمد خراسان در تصرف داشت. ملوک ممالک سمرقند و دارالمرز و خوارزم فرمان‌پذیر او بودند و سپاه گران از یک لک بیش بود، و هندوستان یک فرمانروائی باستقلال نداشت. رایان و راجه‌ها جابجا پای ثبات افشرده با یکدیگر اتفاق نداشتند. و سلطان شهاب الدین غوری با صد و بیست هزار سوار جوشن‌پوش برگستوان‌دار به تسخیر هند آمده درانوقت نیز درین سواد اعظم یک فرمانروائی که مستقل توان گفت نبود، و خراسان‌را اگرچه برادر او سلطان غیاث الدین داشت از گفتهٔ او بیرون نبود. و حضرت صاحبقرانی در هنگام فتح هندوستان در عرصهٔ سمانه بعرض سپاه فرمان داده بودند. مولانا شرف الدین علی یزدی میگوید که طول یسال آن حضرت که جای ایستادن نوکران است شش فرسخ بود، و بتخمین سپاهیان صاحب تجربه تشخیص یافته که هر فرسخی دوازده هزار سوار احاطه میکند. پس سوای نوکر هفتاد و دو هزار سوار بوده باشد، و عرضش که محلّ ایستادن نوکر نوکرست دو کروه بوده و مخالف ایشان ملّو خان دو هزار سوار و صد و بیست فیل داشته است و باین حالت از اردوی ظفرقرین حضرت صاحبقرانی جمعی کثیر اندیشه‌ناک بوده‌اند و آن حضرت دغدغه در سپاه خود تفرّس فرموده از بعضی کوته‌اندیشانِ کم‌همّت حرفهای نامناسب شنیده‌اند و بنیروی همّت خسروانه بجهت اطمینان خواطر شرایط احتیاط مرعی داشته فرمان دادند که از شاخه‌های

which is a record of fortune, be described? In what manner can a prolific writer discharge his duty? It is beyond the vast realm of thought.

When Sultan Mahmud of Ghazna went to India, he already held Khurasan; the kings of Samarkand, the borderlands, and Khwarazm were subject to him; his army numbered more than a hundred thousand; and India did not have one autonomous ruler but was under various independent *rais* and rajas who did not cooperate with each other. Sultan Shihabuddin of Ghor went to conquer India with a hundred and twenty thousand armored horsemen, and at that time there was not a single ruler in this vast landscape who could be called autonomous. If Khurasan was held by his brother Sultan Ghiyasuddin, he was still subject to Sultan Shihabuddin's word. When H.M. the Sahib-Qiran was about to conquer India he held a troop review in Samana. Maulana Sharafuddin Ali Yazdi says that the line in which H.M.'s liege men stood was six leagues long, and through experience it has been determined that a line a league long would contain twelve thousand horsemen. Thus, in addition to liege men, there would have been seventy-two thousand horsemen. The width of the line, where subordinates to liege men would have stood, was two leagues. His opponent, Mallu Khan, had two thousand horsemen and a hundred twenty elephants. This situation notwithstanding, many in H.M. the Sahib-Qiran's camp were in fear and trepidation. Perceiving their worry and having heard unworthy talk from some unambitious shortsighted men, in order to put their minds at ease with his princely high-mindedness he ordered that a barricade of tree limbs should be made in front of the army, that a trench should be dug in front of the barricade, behind it cattle and oxen

درخت فراروی لشکر منصور حصار ساختند و در پیش آن خندق کندند و از پس آن از قسم گاو و گاومیش بسیار بمقابل یکدیگر داشتند. گردنهای ایشان بچرم گاو برهم بستند و خارخسکِ بسیار از آهن ساخته بودند. مقرّر شد که پیاده‌روان آن‌را نگاه دارند تا هنگام حمله و در آمدن فیلان بسرِ راه اندازند. و همراه حضرت گیتی‌ستانی فردوس‌مکانی که چهارم گیتی‌نوازان هندوستانست درین فتح بزرگ که از جلایل عطیّات والای ایزدیست از سپاهی و غیر آن از دوازده هزار زیاده نبود. و غریب‌تر آنکه ولایت آنحضرت بدخشان و قندهار و کابل بود و باز از آن ولایت فایدهٔ معتدٌّبه عاید نمیشد که مدد خرج لشکر تواند بود بلکه در محافظت بعضی از سرحدها بجهت دفع مخالفان و دیگر مصالح ملکی خرج از دخل زیاده میشد و با مثل سلطان ابراهیم که نزدیک یک لک سوار و هزار فیل جنگی داشت و از بهیره تا بهار در تحت تصرف او بود و حکومت خلاصهٔ ممالک هندوستان بی‌مخالفی و منازعی بر نهج استقلال مینمود بمحض توفیق غیبی و فرط تأیید آسمانی این کار شگرف‌را پیش برده‌اند.

۲۵۴ کارشناسان فراخ‌حوصله از تحسین و آفرینِ این کارنامهٔ ادوار عاجز اند. آری، ذاتِ مقدّس که حامل نور جهان‌افروز حضرت شاهنشاهیست اگر مصدر این امور گردد چه دور باشد؟

۲۵۵ و بالجمله حضرت گیتی‌ستانی فردوس‌مکانی از طلوع انوار فتح آئینهٔ پیشانی‌را بخاک سجدهٔ شکر جلا بخشیده عالمیان‌را بانعام عام صلا دادند و اولیای دولت قاهره‌را در اطراف و اکناف ممالک بدستور شایسته روان ساختند. و کاری که بر همم عالیهٔ سلاطین کشورگشای که به نیروی طالع بلند هندوستان‌را تسخیر نموده‌اند فزونی تواند کرد فتح حضرت جهانبانی جنت‌آشیانی است که ببرکت وجود سعادت‌پیوند حضرت شاهنشاهی

should be held opposite each other, their necks yoked together with leather ropes. Many caltrops had been made of iron. It was ordered that the infantrymen should hold them until the attack was made, when they would throw them into the path of the elephants. With H.M. Babur, the fourth conqueror of India, in this great victory, including military and others, were no more than twelve thousand. Even stranger is that H.M.'s territory consisted of Badakhshan, Kandahar, and Kabul, and even from there came no real assistance that would have helped with the expenses of the campaign. Indeed, for maintenance of some of the borders and for dealing with rebels and other administrative affairs expenses exceeded income. It was only by divine assistance that he defeated the likes of Sultan Ibrahim, who had a hundred thousand cavalrymen and a thousand war elephants and ruled all of India autonomously from Bhera to Bihar without opponent or rival.

The patient and competent are incapable of praising this deed   254
of the ages sufficiently. Indeed, why should it be strange for the royal personage, which contained the world-illuminating light of H.I.M., to accomplish such deeds?

In short, H.M. Giti-Sitani Firdaus-Makani polished the mirror   255
of his forehead in the dust of prostration in thanks for the rising of lights of victory, rewarded everyone with general bounty, and dispatched his supporters to all corners of the realm. The only thing that can be said to exceed the exalted ambitions of world-conquering rulers who subdued India through the power of good fortune is H.H. Humayun's triumph that took place at Sirhind thanks to the felicitous existence of H.I.M., as will be recorded in detail, when with three thousand men he conquered India from the likes of a Sultan Sikandar Sur, who had more

در عرصهٔ سهرند واقع شده است چنانچه بشرح و بسط رقمزدهٔ کلک بیان خواهد شد که با سه هزار کس از مثل سلطان سکندر سور که از هشتاد هزار کس زیاده داشت استخلاص هندوستان فرموده‌اند. و ازین بدیع‌تر کارنامهٔ اقبال جهان‌آرای حضرت ظلّ اللهی است که بتأیید ایزدی هندوستان‌را با اندک مردمی از دست چندین سران گردنکش چنان برآورده‌اند که زبان روزگار در چگونگی بیان آن لال است چنانچه مجملی از آن در جای خود رقم‌پذیر خواهد شد. (شعر)

گرم بخت امّیدواری دهد | فلک فرصت و وقت یاری دهد
بگرمیِ هنگامهٔ راستان | طرازم همه داستان داستان
درین جدولِ دیرپایندگان | کشم نقشی از بهرِ آیندگان

در همانروز فتح بموجب فرمان پادشاهی حضرت جهانبانی جنّت‌آشیانی و امیر خواجه کلان بیگ و امیر محمدی[۳۸] کوکلتاش و امیر یونس علی و امیر شاه منصور برلاس و امیر عبدالله کتابدار و امیر علی خازن بایلغار بصوب دارالملک آگره که پای تخت سلطان ابراهیم بود نهضت نمودند که محافظت خزاین نمایند و اهل شهررا که از ودایع ایزدی اند باشاعت انوار معدلت اطمینان بخشند. و سید مهدی خواجه و محمد سلطان میرزا و عادل سلطان و امیر جنید برلاس و امیر قتلق‌قدم بحضرتِ دهلی رخصت یافتند که خزاین و دفاینِ آنجارا پاس داشته رعایا و سکنهٔ آن نواحی‌را بنوید عاطفت پادشاهی استمالت نمایند. و همدران روز فتحنامه‌ها نوشته مصحوب بریدان اقبال روانهٔ کابل و بدخشان و قندهار ساختند.

than eighty thousand men. Even more marvelous is the record of H.I.M. the Shadow of God's deeds when, with divine assistance and few men, he wrenched India from the grasp of so many refractory chieftains that the tongue of the age falls mute to describe it. A summary account will appear in its proper place.

If luck gives me hope and the celestial sphere grants me time,
With the energy of a host of truthful I will tell every tale,
And in the margin of this record of the eternals I will draw a
picture for those yet to come.

On the very day of the battle, by imperial command, H.H. Humayun, Amir Khwaja Kalan Beg, Amir Muhammad Kükältash, Amir Yunus Ali, Amir Shah Mansur Barlas, Amir Abdullah Kitabdar, and Amir Ali Khazin galloped to Agra, Sultan Ibrahim's capital, to guard the treasuries and to reassure the citizens, who are God's charges, that they would be treated justly. Sayyid Mahdi Khwaja, Muhammad-Sultan Mirza, Adil Sultan, Amir Junaid Barlas, and Amir Qutlugh-Qadam were sent to Delhi to watch over the treasuries there and to assure the subjects and inhabitants of imperial favor. Also that day a proclamation of victory was written and sent with post riders to Kabul, Badakhshan, and Kandahar.

۲۵۶ و خود بدولت و سعادت روز چهارشنبه دوازدهم شهر مذکور در دار الملک دهلی نزول اجلال فرمودند. و آدینه بیست و یکم این ماه بر دار السلطنت آگره چتر اقبال برافراشته ظلمت‌زدای آن سواد و رونق‌بخش آن فضا شدند. و جمیع خرد و بزرگ ممالک هندوستان از مراحم و عواطف پادشاهی نظر اختصاص یافتند. و از شمول عطوفت والا والده و اولاد و اتباع سلطان ابراهیم‌را مشمول عنایت ساخته اموال و خزاین خاصهٔ ایشان‌را بایشان مرحمت فرمودند و اضافهٔ آن هفت لک تنگه سیورغال از مکمن اشفاق بوالدهٔ او مقرّر شد. و همچنین اقربای او برواتب و وظایف و ادرارات پادشاهانه کامیاب شدند و عالم پراکنده‌را جمعیّتی تازه و آرامشی شایسته روی داد. و حضرت جهانبانی جنّت‌آشیانی که پیشتر بدار السلطنهٔ آگره نزول اجلال فرموده بودند الماسی که هشت مثقال وزن داشت و بتخمین مبصّران جوهرشناس بهای آن نصف خرج روزمرهٔ ربع مسکون بود و میگفتند که این الماس از خزانهٔ سلطان علاؤ الدّین بود که از اولاد بکرماجیت راجهٔ گوالیار بدست او درآمده بود پیشکش کردند، و حضرت گیتی‌ستانی بجهت خاطر گرامی ایشان قبول نموده باز بایشان عطا فرمودند.

۲۵۷ روز شنبه بیست و نهم رجب ابتدای دیدن و بخشیدن خزاین و دفاین که گردآوردهٔ چندین سلاطین بود نمودند. هفتاد لک تنگهٔ سکندری بحضرت جهانبانی مکرمت شد و یک خانهٔ خزینه بی‌آنکه تحقیق مخزونات او نمایند اضافهٔ انعام فرمودند، و بامرا بتفاوت مراتب و درجات مناصب از ده لک تا پنج لک تنگه نقد بخشیدند، و تمامی یکه‌جوانان و سایر ملازمان زیاده از حالت و رتبت خود بصلات و انعامات اختصاص یافتند، و جمیع اهل سعادت از خرد و بزرگ بنوازشهای گرامی کامیاب گشتند و هیچکس از اردوی معلی تا اردوی بازاری از نصیبهٔ وافر بی‌بهره نماند،

On Wednesday the twelfth of the month [April 24, 1526] H.M.   256
himself dismounted in Delhi. On Friday the twenty-first [May
3] the parasol of good fortune was raised over Agra as H.M.
dispelled blackness and shed light there. Everyone in India, old
and young alike, was singled out for imperial beneficence and
kindness. Sultan Ibrahim's mother, children, and followers were
showered with favor; he awarded them the treasures that were
their personal property, and in addition he assigned a fief worth
700,000 tangas to Sultan Ibrahim's mother. Relatives were
showered with princely emoluments, salaries, and stipends, and
a world in turmoil was calmed and quieted. H.H. Humayun, who
had previously gone to Agra, presented a diamond eight mith-
kals in weight, estimated by jewelers to be worth half the daily
expenditure of the inhabited quarter of the globe, and they said
the diamond came from the treasuries of Sultan Ala'uddin, who
had obtained it from one of Bikramajit's sons, the raja of Gwalior.
H.M. Babur accepted the gift and gave it back to him.

On Saturday the twenty-ninth of Rajab [May 11, 1526] he   257
began to inspect and give away the treasures accumulated by
so many rulers. Seven million Iskandari tangas were awarded to
H.H. Humayun, and a treasury chamber was given to him with-
out even being inspected. According to their ranks, the amirs
received between five hundred thousand and one million tangas
in cash. All the freelances and other members of the retinue were
rewarded with more than their ranks would have merited, and all
the fortunate, old and young alike, were given valuable favors. No
one, from the royal camp to the camp market, failed to receive a
share, and for those in Badakhshan, Kabul, and Kandahar gifts
of cash and goods were earmarked—such as 1,700,000 tangas for
Kamran Mirza, 1,500,000 tangas for Muhammad-Zaman Mirza,

و جهت دوحات ریاض کامکاری که در بدخشان و کابل و قندهار بودند بترتیب و تفضیل از نقد و جنس برسم ارمغانی جدا ساختند چنانچه بکامران میرزا هفده لک تنگه و به محمد زمان میرزا پانزده لک تنگه و همچنین بعسکری میرزا و هندال میرزا و تمامی مخدّراتِ حرمِ عصمت و دراریِ آسمانِ خلافت و همگی امرا و ملازمان غائب از بساط حضور بقدر لیاقت از جواهر نفیسه و اقمشهٔ نادره و زر سرخ و سفید مقرّر گردانیدند، و برای جمیع منتسبان دودمان معلی و منتظران عواطف پادشاهی که در سمرقند و خراسان و کاشغر و عراق بودند انعامات گرامی فرستادند، و بمشاهد قدسیّه و مزارات متبرکهٔ خراسان و سمرقند و دیگر حدود نذور و هدایا ارسال داشتند و فرمان شد که بتمامی متوطّنانِ کابل و صددره ورسک و خوست و بدخشان از مرد و زن و خرد و کلان یک شاهراخی رسانند چنانچه جمیع طوایف خواص و عوام از خوان احسان آنحضرت بهره‌مند شدند (شعر)

ز افشـــــاندنِ دســـتِ گوهـــرنثار نـشـاطـی نـو انـگـیـخـت در روزگـــار
خوشســـــت ارمغانی که آیـــد ز دور کـه مـه بـر زمـیـن ریـزد از چـرخ نـور

and a like amount for Askari Mirza and Hindal Mirza; precious jewels, rare textiles, and red and white gold were sent to all the ladies of the harem and all the absent amirs and retainers. Valuable gifts were dispatched to every member of the royal family and those expectant of royal favor in Samarkand, Khurasan, Kashgar, and Persia. Gifts and presents were also sent to the sacred shrines in Khurasan, Samarkand, and other places. An order was given for a *shahrukhi* to be sent to every resident of Kabul, the district of Warsag, Khost, and Badakhshan, male and female, old and young, as all people, noble and common alike, received a portion of H.M.'s banquet of generosity.

> *With a wave of his jewel-scattering hand he gave new delight to the world.*
> *Delightful is a gift that comes from afar, like the light the moon sheds on the earth from the celestial sphere.*

و مقرّر است که دادارِ جهان‌آرا چون خواهد که نفاستِ جوهرِ یکی از برکشیده‌های خودرا ظاهر گرداند کارهای غریب پیش آورد تا از روی قول و فعل در چنین حالتِ مردآزمائی به ثبات‌پائی و دوربینی در خواطرِ همگنان جلوه‌گر آید. ازانجمله این سانحهٔ غرابت‌انتماست که باوجود فتحِ چنان و بخشایشِ چنین، قلّتِ مجانست علّتِ عدمِ مؤانستِ اهلِ هند گشت، و سپاهی و رعیّت از اختلاط اجتناب مینمود. اگرچه دهلی و آگره در حیطهٔ تصرف درآمده بود اما اطراف و جوانب‌را مخالفان داشتند، و قلعه‌های نواحی اکثر متمرّدان ضبط کرده بودند. حصار سنبل قاسم سنبلی داشت، و در قلعهٔ بیانه نظام خان کوسِ مخالفت میزد، و میوات‌را حسن خان میواتی محکم ساخته علم مخاصمت می‌افراخت، و دهولپوررا محمد زیتون مستحکم نموده دم منازعت میزد، و حصار گوالیاررا تتار خان سارنگخانی استحکام داده بود، و راپری‌را حسین خان لوحانی، و اتاوه‌را قطب خان، و کالپی‌را عالم خان محافظت مینمود، و مهاون‌را که متّصل بآگره است مرغوب نام غلام سلطان ابراهیم مضبوط میداشت، و قنوج و سائر بلاد که آنطرف دریای گنگ واقع شده‌اند در دست افغانان بود بسرکردگی نصیر خان لوحانی و معروف فرملی که با سلطان ابراهیم نیز مخالفت و منازعت داشتند و بعد از واقعهٔ سلطان ابراهیم بسیاری از ولایات دیگررا قابض شده یک دو کوچ پیش آمده پهار خان پسر دریا خان‌را پادشاه برداشته سلطان محمد لقب کرده بودند.

۲۵۸ درین سال که عرصهٔ آگره مخیّم سرادقات اقبال شد افراط گرمی هوا و شائبهٔ سموم و وبا ضمیمهٔ کوته‌حوصله‌های اردوی معلی گشت و جمعی کثیر از توهّمِ ناخردمندانه فرار نمودند. و از ظهور ارباب خلاف و ناسازگاری هوا و ناروانی راهها و دیر رسیدن سوداگران تنگی معیشت و

It is certain that when the world-adorning Giver of All wills to bring into being the precious essence of one of his chosen, he produces strange things so that in word and deed he may stand out in the minds of all for firmness and farsightedness in any trying situation. One of these is the strange fact that, despite such a victory and in the face of such generosity, the lack of homogeneity spawned a lack of familiarity among the people of India, and both military and civilian avoided any mingling together. Although Delhi and Agra had come under his control, the far corners of the country were held by opponents, and the defenses of most fortresses had been raised by rebels. The fortress at Sambhal was held by Qasim of Sambhal; in the fortress at Bayana, Nizam Khan beat the drum of rebellion; Mewat was defended by Hasan Khan of Mewat, who had raised the banner of challenge; Dholpur was held fast in contention by Muhammad Zaitun; the fortress at Gwalior was defended by Tatar Khan Sarangkhani; Rapri was held by Husain Khan Lohani; Etawah by Qutb Khan; Kalpi by Alam Khan; Mahaban, which is adjacent to Agra, was being held by Marghub, a slave of Sultan Ibrahim's; Kannauj and the entire area on that side of the Ganges were in the hands of the Afghans under the leadership of Nasir Khan Lohani and Ma'ruf Farmuli, who had also rebelled against Sultan Ibrahim—after Sultan Ibrahim's death they had seized many other provinces, moving one or two marches closer in, elevating Darya Khan's son Pahar Khan to the throne, and giving him the title of Sultan Muhammad.

During this year, when Agra was the site of the royal camp, the weather was extraordinarily hot, and shortsighted members of the camp were worried about plague and pestilence. Many, unwisely apprehensive, took flight. On account of the appearance of restlessness, the extreme weather, the impassability of

258

325

فقدان اجناس پدید آمد و کار بر خلایق دشوار شد. اکثر امرا قرار بانتقال از هندوستان بکابل و آنحدود دادند و یکه‌جوانان بسیاری ترکِ این ممالک گفته بی‌رخصت رفتند. اگرچه اکثر امرای قدیم و کهنه‌سپاهیان سخنان غیر ملایم در حضور و غیبت میگفتند و بعبارت و اشارت مقدماتی که مرضیِ خاطر مقدّس نباشد بظهور می‌آوردند اما حضرت گیتی‌ستانی که بدوربینی و بردباری یگانه بودند تغافل فرموده بانتظام ممالک اشتغال داشتند تا از مخصوصان و تربیت‌کرده‌های آنحضرت که از ایشان چشمداشت دیگر بود حرکاتِ بیمزهٔ کهنه‌عملهٔ روزگار بظهور آمدن گرفت، علی الخصوص احمدی پروانه‌چی و ولی خازن. و عجبتر آنکه خواجه کلان بیگ که در جمیع معارک و مراتب، خصوصاً درین یورش هندوستان، سخنان مردانهٔ عالی‌همّتانه میگفت رای او برگشت و طرز او دیگرگون شد. از همه بیشتر چه به تصریح و چه بکنایت در ترک این مملکت مبالغه داشت. عاقبت آنحضرت اعیان دولت و ارکان مملکت‌را طلب داشته انواع نصایح خردپسند که طغرای منشور سعادت تواند بود فرمودند و مخطورات ایشان که متضمّن چندین محظورات بود از پردهٔ خفا بیرون دادند، و مکرّر بر زبان اقدس راندند که «اینچنین ملکی که بچندین سعی و اهتمام بدست آورده باشیم باندک تعبی و کلفتی که رو دهد از دست دهیم، نه رسم جهانگیران عالم و نه آئین سایر هوش‌پذیران دولتمند است. شادی و غم و فراخی و تنگی باهم میباشد. چون اینهمه محنت و صعوبت بنهایت انجامیده یقین که راحت بسهولت بمقدار آن روی خواهد نمود. باید که اعتصام بحبل متین توکّل نموده دیگر ازین قسم سخنانِ شورانگیزِ واهمه‌افزا نگویند و هرکه میل رفتن ولایت داشته باشد و خواهد که جوهرِ بی‌حقیقتیِ خودرا ظاهر سازد مضایقه نیست،

the road, and the late arrival of merchants, there was a shortage of food and goods, and things became difficult for the people. Most of the amirs decided to remove from India to Kabul, and many freelances left the country without permission. Although most of the old amirs and veteran soldiers spoke improperly in the emperor's presence and behind his back and used expressions that would not have pleased him, H.M., who was unparalleled for his farsightedness and tolerance, pretended not to notice and busied himself with the administration of the country until some of his most favored elite, from whom one would have expected better, began to act in the tasteless fashion of privileged old retainers—in particular, Ahmadi Parvanachi and Wali Khazin. Even stranger is the fact that Khwaja Kalan Beg, who had participated in all battles and encounters and had always, especially on this India campaign, spoken bravely and courageously, changed his tune and began to act differently. More than anyone, both outright and with allusions, he spoke loudly of leaving the country. In the end H.M. summoned his ministers and advisers and gave them sage advice—which is the seal of the rescript of wisdom—tearing the veil from their thoughts, which concealed so many perils. Repeatedly he said, "For us to give up such a kingdom, which we have won through so much effort, when a little discomfort and difficulty appear, is neither the way of world conquerors nor the custom of any intelligent people. Joy always comes with grief, and ease with difficulty. Once we have suffered all this trial and tribulation to the end, it is certain that just as much ease and comfort will follow. You must cling firmly to the strong rope of trust and not give voice to such deceitful and subversive notions. If anyone wants to go home and show his base nature, there is no impediment: let him go. Relying on

327

بروود. و ما تکیه بر همّت والا که مؤیّد بتأیید ایزدیست کرده بودنِ هندرا در خاطر مقدّس مصمّم ساخته‌ایم.»

۲۵۹ آخر کار همه ارکان دولت بعد از تأمّل و تدبّر قبول و اذعان نمودند که حق سخن آنست که حضرت پادشاه فرمودند. سخنِ پادشاه پادشاهِ سخنانست. و از مغز دل و صمیم جان سر رضا بر زمین حکم و فرمان نهاده بر اقامت قرار دادند. و خواجه کلان‌را که برفتن ولایت از دیگران گرمتر بود رخصت آنحدود فرمودند و ارمغانی و سوغات که بجهت شاهزاده‌های کامکار و دیگر خاصان درگاه جدا کرده بودند همراه او گردانیدند، و غزنین و گردیز و هزارچۀ سلطان مسعودی در جایگیر او مقرّر شد، و در هندوستان هم پرگنۀ گهرام عنایت فرمودند. و میرمیران نیز رخصت کابل یافت. و در روز پنجشنبه بیستم ذی‌حجه خواجۀ مذکور رخصت شد که رفته همانجا باشد.

۲۶۰ از صحایف بیّنات پیداست هر نیکواندیشۀ اقبالمند که کاررا بمشورت خرد خرده‌دان نماید هرآینه بخوبترین وجهی بمراتب علیّه رسیده کامیاب دولت شود. و مرآت این معنی احوال گرامی حضرت گیتی‌ستانی فردوس‌مکانیست که در چنین تذبذبِ خواطرِ سپاهی و افزونیِ مخالف توسّل بهمّتِ کشورگشا جسته و توکّل بعنایتِ خداوندی کرده روی توجّه بر گشادِ کار و حصولِ مراد گماشته شهر آگره‌را که مرکز ولایت هندوستان است مستقرّ سریر خلافت فرمودند و به نیروی تدبیر و شجاعت و فروغِ داد و دهش انتظامِ اشتاتِ این ولایت دادند چنانچه رفته رفته بسیاری از امرای هندوستان و سران و سروران این ممالک آمده شرف خدمت دریافتند. ازانجمله شیخ گهورن دولت ملازمت دریافت و تا سه هزار کس نامی‌را وسیله شده بعتبۀ علیّه آورد، و هرکدام زیاده از حالت خود

our own mind, which is supported by divine assistance, we are determined to remain in India."

Finally, after reflection and contemplation, the pillars of state accepted that H.M. the padishah was right. The word of a king is the king of words. Pledging themselves with all their hearts and minds to obey him, they decided to remain. Khwaja Kalan Beg, who was more insistent than any of the others on going home, was given permission to leave, and the gifts and presents that had been set aside for the princes and other elite members of the retinue were sent with him. Ghazni, Gardez, and the Sultan-Mas'udi district were given to him in fief, and he was also awarded the pargana of Ghuram in India. The Mirmiran also obtained leave to go to Kabul. On Thursday the twentieth of Dhu'l-Hijja [September 27, 1526] the khwaja was given leave to go and remain there.

259

From the pages of history it is obvious that any intelligent person of fortune who conducts his affairs with wisdom will scale exalted degrees in the best manner and achieve felicity. A mirror of this assertion is the history of H.M. Giti-Sitani Firdaus-Makani, who, in the face of his soldiers' hesitation and the increase of opponents, relied solely on his all-conquering mind and trusted in divine favor, setting his face toward better times and the achievement of his goal. He made Agra, the center of the realm of India, his capital and brought together the disparate elements of this country with strategy, courage, and generosity so that gradually many of the rulers of India and chieftains of the realm came to pay him homage. Among them was Shaikh Ghuran, who was the means for bringing three thousand men of renown to court, and each of them received rewards beyond the merit of his rank. Others were Firoz Khan, Shaikh Bayazid, Mahmud Khan Lohani, and Qazi Jia, renowned commanders all.

260

رعایتها یافت. دیگر فیروز خان و شیخ بایزید و محمود خان لوحانی و قاضی جیا که از سرداران نامور بودند شرف خدمت دریافته بمقصد فایز گشتند. بفیروز خان از جونپور یک کرور تنگه و چیزی جایگیر مقرّر شد، و بشیخ بایزید از ولایت اوده یک کرور نامزد گشت، و بمحمود خان از غازی‌پور نود لک تنگه، و بقاضی جیا از جونپور بیست لک تنگه تنخواه شد. و در اندک فرصتی بواعث امن و فراغت و دواعی عیش و عشرت پدید آمد و اسباب کامرانی چنانچه شایستهٔ دولت ابدپیوند باشد آماده گشت.

۲۶۱ و از عید شوّال چند روز گذشته بود که در دار الخلافه آگره در خانه‌های سلطان ابراهیم جشنی عظیم داشتند و داد خوشدلی داده گنجینهٔ انعام در دامن عامّهٔ خلایق ریختند. و ولایت سنبل در مواجب حضرت جهانبانی مقرّر داشته اضافهٔ سرکار حصار فیروزه که سابقاً بجلدوی آنحضرت مقرّر شده بود ساختند، و بوکالتِ آنحضرت امیر هندو بیگ بحکومت آنحدود نامزد شد.

۲۶۲ و چون ببن[39] آمده محاصرهٔ قلعهٔ سنبل نموده بود امیر مذکور و کته بیگ و ملک قاسمِ[40] بابا قشقه با برادران و ملا اپاق[41] و شیخ گهورن‌را با سپاهیان میان دوآب بایلغار فرستادند. بجمعی که پیش لشکر ظفرقرین میرفتند ببن بجنگ پیش آمده و شکست خورد. و چون آن حرام‌نمکِ شوربخت سعادت ملازمت دریافته از بدنهادی پشت داده بود، دیگر روی بهبود ندید.

Firoz Khan received a fief worth ten million tangas in Jaunpur; Shaikh Bayazid was given a ten-million-tanga fief in Avadh; to Mahmud Khan went a nine-million-tanga fief in Ghazipur; and Qazi Jia was given an emolument worth two million tangas in Jaunpur. In a short span of time peace and order were restored, and prosperity worthy of eternal fortune came about.

Several days after the Shawwal holiday a great festival was held in Agra in Sultan Ibrahim's chambers, and bounteous treasures were poured into the laps of the populace. The province of Sambhal was assigned to H.H. Humayun in addition to the district of Hissar Firoza, which had already been awarded to him as a prize. With Hindu Beg as H.M.'s deputy, he was dispatched there. 261

Since Babban had laid siege to the fortress at Sambhal, the above-mentioned Amir Hindu Beg was sent on a raid to Mian Doab with Kata Beg, Baba Qashqa's Malik Qasim and his brothers, Mulla Apaq, Shaikh Ghuran, and soldiers. Babban came out to do battle with this group of imperials and was defeated. When that ungrateful wretch had the chance to join the imperial retinue, he turned his back on it and never saw the face of fortune again. 262

کنگاش نمودنِ حضرت گیتی‌ستانی و گرفتنِ حضرت جهانبانی یورشِ شرق‌رویه بر ذمّهٔ اخلاصِ خود

چون حضرت گیتی‌ستانی فردوس‌مکانی در دارالخلافت آگره کامیاب و کامبخش بوده خاطر جهانگشارا از انتظام ممالک مفتوحه پرداختند و موسم باران که بهار هندوستانست و زمان طراوت و نضارت بانبساط دوستان و نشاط باغ و بوستان گذشت و هنگام جلوهٔ کشورگشایان و جولان بادپایان درآمد. ۲۶۳

با خردمندان آگاه‌دل و دلاوران جلادت‌منش که در بساط حضور بودند حرف یورش شرقی بجهت دفع لوحانیان که قریب پنجاه هزار سوار از قنوج پیشتر آمده اندیشه‌های تباه داشتند یا غرب‌رویه بجانب رانا سانگا و استیصال او که بس قوی شده بود و بتازگی حصار کهندارا بقبض خود درآورده کُله‌گوشهٔ نخوت کج مینهاد و آهنگ فتنه و فساد داشت در میان آوردند. و بعد از کنگاش بامرای عظام و امنای کرام رأی دولت‌پیرای بر آن قرار گرفت که چون رانا سانگا همیشه عرایض بکابل میفرستاد و لاف اطاعت‌را دست‌آویزِ خود ساخته دمِ نیکوخدمتی میزد و ازینکه چندگاه عرضه‌داشت او نیامد تا[42] قلعهٔ کهندارا از حسن ولد مکن که هنوز بسعادت زمینبوس مشرّف نشده گرفته نادولتخواهیِ او مشخّص نمیشود، بالفعل بجانب او نباید شتافت و مردم کاردان فرستاده بر چگونگی احوال او پیش ازین مطّلع باید شد و تا ظهور حقیقت کار او، دفع لوحانیان‌را مقدّم داشته بجانب شرق نهضت کرد. رای جهان‌آرای چنان اقتضا فرمود که بنفس نفیس متوجّه این مهمّ عالی شوند. درین اثنا حضرت جهانبانی که نهال اقبالش در ریاض آمال سربلند بود بموقف ۲۶۴

HIS MAJESTY GITI-SITANI HOLDS COUNCIL, AND HIS HIGHNESS HUMAYUN TAKES RESPONSIBILITY FOR THE CAMPAIGN TO THE EAST

H.M. Giti-Sitani Firdaus-Makani was in Agra, and his mind was at ease with regard to the conquered territories. The rainy season, which is the springtime of India and a period of freshness and cheer with friends and of enjoying gardens and orchards, passed, and the time came for the emergence of world conquerors and the prancing of fleet-footed stallions.

Discussions were held in council with wise and courageous warriors whether to launch a campaign to the east to deal with the Lohanis, who had come out of Kannauj with nearly fifty thousand horsemen with thoughts of destruction on their minds, or to initiate action to the west to reduce the threat of Rana Sanga,[111] who had become very strong and, having retaken the fortress of Khandar, was making absurd claims and sowing seeds of sedition. After consultation with the great amirs and trusted advisers, it was decided that since Rana Sanga had always sent letters to Kabul claiming to be obedient and loyal, and since no letter had come from him in some time, unless the Khandar fortress was taken from Hasan the son of Makan, who still had not come to pay homage, and his disloyalty was exposed, for the time being it was not necessary to go in his direction. First competent men should be sent, and while his situation was being assessed, the Lohani affair would take precedence and movement would be made to the east. H.M. decided to undertake this task himself, but H.H. Humayun, the sapling whose fortune had grown tall in the garden of hope, said, "If this service is given to me, I hope I

263

264

عرض رسانیدند که «این خدمت اگر بعهدهٔ من مقرّر شود امید چنانست که باعتضاد اقبال روزافزون پادشاهی این مهم چنانچه پسند خاطر اقدس تواند بود بتقدیم رسد.» آنحضرت‌را این التماس بغایت پسندیده آمد و بشکفتگی روی و گشادگی پیشانی درجهٔ قبول یافت. لاجرم بدولت و اقبال حضرت جهانبانی بآئین لائق نطاق همّت باقدام خدمت بستند و حکم گیتی‌مطاع شرف نفاذ یافت که عادل سلطان و محمد کوکلتاش و امیر شاه منصور برلاس و امیر قتلق‌قدم و امیر عبدالله و امیر ولی و امیر جان بیگ و پیرقلی و امیر شاه حسین که بتسخیر دهولپور و آنحدود تعیین شده بودند که آن ولایت‌را از محمد زیتون گرفته و بسلطان جنید برلاس سپرده بر سر بیانه روند در رکاب ظفرقرین حضرت جهانبانی باشند. و کابلی احمد قاسم بقدغن مأمور شد که امرارا در قصبهٔ چندوار[۴۳] بمعسکر والای آنحضرت رساند، و سید مهدی خواجه جاگیردار اتاوه و محمد سلطان میرزا و سلطان محمد دولدی و محمدعلی جنگ‌جنگ و عبدالعلی میرآخور با سایر عساکر که بدفع قطب خان افغان که در حدود اتاوه علم مخالفت می‌افراخت متعین بودند نیز در ملازمت آنحضرت مقرّر شدند.

۲۶۵ روز پنجشنبه سیزدهم ذیقعده بساعت سعدقرین از دارالخلافهٔ آگره برآمده در سه کروهی شهر نزول اقبال فرمودند، و از آنجا کوچ بکوچ متوجّهِ پیش شدند و نفحات بهار فتح و فیروزی و نسایم مرغزار نصرت و اقبال روز بروز وزیدن گرفت. نصیر خان که در جاجمؤ لشکری فراهم آورده نشسته بود از پانزده کروهی رایات نصرت‌اقتران فرار نمود و از آب گنگ گذشته بولایت خرید درآمد. و موکب عالی نیز روی توجّه بخرید آورد، و آن دیاررا بلطف و قهر سرانجام نموده عنان عزیمت بجانب جونپور منعطف داشت و جونپور و آنحدودرا بداد و دهش معمور و مرفّه

will be able to execute it in a manner pleasing to His Majesty." H.M. approved this offer and accepted it with cheer. A royal edict was issued for Adil Sultan, Muhammadi Kükältash, Amir Shah Mansur Barlas, Amir Qutlugh-Qadam, Amir Abdullah, Amir Wali, Amir Jan Beg, Pirqulï, and Amir Shah-Husain to subdue Dholpur, take it from Muhammad Zaitun, turn it over to Sultan-Junaid Barlas, go to Bayana, and then join H.H. Humayun's retinue. Kabuli Ahmad Qasim was assigned as herald to get the amirs to the prince's camp at Chandwar. Sayyid Mahdi Khwaja the fiefholder of Etawah, Muhammad-Sultan Mirza, Sultan-Muhammad Dulday, Muhammad-Ali Jang-Jang, Abdullah Mirakhor, and all the soldiers who had been assigned to deal with Qutb Khan Afghan, who had rebelled in Etawah, were reassigned to the prince.

They set forth from Agra on Thursday the thirteenth of Dhu'l-   265
Qa'da [August 21, 1526] at a favorable hour and camped three leagues from the city. From there they proceeded, march by march, as breezes of victory began to blow through the meadows of triumph. Nasir Khan, who had gathered troops and was in Jajmau, took flight when the imperial banners were fifteen leagues away, crossed the Ganges, and entered the province of Kharid. The imperial train also headed for Kharid, and after subjecting that province to kindness and wrath they turned their reins toward Jaunpur. After giving prosperity to Jaunpur and that area with displays of generosity, they made great strides forward in taking and keeping territory, thanks to the light of wisdom and the strength of good fortune.

گردانیده در لوازم ملکستانی و ملکداری بنورِ عقلِ پیر و قوّتِ بختِ جوان کوشش فرمودند.

۲۶۶ و هنگام مراجعت نزدیک دلمؤ فتح خان سروانی که از امرای بزرگ هندوستان بود و پدر او از سلطان ابراهیم خطاب اعظم همایونی داشت بشرف ملازمت حضرت جهانبانی پیوست. اورا برفاقتِ سید مهدی خواجه و محمد سلطان میرزا بدرگاه گیتی‌پناه روانه ساختند، و او بتارکِ سعادت شتافته بعنایات خسروانه خلعتِ افتخار در بر گرفت و مواجب پدرش بدو مقرّر شد و یک کرور و شش لک تنگه زیاده از آن تنخواه یافت. اگرچه از ساده‌لوحی آرزوی آن داشت که بخطاب پدر سرفراز شود اما بخطاب خان‌جهانی ممتاز ساخته بجایگیر رخصت فرمودند و محمود خان پسرش بدوام ملازمت سرفرازی یافت.

۲۶۷ و حضرت گیتی‌ستانی در دارالخلافهٔ آگره بصورت و معنی کامکار و کامبخش بودند تا آنکه در محرّم نهصد و سی و سه از کابل خبر بهجت‌اثر رسید که از ستر عظمی و مهد علیا ماهم بیگم[۴۴] والدهٔ ماجدهٔ حضرت جهانبانی فرزندی گرامی شرف ولادت یافته حضرت گیتی‌ستانی اورا محمد فاروق نام نهادند. ولادتش در بیست و سیوم شوال سنه نهصد و سی و دو واقع شده بود و در نهصد و سی و چهار پیش از آنکه بنظرِ عطوفت‌پیوندِ پادشاهی منظور گردد این جهان‌را پدرود کرد.

When they turned back, Fath Khan Sarwani, one of the great 266 amirs of India whose father held the title of A'zam Humayun under Sultan Ibrahim, paid homage to H.H. Humayun near Dalmau. He was sent to court with Sayyid Mahdi Khwaja and Muhammad-Sultan Mirza, and there he received, among other princely rewards, a regal robe of honor and his father's emoluments along with an additional stipend of ten million six hundred thousand tangas. Although he was simple-minded enough to request his father's title, he was honored with the title of Khan Jahan and dismissed to his fief. His son, Mahmud Khan, remained in the imperial retinue.

H.M. Giti-Sitani lived prosperously in Agra until news came 267 from Kabul in Muharram 933 [October 1526] that H.H. Mahim Begim, H.H. Humayun's mother, had given birth to a son. H.M. named him Faruq. He was born on the twenty-third of Shawwal 932 [August 2, 1526], and he died in 934 before he was ever seen by his imperial father.

ذکرِ بعضی از سوانحِ این سالِ سعادت‌اتّصال و خبرِ طغیانِ رانا سانگا و وصولِ حضرت جهانبانی بحضرت گیتی‌ستانی

۲۶۸ روز چهارشنبه بیست و چهارم صفر فرمان طلب بنام حضرت جهانبانی صادر شد که جونپوررا ببعضی امرا سپرده خود بزودترین وقتی دریافتِ سعادتِ حضور نمایند که رانا سانگا با لشکری گران از هندو و مسلمان فراهم آورده قدم جرأت پیش نهاده است. و باین خدمت محمدعلی ولد مهتر حیدر رکابدار تعیین شد.

۲۶۹ و درین سال نظام خان حاکم بیانه بوسیلهٔ خدمت منبع البرکات امیر رفیع الدین صفوی آمده زمینبوس نمود و قلعهٔ بیانه‌را باولیای دولت قاهره سپرد. و تاتار خان نیز گوالیاررا پیشکش نموده شرف آستانبوس دریافت، و محمد زیتون نیز دهولپوررا بملازمان عتبهٔ جلالت سپرده اختیار ملازمت نمود. و هرکدام فراخور اخلاص و عقیدت مشمول الطاف پادشاهی شده از صوادم حوادث بیغم گشتند.

۲۷۰ و شانزدهم ربیع الاول سال مذکور مادر سلطان ابراهیم بوسیلهٔ باورچیان قصدی کرده بود. بخیر گذشت و بداندیشان‌را این خیال خام ناگوار افتاد و بسزا رسیدند. چون فرمان عنایت بحضرت جهانبانی رسید شاه میر حسین و امیر سلطان جنید برلاس‌را بحکومت جونپور مقرّر فرموده قاضی جیارا که از تربیت‌یافتگان حضرت گیتی‌ستانی بود بمعاضدت این دو امیر گذاشته متوجّه استلام اورنگ خلافت شدند، و شیخ بایزیدرا باوده تعیین فرمودند. و بنابر آنکه عالم خان کالپی‌را داشت و تدارک مهمّ او بصلح یا بجنگ از ضروریات تدبیر ملک بود مرور عساکر منصوررا بصوبهٔ کالپی انداختند و بمقدّمات امید و بیم اورا در سلک بندگان درآورده در رکاب

SOME EVENTS OF THIS FELICITOUS YEAR, NEWS OF RANA SANGA'S ENCROACHMENT, AND HIS HIGHNESS HUMAYUN COMES TO HIS MAJESTY GITI-SITANI

On Wednesday the twenty-fourth of Safar [November 30, 1526] a summons was sent to H.H. Humayun to turn Jaunpur over to some of the amirs and to come as quickly as possible to court because Rana Sanga had assembled a large force of Hindus and Muslims and made bold advances. Mihtar Haidar Rikabdar's son Muhammad-Ali was assigned to deliver the message.

268

Also during this year Nizam Khan, the ruler of Bayana, was introduced at court by Amir Rafi'uddin Safavi, and he entrusted the fortress at Bayana to H.M.'s supporters. Tatar Khan also surrendered Gwalior and paid homage. Muhammad Zaitun gave up Dholpur to representatives of the court. Each of these was rewarded with imperial kindness, and they ceased to worry about untoward events.

269

On the sixteenth of Rabi' I [December 21, 1526] Sultan Ibrahim's mother made an attempt on H.M.'s life through the cooks. It ended well, but the perpetrators were punished. When H.M.'s summons reached H.H. Humayun, he gave the rule of Jaunpur to Shah Mir Husain and Amir Sultan-Junaid Barlas, stationed Qazi Jia, one of those patronized by H.M., to assist them, and set off for the capital. He also stationed Shaikh Bayazid in Avadh. Because Alam Khan held Kalpi and it was necessary to resolve this affair either by peaceful means or by battle, he sent his troops to Kalpi. They threatened and enticed him into joining the servants of the throne and escorted him to court, where he was introduced at a favorable hour on Sunday the third of Rabi' II [January 7, 1527]

270

نصرت‌اعتصام خود بدرگاه گیتی‌پناه آوردند و در ساعت مسعود روز یکشنبه سیوم شهر ربیع الثانی در چهارباغ دارالخلافت آگره که بهشت بهشت موسوم و بتازگی تربیت‌یافتهٔ بهار دولت و اقبال بود بسعادت ملازمت حضرت گیتی‌ستانی مشرّف شدند. و در همین روز خواجه دوست خاوند از کابل آمده بتلقّی اکرام معزّز گشت، و درین ایام پیوسته از مهدی خواجه که در بیانه بود عرایض می‌آمد و از شورش رانا سانگا و پای جرأت نهادنِ او به پیکار خبر میرسید.

مصاف نمودنِ حضرتِ گشتی‌ستانی فردوس‌مکانی برانا سانگا و رایاتِ فتح افراختن

۲۷۱ دولتمندی که خردِ والارا که ایزدِ جهان‌آرا تاجِ سلطنتِ معنوی بر فرقِ عزّتِ او نهاده است بزرگ داشته در امتثالِ اوامرِ آن خدیوِ خدائی اهتمام نماید، هرآینه نقدِ آرزویِ او در کنار نهند و کارِ او از اندیشهٔ مختصرعادتیانِ روزگار برتر ساخته کامیابِ دین و دنیا گردانند. و نمونهٔ این امر بدیع، حال نصرت‌قرین حضرت گیتی‌ستانی فردوس‌مکانیست که هرچند دولت افزود هوشمندی زیاده شد و هرچند اسباب مستی بسیار فراهم آمد فروغ هشیاری بیشتر تافت. پیوسته بجناب کبریای احدیت ملتجی بوده در داد و دهش و انتظام مهام ملکگیری و ملکداری سرموئی از شاهراه عقل تجاوز نفرمودند.

۲۷۲ و درینولا که رانا سانگا بجمعیّت و شجاعت خود مغرور شده سودای نخوت در دماغ او پیچیده و بدمستی آغاز کرده پا از دایرهٔ اعتدال بیرون

in the *chaharbagh* at Agra, which had been named Hasht Bihisht and had been recently refurbished. On the same day, Khwaja Dost Khawand came from Kabul. During this time reports of Rana Sanga's readiness for battle were continually received from Mahdi Khwaja in Bayana.

HIS MAJESTY GITI-SITANI FIRDAUS-MAKANI'S BATTLE WITH RANA SANGA, AND THE UNFURLING OF THE BANNERS OF VICTORY

A fortunate person who honors the exalted wisdom that God the creator of the world placed on his glorious head as the sovereign spiritual crown and strives to obey the orders of that divine lord will naturally find the coin of his hopes in his lap, his labors will be superior to the thought of the mundane of this earth, and he will be successful in the world and religion. The victorious circumstances of H.M. Giti-Sitani Firdaus-Makani are an example of this marvelous thing, for the more he succeeded, the greater his acumen became, and the more reasons he had for intoxication, the more he became splendidly sober. Since he constantly took refuge with the grandeur of the One God, his generosity and regulation of the affairs of expansion and government never deviated one iota from the highway of reason.

As Rana Sanga had become overly proud of his strength and courage, and the delirium of delusion reverberated in his brain, he became drunk and stepped beyond the bounds of moderation, coming boldly and audaciously nearer and nearer; but H.M. fortified himself with God's special favor, never allowed himself to

271

272

نهاد و بقدم دلیری و دلاوری نزدیک آمد، آنحضرت همچنان عنایت خاص ایزدرا حصار ساخته از هجوم عام اندیشه بخود راه نداده متوجه دفع آن غنوده‌بختِ پریشان‌روزگار شدند.

۲۷۳ و روز دوشنبه نهم جمادی الاولی بعزم استیصال این فتنه از دارالخلافهٔ آگره کوچ فرموده در نواحی شهر سرادقات عظمت منصوب ساختند و اخبار متواتر رسید که آن سیه‌روزگار با لشکری گران حوالی بیانه‌را تاخته است و جمعی که از قلعهٔ بیانه بیرون آمده بودند تاب مقاومت نیاورده برگشته‌اند و سنگر خان جنجوهه بشهادت رسیده و امیر کته بیگ زخمیست. درین منزل چهار روز توقف نموده روز پنجم نهضت فرمودند و در عرصهٔ مندهاکر که در میان آگره و سکریست نزول اجلال اتّفاق افتاد. در خاطر خطیر گذشت که درین نزدیکی آبی بزرگ که سپاه اقبال‌را وفا کند در غیر قصبهٔ سکری که بعد از ادای شکر این فتح حضرت گیتی‌ستانی آن‌را معجم ساخته شکری بشین منقوط نام فرموده‌اند و الحال بیمن دولت روزافزون حضرت شاهنشاهی باسم فتحپور که فتح‌بخش دلهاست مشهور است آبی دیگر نشان نمیدهند. دور نباشد که لشکر مخالف سرعت نموده این آب‌را متصرف شود. بنابرین اندیشهٔ صایب روز دیگر بآئین عظمت متوجه فتحپور شدند و امیر درویش محمد ساربان‌را جهت تعیین جای دولتخانه پیشتر فرستادند. امیر مذکور در نواحی کول فتحپور که غدیریست پهناور و آبگیریست دریاصفت، جائی شایسته قرار داد، و آن عرصهٔ دلگشا مخیّم سرادقات فتح و نصرت شد. و از آنجا کسان بطلب مهدی خواجه و سایر امرا که در بیانه بودند شتافتند، و بیگ میرک ملازم حضرت جهانبانی و جمعی از نوکران خاص خودرا جهت زبانگیری فرستادند. صبحگاه فرستاده‌ها رسیده بموقف عرض رسانیدند که لشکر

worry about a general assault, and set out to repel that unlucky reprobate.

On Monday the ninth of Jumada I [February 11, 1527] he marched from Agra to reduce this sedition to naught and made camp on the outskirts of the city. Reports were constantly coming in that the wretch and his large army had attacked the vicinity of Bayana. A division had come out of the fortress at Bayana, but they had been forced to withdraw, unable to mount an effective opposition. Sankar Khan Janjuha had been killed, and Amir Kata Beg was wounded. They remained at that station for four days, and then, on the fifth day, they decamped and made camp in Mandhakur, which is located between Agra and Sikri. It occurred to H.M. that nearby there was no large body of water sufficient for the soldiers other than in Sikri. (After rendering thanks for his victory H.M. Giti-Sitani provided the word Sikri with dots and called it Shukri;[112] now through H.I.M.'s ever-increasing fortune it has been named Fatehpur because it gives victory to hearts.) It was not unlikely that the foe would move quickly and take control of the water. Based on this correct idea, he moved with magnificence to Sikri the very next day, sending Amir Darwesh-Muhammad Sarban forward to scout out a place for the royal tent. He found an appropriate place in the vicinity of the Fatehpur tank, a large pool like a lake, and that delightful expanse became the site of the tents of victory and triumph. From there men were sent to summon Mahdi Khwaja and the other amirs who were in Bayana. He dispatched H.H. Humayun's attendant Beg Mirak and a troop of elite liege men to reconnoiter. The next morning they returned to report that the enemy army had advanced one league from Bhasawar, a distance of eighteen leagues away. That same day Mahdi Khwaja, Muhammad-Sultan

273

343

مخالف از بساور یک کروه پیشتر فرود آمده است که مسافت مابین هژده کروه باشد. و در همین روز مهدی خواجه و محمد سلطان میرزا و سایر امرا که در بیانه بودند آمده بدولت آستانبوس سربلند شدند. درین ایام هر روز میان قراولان چپقلشها میشد و بهادران کارطلب داد دستبرد داده مورد آفرین پادشاهی میشدند تا آنکه روز شنبه سیزدهم جمادی الاخری نهصد و سی و سه در نواحی موضع خانوه از سرکار بیانه حوالی کوهی که در دو کروهی مخالفان مخیّم سرادقات اجلال بود رانا سانگا با لشکر گران قدم پیش نهاد.

۲۷۴ و آنحضرت در واقعات خود مرقوم کلک بیان فرموده‌اند که بقاعدهٔ هندوستان که یک لک ولایت‌را صد سوار و کروری‌را ده هزار سوار اعتبار میکنند، ولایت رانا سانگا بده کرور رسیده بود که جای یک لک سوار باشد، و بسیاری از سران و سروران نامور که هرگز در هیچ معرکه یکی از ایشان تبعیت و امدادِ او نکرده فرمانبرداریِ او نموده ضمیمهٔ لشکر او شده بودند چنانچه سلهدی حاکم رای سین و سارنگپور و غیر آن سی هزار سواررا ولایت داشت، و راول اودی سنگه پاکری دوازده هزار سوار، و حسن خان میواتی حاکم میوات دوازده هزار سوار، و بهاریمل ایدری چهار هزار سوار، و نرپت هادا هفت هزار سوار، و ستردی کهچی شش هزار سوار حاکم جرهل، و پرم دیو حاکم میرتهه چهار هزار سوار، و نرسنگه دیو چوهان چهار هزار سوار، و محمود خان ولد سلطان سکندر اگرچه ولایت نداشت اما بامید سروری اسلاف ده هزار سواررا با خود همراه ساخته بود که مجموع جمعیت گروه مخالف بدو لک و یکهزار سوار رسیده بود.

۲۷۵ چون آمدن مخالفان بمسامع علیّه رسید بترتیب عساکر نصرت‌مآثر اشتغال فرمودند. موکب خاص پادشاهی در غول متمکن شد.

Mirza, and the other amirs who had been in Bayana arrived to join the imperial retinue. During this time there were engagements between the scouts every day, and the pugnacious warriors won the day, to the praise of the emperor. Then, on Saturday the thirteenth of Jumada II 933 [March 17, 1527], in the vicinity of Khanua in Bayana district, near a mountain, with the camp two leagues from the foe, Rana Sanga moved forward with his hosts.

In his memoirs H.M. writes that as a general rule in India a   274 one-lac province will support a hundred mounted soldiers, and a one-crore province will support ten thousand. Rana Sanga's territory had grown to ten crores, which would support a lac of soldiers, and many renowned chiefs and chieftains, not one of whom had ever followed or assisted him before, had submitted to his word and joined his army. They were the likes of Silhadi, the ruler of Raisen, Sarangpur, and so on, with 30,000 horsemen; Rawal Udai Singh of Nagaur with 12,000 horsemen; Hasan Khan Mewati, the ruler of Mewat, with 12,000 horsemen; Biharimal Idari with 4,000 horsemen; Nirpat Hada with 7,000; Sthirvi Kechi, the ruler of Jarhal, with 6,000; Dharm Deo, the ruler of Meerut, with 4,000; Nar Singh Deo Chauhan with 4,000; Sultan Sikandar's son Mahmud Khan, although he held no territory, had brought a force of 10,000 in hopes of regaining his ancestors' leadership. Altogether the enemy hosts numbered 201,000 horsemen.

When the approach of the enemy reached H.M.'s ears, he   275 arrayed his troops. The imperial elite corps stood firmly in the center.

۲۷۶ و دست راست آن چین تیمور سلطان و میرزا سلیمان و خواجه دوست خاوند و یونس علی و شاه منصور برلاس و درویش محمد ساربان و عبدالله کتابدار و دوست ایشک‌آقا و جمعی دیگر از امرای عظام مقرّر شدند.

۲۷۷ و بر دست چپ علاؤالدین بن سلطان بهلول لودی و شیخ زین خوافی و امیر محب علی ولد نظام الدین علی خلیفه و تردی بیگ برادر قوچ بیگ و شیرافکن ولد قوچ بیگ و آرایش خان و خواجه حسین و جمعی دیگر از ملازمان سلطنت و ارکان دولت قرار گرفتند.

۲۷۸ و برانغار بوجود دولت‌پیرای حضرت جهانبانی آراسته شد، و در یمین نصرت‌مکین حضرت جهانبانی قاسم حسین سلطان و احمد یوسف اوغلاقچی و هندو بیگ قوچین و خسرو کوکلتاش و قوام بیگ اردوشاه و ولی خازن و قراقوزی و پیرقلی سیستانی و خواجه پهلوان بدخشی و عبدالشکور و جمعی دیگر از بهادران تهوّرآئین تعیین شدند، و بر یسار ظفرقرین حضرت جهانبانی میر همه و محمدی کوکلتاش و خواجگی اسد جامه‌دار نامزد گشتند، و در برانغار از امرای هندوستان مثل خان خانان و دلاور خان و ملک داد کررانی و شیخ گهورن بآداب خدمت قیام نمودند.

۲۷۹ و جوانغار میمنت‌آثار سید مهدی خواجه و محمد سلطان میرزا و عادل سلطان بن مهدی سلطان و عبدالعزیز میرآخور و محمدعلی جنگ‌جنگ و قتلق‌قدم قراول و شاه حسین باربیگی و جان بیگ اتکه و از امرای هند جلال خان و کمال خان اولاد سلطان علاؤالدین و علی خان شیخزاده فرملی و نظام خان بیانه و جمعی دیگر از غازیان شجاعت‌پیشه و بهادران جلادت‌پرور کمر بندگی باخلاص کامل بستند.

The right flank of the center consisted of Chin Temür Sultan, 276
Mirza Sulaiman, Khwaja Dost Khawand, Yunus Ali, Shah Mansur
Barlas, Darwesh-Muhammad Sarban, Abdullah Kitabdar, Dost
Eshik-aqa, and other amirs.

In the left flank of the center were Ala'uddin son of Sultan 277
Bahlul Lodi, Shaikh Zain Khwafi, Amir Muhibb-Ali son of
Nizamuddin Ali Khalifa, Qoch Beg's brother Turdï Beg, Qoch
Beg's son Sherafgan, Arayish Khan, Khwaja Husain, and others.

The right wing was graced by H.H. Humayun; to his right 278
were Qasim-Husain Sultan, Ahmad Yusuf Oghlaqchi, Hindu
Beg Qauchin, Khusrau Kükältash, Qawam Beg Ordushah, Wali
Khazin, Qaraquzi, Pirqulï Sistani, Khwaja Pahlavan Badakhshi,
Abdul-Shakur, and other audacious champions. To his left were
assigned Mir Hama, Muhammadi Kükältash, Khwajagi Asad
Jamadar. Amirs from India in the right wing were the likes of
the Khankhanan, Dilawar Khan, Malikdad Karrani, and Shaikh
Ghuran.

The left wing consisted of Sayyid Mahdi Khwaja, Muham- 279
mad-Sultan Mirza, Mahdi Sultan's son Adil Sultan, Abdul-Aziz
Mirakhor, and Muhammad-Ali Jang-Jang, Qutlugh-Qadam
Qaravul, Shah-Husain Barbegi, Jan Beg Atäkä, and the India
officers, Sultan Ala'uddin's sons Jalal Khan and Kamal Khan,
Ali Khan Shaikhzada Farmuli, Nizam Khan of Bayana, and other
brave warriors serving with perfect loyalty.

۲۸۰ و جهت تولقمه تردی یکه و ملک قاسم برادر بابا قشقه و جمعی کثیر از مغول در جانب برانغار تعیین یافتند. و مؤمن اتکه و رستم ترکمان با جمعی از خاصان پادشاهی در طرف جوانغار نامزد شدند.

۲۸۱ و بطریقِ حزم موافقِ قانونِ غُزاتِ روم جهت پناه تفنگچیان و رعداندازان که در پیش سپاه دولت بودند صفّی از ارابه ترتیب نموده با زنجیر اتّصال دادند، و بجهت ترتیب و انتظام این صف نظام الدین علی خلیفه مقرّر شد، و سلطان محمد بخشی اعیان و ارکان افواج قاهره‌را در محال خود مقرّر داشته باستماع احکام پادشاهی که بالهام ربانی پیوند داشت در حضور اقدس ایستاده بود. و تواچیان و یساولان‌را باطراف و جوانب روانه میکرد و احکام و اوامر مطاعه‌را در ضبط و ربط عساکر اقبال بسرداران میرسانید.

۲۸۲ چون ارکان لشکر بآئین شایسته قایم گشته هرکس بجای خود استقرار گرفت، فرمان معلی شد که هیچکس بی‌حکم از محل خود حرکت ننماید و بی‌رخصت قدم در میدان محاربه ننهد. از روز یک پاس گذشته بود که آتش جنگ اشتعال یافت (شعر)

سپاه از دو سو جنبش انگیختند — شب و روز درهم درآمیختند
دهاده برآمد ز هر دو طرف — دو دریای کین بر لب آورده کف
شُمِ بادپایانِ فولادنعل — بخونِ دلیران زمین کرده لعل
جهاندار در موکبِ خاصِ خویش — خرامنده بر کبکِ رقّاصِ خویش

For the flank attack Turdï Yaka, Baba Qashqa's brother Malik   280
Qasim, and a group of Moghuls were assigned to the right wing.
Mu'min Atäkä, Rustam Türkmän, and a group of imperial elite
were in the left wing.

As reinforcement and protection for the musketeers and   281
cannoneers, who were in front of the army, a row of carts fastened
together with chains was made in accordance with the method
of Anatolian warriors, and for maintaining this line Nizamuddin
Ali Khalifa was stationed. Sultan-Muhammad Bakhshi assigned
the leaders and commanders of the army to their positions, and
he stood in the imperial presence to hear orders that would come
by divine inspiration. The sergeants of the muster and messen-
gers were sent in all directions, and they delivered orders and
commands to the officers for deployment of the troops.

Once the commanders were standing in right order and every-   282
one was in position, a royal command was given for no one to
move from his station without a direct order and for no one to
enter the battlefield without permission. One watch of the day
had elapsed when the fire of battle broke out.

> *From both sides the soldiers began to move; night and day*
> *   were mingled.*
> *Ten by ten they came from both directions; two seas of*
> *   vengeance frothed at the shore.*
> *Stallions' hooves sheathed in steel turned the ground ruby red*
> *   with the blood of the audacious.*
> *The ruler of the world pranced on his dancing steed amid his*
> *   elite corps.*

در برانغار و جوانغار چنان قتال عظیم شد که زلزله در زمین و ولوله در زمان افتاد، و جوانغار مخالف بجانب برانغار پادشاهی جنبش نموده بر خسرو کوکلتاش و ملک قاسم[۴۵] بابا قشقه حمله آورد. چین تیمور سلطان بحکم عالی بکمک ایشان رفت و مردانه دستبردی نموده مخالفان‌را برداشته قریب بعقبِ غولِ ایشان رسانید، و جلدوی این فتح بنام او مقرّر شد. و مصطفی رومی از غول حضرت جهانبانی ارابه‌هارا پیش آورد و به تفنگ و ضربزن آنچنان صفوف مخالف‌را درهم شکست که زنگ از آئینهٔ دلهای بهادران بزدود و وجود بسیاری از مخالفان با خاک هلاک برابر کرده بر باد فنا داد.

۲۸۳ و چون زمان زمان افواج اعدا از پی هم میرسیدند حضرت گیتی‌ستانی نیز مردم‌را چیده چیده از پی هم بکمک سپاه منصور میفرستادند. دفعةً قاسم حسین سلطان و احمد یوسف و قوام بیگ‌را فرمان شد و دفعةً محمدی کوکلتاش و خواجگی اسدرا حکم رسید. و بعد از آن یونس علی و شاه منصور برلاس و عبدالله کتابدار و از پس ایشان دوست ایشک‌آقا و محمد خلیل آخته‌بیگی بکمک مأمور شدند. و برانغار مخالف بکرّات و مرّات حمله بر جوانغار لشکر فیروزی‌اثر آورد و هر نوبت غازیان اخلاص‌نهاد بعضی‌را به تیربارانِ بلا زمیندوز میکردندو برخی‌را ببرق خنجر و شمشیر خاکستر میساختند. و مؤمن اتکه و رستم ترکمان بموجب حکم والا از عقب سپاه ظلمت‌آئین شتافتند، و ملا محمود و علی اتکه باشلیق ملازمان خواجه خلیفه بکمک آنها رفتند، و محمد سلطان میرزا و عادل سلطان و عبدالعزیز میرآخور و قتلق‌قدم قراول و محمدعلی جنگ‌جنگ و شاه حسین باربیگی مغول‌غانچی دست بمحاربه گشاده پای ثبات محکم کردند، و خواجه حسین با جماعت دیوانیان بکمک ایشان رفتند، و همه بهادران لشکر

There was such fighting in the right and left wings that the earth shook and the sky roiled. The left wing of the enemy moved toward the imperial right wing, charging Khusrau Kükältash and Baba Qashqa's Malik Qasim. By royal command Chin Temür Sultan went to assist them and, charging bravely, removed the foe and drove them back nearly to their own center. The laurel for this victory went to him. From H.H. Humayun's center Mustafa Rumi sent the carts forward, and with his guns and mortars he so broke the enemy lines that it removed the verdigris from the mirrors of heroes' hearts as he ground many of the foe into the dust of annihilation.

Since enemy troops were pouring in on each other's heels, H.M. also kept selecting men and sending them in as reinforcements. Once, Qasim Husain Sultan, Ahmad Yusuf, and Qawam Beg were ordered in, and once Muhammadi Kükältash and Khwajagi Asad received orders. Next Yunus Ali, Shah Mansur Barlas, and Abdullah Kitabdar—and after them Dost Eshik-aqa and Muhammad Khalil Akhtabegi—were ordered to assist. The right wing of the enemy charged and attacked the imperial left wing over and over, and every time the loyal warriors pinned some of them to the ground with a rain of arrows and reduced others to ashes with lightning bolts from their daggers and swords. In compliance with royal command, Mu'min Atäkä and Rustam Türkmän hastened to the rear of the dark forces. Khwaja Khalifa's men, led by Mulla Mahmud and Ali Atäkä, went to reinforce them. Muhammad-Sultan Mirza, Adil Sultan, Abdul-Aziz Mir-Akhor, Qutlugh-Qadam Qaravul, Muhammad-Ali Jang-Jang, and Shah-Husain Barbegi Moghul-Ghanchi began to fight and held their ground, and Khwaja Husain went to help them with a troop of administrators. All the champions of the

283

351

فیروزجنگ که عزیمت جانفشانی کرده همّت بجانستانی بسته بودند لوایِ گیرائیِ کامِ خود از انتقام دشمن بلند کردند، و چشمهٔ امید مخالفان‌را بخاک ناکامی انباشتند (شعر)

گره بر گره دستِ پیکان‌زنان | زره بر زره پشتِ روئین‌تنان
ز هر سو سنانهای خاراگذار | فرو بسته راهِ سلامت بخار
درخشنده شمشیرهایِ بنفش | ز دیده بصر میربود از درفش
غبارِ زمین کِلّه بر ماه بست | نفس‌را درونِ گلو راه بست

چون زمان کار و کارزار از بسیاریِ سپاهِ دشمن امتداد یافت بملازمان خاص پادشاهی که در پس ارابه مانند شیر در زنجیر بودند فرمان شد که از راست و چپِ غول بیرون آمده و جای تفنگچیان‌را در میان گذاشته از هر دو جانب کارزار نمایند. بموجب اشارهٔ والا جوانان شجاعت‌نهاد و دلاوران جلادت‌آئین چون شیران زنجیرگسل خودرا باختیار خود یافته داد دلیری و دلاوری دادند و چکاچک تیغ و شپاشاپ تیر بافلاک رسانیدند. و نادر العصر علیقلی با توابع خود در پیش غول ایستاده بود و در انداختن سنگ و ضربزن و تفنگ کارنامه‌ها بتقدیم میرسانید، و مقارن این حالت فرمان قضانفاذ وارد شد که ارابه‌های غول پیشتر روانه شوند، و آنحضرت خود بدولت و اقبال بجانب سپاه مخالف بعزم درست و همّت بزرگ نهضت فرمودند، و از اطراف و جوانب عساکر عالیه این معنی‌را مشاهده نموده بتموّجِ دریا جنبش نمودند و یکبارگی دلاوران اقبالمند حمله بر صفوف مخالفان آوردند.

victorious army were willing to sacrifice their lives, but, girding their loins to take lives, they raised the banner of intent to have their way over the foe, and they threw the dust of failure into the wellspring of the enemy's hopes.

> *Knot upon knot the hands of spear-wielders; link upon link*
> *the backs of the brazen-bodied.*
> *From every direction granite-splitting spears blocked the*
> *road of safety with thorns.*
> *Glittering crimson swords prevented eyes from seeing*
> *banners.*
> *Dust of the earth formed a curtain over the moon and blocked*
> *the way to breath in the throat.*

When the battle dragged on because of the great numbers of enemy forces, an order was given to the elite imperial soldiers, who were behind the carts like lions in chains, for them to emerge from the right and left of the center out to both sides of the musketeers and to fight from both sides. In compliance the brave warriors, finding themselves as free to do as they wanted as lions that had broken their chains, charged courageously and sent the whooshes of swords and whizzes of arrows to heaven. The rarity of the age Aliqulï and his men were standing in front of the center, performing exemplary feats in firing their mortars, cannons, and muskets. Just then an order was given for the carts of the center to be moved forward, and H.M. set out himself toward the enemy with determination. As the imperial soldiers witnessed this from all sides they moved like the swelling of an ocean and charged the ranks of the foe in unison.

۲۸۴ و در اواخر روز نایرهٔ قتال چنان اشتعال یافت که میمنه و میسرهٔ سپاه نصرت‌قرین میمنه و میسرهٔ لشکر خذلان‌نوردرا ربوده و رانده با قلب تیرهٔ مخالفان در یک محل فراهم آوردند. و بنحوی از صولت صدمات دلاوری بر آن گروه پریشان‌روزگار تاختند که همهٔ این تیره‌بختان دست از جان شسته و دل از زندگانی برگرفته بر جانب راست و چپ غول پادشاهی حمله آوردند و خودرا بغایت نزدیک رسانیدند. و غزات عالیدرجات بهمّت والا پای ثبات و قدم استقامت استوار داشته لطمات نبرد و صدماتِ مردانِ مرد بکار بردند و بتأیید آسمانی مخالف‌را مجال قرار و محلّ ضبط نماند. تا آن تیره‌بختانِ سیه‌روزگار بی‌اختیار عنان ثبات از کف تدبیر گذاشته رو بگریز نهادند، و ازین مصاف مردآزمائی نیم‌جانی بسلامت بردن صفت خود دانستند. نسایم فتح و ظفر بر اشجار اعلام دولت‌آثار وزیدن گرفت و غنچه‌های نصرت و تأیید از اغصان توکّل و تردّد بشکفتن آمد. لشکر مخالف بسیاری طعمهٔ تیغ خون‌آشام و تیر شاهین‌پرواز گشت، و خون‌گرفتهٔ چند که بقیّة السّیف بودند رخسارِ همّت غبارآلودِ ادبار ساخته خس و خاشاکِ وجودِ خودرا بجاروبِ هزیمت از میدانِ نبرد پاک رُفتند، و سراسیمه چون ریگِ روان گمگشتهٔ صحرایِ آوارگی شدند.

۲۸۵ حسن خان میواتی بضرب تفنگ در گرد فنا رفت، و راول ادیسنگ و مانک چند چوهان و رای چندربهان و دلیپ[۴۶] رای و کنکو و کرم سنگه و دونکرسی و بسیاری از سرداران کلان ایشان غبار راه عدم گشتند، و چندین هزار زخمی در زیر دست و پای بادپایان لشکر اقبال نیست و نابود شدند. محمدی کوکلتاش و عبدالعزیز میرآخور و علی خان و بعضی دیگررا بتعاقب رانا سانگا تعیین فرمودند.

Toward the end of the day the blaze of battle was still burn- 284
ing so brightly that the imperial right and left wings broke the
blathering enemy's right and left wings and drove them straight
into the dark heart of the foe. After suffering repeated blows, the
wretches washed their hands of their lives and attacked the right
and left of the imperial center, driving very far in. The exalted
warriors courageously held their ground and repelled them with
manly blows, and, with heavenly assistance, the foe was left with
no place to stand. As soon as the ill-starred wretches involuntarily
turned loose of the reins of determination and started to flee,
they realized that they could do no more than escape half alive
from this test of manliness. The breeze of victory and triumph
began to blow through the trees of imperial banners, and buds
of divine aid and assistance started blooming on the branches of
trust and action. Many of the enemy army had become morsels
for blood-thirsty swords and hawk-flighted arrows. A few escap-
ees, who were all that was left of the army, rubbed the dust of
failure on the cheek of ambition and swept the chaff of them-
selves from the field of battle with the broom of flight. Falling
over each other like shifting sands, they were lost in the desert
of the vanquished.

Hasan Khan Mewati went into the dust of annihilation from a 285
bullet shot. Rawal Udai Singh, Manik Chand Chauhan, Rai Chan-
drabhan, Dilip Rai, Gangu, Karam Singh Dungari, and many
great leaders became dust on the road to extinction. Several
thousand wounded were obliterated under the hooves of the
army's steeds. Muhammadi Kükältash, Abdul-Aziz Mirakhor,
Ali Khan, and several others were assigned to go in pursuit of
Rana Sanga.

۲۸۶ و حضرت گیتی‌ستانی فردوس‌مکانی کامیاب اقبال شده برین نصرت عظمی و عطیّهٔ علیا سجدات شکرگزاری حضرت باری (عزّ اسمُه) که گشاد و بستِ صوری و معنوی بازبستهٔ سلسلهٔ تقدیر اوست بجای آورده بنفس نفیس یک کروه از جنگگاه مخالفان‌را رانده پیشتر بردند تا آنکه شب درآمد و آن روز سیاه بود بر دشمنان و شبستان عشرت بر دوستان. همّت ارجمند از کار اعدا جمع ساخته و کوس کامیاب بلندآوازه کرده مراجعت فرمودند و بعد از گذشتن ساعتی چند از شب بمنزلگاه رسیدند. و چون تقدیر ایزدی نرفته بود که آن مخذول دستگیر شود از آن مردم که درپی گریخته‌ها نامزد شده بودند، اهتمام شایسته بظهور نیامد. آنحضرت میفرمودند که «وقت نازک بود. بامید کس نگذاشته مارا خود بایستی رفت.»

۲۸۷ شیخ زین صدر که از افاضل گرامی‌قدر بود تاریخ این فتح عالی‌را «فتحِ پادشاهِ اسلام» یافت، و میر گیسو از کابل نیز همین تاریخ نوشته فرستاده بود، و آنحضرت در واقعات میفرمایند که در فتوحات سابق نیز مثل این توارد در فتح دیپالپور شده بود که «وسط شهر ربیع الاول» دو کس تاریخ یافته بودند.

۲۸۸ چون فتحی چنین بهمّت کشورگشای روی نمود تعاقب سانگا نمودن و بولایت او شتافتن موقوف داشته تسخیر میوات پیشنهاد همّت والا شد. و محمدعلی جنگ‌جنگ و شیخ گهورن و عبدالملوک قورچی‌را با جمعی کثیر بر سر الیاس خان فرستادند که در میان دوآب سر فتنه برافراشته قصبهٔ کول‌را گرفته بود و کچک‌علی حاکم آنجارا در بند کرده. چون لشکر منصور نزدیک آمد او تاب مقاومت نیاورده بر کران شد. و چون موکب عالی بدارالخلافهٔ آگره رسید آن شوربخت پریشان‌روزگاررا گرفتار ساخته بدرگاه معلی آوردند و بیاسا رسید. و چون تسخیر میوات مصمّم ضمیر

Having succeeded in this great victory, H.M. Giti-Sitani   286
Firdaus-Makani prostrated himself in thanks to the creator for
having brought about spiritually and physically what lay latent
in the continuum of his destiny, and he himself went out, driving
the enemy one league from the battlefield until night fell, and
that was a black day for enemies and a night of celebration for
friends. His mind at ease concerning the enemy, he returned to
the loud sound of the drum of victory, and after a few hours of
the night had passed he went to his quarters. Since divine destiny
had not decreed that the chief of mischief be captured, the men
who had gone in pursuit of those who had fled from the battle
did not try hard enough. H.M. used to say, "It was a sensitive
moment. I should not have relied on anyone else. I should have
gone myself."

Shaikh Zain Sadr, a very learned man, invented the chrono-   287
gram "conquest of the emperor of Islam."[113] In Kabul, Mir Gesu
also wrote the same chronogram and sent it, and in his memoirs
H.M. says, "In past victories also such a coincidence occurred
for the conquest of Dipalpur, which two people invented as 'the
middle of the month of Rabi' I.'"[114]

Inasmuch as such a triumph had come about through   288
world-conquering psychic power, the pursuit of Rana Sanga into
his territory was put in abeyance, and the conquest of Mewat
became the focus of attention. Muhammad-Ali Jang-Jang,
Shaikh Ghuran, and Abdul-Maluk Qorchi were dispatched with
a large contingent against Ilyas Khan, who had raised his head in
rebellion in Mian Doab by seizing the city of Koil and imprison-
ing the governor, Kichik Ali. When the imperial troops were near,
he withdrew, unable to oppose them. When the imperial train
reached Agra, the miscreant was brought to court in chains and

جهان‌آرای بود بآن صوب شرف نهضت اتّفاق افتاد. چهارشنبه ششم رجب بنواحی الور که حاکم‌نشین میواتست نزول اجلال شد و خزاین الور در انعام حضرت جهانبانی اختصاص یافت. و چون این ملک نیز داخل ممالک محروسه شد بعزیمت انتظام ممالک شرقی رجوع بسمت مستقرّ خلافت روی نمود.

رخصتِ حضرتِ جهانبانی بکابل و بدخشان و نهضتِ موکبِ جهان‌نوردِ حضرتِ گیتی‌ستانی بمستقرِّخلافت

۲۸۹ چون انتظام ممالک کابل و بدخشان و استحکام آن ولایت بر ذمّت سلطنت علیا لازم بود و وقت مقتضی و از سال نهصد و هفده که خان میرزا بموت طبیعی رخت ارتحال ازین عالم بربست، حضرت گیتی‌ستانی بدخشان‌را بحضرت جهانبانی مکرمت فرموده بودند و اکثر ملازمان در آن خدمت اشتغال داشتند، لاجرم حضرت جهانبانی، طراز کشورستانی، گوهرِ تیغِ اقبال، فروغِ ناصیهٔ اجلال، عنوانِ مفاخر و معالی، طغرایِ مثالِ بیمثالی، قُرّة عیون السلطنة والخلافة، ابو النّصر نصیر الدّین محمد همایون‌را در سه کروهی الور نهم رجب این سالِ همایون‌فال رخصت آن ممالک فرمودند و در همین زودی توجه والا بر استیصال بین افغان که در زمان آشوب رانا لکهنؤرا محاصره نموده گرفته بود مصروف داشتند. و قاسم حسین سلطان و ملک قاسم بابا قشقه و ابوالمحمد نیزه‌باز و حسین خان و از امرای هندوستان علی خان فرملی و ملک داد کررانی و تاتار خان و خانجهان‌را بمحمد سلطان میرزا همراه ساخته فرستادند. و آن بخت‌برگشته باستماع

executed. Now that to subdue Mewat was the primary focus of H.M.'s attention, he set out in that direction. On Wednesday the sixth of Rajab [April 8, 1527] he camped in the vicinity of Alwar, the seat of Mewat, and the treasuries of Alwar were assigned to H.H. Humayun. When this territory had also entered the protected realm, he set out for the capital before going to put the lands to the east in order.

HIS HIGHNESS HUMAYUN IS SENT TO KABUL AND BADAKHSHAN, AND HIS MAJESTY GITI-SITANI'S IMPERIAL TRAIN GOES TO THE CAPITAL

Inasmuch as it was necessary to put affairs in Kabul and Badakhshan in order and to reinforce those territories, time was pressing, and in 917,[115] when Khan Mirza died a natural death, H.M. Babur gave Badakhshan to Humayun, and most of those attached to Khan Mirza joined his service. Consequently H.H. Humayun, the prototype of the conqueror, metal of the blade of fortune, splendor of the forelock of magnificence, title page of the record of great achievements, seal of the unparalleled edict, apple of the eye of the sultanate and caliphate, Abu'l-Nasr Nasiruddin Muhammad Humayun was given leave three leagues from Alwar on the ninth of Rajab of this year [April 11, 1527] to proceed thither, and soon thereafter H.M. went to turn his attention to reducing to naught the Afghan Babban, who had laid siege to Lucknow during the Rana's disturbance. Qasim Husain Sultan, Baba Qashqa's Malik Qasim, Abu'l-Muhammad Naizabaz, Husain Khan, and the India officers Ali

289

نهضت مواکب عالی اسباب و اشیای خودرا گذاشته نقد جان در کف گریخت. و آنحضرت در اواخر این سال سیر فتحپور و باری فرموده بفرّ قدوم عالی دارالخلافهٔ آگرهرا پایهٔ آسمانی بخشیدند. و در نهصد و سی و چهار بسیر کول کوچ فرموده از آنجا بشکار سنبل توجه گماشتند، و آن کوهستان دلگشارا تماشا کرده بدارالخلافه نزول اقبال فرمودند. و در بیست و هشتم صفر فخرجهان بیگم و خدیجه سلطان بیگم از کابل سعادت تشریف ارزانی داشتند، و آنحضرت بر کشتی سوار شده استقبال فرمودند و لوازم فتوّت بجای آوردند.

۲۹۰ و چون خبر متواتر میرسید که میدنی رای حاکم چندیری جمعیت میکند و رانا نیز استعداد پیکار مینماید و برای ادبار خود اسباب سرانجام میدهد، بنابرین بساعت سعادت‌افزای متوجه چندیری شدند و شش هفت هزار جوان جان‌نثار کارگزاررا همراه چین تیمور سلطان از حدود کالپی بر سر چندیری فرستادند. و صباح چهارشنبه هفتم جمادی الاولی فتح چندیری بر وجه دلخواه نقش بست، و «فتح دار الحرب» تاریخ این تأیید الهی است. و بعد از حصول این مأمول چندیری‌را باحمد شاه نبیرهٔ سلطان ناصرالدین عنایت فرمودند. و یکشنبه یازدهم جمادی الاولی مراجعت اتّفاق افتاد.

۲۹۱ از بعضی ناقلان ثقه مسموع شده است که پیشتر از توجه رایات بصوب چندیری رانا ارادهٔ طغیان نموده لشکر میکشید، و چون بایرج رسید آفاق نام ملازم حضرت گیتی‌ستانی فردوس‌مکانی آن‌را محکم ساخت، و آن سیه‌بخت آمده محاصره نمود. شبی یکی از بزرگان اورا در خواب بصورت مهیب ظاهر شده تهدید نمود چنانچه او از وحشت و دهشت آن خواب بیدار شد و لرزه بر اعضای او مستولی شده تب کرد و بهمان حال

Khan Farmuli, Malikdad Karrani, Tatar Khan, and Khan Jahan were attached to Muhammad-Sultan Mirza and dispatched. As soon as the wretched Babban heard that imperial troops had set forth, he abandoned his goods and fled to save his life. Around the beginning of this year H.M. toured Fatehpur and Bari and then returned to Agra. In 934 he toured Koil and then went hunting in Sambhal. Having seen those delightful hills, he returned to Agra. On the twenty-eighth of Safar [November 23, 1527] Fakhr-i-Jahan Begim and Khadija Sultan Begim came from Kabul, and H.M. chivalrously went out to greet them in a boat.

Since news was constantly coming in that Medini Rai, the ruler   290
of Chanderi, was assembling a force and the Rana was also making preparations for battle (and thereby getting things ready for his own downfall), H.M. set out at an auspicious hour for Chanderi, and six or seven thousand warriors under the command of Chin Temür Sultan were dispatched from Kalpi to Chanderi. On the morning of Wednesday the seventh of Jumada I [January 29, 1528] Chanderi was conquered as desired, "conquest of the realm of war" being the chronogram for this divine act of assistance.[116] After realizing this desire, H.M. turned Chanderi over to Ahmad Shah, Sultan Nasiruddin's grandson. On Sunday the eleventh of Jumada I [February 2] H.M. withdrew.

It has been heard from reliable sources that before the imperial   291
banners went to Chanderi, the Rana had formulated his wish to rebel and led his troops out. By the time he reached Irij, one of H.M.'s liege men named Afaq had raised the defenses. The wretched Rana came and laid siege. One night one of his nobles dreamed that a terrible form appeared to him and threatened him. Waking in terror and trembling, he had a fever and departed

مراجعت نمود. در اثنای راه سپاه اجل برو تاخت آورده ازین عرصه اورا هزیمت داد. و عساکر فیروزی‌مند از آب برهانپور میگذشت. بمسامع علیّه رسید که معروف و ببن و بایزید استیلا یافته‌اند و ملازمان درگاه قنوج‌را گذاشته براپری آمده‌اند و قلعهٔ شمس‌آبادرا از ابوالمحمد نیزه‌دار بزور گرفته‌اند. بنابر آن عنان عزیمت بآنحدود منعطف شد و جمعی از بهادران کارطلب‌را پیشتر روانه ساختند. بمجرد دیدن سپاهی زبانگیران پسر معروف از قنوج گریخت و ببن و معروف خبر نهضت موکب شاهی‌را شنیده از گنگ گذشته در برابر قنوج بطرف شرقی گنگ بخیال گذربندی نشستند. رایات عالیه کوچ بر کوچ رسید و روز جمعه سیوم محرم سال نهصد و سی و پنج میرزا عسکری که اورا از کابل بجهت مصلحت ملتان پیش از یورش چندیری طلب داشته بودند آمده بشرف ملازمت استسعاد یافت، و روز جمعه که عاشورا بود گوالیار مخیّم سرادقات جلال شد. و صبح آن تماشای عمارات راجه بکرماجیت و مانسنگه فرموده متوجه دارالخلافه شدند.

۲۹۲ پنجشنبه بیست و پنجم محرّم دارالخلافه بفرّ مقدم گرامی مورد سعادات شد. دوشنبه دهم ربیع الاول قاصدان حضرت جهانبانی از بدخشان آمدند و عرایض متضمن انواع خوشدلی و خرمی آوردند. مرقوم بود که از صبیّهٔ قدسیّهٔ یادگار طغایی در خانهٔ حضرت جهانبانی فرزندی شد و نام آن‌را الامان نهاده‌اند. چون این لفظ نزد عوام مشتبه بعبارتی ناسنجیده میشد خوش نیامد و نیز چون بی‌استرضای خاطر مقدّس بود پسندیده نیفتاد. رضاجوئی پدر و آنگاه چنین پدر و چنین پادشاه مثمر سعادات صوری و معنویست و نارضامندی باعث صد گونه ناپسندیدگی ظاهری و باطنی، و لهذا اگر در عالم اسباب شتافتنِ آن نوباوهٔ سلطنت‌را

in that state. Along the way the harbinger of death attacked him
and drove him from this field. The imperial forces were crossing
the river at Burhanpur when it reached the emperor's hearing
that Ma'ruf, Babban, and Bayazid had risen in rebellion, left the
imperial men in Kannauj, and gone to Rapri, where they had
taken the fortress of Shamsabad by force from Abu'l-Muham-
mad Naizabaz. Therefore H.M. turned his reins in that direction
and sent a detail of warriors in advance. As soon as they saw
the soldiers, Ma'ruf's son's spies fled from Kannauj, and when
Babban and Ma'ruf heard of the imperial forces' coming their
way, they crossed the Ganges and dug in opposite Kannauj east
of the Ganges, thinking they would prevent them from cross-
ing. The imperial banners arrived, and on Friday the third of
Muharram 935 [September 17, 1528] Mirza Askari arrived to
pay homage, having been summoned from Kabul to take care of
Multan before the Chanderi campaign. The next Friday, which
was Ashura [September 24], the imperial camp was pitched at
Gwalior. The next morning H.M. went to see Raja Bikramajit's
and Man Singh's buildings before returning to Agra.

On Thursday the twenty-fifth of Muharram [October 9, 1528]
the emperor arrived in Agra. On Monday the tenth of Rabi' I
[November 22] Humayun's messengers arrived from Badakhshan
with reports of great cheer. It was written that Yadgar Taghayï's
daughter had given birth to a son in Humayun's house, and they
had named him al-Aman. It did not please because this word
could be confused by the common people with an inappropriate
expression,[117] and also since it had not received prior approval
from H.M., it did not occasion pleasure. Obedience toward one's
father—and then such a father and such an emperor!—bears
fruits of worldly and spiritual happiness, while disobedience

292

ازین جهان گذران از همین نارضامندی دانند، در پیش مزاج‌دانان روزگار چه دور باشد؟

۲۹۳ و بالجمله چون دارالخلافه مستقرّ رایات عالیات شد باساطین دولت و سلاطین عزّت از امرای ترک و هند بآئین شگرف جشنی بزرگ ساخته در تصفیهٔ ملک شرق و اطفای نایرهٔ تمرّد ارباب عصیان کنگش فرمودند. و بعد از گفتگوی بسیار قرار بر آن یافت که پیشتر از توجه رایات عالیات میرزا عسکری با لشکری گران متوجه شرق شود و امرای آن طرف آب گنگ با لشکرهای خود همراه شده درین خدمت جهد عظیم بتقدیم رسانند. بموجب این قرارداد دوشنبه هفتم ربیع الآخر میرزا عسکری رخصت یافته متوجه شد و خود بسیر و شکار بسمت دهولپور توجه فرمودند.

۲۹۴ در سیوم جمادی الاولی خبر آمد که محمود پسر اسکندر بهاررا گرفته سر شورش دارد. از شکار مراجعت نموده بدارالخلافهٔ آگره نزول اقبال فرمودند و قرار یافت که خود نیز بدولت و اقبال یورش ممالک شرقیه فرمایند.

۲۹۵ درین اثنا قاصدان از بدخشان آمدند که حضرت جهانبانی لشکر آن اطراف‌را جمع نموده و سلطان ویس‌را بخود همراه ساخته با چهل و پنجاه هزار کس بر سر سمرقند عزیمت رفتن دارند و حرف صلح هم در میانست. در ساعت منشور عنایت شرف صدور یافت که «اگر کار از مصالحه نگذشته باشد تا صاف شدن مهم هندوستان صلح‌گونه نمایند» و در فرمان عطوفت‌تبیان طلب هندال میرزا و خالصه ساختن کابل مذکور بود، و نوشته بودند که «انشاء الله تعالی سبحانه چون کار هندوستان که قریب الاختتام است بانجام رسد مخلصان هواخواه کاردان فراخ‌حوصله‌را گذاشته خود متوجه ولایت موروثی خواهیم شد. باید که استعداد این یورش‌را جمیع بنده‌های آنحدود نموده منتظر موکب عالی باشند.»

occasions many external and internal discomforts. Therefore, if the fact that this royal infant quickly departed this transitory life be considered a result of this displeasure, how unlikely can it be in the view of those who know the temperament of this world?

In short, when the army returned to Agra a great celebration was given for the Turkish and Indian officers and deliberations were held on how to purge the east and quench the fire of rebellion. After much discussion it was decided that Mirza Askari and a large battalion would go to the east before the imperial army set out, and officers from the other side of the Ganges would join him in this effort with their soldiers. Based on this decision, Mirza Askari obtained permission and set forth on Monday the seventh of Rabi' II [December 19, 1528], and H.M. went hunting in Dholpur. 293

On the third of Jumada I [January 13, 1529] news came that Mahmud, son of Sikandar Lodi, had taken Bihar and rebelled. H.M. returned from the hunt to Agra and decided to undertake a campaign to the east himself. 294

At this time messengers came from Badakhshan to report that H.H. Humayun had assembled the forces of that territory, had attached Sultan Wais to himself, and had decided to launch a campaign against Samarkand with forty or fifty thousand men. There was also talk of a peace treaty. Immediately a decree was issued, saying, "If things have not gone beyond a treaty, arrange a truce until affairs in India are settled." Also in the imperial edict was a summons for Hindal Mirza and a declaration of Kabul as royal land. "God willing," he also wrote, "when things are finished in India, and they are near completion, we will station loyal, competent, patient supporters and come ourselves to our hereditary kingdom. All servants in that territory should make preparations for this campaign and await the imperial train." 295

۲۹۶ پنجشنبه هفدهم ماه مذکور خود بدولت و اقبال از آب جون عبور فرموده متوجه شرق‌رویه شدند، و درین روز ایلچیان نصرت شاه والی بنگاله پیشکشهای گرامی آورده اظهار بندگی نمودند.

۲۹۷ دوشنبه نوزدهم جمادی الاخری در کنار دریای گنگ میرزا عسکری سعادت ملازمت دریافت و حکم شد که میرزا با لشکر خود آن طرف آب فرود می‌آمده باشد و در نزدیکی کره خبر ویران شدن محمود خان پسر سلطان سکندر رسید و تا حدود غازیپور شتافته به بهوجپور و بهیه نزول اقبال فرمودند. و در آنجا ولایت بهار بمیرزا محمد زمان قرار یافت.

۲۹۸ و پنجم رمضان روز دوشنبه از بنگاله و بهار خاطرجمع فرموده بجهت دفع شر ببن و بایزید بجانب سروار نهضت اتفاق افتاد. مخالفان بافواج قاهره جنگ کرده شکست یافتند و آنحضرت خرید و سکندرپور سیر فرموده و خاطر ازین حدود جمع ساخته بایلغار متوجه دارالخلافهٔ آگره شدند و در اندک زمانی عرصهٔ آن مصر اقبال‌را از فرّ قدوم والا غیرت نزهت‌سرای مقدّس گردانیدند.

۲۹۹ و حضرت جهانبانی جنّت‌آشیانی تا یک سال در بدخشان عشرت‌پیرای خاطر سعادت‌مظاهر بودند. ناگاه بیکبار شوق محفل عالی حضرت گیتی‌ستانی که عالمی بود از کمالات صوری و معنوی، گریبانگیر شده بی‌اختیار عنان تماسک از دست داده و بدخشان‌را بمیر سلطان ویس که میرزا سلیمان بدامادیِ او انتساب داشت سپرده بجانب آن قبلهٔ اقبال و کعبهٔ آمال شتافتند چنانچه در یک روز بکابل رسیدند. میرزا کامران از قندهار بکابل آمده بود. در عیدگاه بملاقات آنحضرت سرور استسعاد یافت و حیران شده سبب توجه‌را پرسید. فرمودند «سلطان اشتیاق مرا کشان کشان میبرد. هرچند بدیدهٔ خیال جمال آن کعبهٔ آمال‌را همواره

On Thursday the seventeenth of the month [January 27, 1529] 296
H.M. crossed the Jumna and set out for the east. On the same day
envoys arrived from Nusrat Shah, the ruler of Bengal, bearing
valuable gifts and expressing their subservience.

On Monday the nineteenth of Jumada II [February 28, 1529], 297
on the banks of the Ganges, Mirza Askari attained the felicity
of paying homage, and an order was given for the prince and his
army to camp on the other side of the river. In the vicinity of
Kara came news of the defeat of Sultan Sikandar's son Mahmud
Khan. H.M. proceeded to the borders of Ghazipur and camped
at Bhojpur and Behea. There the province of Bihar was settled
upon Mirza Muhammad-Zaman.

On Monday, the fifth of Ramadan [May 13, 1529], H.M. set 298
out for Sarwar to deal with Babban and Bayazid's rebellion, his
mind at ease with regard to Bengal and Bihar. The rebels fought
a battle and were defeated. H.M. toured Kharid and Sikandarpur.
His mind at ease regarding these territories, he returned to Agra
at a gallop, and it was not long before he honored that metropolis
of fortune with his exalted advent.

H.H. Humayun enjoyed himself in Badakhshan for a year. All 299
at once, however, he was gripped by longing for H.M. Babur's
wonderful assembly, which was a world of material and spiritual
perfection, and, unable to control himself, he turned Badakhshan
over to Mir Sultan-Wais, whose son-in-law Mirza Sulaiman was,
and set out for that qibla of fortune and Kaaba of hopes, reaching
Kabul in one day. Mirza Kamran had gone to Kabul from Kanda-
har, and, receiving the prince in the idgah, he asked in aston-
ishment why he had come. "Longing is pulling me," he replied.
"Although I contemplated the beauty of that Kaaba of hopes with
the eye of imagination, and in absentia I envisioned to myself

367

مطالعه میکردم و غایبانه لقای جانفزای آن قبلهٔ اقبال‌را مشاهده مینمودم اما رتبهٔ عیان‌را حالتیست که بیان بکنه آن نتواند رسید.»

و میرزا هندال‌را از کابل بحراست بدخشان رخصت فرمودند و از آنجا قدم عزیمت در رکاب همّت آورده و توسن شوق‌را در شاهراه عزیمت گرم ساخته باندک فرصتی بدارالخلافهٔ آگره که از فرّ پایهٔ اورنگ پادشاهی سجده‌گاه سعادتمندان روی زمین گشته بود رسیده بسعادت ملازمت کامیاب گشتند.

۳۰۰ از غرایب حالات آنکه حضرت گیتی‌ستانی با والدهٔ ماجدهٔ ایشان بر تخت نشسته بحرف و حکایت ایشان مشغول بودند که ناگاه کوکب درخشان از مطلع بدخشان سر زده بر منوال نجم سعادت فروزان شد. دلها گلشن و دیده‌ها روشن گشت. مقرّر است که هر روز شهریاران عید است اما آن روز از قدوم مسرّت‌بخش حضرت جهانبانی جشن عیدی دیگر ترتیب یافت که فهرست روزنامهٔ دولت و تاریخ عنوان مسرت توان ساخت.

۳۰۱ و میرزا حیدر در تاریخ رشیدی نوشته که در سال نهصد و سی و پنج حضرت جهانبانی بموجب طلب حضرت گیتی‌ستانی فردوس‌مکانی متوجه هندوستان شدند و فقرعلی‌را در بدخشان گذاشتند. و در آن ایام قرّة‌العین سلطنت میرزا انور برحمت ایزدی پیوسته بود، و آنحضرت‌را ازین واقعه اندوهی عظیم رو داده. مقدم گرامی حضرت جهانبانی‌را تسلی‌بخش خاطر اشرف ساختند و حضرت جهانبانی مدّتی در ملازمت آنحضرت بهره‌مند دین و دولت بودند و آنحضرت با ایشان مصاحبانه سلوک میکردند و بارها بزبان مقدّس ایشان میرفت که «همایون مصاحب بی‌بدلیست» و الحق انسان کامل عبارت از وجود اقدس آنحضرت بود.

the countenance of that qibla of fortune, to behold it in person is something that cannot be expressed." He sent Mirza Hindal from Kabul to guard Badakhshan, and, riding the steed of longing hard down the highway of determination, in a short time he reached Agra, which had become, on account of the glory it possessed from the feet of the imperial throne, a place toward which all the fortunate of the face of the earth prostrated themselves.

Among the strange things that happened was that H.M. Babur   300
was sitting on the throne with Humayun's mother, engaged in conversation, when suddenly a brilliant star rose over the direction of Badakhshan and shone with the glory of a lucky star. Hearts were gladdened, and eyes were brightened by it. Of course, every day with princes is a holiday, but that day was turned into a celebration of a different sort by the arrival of H.H. Humayun, and one that was to be remembered.

Mirza Haidar writes in his *Tarikh-i-Rashidi* that in the year   301
935 [1528–29] H.H. Humayun set out for India by summons from H.M. Babur, and he left Faqir-Ali in Badakhshan.[118] It was around then that the darling of the throne, Mirza Anwar,[119] went to God's mercy, and H.M. was greatly saddened by this event. Humayun's coming was a consolation to him, and the prince remained with him for a time. H.M. acted with him as he would with a friend, and he always used to say, "Humayun is a companion without equal." In truth, the words "perfect man" express his regal being.

۳۰۲ و چون از بدخشان متوجه هندوستان شدند سلطان سعید خان که از خواتین کاشغر است و نسبت خویشی دارد و با اینهمه بملازمت حضرت گیتی‌ستانی فردوس‌مکانی آمده رعایتها و تربیتها یافته بطلب سلطان ویس و دیگر امرای بدخشان بخیال خام خود رشید خان‌را در یارکند گذاشته متوجه بدخشان شد. و پیشتر از آنکه او ببدخشان آید میرزا هندال ببدخشان رسیده قلعهٔ ظفررا عشرتگاه خود ساخته بود. سعید خان سه ماه محاصرهٔ قلعه نموده بی‌بهره بکاشغر مراجعت نمود. و در هندوستان بموقف عرض حضرت گیتی‌ستانی چنان رسید که کاشغریان آمده بدخشان‌را متصرف شدند. آنحضرت بجهت انتظام مهام بدخشان خواجه خلیفه‌را حکم رفتن فرمودند. خواجه از معامله‌نافهمی تقاعد نمود. آنحضرت بحضرت جهانبانی که با بخت جوان و دولت بیدار در حریم حضور کامیاب سعادت بودند فرمودند که «در رفتن خود چه صلاح می‌بینید؟»

۳۰۳ ایشان عرض کردند که «از محرومی سعادت حضور آزار کشیده‌ام و نذر کرده‌ام که دیگر باختیار خود حرمان بر خود نپسندم، و امتثال حکم اقدس‌را چاره نیست.» بنابر آن میرزا سلیمان‌را رخصت بدخشان فرمودند و بسلطان سعید نوشتند که «باوجود چندین حقوق صدور این امر بغایت عجب نمود. اکنون میرزا هندال‌را طلبیدیم و میرزا سلیمان‌را فرستادیم. اگر حقوق منظور داشته بدخشان‌را بسلیمان میرزا که نسبت فرزندی دارد بدهند بموقع خواهد بود و الا ما از ذمّت خود ساقط کرده میراث‌را بوارث سپردیم. دیگر ایشان دانند.»

۳۰۴ و میرزا سلیمان پیش از آنکه بکابل رسد بدخشان از آسیب بداندیش محروس و مصون بوده محل امن و امان شده بود چنانچه گذارش یافت. و چون میرزا سلیمان ببدخشان رسید هندال میرزا بموجب حکم عالی

When Humayun set out for India from Badakhshan, Sultan-
Sa'id Khan, who was one of the khans of Kashgar and closely
related to the royal house,[120] joined H.M.'s retinue and was
promoted and patronized. At the instigation of Sultan Wais and
other amirs of Badakhshan he left Rashid Khan in Yarkand for
his own vain ambitions and set out for Badakhshan. Before he
got there, Mirza Hindal arrived in Badakhshan and made Zafar
Fort his own pleasure palace. Sa'id Khan besieged the fortress for
three months and then returned in failure to Kashgar. In India
it was reported to H.M. Babur that the Kashgaris had come and
taken control of Badakhshan. To put the affairs of Badakhshan
in order, H.M. ordered Khwaja Khalifa to go, but the khwaja
declined out of incompetence. He then said to H.H. Humayun,
who was enjoying the royal presence, "Do you think it politic for
me to go myself?"

"I have been deprived of Your Majesty's presence," he replied,
"and I have vowed never to deprive myself again if I can help it.
However, an imperial command must be obeyed." Therefore, he
gave Mirza Sulaiman leave to go to Badakhshan, and he wrote to
Sultan-Sa'id, saying, "In view of all we have done for you, your
actions appear most strange. Now we have summoned Mirza
Hindal and sent Mirza Sulaiman. If you are loyal and turn over
Badakhshan to Sulaiman Mirza, who is like a son to us, it will be
well; otherwise we will be absolved of our responsibility to you
and will give the heir his legacy. Know this to be so."

Before Mirza Sulaiman reached Kabul, Badakhshan had been
protected from malevolence and enjoyed peace and prosperity,
as has been reported. When Mirza Sulaiman reached Bada-
khshan, Hindal Mirza obediently turned the province over to
Mirza Sulaiman and went to India. Some time later, when H.H.

بدخشان‌را بمیرزا سلیمان سپرده خود متوجه هندوستان شد. و آنحضرت حضرت جهانبانی‌را بعد از چندگاه که در ملازمت بودند به سنبل که بجایگیر ایشان مقرّر بود رخصت فرمودند و تا شش ماه در سنبل کامیاب عیش و عشرت بودند تا آنکه عارضهٔ تب بر مزاج اعتدال‌امتزاج ایشان طاری شد و رفته رفته بامتداد کشید. حضرت گیتی‌ستانی فردوس‌مکانی ازین خبر جانکاه بیقرار شده از فرط عطوفت فرمودند که بدهلی آرند و از آنجا بکشتی روانه سازند تا در حضور طبیبان حاذق معالجه نمایند و جمعی کثیر از اطبّای دانا که در پای تخت حاضرند باستصواب افکار در علاج همّت گمارند. در اندک فرصتی براه دریا قدوم گرامی ارزانی داشتند. هرچند تدبیر در معالجات بکار بردند و تدبیرات صحیح نمودند مزاج از انحراف بصحّتِ زایله رجوع نکرد.

۳۰۵ و چون مرض مزمن گشت روزی در آن طرفِ آب جون نشسته باتفاق دانایان عصر اندیشهٔ معالجه میفرمودند. میر ابوالبقا که از اعاظم افاضل آن روزگار بود بعرض رسانید که «از خردپروران پیشین چنان رسیده که در امثال این امور که اطبّای صوری از معالجهٔ آن عاجزند چارهٔ کار چنین دیده‌اند که بهترینِ اشیارا تصدّق نموده صحّت از درگاه الهی مسألت نمایند.»

۳۰۶ حضرت گیتی‌ستانی فرمودند که «بهترینِ چیزها نزدیک همایون منم. و بهتر ۴۷ و شریفتر از من همایون چیزی ندارد. من خودرا فدای او میسازم. ایزد جهان‌آفرین قبول کناد.»

Humayun was in attendance upon H.M., he obtained leave to go to Sambhal, which had been given to him as an appanage. He enjoyed himself in Sambhal for six months, but suddenly he fell ill, and the illness dragged on. H.M. Babur was upset by this disturbing news and ordered that he be taken to Delhi and then brought by boat to Agra so that skilled court physicians could treat him. He arrived shortly thereafter by boat, but no matter what treatments were tried, he failed to recover.

When the illness became chronic, H.M. was seated on the other side of the Jumna one day, discussing treatment with the learned men of the age. Mir Abu'l-Baqa, one of the wisest men of his time, said, "It has reached us from ancient sages that in such cases, when physicians are incapable of treatment, the only remedy is to give in alms the best thing one has and request health from the divine court."   305

"The best thing Humayun has is me," said H.M. "Humayun has nothing better or nobler than me. I will sacrifice myself. May God the creator of the world accept me."   306

۳۰۷ خواجه خلیفه و دیگر مقرّبان بساط والا بعرض اشرف رسانیدند که «ایشان بعنایت الهی صحّت عاجل خواهند یافت و در سایهٔ دولت آنحضرت بعمر طبیعی خواهند پیوست. این حرف چرا بر زبان اقدس میگذرانند؟ مقصود از آنچه از بزرگان پیشین نقل افتاده آنست که بهتریِ مالِ دنیا تصدق نمایند. پس همان الماس بی‌بها که از مواهب غیبی در جنگ ابراهیم بدست افتاده بود و آن‌را بایشان عنایت فرموده‌اند تصدق باید کرد.»

۳۰۸ فرمودند «مال دنیا چه وقع دارد؟ و عوض همایون چون تواند شد؟ خودرا فدای او میکنم که کار برو سخت شده و طاقت از آن گذشته که بی‌طاقتی اورا توانم دید و این همه رنج اورا توانم تاب آورد.»

۳۰۹ آنگاه بخلوت مناجات درآمده شغل خاصی که این طبقهٔ قدسیّه‌را میباشد بجای آورده سه بار بر گرد حضرت جهانبانی جنّت‌آشیانی گشتند. چون دعوت ایشان بعزّ اجابت پیوسته بود اثر گرانی در خود یافته فرمودند «برداشتیم، برداشتیم.» فی الفور حرارت غریبه عارض بدن آنحضرت شد و در عنصر حضرت جهانبانی خفّتی طاری گشت چنانچه در اندک فرصتی صحّت کامل روی نمود و ذات معلی‌صفات حضرت گیتی‌ستانی فردوس‌مکانی زمان زمان گرانتر میشد تا بحدّی رسید که اختلال در مزاج تزاید و تضاعف گرفت و امارات رحلت و انتقال از وجنات حال هویدا گشت تا آنکه با دل بیدار و باطن حقیقت‌بین ارکان دولت و اعیان مملکت‌را احضار فرموده دست بیعت خلافت‌را بر دست همایونی نهاده بجانشینی و ولیعهدی خود نصب فرمودند و بر تخت خلافت جلوس داده خود در پایهٔ سریر خلافت‌مصیر صاحب‌فراش گشتند.

Khwaja Khalifa and the other courtiers said, "By divine favor, 307 he will soon regain his health and live a natural life in the shadow of Your Majesty's favor. Why are you saying such things? What is meant by what was reported from ancient sages is that one should give in alms the best of one's worldly possessions. That priceless diamond, which was miraculously obtained during the battle with Ibrahim, and which you gave him, should be given in alms."

"What profit do worldly goods have?" he replied. "How can 308 such things compensate for Humayun? I will sacrifice myself. He is suffering, and I can no longer bear to see him suffer and in pain."

Then he conversed with God in private, performed the special 309 acts that pertain to this holy class, and walked around Humayun three times. When his prayer was accepted, he perceived a heaviness in himself and said, "I have lifted it! I have lifted it!" Immediately an unusual heat permeated his entire body, and an improvement swept over H.H. Humayun. In a short time he had recovered completely, while H.M. Babur's condition gradually degenerated until the disequilibrium in his temperament increased manifold and traces of imminent death could be perceived. With alert mind he summoned his ministers and nobles and pledged them to acknowledge Humayun as his heir and successor. Thus enthroning Humayun, he took to his bed at the foot of the imperial throne.

۳۱۰ خواجه خلیفه و قنبرعلی بیگ و تردی بیگ و هندو بیگ و جمعی کثیر در ملازمت حضرت بودند. نصایح بلند و وصایای گرامی که سرمایهٔ دولت ابدی و پیرایهٔ سعادت جاودانی بود بجای آوردند و بداد و دهش و عدل و احسان و تحصیل رضای الهی و رعایت رعایا و نگهبانی خلایق و عذر پذیرفتنِ مقصّران و گذراندنِ جرایم گنهکاران و رعایت حزم کارآگهان و از پا انداختنِ سرکشان و ستمکاران رهنمونی فرمودند. و بر زبان اقدس راندند که «خلاصهٔ وصایای ما آنست که قصد برادران نکنید هرچند سزاوار آن گردند.» و الحق پاسِ انفاسِ وصیّتِ آنحضرت بود که حضرت جهانبانی جنّت‌آشیانی چندین جفاها از اخوان کشدند و بانتقام نکوشیدند چنانچه از سوانح احوال روشن خواهد شد.

۳۱۱ و در هنگام اشتداد مرض حضرت گیتی‌ستانی فردوس‌مکانی میر خلیفه از آنجا که عالم بشریت است بواسطهٔ توهمی که از حضرت جهانبانی بخاطر او راه یافته بود کوتاه‌اندیش گشته میخواست که مهدی خواجه‌را بسلطنت بردارد، و خواجه نیز از تباه‌رأیی و بدمستی و نامعامله‌فهمی بخود خیال باطل راه داده هر روز بدربار آمده هنگامهٔ هجوم گرم میساخت. آخر الامر بوسیلهٔ درست‌گویان دوربین میر خلیفه براه راست آمده ازین اندیشه باز آمد و خواجهٔ مذکوررا منع کرد که بدربار حاضر نشود و منادی کردند که کسی بخانهٔ او نرود و بتأیید الهی کار بجای خویش و حق بمرکز خود قرار گرفت.

۳۱۲ و بتاریخ ششم جمادی الاولی نهصد و سی و هفت در چهار باغی که بر لب آب جون در دارالخلافهٔ آگره سرسبز کردهٔ آن بهار اقبال بود این عالم بیوفارا پدرود کردند. فضلای عهد در تواریخ و مراثیِ آنحضرت قصاید و تراکیب گفتند. از آنجمله مولانا شهاب معمّائی این مصراع‌را تاریخ یافته (مصراع)

Khwaja Khalifa, Qambar-Ali Beg, Turdï Beg, Hindu Beg, and   310
many others were in attendance. He gave them sage advice that
would ensure eternal felicity and advised them to practice gener-
osity, justice, and equity, to work for divine pleasure, to shepherd
their subjects, to protect the people, to accept the apologies of
those who failed in their duty, to pardon the faults of transgres-
sors, to patronize the competent, and to overthrow the rebellious
and tyrannical. He said, "The heart of all our commandments
is that you not attack your brothers, no matter how much they
may deserve it." In truth, it was H.M. Humayun's observance of
the letter of H.M. Babur's will that led to his suffering so much
cruelty from his brothers, but he never tried to take revenge, as
future events will show.

At the height of H.M. Babur's illness, Mir Khalifa—being   311
only human after all—grew shortsighted out of a fear of H.H.
Humayun that had crept into his mind and wanted to elevate
Mahdi Khwaja to the throne.[121] The khwaja too, out of delusion,
intoxication, and rashness, allowed himself to contemplate such
a ridiculous notion. Coming to court every day, he tried to force
his way in, but finally Mir Khalifa was set on the right path by
farsighted and truthful men and gave up the idea. Mahdi Khwaja
was banned from court, and it was heralded that no one was to go
to his house. Thus, with divine assistance, everything returned
to normal and the right thing was done.

On the sixth of Jumada I 937 [December 26, 1530], in a garden   312
that had been built by H.M. on the banks of the Jumna at Agra, the
emperor bade this faithless world farewell. The learned men of
the age produced chronograms, elegies, and odes. One of them,
Maulana Shihab Mu'amma'i, produced the following chrono-
grammatic hemistich:

همایون بود وارثِ ملکِ وی

محالست که کمالات ذاتی و صفاتی آن ذات قدسی‌آیات بدفترها گفته آید. مجملش آنکه اصول هشتگانۀ جهانبانی‌را که اول بختِ بلند باشد، دوم همّت ارجمند، سیوم قدرت کشورگشائی، چهارم ملکداری، پنجم کوشش در معموری بلاد، ششم صرف نیّت بر رفاهیت عباد، هفتم خوشدل ساختن سپاهی، هشتم ضبط ایشان از تباهی بتمام و کمال بر وجه مستوفی داشتند.

۳۱۳ و در فضایل مکتسبۀ متعارفۀ رسمیۀ روزگار نیز سرآمد بودند و آنحضرت‌را در نظم و نثر پایۀ عالی بود، خصوصاً در نظم ترکی. و دیوان ترکی آنحضرت در نهایت فصاحت و عذوبت واقع شده و مضامین تازه در آن مندرجست، و کتاب مثنوی که مبین نام دارد تصنیفیست مشهور، و نزد زباندانان این لغت بمزیّت تحسین مذکور، رسالۀ والدیۀ خواجه احراررا که دُردانه‌ایست از بحر معرفت در سلک نظم کشیده‌اند و بغایت مطبوع آمده، و واقعات خودرا از ابتدای سلطنت خود تا حال ارتحال از قرار واقع بعبارت فصیح و بلیغ نوشته‌اند که دستورالعملیست بجهت فرمانروایان عالم و قانونیست در آموختن اندیشه‌های درست و فکرهای صحیح برای تجربت‌پذیران و دانش‌آموزان روزگار، و آن دستور العملِ دولت و اقبال‌را بموجب حکم جهانمطاع شهنشاهی بتاریخ سی و چهار الهی وقتیکه رایات عالیات از گلگشت بهارستان کشمیر و کابل مراجعت فرموده بود میرزا خان خانخانان بن بیرم خان بفارسی ترجمه نمود تا فیضِ خاص الخاصِ آن بعمومِ تشنه‌لبانِ رشحاتِ سعادت فایز شود و گنجِ پنهانِ او در نظرِ تهیدستانِ دانش آشکارا گردد.

Humayun is the heir to his kingdom.[122]

It is impossible for the innate perfection of that regal personage to be recorded in volumes. A mere summary is that he possessed to perfection the eight principles of world rule: (1) good luck, (2) great purpose, (3) the power of world conquest, (4) administrative ability, (5) effort to improve cities, (6) devotion to the welfare of his subjects, (7) the ability to make his soldiers happy, and (8) the power to restrain the military from destructiveness.

He was also outstanding in the acquired and learned accomplishments of the age. In poetry and prose he attained a high level, particularly in Turkish poetry. H.M.'s Turkish divan is extremely eloquent and articulate, and it contains fresh conceits.[123] The *mathnawi* called *Mubin* is a well-known composition, and it is mentioned with praise by the knowledgeable.[124] He versified Khwaja Ahrar's *Walidiyya* treatise, a pearl from the sea of knowledge, and it is extremely pleasing. He wrote his own experiences, from the time he became ruler until his death, in an expressive and eloquent style, and it is a handbook for rulers of the world and a manual for teaching correct ideas and sound thoughts to students. By imperial command in the thirty-sixth year of the reign, when the imperial banners were returning from Kashmir and Kabul, this manual of good fortune was translated into Persian by Mirza Khan Khankhanan, son of Bayram Khan, so that its most especial effulgence might reach the generality of those thirsty for drops of felicity and so that its hidden treasures might come into the plain view of those deprived of knowledge of it.[125]

313

و آنحضرت در فنون موسیقی نیز دستگاه والا داشتند و همچنین بزبان فارسی نیز اشعار دلپذیر دارند، از آنجمله این رباعی از واردات طبع فیّاض آنحضرتست (رباعی) ۳۱۴

درویشـــان‌را گرچه نه از خویشـــانیم لیک از دل و جان معتقدِ ایشانیم
دور است مگوی شاهی از درویشـــی شـاهـیـم ولــی بـنـده درویـشـانـیـم

و این دو مطلع نیز از اشراقات ضمیر انور است (مطلع اول)

هلاک میکنـــدم فرقتِ تـــو دانســـتم وگـرنـه رفتن ازیـن شهر می‌توانستم

(مطلع دوم)

تا بـــزلفِ ســـــهیش دل بســــــتم از پـــریـــشـــانـــیِ عـــالـــم رســتـم

و آنحضرت‌را در عروض رسایل شریفست و از آنجمله کتابیست مفصّل که شرح فن تواند بود.

و از آنحضرت چهار فرزند سلطنت‌پیوند و سه دختر بلنداختر ماندند. اول حضرت جهانبانی نصیرالدّین محمد همایون پادشاه، دوم کامران میرزا، سیوم عسکری میرزا، چهارم هندال میرزا. صبیات قدسیات گلرنگ بیگم، گلچهره بیگم، گلبدن بیگم. این هر سه از یک والده‌اند. ۳۱۵

H.M. also had a special talent for the musical arts, and he   314
produced pleasing poems in the Persian language. One of the
products of his distinguished poetic talent is the following
quatrain:

Although we are not kin to dervishes,
We believe in them with all our heart and soul.
Do not say that kingship is remote from dervishdom:
We are king, but we are a slave to dervishes.

The following two first lines of ghazals are among his flashes of
inspiration. One is this:

I realized separation from you would kill me; otherwise I
would have been able to leave this city.

The other is:

From the moment I bound my heart to his elegant locks, I
escaped the frenzy of the world.

H.M. also has treatises on prosody, and one of them is a book
called *Mufassal,* which is a full explanation of the art.

H.M. had four sons and three daughters:[126] H.M. Jahanbani   315
Nasiruddin Muhammad Humayun Padishah, Kamran Mirza,
Askari Mirza, and Hindal Mirza. His daughters Gulrang Begim,
Gulchihra Begim, and Gulbadan Begim were all three by one
mother.[127]

۳۱۶ و از اجلّهٔ اهل صحبت و ارباب قرب و اصحاب کمال که در بساط عزّت حضرت فردوس‌مکانی کامیاب سعادت بودند یکی میر ابوالبقاست که در علم و حکمت پایهٔ بلند داشت.

۳۱۷ دیگر شیخ زین صدر، نبیرهٔ شیخ زین الدین خوافی بدو واسطه: علوم متعارفه ورزیده بود و حدّت طبع داشت و از نظم و انشا آگاه بود و بدوام صحبت آنحضرت امتیاز داشت و در ایام دولت حضرت جهانبانی جنّت‌آشیانی امارت هم یافته بود.

۳۱۸ دیگر شیخ ابوالوجد فارغی، خال شیخ زین: خوش‌صحبت و خوش‌طبع بود و شعری میگفت.

۳۱۹ دیگر سلطان محمد کوسه: لطیف‌طبع و شعرشناس بود. از مصاحبان میر علی شیر و در ملازمت معزّز میزیست.

۳۲۰ دیگر مولانا شهاب معمّائی، حقیری تخلص: از علم و فضل و شعر نصیبهٔ وافر داشت.

۳۲۱ دیگر مولانا یوسفی طبیب: اورا از خراسان طلب فرموده بودند. در مکارم اخلاق و میمنت دست و مزید توجه ممتاز بود.

۳۲۲ دیگر سرخ وداعی: کهنه شاعر بی‌تعیّن بود بفارسی و ترکی شعر میگفت.

۳۲۳ دیگر ملا بقائی بود: در شعر سلیقهٔ درست داشت. در زمین مخزن بنام نامی آنحضرت مثنوی گفته است.

One of the most outstanding of the courtiers who enjoyed his intimacy was Mir Abu'l-Baqa, who held a high rank in religious learning and philosophy. 316

Another was Shaikh Zain Sadr, who was a great-grandson of Shaikh Zainuddin Khwafi on both sides. He practiced the acquired sciences and possessed a finely honed nature. He was skilled in poetry and prose composition and always enjoyed H.M.'s company. During H.M. Humayun's reign he also attained the rank of amir. 317

Another was Shaikh Abu'l-Wajd Farighi, the maternal uncle of Shaikh Zain. He was convivial and good-natured and composed poetry. 318

Another was Sultan-Muhammad Kosa, who possessed poetic talent and was a connoisseur of poetry. Formerly a companion of Mir Ali-Sher,[128] he lived as an honored member of H.M.'s retinue. 319

Another was Maulana Shihab Mu'amma'i, whose pen name was Haqiri. He possessed a large share of knowledge, learning, and poetic ability. 320

Another was the physician Maulana Yusufi. He was invited from Khurasan. He was outstanding for his good moral character, the effectiveness of his hands, and his great powers of concentration. 321

Another was Surkh Wida'i. An old-fashioned and unpretentious poet, he composed in Persian and Turkish. 322

Another was Mulla Baqa'i. He had good taste in poetry, and he composed a *mathnawi* in imitation of the *Makhzan,* dedicated to H.M.[129] 323

۳۲۴ دیگر خواجه نظام الدین علی خلیفه: در قدم خدمت و محرمیت و رزانت عقل و استقامت تدبیر در نظر آنحضرت مرتبهٔ عالی داشت و از فضایل و کمالات خصوصاً طب بهره‌مند بود.

۳۲۵ دیگر میر درویش محمد ساربان: مرید و منظور ناصرالدین خواجه احرار. در خوش‌صحبتی و فضیلت امتیاز داشت و در بارگاه مقدّس اعتبار تمام یافته بود.

۳۲۶ دیگر خواندمیر مورّخ: او فاضل و خوش‌صحبت بود و تصانیف مشهور چون تاریخ حبیب السّیر و خلاصة الاخبار و دستور الوزرا و غیره دارد.

۳۲۷ دیگر خواجه کلان بیگ: از امرای بزرگ و اهل نشست بود و در سنجیدگی اطوار و شایستگی فضایل ممتاز بود. برادرش کیچک خواجه مُهردار و معتمد خاص و اهل نشست بود.

۳۲۸ دیگر سلطان محمد دولدی: از امرای بزرگ بود و اخلاق پسندیده داشت.

۳۲۹ چون مقصود ازین شگرفنامه احوالِ سلسلهٔ علیّهٔ حضرت شاهنشاهیست، از احوال دیگران باز مانده شروع در قدسی اطوار حضرت جهانبانی جنّت‌آشیانی میکند و باختتامِ سرگذشتِ این بزرگان خودرا آمادهٔ احوال‌نویسیِ بزرگِ دین و دنیا و خدیوِ صورت و معنی میسازد.

Another was Khwaja Nizamuddin Ali Khalifa. He held the 324
highest rank in H.M.'s opinion on account of the length of his
service, his confidentiality, his fine mind, and his good planning
ability. He also possessed a share of learning, particularly in
medicine.

Another was Mir Darwesh-Muhammad Sarban. He had been 325
a favored disciple of Nasiruddin Khwaja Ahrar. He was a very
good conversationalist and quite learned, and he was of great
importance at court.

Another was the historian Khwandamir. He was learned and 326
a good conversationalist. He wrote well-known works like the
history *Habibu's-siyar*, *Khulasatu 'l-akhbar*, and *Dasturu'l-wu-
zara*.[130]

Another was Khwaja Kalan Beg. He was one of the great amirs 327
and a member of the emperor's inner circle. He stood out for
the measuredness of his conduct and the appropriateness of his
learning. His brother, Kichik Khwaja, was a seal keeper who was
especially trusted and was also a member of the emperor's inner
circle.[131]

Another was Sultan-Muhammad Dulday. He was one of the 328
great amirs and possessed a good moral character.

Since the goal of this book of marvels is to recount H.I.M.'s 329
exalted lineage, let us leave accounts of others and begin the
career of H.M. Jahanbani Jannat-Ashyani, and with the conclusion
of the adventures of these great men we will prepare ourselves for
recording the history of the great man of religion and the world,
our physical and spiritual lord.

حضرت جهانبانی جنت‌آشیانی
نصیر الدّین محمد همایون پادشاه غازی

۳۳۰ مظهرِ کراماتِ عالی، مصدرِ الهاماتِ متعالی، رافعِ سریرِ خلافتِ عظمی، ناصبِ لوایِ ریاستِ کبری، ملکبخشِ ممالک‌ستان، مسندنشینِ سعادت‌نشان، مؤسّسِ قوانینِ نصفت و عدالت، مرتّبِ براهینِ عظمت و جلالت، منبعِ عیونِ رأفت و احسان، موردِ انهارِ علم و عرفان، ابرِ مدرارِ صفوت و صفا، بحرِ موّاجِ فتوّت و وفا، حق گزینِ حقیقت‌شناس، کثرت‌آئینِ وحدت‌اساس، هم پادشاهِ درویش‌نصاب و هم درویشِ پادشاه‌خطاب، چمن‌پیرایِ نظامِ دین و دنیا، نخلبندِ بهارِ صورت و معنی، کرسیِ کرهٔ اسرارِ ابدی و ازلی، عضادهٔ اصطرلابِ حکمتِ علمی و عملی، در صعابِ ریاضت و منازلِ افاضت افلاطونِ یونانی، در فنونِ حکمت و مسالکِ همّت اسکندرِ ثانی، گوهرِ هفت دریا و فروغِ چهار گوهر، مطلعِ انوارِ اعظم و مشرقِ سعدِ اکبر، همایِ آسمان‌بالِ اوجِ بلندپروازی، نصیر الدّین محمد همایون پادشاه غازی (أنار اللهُ برهانَه).

۳۳۱ سبحان الله گویا بر نفسِ قدسی و نورِ قدوسی نقابِ بشری و جلبابِ عنصری انداخته بودند، میدانِ عبارت در تکاپوی مدایحش تنگست، و جولانِ اشارت از شهرستانِ مناقبش فرسنگ در فرسنگ، لله الحمد که نزدیک شد که بی‌اختیار دست از سلسلهٔ علیّه باز داشته در دامنِ مقصودِ حقیقی آویزم.

۳۳۲ اکنون شروع مجملی از وقایع بدایع حضرت جهانبانی جنت‌آشیانی می‌نمایم که هم مقدّمهٔ نزدیک مقصد دوربین منست و هم شرحِ احوالِ پیروِ پادشاه مرا متضمن، هم خدای مجازی این خدیو الهی‌را پرده‌گشائی

HIS MAJESTY JAHANBANI JANNAT-ASHYANI NASIRUDDIN MUHAMMAD HUMAYUN PADISHAH GHAZI

Manifestation of sublime gifts, source of divine inspiration, 330
he who elevates the throne of the great caliphate, raiser of the
banner of ultimate leadership, realm-seizing king-maker, felic-
itous occupier of the throne, legislator of justice and equity,
a cloud that rains down purity, a churning sea of chivalry and
loyalty, recognizer of the truth, upholder of various customs
based on monotheism, both dervish-like emperor and dervish
with the title of emperor, gardener of order in religion and the
world, designer of spiritual and physical spring, center of the
globe of eternal mysteries, master of the astrolabe of theoretical
and practical wisdom, a Plato in physical and metaphysical prob-
lems, a second Alexander in the arts of wisdom and the ways of
high-mindedness, pearl of the seven seas and splendor of the four
elements, rising point of the lights of greatest magnitude and
the greater felicity, a phoenix that soars to the heights on wings
covering the sky, Nasiruddin Muhammad Humayun Padishah
Ghazi—may God illuminate his specter.

God be praised! It is as though a veil of humanity and a robe of 331
elementality was cast over a holy soul and divine light. The field
of expression is too constricted to run the gamut of his praise.
The arena of metaphor falls many leagues short of the city of his
qualities. Thank God the time has finally come for me to leave
the exalted lineage and take up the real purpose of this work.

I will now begin a summary account of the marvelous career of 332
H.M. Jahanbani Jannat-Ashyani, which both forms an immediate
preface to my ultimate goal and includes a preliminary account

کرده تشنه‌لبان دانائی‌را بزلال معرفت سیراب میسازم و هم خودرا تشنه‌جگر بساحل دریای شرح شمایل قدسیهٔ این کامل الذّات نزدیک میگردانم. حاشا حاشا بیان کمالات این جوهر فرد کجا از مثل منی آید؟ ثناگوی او مثل اوئی می‌باید. های های آن گوهر یکتای دریای معرفت‌را مثل کجاست؟ سخن خودرا آبی میدهم، و برای خود کاری میکنم، دل‌را آشنای معرفت میسازم، و زبان‌را جلای معنی می‌بخشم. ای جویای دریافت سوانح، آگاه باش و پذیرای سخن شو که ولادت باسعادت حضرت جهانبانی جنت‌آشیانی شب سه شنبه چهارم ماه ذیقعده نهصد و سیزده در ارگ کابل از بطن مقدّس حضرت قدسی‌قباب پرده‌نشین سرادقات عفاف ماهم بیگم واقع شد. و آن عفت‌پناه از دودمان اعیان و اشراف خراسانند و بسلطان حسین میرزا نسبت خویشی دارند. و از بعضی ثقات شنیده شد که چنانچه نسبت والای والدهٔ ماجدهٔ حضرت شاهنشاهی بحضرت شیخ جام میرسد نسبت عالی آن قدسی‌قباب نیز بهمان سلسلهٔ مقدّسه منتهی میشود. حضرت گیتی‌ستانی فردوس‌مکانی وقتیکه بپرسش فرزندان سلطان حسین میرزا در هرات نزول اقبال ارزانی داشتند آن عصمت‌قباب‌را در حبالهٔ عقد درآورده بودند. مولانا مسندی تاریخ ولادت آنحضرت «سلطان همایون خان» یافته و «شاه فیروزقدر» و «پادشاه صف‌شکن» و کلمهٔ «خوش باد» نیز تاریخ این زمان سعادت‌قران میشود که افاضل عصر یافته‌اند. و خواجه کلان سامانی گفته (شعر)

سالِ مولودِ همایونش هست / زادک الله تعالی قدرا
بردهام یک الف از تاریخش / تا کشم میل دو چشمِ بدرا

of my emperor. Thus will I quench the thirst of those who seek knowledge by removing the veil from the metaphorical god of this divine lord and also bring my own parched mind near the shore of the sea of the character of this paragon. Oh, no! How can any expression of the perfection of this unique pearl come from the likes of me? It would take one like him to praise him, but where, oh, where is there the like of the unique pearl of the ocean of knowledge? You who seek to comprehend history, wake up and listen, for H.M. Humayun's felicitous birth occurred on the eve of Tuesday the fourth of Dhu'l-Qa'da 913 [March 6, 1508] in the citadel of Kabul from the sacred womb of H.H. Mahïm Begim. That chaste lady was descended from the nobles of Khurasan and was related to Sultan-Husain Mirza. It has been heard from some sources that, just as the exalted lineage of H.I.M.'s glorious mother went back to the Shaikh of Jam, that lady too was of the same lineage. When H.M. Babur went to offer condolences to Sultan-Husain Mirza's sons in heart, he married that virtuous lady. Maulana Masnadi invented a chronogram for the date of the birth: "Sultan Humayun Khan." Other chronograms for this time of felicitous conjunction invented by learned men of the age are "victorious king," "battle-line-breaking emperor," and "be he happy."[132] Khwaja Kalan "Samani" composed the following:

The year of the regal infant is "may God the exalted increase
  your station."
I took an alif from the date to draw a lancet across the evil
  eye.[133]

جلوس آنحضرت بر سریر فرماندهی نهم جمادی الاولی نهصد و سی و هفت در دار الخلافهٔ آگره بوده است. «خیر الملوک» تاریخ جلوس اشرف شده. و بعد از چند روز سیر دریا فرموده‌اند و سفاین طرب در بحر شوق درآورده یک کشتی پر از زر در آن روز انعام کرده‌اند و باین زربخشی بنای دولت‌را اساس زرین نهاده. آری، کسی‌را که فرمانروای جهان گردانند اول داد و دهش‌را باو کرامت فرمایند (شعر)

نه هر مردمی سرفرازی کند سر آن شد که مردم‌نوازی کند
دد و دام‌را شیر از آن گشت شاه که مهمان‌نواز است در صیدگاه

و یکی از فضلا تاریخ این موج بخشش‌را «کشتی زر» یافته.

و از بدایت حال تا هنگام سریرآرائی که سن اشرف به بیست و چهار رسیده بود آثار بختیاری و کامگاری از ناصیهٔ اقبالش پیدا و انوار سری و سروری از لایحهٔ مجد و جلالش هویدا بود. و چگونه شعشعهٔ بزرگی و بزرگمنشی از جبین مبینش پیدا نباشد که حامل نور شهنشاهی و خازن گنج معارف الهی بودند؟ و همین نور بود که در فتوحات حضرت گیتی‌ستانی فردوس‌مکانی ظهور داشت، و همین نور بود که در اشراقات انوار جهانگیری حضرت صاحبقرانی جلوه‌گر شد، و همین نور بود که از صدف بحر عفت آلنقوا در نقاب موالید از اصداف و لآلی شاهوار نمودار گشت، و همین نور بود که بروشنائی آن أغز خان دولت‌آرای شد، و همین نور بود که از آدم تا نوح باندازهٔ استعدادات نورافزای بود. اسرار سواطع این نور و آثار عجایب این ظهور از دایرهٔ حصر و احصار بیرونست. هرکس‌را قوّتِ شناختِ کنهِ این معانی نیست و قدرتِ دریافتِ این دقایق نی. و ۳۳۳

The emperor's accession to the throne took place on the ninth of Jumada I 937 [December 29, 1530] in Agra. "The best of kings" is the chronogram of accession.[134] Several days later he went on a river excursion. Launching ships of entertainment in a sea of ecstasy, he gave away a boatload of gold on that day and with such liberality laid the golden foundation of his fortune. Indeed, the first gift given to one who is made ruler of the world is generosity.

> *Not everyone can hold his head high: first one must patronize others.*
> *The lion is the king of beasts because he is hospitable after the hunt.*

A learned man invented the chronogram "boatload of gold" for this wave of liberality.[135]

From his birth until his accession, when he was twenty-four years old, traces of fortune were obvious on his forehead and lights of leadership were clear on his magnificent brow. How can the brilliance of greatness not be obvious when one carries the imperial light and harbors the treasury of divine knowledge? It was this very light that appeared in H.M. Babur's victories; it was this very light that was manifest in the rising stars of H.M. the Sahib-Qiran's conquests; it was this same light that shone from the "oyster shell of the sea of purity," Alanqoa, through the veils of the births of the pearls of her children. It was this very light by the brilliance of which Oghuz Khan attained prominence. It was this very light that shone from Adam to Noah in proportion to their talents. The shining rays of this light and marvelous traces of its appearance are beyond reckoning. Not everyone has the ability to recognize the meaning of these words or comprehend

333

مجملاً حضرت جهانبانی به نیروی این نور ایزدی، که در چندین دهور و اعصار بروشی خاص لباسی مخصوص پوشیده جهان‌افروز بود، و نزدیکست که بظهور اعلی رسد چنانچه فر بزرگیهای صوری و معنوی از پیشطاق پیشانی نورانی آنحضرت پرتو ظهور دارد و کمال حیا با نهایت شجاعت در ذات مقدّس فراهم آمده همگی همّت عالی مصروف رضاجوئی پدر بزرگوار سپهرمقدار داشتند، و فرط شجاعت‌را با کمال تمکین و وقار پیوند داده بودند. و با این بزرگی و بزرگمنشی نگاهی بخود نینداختند، و خودرا در میان ندیدند. و لهذا بیمن نیت درست و همت بلند بهر کاری که متوجه شدند و بهر خدمتی که مامور گشتند فیروز آمدند.

۳۳۴ و در تمامی عمر سعادت‌قرین دانش‌را با دولت و دولت‌را با شفقت و مرحمت جمع ساخته جهان‌آرای بودند. در اقسام علوم خاصه ریاضی در زمان خود نظیر و سهیم نداشتند. با صولت سکندری دانش ارسطو در ذات عالی‌سمات فراهم بود. چون در متابعت مراسم وصیّت بتقسیم مملکت صوری پرداختند، غایت عدالت‌را کار فرمودند، و کمال انصاف بلکه وفور تفضل و احسان بجای آوردند. و فوز بکمالات معنوی، که سلطنت حقیقی همان تواند بود، آن خود عطیهٔ الهی بود که اختصاص بوجود اشرف آنحضرت داشت که هیچ یک از اخوان‌را از نعیم آن موايد میراث بهرهٔ نرسید. و هر یکی از منسوبان درگاه‌را مواجب و مناصب عنایت فرمودند. محال جایگیر میرزا کامران کابل و قندهار شد. و سرکار سنبل بمیرزا عسکری اختصاص یافت. و سرکار الور بمیرزا هندال مکرمت فرمودند. و بدخشان بمیرزا سلیمان مقرر و مسلم داشتند. و با تدبیر درست دلهای جمیع ارکان دولت و اعیان سلطنت و عموم افراد عساکر منصوره در قید اطاعت و انقیاد آوردند. و هرکس که درِ مخالفتی میزد

the subtlety thereof. In brief, since the aura of material and spiritual greatness appeared on his luminous forehead, and perfect modesty and extreme bravery were combined in his character, H.M. Humayun—through the power of this divine light, which has illuminated the world in various garbs over the ages, and which is about to appear in its greatest splendor—endeavored his utmost to please his exalted father. Despite his greatness he never regarded himself or gave himself any self-importance. Therefore, through the felicity of good intent he emerged successful in every task he was given and every service to which he was assigned.

Throughout his life he combined knowledge with fortune and fortune with compassion. In all branches of learning, particularly mathematics, he was unparalleled in his time. The magnificence of Alexander and the wisdom of Aristotle were combined in his character. When, following custom, he divided the kingdom according to his father's will, he used extreme equity. The attainment of spiritual perfection, of which real rule must consist, is itself a divine gift that belonged exclusively to H.M. and was not inherited by any of his brothers. He awarded emoluments and stipends to everyone attached to court. To Mirza Kamran went Kabul and Kandahar. The province of Sambhal was given to Mirza Askari. The province of Alwar he gave to Mirza Hindal, and Badakhshan was assigned to Mirza Sulaiman. With his correct strategy he won the hearts and obedience of all the ministers and pillars of state and the generality of the soldiery. Anyone who opened the gates of opposition eventually girded his loins in loyal service—like Sultan-Husain Mirza's son Muhammad-Zaman Mirza, who had been in H.M. Babur's service and had been honored to be his son-in-law but shortsightedly rose in rebellion.

334

مثل محمد زمان میرزا بن بدیع الزمان میرزا بن سلطان حسین میرزا، که در خدمت حضرت فردوس‌مکانی گیتی‌ستانی بوده بدامادی آنحضرت مشرّف بود و از کوته‌نظری و ناقص‌بینی آستین منازعت می‌افشاند، کمر خدمتکاری بر میان موافقت بست.

۳۳۵ و آنحضرت بدولت و اقبال بعد از پنج شش ماه بتسخیر قلعهٔ کالنجر متوجه شدند، و قریب یک ماه آن قلعه‌را محاصره داشتند. چون کار بر اهل قلعه تنگ شد، حاکم کالنجر اطاعت نموده دوازده من طلا با دیگر اسباب پیشکش فرستاد و آنحضرت نظر بر الحاح و زاری او داشته اورا بخشیدند. و از آنجا علم مراجعت برافراشته متوجه قلعهٔ چنار شدند و افواج گیتی‌ستان آمده بمحاصرهٔ آن پرداخت. پوشیده نماند که این قلعهٔ فلک‌اساس در تصرف سلطان ابراهیم بود. و از جانب او جمال خان خاصه‌خیل سارنگخانی بحراست او اشتغال داشت. بعد از قضیهٔ سلطان ابراهیم چون پیمانهٔ عمر جمال خان از بداندیشی پسر نابرخوردار او پر شد شیر خان بفسون و فسانه کوچ اورا، که لاد ملک نام داشت و در سیرت و صورت ممتاز بود، بزنی خواست. و باین حیله اینچنین قلعهٔ عالی‌را بدست آورد. شیر خان چون از آمدن افواج جهانگشای آگاهی یافت جلال خان پسر خودرا با جمعی از معتمدان در آن قلعه گذاشته خود برآمد. و ایلچیان کاردان‌را فرستاده در گربزت سخنسرا شد. آنحضرت زمانه‌سازی فرموده سخنان اورا بموقف قبول داشتند و او عبد الرشید پسر خودرا برای خدمت حضرت جهانبانی فرستاد تا از صدمات مواکب پادشاهی محفوظ مانده اسباب نخوت و استکبار سرانجام دهد. این پسر پیوسته در ملازمت بوده دایم خدمت کردی. و در هنگامی که رایات جهانگشای برای تنبیه و تأدیب سلطان بهادر بمالوه رسید آن بی‌سعادت از موکب همایون گریخت.

Five or six months later the emperor went to subdue the fortress
of Kalinjar. After besieging the fort for a month, when things
became difficult for the defenders, the commander surrendered
and presented twelve maunds of gold and other items. Moved by
his entreaties, the emperor pardoned him. Withdrawing from
there, he went to the fortress at Chunar, and the imperial forces
laid siege. It is no secret that this mighty fortress had been held
by Jamal Khan Khassa-Khel Sarangkhani on Sultan Ibrahim's
behalf. After Sultan Ibrahim's death, when the cup of Jamal
Khan's life was filled by the malevolence of his unworthy son,
Sher Khan charmed Jamal Khan's widow, who was named Lad
Malik and was exemplary in form and conduct, and married her.
By means of this ruse he gained control of the fortress. When
Sher Khan learned of the approach of the imperial forces, he
stationed his son Jalal Khan in the fort with a division of trusted
soldiers and departed, engaging in verbal subterfuge through
skilled envoys. To gain time, the emperor accepted his proposals,
and he sent his son Abdul-Rashid to serve H.M. Humayun so that
he, Sher Khan, would be safe from the attacks of the imperial
forces and could consolidate his mastery. This son was constantly
in the retinue. When the imperial forces went to chastise Sultan
Bahadur in Malwa, the wretch deserted the imperial retinue.

۳۳۵ و در سنهٔ نهصد و سی و نه که ببن و بایزید از گروه افغانان سر فتنه برداشته بودند آنحضرت متوجه شرق‌رویه شدند. بایزید در مبارزت بهادران اخلاص‌گزین به نشیب‌آباد عدم فرو شد و خس و خاشاک آشوب این گروه اشراررا پاک ساخته و سلطان جنید برلاس‌را جونپور و آنحدود مرحمت نموده بمرکز خلافت مراجعت فرمودند.

۳۳۷ چون طنطنهٔ ملکگیری و فیروزمندی آنحضرت باقطار ممالک بلندی یافت در نهصد و چهل فرمانروای گجرات سلطان بهادر تحف و هدایا مصحوب ایلچیان دانشور فرستاده محرّک سلسلهٔ اخلاص شد، و آنحضرت فرستاده‌های اورا بنوازش خسروانه ممتاز ساخته و مناشیر عنایت فرستاده خاطر اورا مطمئن فرمودند.

۳۳۸ و هم‌در این سال قریب دار الملک دهلی بر کنار دریای جون شهری اساس فرموده نام آن‌را دین‌پناه نهادند. و یکی از فضلا تاریخ آن‌را «شهر پادشاه دین‌پناه» یافته.

۳۳۹ و بعد ازین، محمد زمان میرزا و محمد سلطان میرزا با پسرش الغ میرزا طریق بغی و عدوان پیش گرفتند. و آنحضرت عنان عزیمت بجانب این گروه منعطف ساخته بر کنار گنگ نواحی بهوجپور نزول اجلال فرمودند. و یادگار ناصر میرزارا با لشکر گران از آب گذرانده بر سر باغیان فرستادند. او بتأیید ایزدی جنگ کرده مظفّر گشت. و محمد زمان میرزا و محمد سلطان میرزا و ولی خوب میرزا بدست افتادند. محمد زمان‌را مقیّد ساخته به بیانه فرستادند. و آن دو کس‌را در چشم میل کشیده از پایهٔ اعتبار انداختند. و محمد زمان میرزا قدر عافیت ندانسته فرمان لبّاسی ظاهر ساخته از بند برآمد و گریخته بطرف گجرات پیش سلطان بهادر رفت. و اکثر ممالک معمورهٔ دلگشای هندوستان که در زمان سعادت‌پرتو حضرت

In 939 [1532–33], when the Afghans Babban and Bayazid 336 reared their heads in rebellion, the emperor set out eastward. Bayazid lost his life fighting imperial troops, and the rebellious chaff of these brigands was cleared away. The emperor awarded the area to Sultan-Junaid Barlas and returned to Agra.

Since H.M.'s reputation for successful expansion had spread 337 abroad, in 940 [1533–34] Sultan Bahadur, the ruler of Gujarat, sent gifts and presents with skilled envoys to rattle the chain of loyalty. The emperor received the envoys with regal kindness and sent declarations of favor to reassure him.

During that same year he built a new city on the banks of 338 the Jumna near Delhi and called it Dinpanah. A learned man invented the chronogram "city of the emperor, protector of the faith."[136]

Muhammad-Zaman Mirza rebelled with Muhammad-Sul- 339 tan Mirza and his son Ulugh Mirza. The emperor set out to deal with them and camped on the banks of the Ganges near Bhojpur. Yadgar-Nasir Mirza was sent across the river with a large contingent of soldiers to attack the rebels. Fighting with divine assistance, he was victorious. Muhammad-Zaman Mirza, Muhammad-Sultan Mirza, and Wali Khub Mirza were captured. Muhammad-Zaman was sent to Bayana in chains, and the other two were to be blinded, their importance thus eliminated. Not appreciating his well-being, Muhammad-Zaman Mirza forged a document to escape from prison and took flight to Sultan Baha- dur in Gujarat. Most of the delightful and flourishing realms of India that had not been conquered during H.M. Giti-Sitani Firdaus-Makani's time for lack of opportunity were subdued.

فردوس‌مکانی گیتی‌ستانی از عدم فرصت و قلّت محال مفتوح نشده بود ببازوی دولت و نیروی اقبال خود تسخیر نمودند.

ذکر آمدن میرزا کامران از کابل به پنجاب

۳۴۰ چون میرزا کامران خبر شنقار شدن حضرت گیتی‌ستانی فردوس‌مکانی شنید از روی بیحوصلگی میرزا عسکری‌را قندهار سپرده متوجه هندوستان شد که شاید کاری تواند پیش برد. هرگاه تاج دولت بتارک دولتمندی سربلندی یافته حمایت ایزدی و صیانت الهی نگاهبانی او کند، اندیشهٔ تباه‌را جز تباهی شدن چه گزیر؟

۳۴۱ و چنین روایت کنند که در آن ایّام میر یونس علی بحکم حضرت گیتیستانی فردوسمکانی حاکم لاهور بود. میرزا کامران این اراده بخاطر آورده با قراچه بیگ از راه مکر و تلبیس شبی اعراض کرد و سخنان درشت با او گفت. و قراچه بیگ شب دیگر با سپاهیان خود از اردوی میرزا گریخته بلاهور آمد و میر یونس علی مقدم اورا گرامی داشته کمال مردمی بجای آورد و اکثر اوقات اورا بمنزل خود میطلبید و باهم صحبت دوستانه میداشتند. و قراچه بیگ منتظر فرصت میبود تا آنکه شبی در مجلس شراب در هنگامی که سپاهیان عمدهٔ او بجایگیر رفته بودند گرفته در بند کرد و کسان خودرا بر دروازههای قلعهٔ لاهور تعیین کرد و بتعجیل بطلب میرزا کامران کس فرستاد. میرزا، که منتظر این معنی بود، ایلغار کرده زود خودرا بلاهور رسانید و شهررا متصرف گشت. و میر یونس علیرا از بند برآورده عذرخواهی کرد و گفت «اگر اینجا میباشید

MIRZA KAMRAN COMES FROM KABUL
TO THE PUNJAB

When Mirza Kamran learned of H.M. Giti-Sitani Firdaus-   340
Makani's death, in impatience he turned Kandahar over to
Mirza Askari and set out for India, thinking he might accom-
plish something. When the crown of rule takes its exalted place
on the head of a person favored by fortune and he enjoys divine
protection, how can destructive thoughts result in anything but
self-destruction?

It is reported that at that time Mir Yunus-Ali was governor of   341
Lahore by order of H.M. Giti-Sitani Firdaus-Makani. To further
his ambitions Mirza Kamran hatched a ruse with Qaraja Beg.
One night he feigned anger and cursed Qaraja Beg. The next
night Qaraja Beg and his men deserted the mirza's camp and
went to Lahore, where he was warmly welcomed by Mir Yunus-
Ali, who often invited him to his quarters, and they conversed
amicably. Qaraja Beg was watching for his chance, and one night
during a drinking party, when Mir Yunus-Ali's soldiers had gone
to their estates, Qaraja Beg seized Mir Yunus-Ali, put him in
chains, assigned his own men to the gates of the Lahore fortress,
and sent a messenger to summon Mirza Kamran. The prince,
who was just waiting for this opportunity, set out at a gallop to
Lahore and took control of the city. He released Mir Yunus-Ali
and apologized, saying, "If you stay here, the governorship of
Lahore will be yours." Mir Yunus-Ali refused to serve the prince,
took his leave, and went to the emperor. Mirza Kamran assigned
his own men to the districts of the Punjab and took control of
everything to the banks of the Sutlej River, which is known as
the Ludhiana River. Then he sent envoys skilled at double-talk

حکومت لاهور تعلق بشما دارد.» میر یونس علی قبول خدمت او نکرد و ازو رخصت گرفته متوجه ملازمت حضرت جهانبانی جنتآشیانی گشت. و میرزا کامران کسان خودرا بپرگنات سرکار پنجاب تعیین نمود و تا کنار آب ستلج، که بآب لودهیانه اشتهار دارد، بتصرف درآورد و از راه گربزت ایلچیان دانا فرستاده اظهار عقیدت و اخلاص نمود و استدعای مقرر داشتن این محال کرد. حضرت جهانبانی نیز از آنجا که دریای جود ایشان موجخیز بود این محالرا بمقتضای نسبت عقیدت ظاهری و پاس نصایح دولتافزای حضرت گیتیستانی فردوسمکانی برو مسلّم داشتند و فرمان معلی در مسلّمداشتِ کابل و قندهار و پنجاب شرفِ نفاذ یافت. و میرزا ازین عاطفت غیر مترقب شکرانهها بجای آورد و پیشکشها بدرگاه والا فرستاد و بعد ازین پیوسته ابواب رسل و رسایل مفتوح داشته مدایح حضرت جهانبانی گفته فرستادی. ازآنجمله دفعةً این غزل گفته بملازمت آنحضرت فرستاد (غزل)

حسنِ تو دمبدم افزون بادا — طالعت فرّخ و میمون بادا
هر غباری که ز راهت خیزد — نورِ چشمِ منِ محزون بادا
گرد کآن از رهِ لیلی آید — جای او دیدهٔ مجنون بادا
هرکه گردِ تو چو پرگار نگشت — او ازین دایره بیرون بادا
کامران تا که جهانراست بقا — خسروِ دهر همایون بادا

و همانا که دعای او باجابت رسیده بود که بمقتضای کماخلاصی از دایرهٔ اعتبار بلکه از دایرهٔ هستی بیرون آمد چنانچه در جای خود گذارش یابد.

to represent his loyalty and to request that he be confirmed in those places. The emperor, being an ocean of generosity, settled the territory on him because of his apparent show of loyalty and in keeping with H.M. Giti-Sitani Firdaus-Makani's advice, and an imperial edict was issued giving him Kabul, Kandahar, and the Punjab. Mirza Kamran expressed gratitude for this unexpected show of affection and sent gifts to court. After that there was a constant flow of messengers and messages, and the prince composed and sent praises of H.M. Humayun. Once he composed the following poem and sent it to the emperor:

> May your beauty increase every moment; may your
>   ascendant be auspicious and fortunate.
> May every particle of dust stirred up on your road be the light
>   of my sad eyes.
> The proper place of dust from Layli's path is in Majnun's eyes.
> Let him who does not revolve around you like a compass be
>   outside this circle.
> O Kamran, may Humayun be the prince of the age as long as
>   the world continues.

And he got his wish, for he fell not only outside of the circle of importance on account of his disloyalty but also out of the circle of existence, as will be reported in its proper place.

۳۴۲ و بالجمله آنحضرت بمقتضای رأفت ذاتی نظر بر ظاهر انداخته اورا مشمول مراحم خسروانی میداشتند و بمحض التفات جایزهٔ غزل تقریب ساخته حصار فیروزه‌را شفقت فرمودند، و همواره میرزا پاس ظاهر داشته در موقف فرمانبرداری می‌ایستاد و مشمول عواطف و محفوف عنایات میشد. و در نهصد و سی و سه هلالی ایالت قندهاررا میرزا کامران بخواجه کلان بیگ داد و باعث برین آنکه میرزا عسکری بکابل می‌آمد، در اثنای راه بهزاره‌ها جنگ کرده شکست یافت. میرزا کامران‌را این ناخوش آمد و قندهار ازو تغییر کرد.

نهضت موکب مقدّس حضرت جهانبانی جنت‌آشیانی بتسخیر بنگاله و فسخ عزیمت و مراجعت بمستقرّ خلافت

۳۴۳ چون خاطر مقدّس جهانبانی از مهمات ممالک محروسه فارغ شد در نهصد و چهل و یک عنان عزیمت بفتح دیار شرقی معطوف داشتند که به نیروی اقبال ممالک بنگاله مفتوح شود. رایات اقبال بقصبهٔ کنار، که در حدود کالپی است، رسیده بود. بمسامع علیّه رسید که سلطان بهادر محاصرهٔ قلعهٔ چیتور نموده جمعی کثیر همراه تاتار خان پسر سلطان علاء الدین کرده است و او باندیشهٔ تباه خیالات محال در سر دارد. آنحضرت باستشارهٔ بخت بیدار در جمادی الاولی نهصد و چهل و یک توجه بر دفع مخالفان گماشته کوس مراجعت بلندآوازه کردند.

۳۴۴ بر مستبصران کارآگاه پوشیده نیست که سلطان بهادر همیشه در اندیشهٔ بلندپروازی میبود و خار آرزوی تباه در کام جان شکسته میداشت.

In short, because of his innate clemency the emperor looked only upon externals and showered him with princely gifts, and as a reward for a mere poem he awarded him Hisar Firoza. Also keeping up an external show, the prince was obedient and enjoyed imperial favor. In 933 [1526–27]

Mirza Kamran gave the province of Kandahar to Khwaja Kalan Beg. The reason was that Mirza Askari was going to Kabul, and along the way he fought a battle with some Hazaras and lost. This displeased Mirza Kamran, and he took Kandahar away from him.

HIS MAJESTY JAHANBANI JANNAT-ASHYANI'S IMPERIAL TRAIN SETS OUT TO CONQUER BENGAL, BUT THE CAMPAIGN IS CANCELED AND HE RETURNS TO THE CAPITAL

When the emperor's mind was at ease with regard to his realm, in 941 [July 13, 1534–July 1, 1535] he determined to subdue the eastern territories so that with good fortune Bengal might be conquered too. The imperial banners had arrived in Kanar on the borders of Kalpi when it reached the imperial hearing that Sultan Bahadur had laid siege to the fortress of Chitor with a large troop under Sultan Ala'uddin's son Tatar Khan and had vain and destructive notions in his head. With good fortune the emperor decided to deal with the rebels and had the drums of withdrawal sounded in Jumada I 941 [November 1534].

It will come as no secret that Sultan Bahadur had always been ambitious. Before he acceded to the rulership of Gujarat, when he was unencumbered, he had learned a lesson from H.M. Babur's

اما چون پیش از عهد ایالت گجرات، که مجرّدانه میگشت، بچشم عبرت کارنامهٔ جنگ حضرت فردوس‌مکانی گیتی‌ستانی‌را که بسلطان ابراهیم واقع شد دیده بود، بهیچ وجه مقابلهٔ سپاه نصرت‌قرین این دودمان عالی بخود قرار نمیداد و اینمعنی‌را مکرر بمحرمان خاص خود اظهار میکرد. چون تاتار خان آمده اورا دید، همواره مقدمات باطل خاطرنشان میکرد و پیش آمدن از حریم ادب‌را آسان وا مینمود. و سلطان بهادر چندان مقیّد نمیشد تا آنکه روزی پوست کنده بتاتار خان گفت که «من تماشاگر دستبرد این سپاه شگرف بوده‌ام. لشکر گجرات حریف ایشان نیست. من بتدبیر و حیل لشکر ایشان‌را بخود رام خواهم ساخت.» و بهمین نیت ابواب خزاین گشاده زربخشی کردی، و ازین جنس لشکر، که حکمِ نمودِ بی‌بود داشت، تا ده هزار کس ملازم خود ساخته بود.

۳۴۵ درین اثنا محمد زمان میرزا باتفاق نوکران یادگار بیگ طغایی که نگاهبانان او بودند از بندخانه برآمده بگجرات رفت. و والی آنجا بمقتضای سودای خامی که می‌پخت آمدن میرزارا غنیمت دانسته در مراعات احوال او بپرداخت. حضرت جهانبانی بسلطان بهادر نوشتند که «مقتضای مواثیق و عهود آنست که جماعهٔ که حقوق خدمت بعقوق مبدّل گردانیده بآنصوب گریخته رفته‌اند گرفته بدرگاه معلی فرستند یا آنکه از پیش خود رانده اخراج نمایند تا آثار یکجهتی بر عالمیان ظاهر گردد.» سلطان بهادر از معامله‌نافهمی یا مستی دنیا در جواب نوشت که «اگر بزرگزادهٔ بما پناه آورد و بقدر رعایتی یابد بقاعدهٔ محبّت و اخلاص منافاتی ندارد و بعهود و مواثیق مضرّتی نمیرساند، چنانچه در زمان سلطان سکندر لودی، با آنکه در میان ایشان و سلطان مظفر کمال موافقت بود، سلطان علاء الدین برادر او و چندین سلاطین‌نژادان بتقریبات از آگره و دهلی بگجرات آمدند و

battle with Sultan Ibrahim and realized that in no way did he have the power to oppose the invincible military might of this exalted dynasty, and he repeatedly expressed this to his confidants. When Tatar Khan came and was received by him, he kept inculcating in him the false notion that it would be easy to step beyond the bounds of decorum. Sultan Bahadur did not fall prey to this until one day he said frankly to Tatar Khan, "I myself was a witness to how that amazing army fights. The soldiers of Gujarat are no match for them." Nonetheless, he opened the doors of his treasury with this very intent and gave away gold to assemble a force of ten thousand soldiers of the sort who are more show than substance.

During this time Muhammad-Zaman Mirza escaped from prison with the collusion of Yadgar Beg Taghayï's attendants, who were his guards, and went to Gujarat. With the vain ambition he was hatching, the ruler considered him a real catch and set about currying favor with him. The emperor wrote to Sultan Bahadur, saying, "In accordance with our agreements and pacts you must either seize and send to court those who have broken faith with us and fled thither or drive them away and expel them in order that your loyalty be apparent to everyone." Sultan Bahadur, either out of incompetence or because he was intoxicated by the world, replied, "If a nobly born individual takes refuge with us and is shown some favor, it is not inconsonant with the principles of affection and loyalty and is in no way detrimental to our pacts and agreements. In the time of Sultan Sikandar Lodi, although there was complete accord between him and Sultan Muzaffar,[137] the sultan's brother Sultan Ala'uddin and several princes came to Gujarat from Agra and Delhi and were shown hospitality. This certainly did not cause a rift in friendship." In reply the emperor sent a letter to this effect: "The only sign of

345

آثار مردمی دیدند. و اینمعنی اصلاً باعث فتور در موادّ مودّت نگشت.» حضرت جهانبانی منشور سعادت در جواب فرستادند باین مضمون که «علامت رسوخ و ثبات بر جادهٔ عهد و پیمان غیر ازین نیست که امری که موجب تزلزل ارکان صداقت بوده باشد مطلقاً بعمل نیاید تا رخسار وفاق بناخن خلاف خراشیده نگردد (و این دو بیت در آن جریدهٔ اقبال درج بود:)

ای آنکه لاف میزنی از دل که عاشقست — طوبی لک ار زبانِ تو با دل موافقست
درختِ دوستی بنشان که کامِ دل ببار آرد — نهالِ دشمنی برگن که رنجِ بی‌شمار آرد

زنهار صد زنهار پند مارا بگوش هوش شنیده آن مخذول‌را بپایهٔ سریر اعلی فرستند یا دست رعایت از تربیت او باز داشته در آن ولایت نگذارند، و الا بکدام دلیل اعتماد بر موافقت توان کرد؟ و عجب که این واقعه‌را قیاس بر قضیهٔ علاء الدین و امثال او کرده‌اند. این قیاس مع الفارق‌را چه پایهٔ قبول؟ آن چیز دیگر بود، و این طرز دیگر است. و شاید از جراید تواریخ معلوم شده باشد که حضرت صاحب‌قرانی باوجود خلافی که از ایلدرم بایزید بظهور آمده بود بالطبع بیورش روم مایل نبودند چه مشار الیه بجنگ فرنگ اشتغال میداشت، اما چون قرا یوسف ترکمان و سلطان احمد جلایر گریخته پیش او رفتند آنحضرت چندین مرتبه اورا بنصایح ارجمند از رعایت آنها منع فرمودند. چون او از قبول این امر سر باز زد آنچه مقدور همّت بود بظهور رسید.»

۳۴۶ سلطان بهادر از تنک‌شرابی و بدمستی جواب هوشمندانه ننوشت. درین میان تاتار خان سخنان دور از کار، که فریبندهٔ کوته‌اندیشان تواند بود، بسلطان بهادر میگفت و در روان ساختن خود بسمت ممالک

stability and firmness in keeping your pacts and promises shall be that nothing be done that would weaken the foundations of friendship or scratch the cheek of accord with the fingernail of opposition." And in that letter he included the following two lines of poetry:

> *You who boast of a heart that is in love, blessed be you if your*
> *tongue is in agreement with your heart.*
> *Plant the tree of friendship, for it bears the fruit of the heart's*
> *desire. Uproot the sapling of enmity, for it brings untold*
> *pain.*

"Make certain you hear our words of advice and send that wretch to our court or else withdraw your favor and do not allow him to remain in your territory. Otherwise, how can your friendship be relied upon? It is surprising that you have made a comparison with Ala'uddin and his like. Given the differences in circumstances, how can such a comparison be valid? That was a different case altogether. It may have been learned from the pages of history that H.M. the Sahib-Qiran, despite the rebelliousness that had been exhibited by Ïldïrïm Bayezid, was not naturally inclined to mount a campaign to Anatolia since he (Bayezid) was occupied with fighting the Franks. Nonetheless, when Qara Yusuf the Turcoman and Sultan Ahmad Jalayir took flight to Bayezid, H.M. advised him repeatedly not to give them refuge. When he refused to listen, that which was necessitated by high-mindedness happened."[138]

Sultan Bahadur was too deluded to give a reasonable answer. 346 Around that time Tatar Khan made several misguided speeches to Sultan Bahadur that would have fooled the shortsighted,

محروسه مبالغه داشت و اظهار میکرد که لشکر پادشاهی بعشرت خو کرده فراغت‌دوست شده است و آنچنانکه سلطان دیده بودند نمانده. بنا بر تسویلات فتنه‌انگیزان سلطان بهادر اسباب روان شدن تاتار خان آماده ساخته بیست کرور زر قدیم گجرات، که چهل کرور معمول دهلی است، بقلعهٔ رنتهنبور فرستاد که بصلاح تاتار خان در مواجب سپاهی نو خرج کرده شود. و سلطان علاء الدین پدر تاتار خان‌را با فوجی عظیم بجانب کالنجر فرستاد که در آن ناحیت رفته شورش افزاید. و برهان الملک ملتانی و طایفهٔ از گجراتیان‌را نامزد ساخت که بحدود ناگور شتافته عزیمت پنجاب نمایند. و بخیال آنکه در لشکر منصور سراسیمگی پدید آید لشکر خودرا متفرق ساخت. هر چند تیزهوشان کاردان گفتند که یکجا رفتن لشکر مناسب مینماید، سودمند نیامد، و نیز بی‌میمنتی پیمان‌شکنی‌را برمز و تصریح بر لوحهٔ ظهور نگاشتند، فایده نکرد. و بخود اندیشهٔ نادرست راه داد که چون طبقهٔ لودیان دعوی ریاست هندوستان دارند تلاش ایشان در پیمان سلطان مضرّتی ندارد و نتایج نقض عهد بسلطان عاید نخواهد شد. تاتار خان‌را بعزیمت بی‌اصل روانهٔ سمت دهلی ساخت و خودرا خارج و داخل ساخته داعیهٔ محاصرهٔ قلعهٔ چیتور پیش گرفت تا هم این قلعه‌را بگشاید و هم در وقت حاجت میان بإمداد لودیان بندد.

۳۴۷ پوشیده نماند که سلطان علاء الدین عالم خان نام داشت. او برادر سکندر لودی و عمّ سلطان ابراهیم بود. بعد از قضیهٔ سلطان سکندر با سلطان ابراهیم مخالفت نمود و در حدود سرهند دعوی سلطنت کرده سلطان علاء الدین خطاب خود ساخت. و باتفاق جمعی از افغانان دورویه متوجه آگره شد. و سلطان ابراهیم بقصد پیکار برآمد و نزدیک هودل چون هر دو فریق بهم رسیدند سلطان علاء الدین مقاومت جنگ صف‌را

insisting that he send him into imperial territory. He represented that the imperial army had grown accustomed to ease and luxury and was no longer as it had been when Sultan Bahadur saw it. Seduced by troublemakers, Sultan Bahadur made preparations for Tatar Khan to go and sent two hundred million old Gujarati gold coins, which is four million in Delhi currency, to the fortress at Ranthambhor for Tatar Khan to spend in outfitting a new army. He sent Tatar Khan's father, Sultan Ala'uddin, to Kalinjar with a large army to foment rebellion in that area. He assigned Burhanulmulk Multani and some other Gujaratis to go to Nagaur and then set out for the Punjab. Thinking that the imperial army would be thrown into confusion, he dispersed his own army wide. No matter how often experienced and intelligent people advised that it would be better for the army to remain consolidated, it was to no avail. They also stressed the disastrous consequences of breaking his pact, but that did no good either, for he had allowed himself to believe the vain notion that since the Lodis were pretenders to the rule of India, to fight on their behalf was not in violation of his pact with the emperor. He sent Tatar Khan off in the direction of Delhi on his impossible mission while he himself took it into his head to lay siege to the fortress of Chitor so that he could conquer that fortress and then assist the Lodis when he was needed.

It should be known that Sultan Ala'uddin's name was Alam   347
Khan. He was a brother of Sikandar Lodi and an uncle to Sultan Ibrahim. After Sultan Sikandar's death he disputed the rule with Sultan Ibrahim and claimed to be sultan in the region of Sirhind, calling himself "Sultan Ala'uddin." Together with a band of two-faced Afghans he set out for Agra. Sultan Ibrahim came out intent on battle, and when the two sides met near Hodal,

در خود ندیده شبیخون آورد و کاری نساخت و خسران‌زده باز گشت و از راه سالوسی و بددرونی بکابل رفت. و در جنگ ابراهیم از سپاهی لشکر منصور بود. و تاتار خان بگجرات شتافت، و سلطان بهادر اورا اعتبار کرد و حضرت گیتی‌ستانی فردوس‌مکانی بعد از فتح هندوستان بر مکامن خاطر او آگاهی یافته ببدخشان فرستادند. و بدستگیری افغانان سوداگر از قلعهٔ ظفر گریخته بافغانستان آمد و از آنجا ببلوچستان پیوست و از آن دیار بگجرات شد.

٣۴٨ القصه، چون این فوجها روانه شدند تاتار خان دست بخزانه نهاده بجمع لشکر پرداخت و قریب چهل هزار سوار از افغان و غیره برو گرد آمدند تا آنکه آمده بیانه‌را گرفت. و چون بحضرت جهانبانی که بیورش تسخیر ممالک شرقیه نهضت فرموده بودند این خبر رسید، عنان توجه مصروف ساخته در زودترین هنگامی بدارالخلافه آگره نزول اجلال فرمودند. و میرزا عسکری و میرزا هندال و یادگار ناصر میرزا و قاسم حسین سلطان و میر فقیرعلی و زاهد بیگ و دوست بیگ‌را به هژده هزار سوار بدفع این فتنه روانه ساختند. و فرمودند که «دفع این فوج بزرگ که بخیال تباه دهلی‌رویه می‌آید در معنی استیصال فوجهای دیگر است. پس همان بهتر که همّت بر دفع همین فوج گماشته شود.» و چون افواج قاهره نزدیک لشکر مخالف رسید ترس بر لشکر غنیم غالب آمده هر روز جمعی از ایشان جدا میشدند چنانچه لشکر مخالف رفته رفته در اندک زمانی بسه هزار سوار کشید. چون بابرام تمام این لشکر اختیار کرده بود و مبلغ کثیر خرج شده نه رای رفتن داشت و نه روی جنگ کردن. آخر دست از جان شسته در مندرایل بمعرکه درآمد و چندانکه توانائی داشت دست و پا زده. آخر کاربی‌دست و پا شده هدف تیر هلاک و علف تیغ مبارزان سفاک

Sultan Ala'uddin realized that he did not have the strength to mount an opposition and so made a surprise attack in which he accomplished nothing. Retreating in failure, the hypocrite went to Kabul. He was with the imperial forces in the battle with Sultan Ibrahim. Tatar Khan went to Gujarat and was promoted by Sultan Bahadur, and after the conquest of Hindustan, H.M. Babur realized what was hidden in his mind and sent him to Badakhshan. With the assistance of some Afghan merchants he escaped from the Zafar Fortress and joined the Afghans. From there he went to Baluchistan, and then he went to Gujarat.

When these forces set out, Tatar Khan took possession of the 348 treasury and spent it on gathering soldiers. Around forty thousand mounted soldiers, Afghans and others, assembled around him, and then he seized Bayana. When the emperor, who had gone to conquer the eastern territories, heard this, he turned around and went as fast as possible to Agra. He equipped Mirza Askari, Mirza Hindal, Yadgar-Nasir Mirza, Qasim Husain Sultan, Mir Faqir-Ali, Zahid Beg, and Dost Beg with eighteen thousand soldiers and sent them to quell the rebellion. "By repelling this large force, which is headed toward Delhi thinking it will destroy this dynasty, you will symbolically nullify the other forces," he told them. "It would therefore be better to concentrate on dealing with this one." When the victorious troops approached the enemy forces, terror engulfed the foe, and every day hordes of them deserted until little by little they were reduced to three thousand horsemen. Since the campaign had been launched in all impertinence and huge amounts had been spent, Tatar Khan had neither the will to leave nor the courage to fight. Finally, washing his hands of his life, he came out to do battle at Mandrael and did the best he could. In the end he lost his nerve and became a target

گشت و از پراکندگی این لشکر همان طور که بر خاطر اقدس پرتو افتاده بود بظهور آمد و آن دو فوج دیگر از صیت نصرت و اقبال لشکر منصور بخودی خود پراکنده شدند.

ذکر نهضت حضرت جهانبانی جنت‌آشیانی بتسخیر گجرات و شکست سلطان بهادر و فتح آن ممالک

هرچند خاطر جهانگشای از اندیشهٔ تسخیر ولایت گجرات فارغ بود که والی آنجا پیوسته راه وفاق و اخلاص می‌پیمود لیکن چون جهان‌آفرین خواهد که ملکی‌را بفرّ قدوم دادگری آرایش بخشد ناگزیر اسباب آن‌را آماده سازد و مصداق این معنی کردار والی گجراتست که از غرور ذاتی و هجوم خوشامدگویان و فزونی مستی و مستان و کمی هشیاری و هشیاران بی‌جهتی نقض عهود و نقص روابط صوری نمود و مصدر چندین امور ناملایم شد. لاجرم همت والا تقاضای آن نمود که موکب عالی متوجه گجرات گردد و بنابر آن در اوایل جمادی الاولی نهصد و چهل و یکم بقاید دولت و هدایت اقبال بساعت مسعود پای عزیمت در رکاب سعادت نهاده عنان اقبال بعزم تسخیر گجرات معطوف داشتند. چون نزدیک قلعهٔ رای سین نزول اجلال اتفاق افتاد اهل قلعه عرایض با پیشکشهای گرامی فرستادند که «قلعه از پادشاه است و ما بندهٔ پادشاهیم. هرگاه کار سلطان بهادر ساخته شود این قلعه چه خواهد بود؟» ۳۴۹

for the arrow of destruction and fodder for blood-thirsty warriors' blades. The campaign ended in failure, just as the emperor had thought, and with the news of the triumph of the imperial forces the other two divisions melted away by themselves.

HIS MAJESTY JAHANBANI JANNAT-ASHYANI SETS OUT TO SUBDUE GUJARAT; SULTAN BAHADUR IS DEFEATED AND THAT COUNTRY IS CONQUERED

Despite the fact that the emperor had no thought of conquering the province of Gujarat because the ruler always trod the path of agreement and loyalty, nonetheless when the creator of the world desires to adorn a land with the advent of a legislator, he produces all the necessary secondary causes. An example of the truth of this assertion is the conduct of the ruler of Gujarat, who broke his promises and violated his pacts for no good reason— only out of innate delusion, the onslaught of sycophants, his own and others' intoxication, and lack of sobriety—and thus he initiated many improper acts. Consequently it was necessitated by high-mindedness that the royal train go to Gujarat, and therefore, at the beginning of Jumada I 941 [November 1534], under the leadership of good fortune, at an auspicious hour, the emperor put the foot of determination in the stirrup of felicity and turned his reins toward the subduing of Gujarat. When he stopped in the vicinity of Raisen, the people of the fortress sent letters and gifts, saying, "The fortress is the emperor's, and we are his slaves. When Sultan Bahadur has been dealt with, what will become of this fortress?"

349

۳۵۰ الحق چون مقصد فتح ممالک گجرات بود بآن مقیّد ناشده متوجه ولایت مالوه شدند. و چون سارنگپور مخیّم سرادقات اقبال شد طنطنهٔ یورش جهانگشای و کوچ بکوچ نهضت اعلام منصوره بسلطان بهادر که قلعهٔ چیتوررا محاصره داشت رسید. از خواب غفلت بیدار شده بملازمان خود مشورت نمود. جمعی بر آن شدند که «مهمّ قلعه همه وقت میسّر است و از اهل قلعه بالفعل ضرری نمیرسد. مناسب وقت آنست که مهمّ قلعه‌را موقوف داشته روبروی لشکر پادشاهی شویم.»

۳۵۱ صدر خان، که سرآمد طبقهٔ علم و فضل بود و در جرگهٔ سپاهیان صاحب منصب والا گشته باصابت رای و تدبیر میزیست، گفت «مناسب آنست که کار قلعه‌را که نزدیک رسانیده‌ایم بآخر رسانیم. و ما که بر سر کفار آمده باشیم پادشاه اسلام بر سر ما نخواهد آمد. و اگر بیاید در ترک غزا و جنگ با او معذور [نـ]باشیم.»

۳۵۲ این رای پسندیدهٔ خاطر سلطان بهادر آمد و از روی استقلال ثبات قدم ورزید تا آنکه در سیوم شهر رمضان نهصد و چهل و یک سلطان قلعهٔ چیتوررا مفتوح ساخت و بصوب موکب عالی روان شد. مخیّم سرادقات اقبال عرصهٔ اُجّین بود. چون جسارت سلطان بهادر بمسامع علیّه رسید آنحضرت نیز تیزتر توجه فرمودند و در نواحی مندسور، که از مضافات مالوه است، در کنار کولاب، که در کلانی و پهناوری دریائی بود، از دو جانب این دو لشکر فرود آمد. و میان هراول حضرت جهانبانی بچکه بهادر و جمعی و میان هراول سلطان بهادر سید علیخان و میرزا مقیم، که خراسان خان خطاب داشت، کارزار پیوست و مخالفان‌را شکست افتاد و سلطان بهادر نیز شکسته‌خاطر شد. تاج خان و صدر خان باو گفتند که «لشکر ما بتازگی فتح چیتور کرده و هنوز چندان ضرب و حرب لشکر پادشاهی ندیده بدل قوی بکار جنگ

Since the emperor's goal was to conquer the territory of Gujarat, he paid no attention and continued on to Malwa. While camped at Sarangpur, news of the imperial campaign reached Sultan Bahadur, who was besieging the fortress of Chitor. Waking from his slumber of heedlessness, he took counsel with his attendants. Some said, "The fortress can be taken care of at any time, and at present the defenders present no threat. It would be expedient for us to put the siege off and face the imperial army." 350

Sadr Khan, who was the most learned, held a high rank in the army, and had correct opinions, said, "It would be appropriate for us to finish the job on this fortress, which is near completion. Since we are attacking infidels, the emperor of Islam will not attack us. And if he does come, we will not be forgiven for abandoning our battle with infidels to fight him." 351

This suggestion pleased Sultan Bahadur, and he continued the siege until he conquered the Chitor fortress on the third of Ramadan 941 [March 8, 1535] and then set out in the direction of the imperial train, which was camped at Ujjain. When Sultan Bahadur's audacity reached the imperial hearing, the emperor increased his speed, and the two armies came face to face in the vicinity of Mandasor, a dependency of Malwa, next to a lake that was as large and broad as a sea. Battle broke out between the emperor's vanguard under the command of Böchkä Bahadur and Sultan Bahadur's vanguard, which was led by Ali Khan and Mirza Muqim, who held the title of Khurasan Khan, and the enemy suffered defeat, which dealt a blow to Sultan Bahadur's pride. Taj Khan and Sadr Khan said to him, "Our army has just conquered Chitor, while the imperial army has not been through battle and thus has come into the field strong of heart. We should 352

خواهد پرداخت. توقف ناکرده متوجه جنگ باید شد.» رومی خان، که توپخانه حوالهٔ او بود، و جمعی دیگر بسلطان گفتند که «توپخانهٔ عظیم همراه داریم. باوجود چنین استعداد آتشبازی، خودرا بر تیغ زدن چه معنی دارد؟ مناسب آنست که حصارِ ارابه کرده بدورِ آن خندق زده اول این سلاح دوردست‌را کار فرمائیم تا لشکر مخالف روز بروز تنقیص پذیرفته ازهم پاشند و جنگ تیر و شمشیر بجای خود است.» آخر بر همین قرار ایستادند. همواره هنگامهٔ جنگ گرم میشد و پیوسته شکست بر گجراتیان می‌افتاد.

۳۵۳ و از سوانح اقبال آنکه روزی جمعی از بهادران و یکه‌جوانان بزم باده‌پیمائی گرم کرده بودند و هر یکی سرخوش گشته سخن از مردانگی میراند. یکی‌را که هوش معامله‌دانی کمتر مانده بود بحکایت درآمد که «از گذشته تا کی حرفسرائی شود؟ امروز غنیم در برابر است. متوجه او باید شد و عیار کار خودرا ظاهر ساخت.» و بی‌آنکه بهوشیاران لشکر منصور آگاهی افتد این بزم‌آرایان می گسار که قریب دویست کس بودند مسلّح شده بر سر اردوی غنیم روان شدند. چون نزدیک رسیدند یکی از اعیان گجرات با قریب چهار هزار کس که بیرون اردو آمده پاس میداشت پیش آمد و عرصهٔ نبرد آنچنان آراسته گشت که بگفت درنیاید، و گجراتیان‌را دل از دست رفت و انهزام یافته باردو درآمدند. و این رزم‌دوستان کارنامه‌ها کرده معاودت نمودند. صیت این دلیری و دلاوری آرام‌ربای لشکر سلطان بهادر شد. و بعد از آن، از قلعهٔ ارابهٔ خویش کم کسی برآمدی و پیوسته سپاه نصرت‌قرین باطراف و جوانب رفته راه آمدوشدِ غلّه میزدند تا آنکه در اردوی گجراتیان قحط عظیم پدید آمد.

۳۵۴ روز عید رمضان محمد زمان میرزا با پانصد ششصد کس قدم جرأت پیش نهاده برآمد و ازین طرف نیز جمعی بجنگ پیش آمدند. دو سه

not stop but head into battle." Rumi Khan, who was in charge of the artillery, and some others said, "We have a massive artillery, and with such fire power why should we hurl ourselves against swords? It would be better to surround ourselves with caissons, dig a trench, and use our long-range weapons in order to reduce the foe day by day, break them apart, and then bring arrows and swords into play." In the end they made their stand using these tactics. Pitched battle continued, but defeat constantly befell the Gujaratis.

A lucky thing happened one day when a group of warriors and gentlemen held a heated wine party. When they were all tipsy, they started talking about bravery. One in whom little sense remained started talking, saying, "How long are we going to tell stories of the past? The enemy is before us today. We should attack and show them our mettle." Without informing anyone in authority in the imperial army, the revelers, about two hundred in all, armed themselves and set out for the enemy camp. When they got near, one of the notables of Gujarat came out with around four thousand men who were keeping watch outside the camp. Such a battle was fought that it cannot be described. The Gujaratis lost their courage and returned to their camp in defeat. Having acquitted themselves outstandingly in action, the heroes also withdrew, and disturbing reports of this act of courage spread through Sultan Bahadur's army. After that few ventured out of the caisson fortress, while the imperial soldiers patrolled the perimeters and stopped shipments of grain so that the Gujarati camp was beset by famine.

On the day of the Ramadan feast [April 5, 1535] Muhammad-Zaman Mirza and five or six hundred men went boldly out, and they were met by a force from the other side. Two or

353

354

مرتبه مردم گجرات تیر انداخته گریختند. و بحیله و روباهبازی عساکر فیروزی‌مآثر پادشاهی‌را بر مجرای توپخانه رسانیدند. و بیکبار توپهارا آتش دادند. آن روز بعضی مردم پادشاهی‌را چشم زخم رسید. بعد از هفده روز که ساعت مختار بود حضرت جهانبانی قرار دادند که بر سر اردوی سلطان بهادر رفته جنگ اندازند. درین میان روز بروز کار گجراتیان به بیم و هراس بیشتر میکشید و بیدولتی‌را اسباب آماده‌تر میگشت تا آنکه بمحض اقبال ازلی شب یکشنبه بیست و یکم شوال سال مذکور سلطان بهادر خود ویران شده بفرمود تا تمام ضربزنها و دیگهای کلان‌را پر دارو کرده آتش دادند تا همه درهم شکستند. چون شام درآمد سلطان بهادر با میران محمد شاه و پنج شش کس از نزدیکان خود از فرجهٔ سراپرده برآمده رو بجانب آگره کرده بجهت پی غلط کردن بجانب مندو روانه شد. و صدر خان و عماد الملک خاصه‌خیل هر دو باتفاق هم با بیست هزار سوار از راه راست متوجه مندو شدند. و محمد زمان میرزا با جمعی جهت فتنه و فساد بصوب لاهور رفت.

آن روز غریب غریو و غوغا و آشوب از لشکر گجراتیان برخاست و ٣٥٥
حقیقت حال در اردوی معلی ظاهر نبود. و حضرت جهانبانی با سی هزار سوار از شام تا صبح مسلّح ایستاده بودند و انتظار ظهور تباشیر فتح غیبی داشتند تا آنکه بعد از یک پاس روز معلوم شد که سلطان بهادر بصوب مندو فرار نموده است. بهادران لشکر فیروزی‌مند باردوی سلطان بهادر آمده دست بغارت گشودند و اسباب و اموال و فیل و اسب فراوان بدست درآمد. و خداوند خان، که هم استاد و هم وزیر سلطان مظفر بود، بدست افتاد، و آنحضرت اورا بنوازشهای پادشاهانه اختصاص فرموده در ملازمت نگاهداشتند. و یادگار ناصر میرزا و قاسم سلطان و میر هندو بیگ‌را با لشکر گران عقب لشکرِ گریخته فرستادند.

three times the men of Gujarat shot volleys of arrows and fled. By wily tricks they managed to get the imperial soldiers into the sights of their cannons. All at once they fired their cannons, and on that day some of the imperials were struck by the evil eye. Seventeen days later, when the hour was auspicious, the emperor decided to attack Sultan Bahadur's camp. During the interval the Gujaratis' fear and trepidation had been growing and their luck had been waning. Then, by sheer good fortune, on the eve of Sunday the twenty-first of Shawwal [April 25], in desperation Sultan Bahadur ordered all his cannon and large mortars filled with gunpowder and fired, and they all exploded. When night fell, Sultan Bahadur, Miran Muhammad Shah, and five or six of his intimates crept out of the royal tent and headed in the direction of Agra, but they mistook the road and wound up in Mandu. Sadr Khan and Imadulmulk Khassa-Khel took the right road to Mandu with twenty thousand horsemen. Muhammad-Zaman Mirza and some others headed for Lahore to make mischief.

That day the noise of a strange disturbance arose from the Gujaratis' camp. The truth of the situation was unknown in the imperial camp. The emperor and thirty thousand horsemen stood armed all night, waiting for the appearance of divine victory, until after one watch of the day it was learned that Sultan Bahadur had fled to Mandu. The imperial soldiers entered Sultan Bahadur's camp and started plundering equipment, goods, elephants, and horses. Khudawand Khan, who was both Sultan Muzaffar's teacher and his vizier, was captured, and the emperor showed him regal favor and kept him in his retinue. Yadgar-Nasir Mirza, Qasim Sultan, and Mir Hindu Beg were sent with a large contingent in pursuit of the soldiers who had fled.

355

419

۳۵۶ آری، هرکس که به تیره‌رایان نشیند تیره‌رای شود، خصوصاً عهد و پیمان
شکسته با چنین خدیو جهان که قبلهٔ صدق و سداد باشد شعبده‌بازانه
پیش آمده نرد مخادعت بازد. هرآینه اورا چنین روز پیش آید.

۳۵۷ مجمل آنکه چون صدر خان و عماد الملک از آنجا روان شدند راست
بقلعهٔ مندو برآمدند و حضرت جهانبانی نیز متعاقب عساکر منصوره آمده
در نعلچه نزول اجلال فرمودند و دور قلعه مخیّم اقبال گشت. و رومی
خان از لشکر مخالف گریخته بملازمت پیوست و خلعت سرفرازی یافت. و
روز چهاردهم سلطان بهادر از راههای مختلف گشته از طرف دروازهٔ چولی
مهیسر بر قلعهٔ مندو برآمد و سخن صلح در میان آورد که گجرات و چیتور
که الحال بدست آمده بسلطان باشد، و مندو و آنحدود بملازمان حضرت
جهانبانی متعلق شود. مولانا محمد پرغلی از طرف حضرت جهانبانی و صدر
خان از طرف سلطان بهادر در نیلی سبیل باهم نشسته قرار دادند.

۳۵۸ در آخر همین شب حارسان قلعه از محنت تردد مانده شده بودند که
از عقب قلعه سپاه نصرت‌قرین مقدار دویست نفر بعضی نردبانها نهاده
و برخی بطنابها دست زده بقلعه برآمدند و از دیوار حصار خودرا بپایان
انداخته دروازهٔ قلعه‌را که دران سمت بود گشودند و اسپان‌را درآورده
سوار شدند و سپاهیان دیگر از راه دروازه درآمدند. خبر بصاحب مورچل،
که ملّو خان مندووالی بود و لقب قادرشاهی داشت، رسید. خودرا بر
اسب گرفته تاخته پیش سلطان آمد. سلطان هنوز در خواب بود. از
آواز قادرشاه بیدار شده در میان خواب و بیداری رو بگریز نهاد و با سه
چهاری بیرون شتافت و در اثنای راه بهوپت رای ولد سلهدی، که از جملهٔ
مجلسیان او بود، با مقدار بیست سوار از عقب آمده ملحق شد. و چون
بدروازهٔ سر میدان رسیدند از سپاهیان نصرت‌قرین قریب بدویست سوار

420

Indeed, anyone who associates with fools will become foolish, particularly when, having broken one's word to a lord who is always true to his promise, one comes forward like a charlatan and tries to be deceptive. Of course such a one will live to see such a day.

When Sadr Khan and Imadulmulk set out from there they went straight to the fortress at Mandu. The emperor followed in the wake of the imperial army and camped at Nalchha while camp was made around the fortress. Rumi Khan deserted the enemy camp and was welcomed in the imperial retinue. On the fourteenth day Sultan Bahadur, having tried various means, went out over the Choli Mahesur Gate of the fortress and spoke of a truce. He suggested that Gujarat and Chitor, which he then held, remain his, and Mandu and that area would belong to the emperor's men. Maulana Muhammad Parghali on the emperor's behalf and Sadr Khan on Sultan Bahadur's behalf sat together in the Nili Sabil and came to terms.[139]

That very night the guards of the fortress had grown weary of fighting when two hundred imperials made their way to the rear of the fortress. Some got ladders up and others scaled the walls with ropes. Jumping down into the fortress, they opened the gate on that side, brought their horses in, and mounted. Other soldiers also entered through the gate. As soon as news of this development reached the commander of the station, who was Mallu Manduwali, known as Qadirshah, he jumped on his horse and galloped to the sultan, who was still asleep. Awakened by Qadirshah's cries but still half asleep, he took flight and got out with three or four men. Along the way he was joined by Bhupat Rai, Silhadi's son who was one of his intimates, and twenty horsemen. When they reached the polo field gate there were nearly

روبروی آمدند. سلطان خود اول بر اینها تاخت و چندی دیگر متعاقب او تاختند. آخر فوج شکافته با ملو خان و یک ملازم دیگر بدررفت و بقلعهٔ سونگر آمد و اسپان‌را طنابها بسته پایان فرستاد و خود نیز بهزار تعب فرود آمده راه گجرات گرفت و در نواحی قلعهٔ قاسم حسین خان ایستاده بود. بوری نام اوزبکی، که از نوکریِ سلطان گریخته ملازم قاسم حسین خان شده بود، سلطان‌را شناخت و بخان گفت. خان از کهنه‌عملگی شنیده‌را نشنیده انگاشت تا آنکه سلطان نیم جانی بسلامت برد، و تا رسیدن بقلعهٔ چانپانیر هزار و پانصد کس آمده بسلطان پیوستند. چون بقلعه رسید از خزاین و نفایس آنجا آنچه توانست به بندر دیپ فرستاد.

۳۵۹ سخن چون باینجا رسید اندکی از آغاز این فتح سعادت‌انجام گفتن چاره نیست. چون بهادران نصرت‌پیشه اینچنین تیزدستی نموده بالای قلعهٔ مندو رفتند و اینچنین کارنامهٔ جلادت نمودند در آن سحر خبر مشخّص بیرون نیامد. چون دو ساعت از روز گذشت خبر درآمدن جنود اقبال در درون قلعهٔ مندو و مفتوح شدن آن بموقف عرض حضرت جهانبانی رسید. آنحضرت سوار دولت شده متوجه قلعه گشتند و از دروازهٔ دهلی درآمدند. صدر خان همچنان با تمام مردم خود بر درخانه ایستاده جنگ میکرد. هرچند زخمی شده بود پای ثبات محکم داشت. آخر مردم اعیان عنانش گرفته بجانب سونگر بردند و کس بسیار بهمراهی او شتافته آنجا متحصن شد و سلطان عالم نیز آنجا رفت. سپاه ظفرقرین سه روز نهب و تاراج منازل مخالفان کرد. بعد از آن، حکم بر منع یغماگران شرف نفاذ یافت و معتمدان‌را پیش صدر خان و سلطان عالم فرستادند. این کاردانان بنصایح گرامی دلهای ایشان‌را اطمینان بخشیدند و پس از درازیِ گفت‌وشنود و کوتهیِ سخن آن متحصنان‌را امان داده بملازمت آوردند. و چون از

two hundred imperial horsemen standing there. The sultan attacked them first, and several others followed him. In the end he managed to split the troop, and he, Mallu Khan, and one other retainer escaped. When he reached the Songad fortress he tied ropes to the horses and sent them down, and he managed with great difficulty to take the road to Gujarat. He had stopped in the vicinity of Qasim Husain Khan's fortress when an Uzbek named Böri, who had deserted the sultan's service and joined Qasim Husain Khan's retinue, recognized the sultan and told the khan. Out of a sense of past loyalty, the khan pretended not to hear so that the sultan managed to escape, more dead than alive, to safety. By the time he reached the fortress at Champaner, more than fifteen hundred men had joined him. When he entered the fort he sent what treasure he could to the port at Diu.

Now that the story has reached this point, it is necessary to speak a bit of the beginning of this great conquest. The victorious warriors having performed such a feat and scaled the fortress of Mandu, the next morning no corroborated news emerged. Two hours of the day had passed before news of the soldiers' entrance into the fortress and the conquest of that stronghold reached the emperor's ears. Mounting, the emperor set out for the fort and entered via the Delhi Gate. Sadr Khan and all his men were fighting at the gate. Despite their wounds, they were holding their ground, but in the end the men took Sadr Khan's reins and led him to Songad, where he was joined by many men, and they fortified themselves. Sultan Alam also went there. For three days the imperial troops pillaged and plundered the enemy's quarters. After that, an order was issued forbidding any further plunder, and trusted men were sent to Sadr Khan and Sultan Alam. The diplomats reassured them, and after much

359

سلطان عالم چند مرتبه فتنه و فساد سر زده بود اورا پی کرده رها کردند و اشفاق خسروانه دربارهٔ صدر خان بظهور آمد. و بعد سه روز ازین فتح از قلعه پایان آمده با ده هزار سوار کارطلب بطریق ایلغار متوجه گجرات شدند و حکم شد که اردوی معلی منزل بمنزل متعاقب می‌آمده باشد.

۳۶۰ چون عساکر فیروزی‌مآثر بچانپانیر نزدیک شد بجانب دروازهٔ پپلی قریب بحوض عماد الملک که سه کروه دورهٔ اوست ایستاده افواج ترتیب دادند. چون خبر بسلطان بهادر رسید قلعه‌را مضبوط ساخته از دروازهٔ دیگر که بجانب شکر تلاو است بیرون آمده بجانب کمبایت فرار نمود و در شهر باشارت او آتش درگرفت. حضرت جهانبانی بشهر نزول اقبال کرده حکم فرمودند که آتشهارا بآب رحمت فرو نشانند. و میر هندو بیگ و جمعی دیگررا در حدود چانپانیر گذاشته و مقدار هزار سوار بخود همراه گرفته بجانب سلطان بهادر ایلغار فرمودند. سلطان بکمبایت رسیده بجانب دیپ شتافت و صد غراب جنگی‌را که بخیال فرنگ ساخته بود آتش زد که مبادا عساکر عالیه سوار شده تعاقب نمایند. و آخر همانروز که او بدیپ رفت حضرت جهانبانی بکمبایت نزول اجلال فرمودند و ساحل دریای شور مخیّم سرادق اقبال شد و از آنجا جمعی‌را بتعاقب سلطان بهادر از کمبایت روانه ساختند. سلطان چون بدیپ درآمد بهادران نصرت‌قرین از نزدیکی دیپ بغنایم فراوان برگشته بکمبایت آمدند و بتأییدات آسمانی در سال نهصد و چهل و دو فتح مندو و گجرات روی نمود. و آن‌را که با خدای بازگشت است و معیار آن نیت درست هرآینه مقصودرا در کنار او نهند.

۳۶۱ و در غرّهٔ شعبان این سال میرزا کامران از لاهور بقندهار رفت و بسام میرزا برادر شاه طهماسب صفوی جنگ عظیم کرده فتح نمود. و مجمل این سرگذشت آنکه سام میرزا با جمعی کثیر از قزلباشیه بقندهار آمد.

discussion they offered the beleaguered a truce and took them to the emperor. Since several disturbances had been created by Sultan Alam, he was let go, but Sadr Khan was shown much imperial favor. Three days after this victory he came out of the fortress with ten thousand horsemen and galloped off to Gujarat. The command was then given for the imperial camp to retrace its steps.

When the imperial troops arrived near Champaner, they 360 stopped and arrayed their ranks next to the Pipali Gate near Imadulmulk's tank, which was three leagues in circumference. When the news reached Sultan Bahadur, he made the fortress fast, departed through another gate on the side of Shukr Talao, and took flight to Cambay, and by his order the city was torched. The emperor entered the city and mercifully ordered that the fires be put out. He stationed Mir Hindu Beg and some others at Champaner and took a thousand mounted soldiers in pursuit of Sultan Bahadur. When the sultan reached Cambay he hastened toward Diu, where he burned a hundred warships he had built for battle with the Franks, lest the imperial forces use them to come in pursuit. Finally, on the very day the sultan went to Diu, the emperor reached Cambay and camped on the shore of the salty sea. From there he dispatched a troop to pursue Sultan Bahadur. When the sultan entered Diu, the imperial warriors turned back near Diu, laden with spoil, and returned to Cambay. By heavenly assistance the conquest of Mandu and Gujarat occurred in 942 [1535 CE]. He who relies upon God and has a good intention will of course reach his goal.

On the first of Sha'ban of this year [January 25, 1536] Mirza 361 Kamran went from Lahore to Kandahar, where he fought a pitched battle with Shah Tahmasp's brother Sam Mirza and won.

قندهاررا خواجه کلان بیگ استحکام داده بود تا هشت ماه نگاهداشت. درین اثنا میرزا کامران باستعداد تمام از لاهور نهضت نمود و میان میرزا کامران و سام میرزا جنگ عظیم درپیوست، و اغزیوار خان که از امرای کلان قزلباشیه و اتالیق میرزا بود در جنگ دستگیر کرده بقتل رسانید و بسیاری از لشکر قزلباش سر بصحرای عدم نهادند. میرزا کامران مظفّر و منصور معاودت نموده بحدود لاهور رسید و شورش میرزا محمد زمان بر طرف شد.

۳۶۲ و شرح این داستان اقبال برسم اجمال آنکه پیشتر گذارش یافته بود که میرزا محمد زمان بعد از شکست یافتن سلطان بهادر بداعیهٔ فتنه‌انگیزی بصوب لاهور شتافت. چون مشار الیه بحدود سند آمد شاه حسین ولد شاه بیگ ارغون والی سند در پیش خود جای نداده رهنمونی لاهور کرد که میرزا کامران متوجه قندهار شده است، و ملکی چنین معمور خالیست، آنجا باید شتافت. میرزای بخت‌برگشته عرصه‌را خالی خیال نموده بلاهور آمد و محاصره نمود. درین اثنا میرزا کامران بنواحی لاهور آمده کوس سطوت زد. میرزا محمد زمان سراسیمه‌وار چارهٔ کار خود غیر از آنکه باز بگجرات رود ندید. محروم و مخذول برگشته باز بآن دیار رفت.

۳۶۳ و درین سال میرزا حیدر گورکان از کاشغر راه بدخشان سرکرده میرزا کامران‌را در لاهور دریافت. در بهار دیگر شاه طهماسب خود بحدود قندهار آمدند و خواجه کلان بیگ جمیع کارخانه‌هارا از توشکخانه و رکابخانه و غیرها بآئین مناسب ترتیب داده مقالید قلعه و کارخانه‌هارا پیش شاه فرستاد و گفت «سامان قلعه‌داری ندارم و توانائی نبرد نیست، و آمده دیدن در آئینِ نمک‌شناسی و در ملّتِ حفظِ حقوقِ صاحبی و نوکری روا نی. ناچار خانه آراستن و بمهمان سپردن و خودرا کناره داشتن مناسب

A summary account of this event is as follows. Sam Mirza went to Kandahar with a large troop of Qizilbash soldiers. Kandahar had been fortified by Khwaja Kalan Beg, and he held it for eight months. During this time Mirza Kamran set out from Lahore with great preparedness, and a huge battle between him and Sam Mirza was fought. Aghzivar Khan, a great Qizilbash officer and the prince's tutor, was captured during the battle and executed. Many of the Qizilbash soldiers were also killed. Mirza Kamran returned triumphant to Lahore, and Mirza Muhammad-Zaman's rebellion was ended.

A short explanation of this happy story is as follows. It has already been mentioned that Mirza Muhammad-Zaman went to Lahore intending to make mischief after Sultan Bahadur was defeated. When he reached Sind, Shah Beg Arghun's son Shah-Husain, the ruler of Sind, would not let him stay there and suggested he ought to go to Lahore, telling him that Mirza Kamran had gone to Kandahar and that such a flourishing metropolis was undefended. Thinking the field empty, the ill-starred prince went to Lahore and laid siege, but just then Mirza Kamran returned in all his might. Undone, Mirza Muhammad-Zaman realized that he could do nothing but return to Gujarat, and so he betook himself there in utter failure.

During this same year Mirza Haidar Gürkan set out from Kashgar for Badakhshan and met Mirza Kamran in Lahore. The next spring Shah Tahmasp himself went to Kandahar. Khwaja Kalan Beg appropriately got all the various departments ready, like the textile department and the armory, and presented the keys to the fortress and departments to the shah, saying, "Neither can I maintain the fortress nor do I have the ability to do battle. According to the code of loyalty and appreciation between

362

363

میداند.» و خود براه تته و اچ بلاهور آمد. و میرزا کامران یکماه کورنش نداد که «چرا اینقدر نتوانستی نگاهداشت که من خودرا میرساندم؟» و بعد از سرگذشت بسیار میرزا کامران سرانجام نموده بار دوم یورش قندهار نموده متوجه شد. میرزا حیدررا بجهت سربراهی مهمات لاهور گذاشت. شاه طهماسب پیشتر از توجه میرزا بداغ خان قجاررا که از امرای بزرگ بود بحکومت قندهار گذاشته رفته بودند. میرزا کامران آمده قندهاررا محاصره نمود. بداغ خان امان طلبیده رفت و میرزا قندهاررا متصرف شده و استحکام داده بلاهور مراجعت نمود.

۳۶۴ سخن کجا بود؟ بکجا کشید؟ همان بهتر که ازین دست بازداشته بسررشتهٔ مقصود پیوندم. القصه، چون حضرت جهانبانی بمردم کم بحدود کمبایت نزول اجلال فرموده بودند، ملک احمد لاد و رکن داؤد که از اعیان سلطان بهادر بودند و نزدیک کولی‌واره بسر میبردند بکولیان و گواران آن سرزمین قرار دادند که «با موکب حضرت جهانبانی مردم کم رسیده‌اند. فرصت غنیمت دانسته شبیخون باید آورد» و باین قرار مستعد شدند. و از آثار بیداری اقبال آنکه پیرزنی ازینمعنی خبردار شده خودرا بحوالی سراپردهٔ پادشاه رسانید و بیکی از نزدیکان درگاه گفت که «حرفی ضروریست. میخواهم بی‌واسطه بموقف عرض رسانم.» چون مبالغه از حد متجاوز میکرد و آثار راستی از پیشانی حال او ظاهر بود، رخصت بار یافته قرارداد شبیخون‌را بعرض اقدس رسانید. آنحضرت فرمودند که «این دولتخواهی از کجا ترا بخاطر رسید؟»

۳۶۵ گفت «پسر من در بند یکی از ملازمان رکاب دولت است. خواستم که بجایزهٔ این دولتخواهی اورا از بند استخلاص نمایم. و اگر دروغ گفته باشم مرا با پسر سیاست فرمایند.» حسب الحکم پسر اورا پیدا ساختند و بر

master and servant it is inappropriate merely to have an interview. Therefore I consider it seemly to decorate the house and turn it over to the guest as I withdraw." So saying he went to Lahore via Thatta and Uch. Mirza Kamran would not give him audience for a month, saying, "Why could you not have kept the fort until I came?" After many adventures Mirza Kamran mounted another campaign and set out for Kandahar, stationing Mirza Haidar to administer Lahore. Before the prince set forth, Shah Tahmasp left one of his great officers, Budagh Khan Qajar, in charge of Kandahar and departed. Mirza Kamran came and laid siege to Kandahar. Budagh Khan sought a truce and departed, and the prince took over the fortress, refortified it, and then returned to Lahore.

Where has this story led us? It would be better to leave it and return to our original purpose. In short, when H.M. Humayun had camped with a few men in Cambay, Malik Ahmad Lad and Rukn Daud, two of Sultan Bahadur's nobles who were living near Koliwara, made an agreement with the Kolis and *ganwars* of the area, saying, "Only a few men have come with the imperial train. We should take advantage of the situation and make a surprise attack." And to this end they made preparations. However, one sign of imperial good fortune was that an old woman got wind of what they were up to and presented herself at the imperial tent, where she said to a courtier, "I have important business. I want to speak directly to the emperor." When she insisted, and traces of veracity could be discerned in her, she was given leave to enter and reported the plans for a surprise attack. The emperor asked, "Why did such a show of support occur to you?"

"My son is being held captive by an imperial officer," she said. "I wanted to get him released as a reward for this assistance. If

364

365

هر دو موکّل گذاشتند و از روی احتیاط سپاه نصرت‌قرین‌را آماده ساخته خودرا بکناره کشیدند. نزدیک سحر بیکبار پنج شش هزار بهیل و گوار بر سراپرده‌های دولت ریختند و حضرت جهانبانی با سپاه دولت‌قرین خودرا بر سر تلّی کشیده بودند. گواران آمده بتاراج اردو پرداختند و اکثر کتب نفیسه که مصاحبان معنوی بودند و پیوسته با خود داشتندی تلف شد. (از آنجمله تیمورنامهٔ بود بخط ملا سلطان علی و تصویر استاد بهزاد، و اکنون در کتابخانهٔ حضرت شاهنشاهی موجود است.) القصه، در اندک فرصتی صبح سلامت از مطلع اقبال دمید و بهادران جلادت‌آئین رو برین بی‌اعتدالی آورده بشیبهٔ تیر همهٔ آن بیدولتان سیه‌بخت‌را منهزم و متفرق گردانیدند. و آن پیرزن سفیدروئی یافت و بکام خود رسید. و سطوت غضب پادشاهی و صولت قهر جبّاری بجوش آمده حکم غارت کردن و سوختن کمبایت نافذ گشت. و بعد از آن، قطع نظر از تعاقب سلطان بهادر نموده بچانپانیر مراجعت موکب عالی شد و تا چهار ماه آن قلعه‌را محاصره داشتند. و اختیار خان که از قاضی‌زاده‌های قصبهٔ نریاد بود که از قصبات آن ولایت است و برشد و کاردانی از معتمدان سلطان شده بود در لوازم نگاهداشت قلعه سعی بلیغ بجای آورد و با این همه محافظت و احتیاط گاه گاه از دره‌های کوه که از کثرت درخت و انبوهی خارزار گذر پیاده بصعوبت میسّر بود، چه جای سوار، بعضی از هیزم‌کشان کوه‌نورد بمصلحت منافع خود منفذی پیدا کرده از قسم غلّه و روغن بقصد گران فروختن در پای قلعه میبردند و مردم قلعه طنابها فرو هشته زر پایان میفرستادند و متاع بالا میکشیدند.

۳۶۶ چون مدّت محاصره بدور و دراز کشید روزی حضرت جهانبانی سیر اطراف قلعه خود بدولت و اقبال میفرمودند و محلی که جای درآمدِ

I have lied you can have me and my son executed." The son was located, and both were put under guard, but as a precautionary measure the imperial army was put on the alert, and they withdrew from their position. Near dawn, without warning, five or six thousand Bheels[140] and *ganwars* poured down on the imperial tents, but the emperor and the army had taken up a position on a hill. The *ganwars* started plundering the camp, and most of the valuable books—which were the emperor's spiritual companions and always with him—were lost. (Among them was a history of Temür calligraphed by Mulla Sultan-Ali and illustrated by Master Bihzad; it is now in H.I.M.'s library.[141]) In short, within a brief time fortune smiled, and the warriors turned their faces to these intemperates and annihilated and scattered them all with their arrows. The old woman was proven right, and she got what she wanted. However, the emperor's wrath was provoked, and he gave an order for Cambay to be pillaged and burned. After that the emperor abandoned the pursuit of Sultan Bahadur and returned to lay siege to Champaner for four months. Ikhtiyar Khan, a descendant of the qadis of Nadiad, a town in that province, upon whom the sultan relied for his competent guidance, made great efforts to hold the fortress. Despite his vigilance, occasionally mountaineer woodcutters got through the mountain valleys, which were so thick with trees and shrubbery that it was difficult to make one's way on foot, much less on horseback, and brought grain and oil to the fortress to sell at a good price. The men in the fort let down ropes and dropped money and then hauled up their purchases.

When the siege had dragged on and on, one day the emperor   366
was touring the perimeter of the fortress, looking for a place the soldiers might use to get in. All at once, he went forward to

عساکر ممکن باشد میجستند. یکمرتبه از طرف هالول که باغستان بود سیرکنان پیشتر رفتند. جمعی که غلّه و روغن فروخته از میان جنگل برآمده بودند بنظر اشرف درآمدند. حکم شد که تحقیق کنند که این جماعه چکاره‌اند. گفتند «هیزم کشیم.» چون از اسباب هیزم کشی از تبر و تیشه همراه نداشتند سخن ایشان مقرون بصدق نگشت. حکم اشرف شد که تا براستی سخن نگویند از سیاست نجات نیابند. بناچار اقرار کردند که حال اینست. حکم شد که پیش باشند و آن جایگاه‌را بنمایند. چون نظر فرمودند دیدند که شصت هفتاد گز بلندیست در نهایت همواری که برآمدن بر آن در کمال دشواریست. بحکم عالی میخهای آهنین هفتاد هشتاد حاضر ساختند و بفاصلهٔ یک گز چپ و راست در دیوار کوه فرو کوفتند و جوانان بهادر حکم یافتند که برین معراج مردانگی برآیند. سی و نه نفر برآمده بودند که بنفس نفیس خود خواستند که برآیند. بیرام خان بموقف عرض رسانید که «اینمقدار توقف شود که مردم از میان راه بالاتر روند. آنگاه خود متوجه شوند.» این گفت و خود پیش شد و از عقب بیرام خان حضرت جهانبانی خود بدولت و اقبال صعود فرمودند، و آنحضرت چهل و یکم بودند. خود ایستاده قریب سیصد جوانان‌را ازین سلّم فولادی بسلامت بالا گرفتند و حکم شد که لشکر نصرت‌پیوند که بمورچلها تعیین یافته بودند بقلعه حمله کنند. مردم درون غافل ازین واقعه بجنگ مردم بیرون رو نهاده سر از کنگره‌های حصار فرو میداشتند که ناگاه این سیصد جوانه از عقب آمده بشیبهٔ تیر اهل قلعه‌را بی‌دست و پا ساختند. و از آگاه شدنِ آنکه حضرت جهانبانی خود بذات اقدس بر مدارج فتح بدولت و اقبال متصاعد گشته‌اند مخالفان تیره‌رای هر یک بسوراخی فرو رفتند و نقارهٔ فتح بلندآوازه شد.

inspect the direction of Halwal, which was a place of orchards. A group of people who had sold grain and oil emerged from the forest and came into the emperor's view. He ordered his men to find out what they were up to. They said they were woodcutters. Since they did not have any woodcutting implements like axes and hatchets, their words did not ring true. An order was given that they would not escape punishment unless they told the truth. With no alternative, they confessed the truth. They were ordered to lead the emperor to the spot. When he looked he saw that it was a very smooth face sixty cubits high, which would be extremely difficult to scale, but he ordered seventy or eighty iron spikes to be brought and driven into the face of the mountain at one-cubit intervals left and right, and then brave warriors were ordered to climb up. Thirty-nine men had gone up when the emperor himself started to climb. "Wait for the men to go higher," said Bayram Khan. "Then you can go." So saying, Bayram Khan went ahead, and behind him H.M. himself started climbing. The emperor was the forty-first. Once he was up, around three hundred warriors climbed up the metal "stairs," and an order was given for the soldiers to attack the fortress from the positions at which they had been stationed. The men inside, unaware of what was going on, started battling the men outside from the battlements when, all of a sudden, three hundred warriors emerged from their rear and began to fire at them. Once they were aware that the emperor himself had climbed up, the blundering foe ran for cover, and the drums of victory were sounded.

۳۶۷ و اختیار خان از جائی که بود بالاتر بر سر کوهچهٔ که آن‌را مولیه گویند برآمده متحصن شد. روز دیگر امان داده اورا طلب فرمودند. او باوجود دانش و سربراهی مهمّات سلطنت از علوم حکمت خصوصاً هندسه و هیأت نصیبهٔ تمام داشت و از شعر و معما نیز بهره‌مند بود، در مجلس عالی برخصت نشستن در جمع مجسلیان دانشور سرفراز شد و بعواطف خسروانه امتیاز یافت و داخل مقرّبان عتبهٔ سلطنت شد. و یکی از فضلا تاریخ این فتح «اوّل هفتهٔ مه صفر» یافته است.

۳۶۸ و چون ولایت گجرات تا آب مهندری در تصرف اولیای دولت درآمد و از آن طرف در عمل هیچکس نبود رعایای آن حدود بسلطان بهادر عرضه‌داشت نوشتند که محصول ولایت رسیده و عاملی که بمراسم تحصیل قیام نماید ازو چاره نیست. اگر کسی تعیین شود رعایا از عهدهٔ ادای مال بیرون آیند. سلطان بهر یک از ملازمان خود که ازین مقوله حرف میزد همه‌را خاموش می‌یافت. عماد الملک قدم جرأت پیش نهاده استدعای این خدمت نمود بدین موجب که بمقتضای برآمدِ کار از ولایت هر جا و هر قدر که بهر کس دهد بازپرسِ آن نباشد. عماد الملک با دویست سوار متوجه احمدآباد شد. در راه بمردمی که میدانست مواجب چند نوشته میداد. چون باحمدآباد رسید ده هزار سوار برو گرد آمد. هرکه دو اسب داشت یک لک گجراتی باو میداد. در اندک فرصتی سی هزار کس فراهم آورد. مجاهد خان حاکم جونه‌گده با ده هزار سوار آمده باو پیوست و در آن ایّام حضرت جهانبانی بجهت فتح قلعهٔ چانپانیر و بدست افتادن اسباب و اموال فراوان ببزم خسروانی اشتغال میداشتند و پیوسته بر لب حوض دورویه جشنهای پادشاهانه و بزمهای رنگین ترتیب می‌یافت.

Ikhtiyar Khan moved from where he had been and went to a hillock called Muliya and holed up there. The next day he was summoned under a truce. Because of his administrative ability and knowledge, particularly of geometry and astronomy—and he was also good at poetry and enigmas—he was allowed to sit in the ranks of the learned in the imperial presence. Showered with regal favor, he became an intimate at court. One learned person discovered that the phrase "the first week of the month of Safar" [August 1535] was a chronogram for this victory.[142]

367

When the realm of Gujarat came under imperial control as far as the Mahendri River, and since the other side of the river was not being administered by anyone, the inhabitants wrote to Sultan Bahadur telling him that the taxes were ready to be paid and a tax collector from him was needed to oversee the revenue. If someone could be appointed, the subjects could discharge their debts. The sultan found all his retainers silent on the subject. Imadulmulk, however, stepped boldly forward and volunteered for the mission, on condition that he would not be questioned as to where or to whom he assigned the revenues. Imadulmulk set out for Ahmadabad with two hundred horsemen. Along the way he assigned stipends to several people he knew. When he reached Ahmadabad, ten thousand horsemen had gathered around him. To every one who had two horses he gave a lac of *gujaratis*. In a short time he had acquired a following of thirty thousand. Mujahid Khan, the ruler of Junagadh, also joined him with ten thousand horsemen. During that time H.M. Humayun was occupied with his victory over Champaner fortress, celebrating the abundant money and goods that had fallen into his hands, and he was constantly giving elaborate regal parties around the Doruya pond.

368

۳۶۹ و از جلایل شرایط فرماندهی آنست که خدمتکاران خاص و ملازمان بساط قرب‌را ضابطهٔ چند قرار دهند و در هر گروهی یکی از خردمنشان احتیاط‌اندیش تعیین فرمایند تا همواره از نشست و برخاست و ماند و بود و آمد و رفتِ این گروه خبردار بوده از صحبت بد که پدر و مادر اندیشه‌های تباه است نگاهبانی نماید، علی الخصوص وقتیکه خدیو زمان‌را کثرت مشاغل پرده بر جزئیات امور کشیده باشد. و باید که باین اکتفا نفرموده مُنهیان راست‌گفتار درست‌کردار تعیین نمایند تا همواره از حقیقت احوال و مغز مقاصد این جماعه بمسامع اقبال میرسانیده باشند، و گرنه، بسیاری از تنگ‌حوصلگان‌را بواسطهٔ دوام ملازمت سطوت پادشاهی کمتر ملحوظ باشد و بادهٔ تقرّب از هوش برده در پالغز خسران ابدی اندازد و فسادهای عظیم ازین بدمستی روی نماید چنانچه درینولا سانح شد.

۳۷۰ شرحش آنکه در خلال احوال که شادمانی فتوحات غیبی بزم‌آرای دولت روزافزون بود چندی از کم‌حوصلگان ناقص‌نهاد که بحسب سرنوشت داخل باریافتگان حواشی مجلس عالی شده بودند از کتابدار و سلحدار و دواتدار و امثال آن اتفاق نموده بباغستان هالول که بوی گلهایش سودای جنون‌را تازه سازد و هوای دلگشایش خون خفته‌را بجوش آرد رفته بزم صراحی و جام ترتیب دادند. و در عالم سرخوشی که رخت عقل و هوش‌را بیغما داده بودند کتاب ظفرنامه در میان داشته مبادی احوال نصرت‌قرین حضرت صاحبقرانی میخواندند که آنحضرت در آغاز بهار دولت از مخلصان جانسپار چهل کس همراه داشتند. روزی از هر یکی دو تیر فرا گرفتند و یکجا بسته بهر یکی دادند که بشکنند. هرچند بر سر زانو نهاده زور آوردند فایده نکرد. و چون آن تیرها از هم گشوده بهر یکی دو دو تیر دادند، هرکدام تیرهارا شکستند. آنحضرت فرمودند که «ما چهل

One of the most important rules of rulership is that special 369
caution must be observed with elite servants and intimate retainers. A wise and farsighted person should be assigned to every group to be aware of the comings and goings of these people and guard against bad companionship, which is both mother and father to destructive thoughts, especially when the lord of the age is too occupied with important matters to tend to details. Even this is not sufficient: truthful informants must also be stationed to tell the royal personage about the true state of affairs and the real intentions of these people. Otherwise many of the impatient will cease to respect the imperial majesty through their long service, and the wine of overfamiliarity will intoxicate them and throw them down the slippery slope of eternal perdition—and great corruption results from such drunkenness, as happened in this case.

While unending victories and triumphs were being celebrated, 370
several impatient and flawed persons who had made their way by chance to the fringes of the imperial retinue—librarians, arms bearers, ink-pot holders, and the like—went off to the gardens of Halol, where the scent of flowers would invigorate the melancholy of madness and the delightful air would bring to boil sleeping blood, and held a drinking party. In the world of drunkenness, having cast their baggage of intelligence and sobriety to the wind, they happened to have a copy of the *Ẓafarnāma* in their midst, and they were reading about the beginning of H.M. the Sahib-Qiran's victorious career when, in the springtime of his fortune, he had forty devoted companions. One day he took two arrows from each of them, bound them all together, and told them to break them. No matter how hard they pounded them against their knees, they did not have the strength to break them. Then,

تنیم. اگر مثل این دستهٔ تیر یکدل باشیم بهرجا که متوجه شویم ظفر ملازم ما باشد.» باین اندیشهٔ درست و خیال بلند کمر همّت چست کرده متوجه ملکگیری شده بودند.

۳۷۱ آن بیخبران بیخرد این سرگذشت‌را شنیده خیال نکردند که هر یکی از آن چهل تن لشکری بود از تأیید آسمانی. قیاس بر محض صورت نموده در اندیشهٔ تباه افتادند و خودهارا چون شمردند بشمار آمدند. از عالم دیوانگی و بیهوشی مضمون اتفاق‌را در عدد چهارصد اقوی یافته داعیهٔ گرفتنِ دکن‌را بخود مصمم ساخته در آن بدمستی ساحتِ فراز و نشیبِ راهِ اجل پیمودن گرفتند. روز دیگر هرچند ازین نزدیکان دور نشان جستند اثری و علامتی نیافتند. عاقبت پی بر خیال فاسد ایشان برده بقصد گرفتن ایشان هزار کس تعیین فرمودند. در اندک زمانی آن بخت‌برگشته‌های اجل‌رسیده‌را دست و گردن بسته بدرگاه والا آوردند. روز سه‌شنبه بود که آنحضرت جامه‌های سرخ‌رنگ بهرامی در بر کرده بر کرسی قهر و غضب نشستند و زمرهٔ گناهکاران‌را گروه گروه می‌آوردند و در حق هر طایفه فراخور رقم تقدیر و مقتضای کمال عدالت حکم میفرمودند. بعضی‌را دست بسته پایمال فیلان کوهپیکر ساختند، و برخی‌را که سر از خط ادب بیرون برده بودند ببرداشتن بار سر از تن اختصاص دادند، و جماعهٔ که دست از پا نشناخته بخیال فاسد دست زده بودند بی‌دست‌و پا گشتند، و فرقهٔ که از خودبینی گوش بر اوامر پادشاه نداشته بودند گوش و بینی‌را بر جا نیافتند، و طایفهٔ که سرانگشت عزیمت بر حرف خطا نهاده بودند نقش انگشت در مشت ندیدند.

۳۷۲ بعد از اختتام این قضایا و احکام وقت نماز شام دررسید. امام که خالی از سادگی نبود در رکعت اول سورهٔ ﴿أَلَمْ تَرَ كَيْفَ﴾ خواند. بعد از فراغ

taking the bundle apart, he gave them two arrows each, and they all could break them. "We are forty men," he said. "If we are united like the bundle of arrows, no matter where we go, victory will serve us." Inspired by this correct idea, they girded their loins to go on world conquest.

These silly men, however, having heard this story, did not stop to consider that every one of those forty men had been a soldier assisted by heaven. Judging only by externals, they fell into error, and when they counted themselves, they turned out to be the same number. Out of madness and drunkenness they decided to go and take the Deccan, and in their intoxication they thus set out down the slopes of their own destruction. The next day, no matter how hard anyone searched, there was no trace of them. Finally, when their crazy notion was discovered, a thousand men were sent to find them. It was not long before the wretches were brought in to camp, hands bound to their necks. On Tuesday, when the emperor wore red clothing in honor of Mars,[143] he sat on the throne in wrath and anger, and as the miscreants were brought in group by group, he judged each as justice demanded. Some were thrown, hands bound, beneath the feet of mountainous elephants; others, who had stuck their heads beyond the boundary of good deportment, had their bodies relieved of their heads. One group that could not tell the difference between their hands and their feet by indulging in corrupt notions lost both their hands and their feet; those who were too vain to listen to the emperor's orders discovered they no longer had noses or ears; and some, who put the finger of decision on the word "error," no longer found any trace of fingers on their hands.

After these sentences were carried out, it was time for the evening prayer. The imam, who was something of a simpleton,

371

372

سلام حکم گردون‌انتقام بنفاذ پیوست که امام‌را ته پای فیل اندازند که او عمداً سورهٔ فیل‌را بکنایه خوانده و این عدالت بظلم فرود آورده فال بد زده است. مولانا محمد پرغلی عرضه‌داشت نمود که «این امام معنی قرآن نمیداند» اما چون سورتِ آتشِ غضب زبانه کشیده بود، غیر از خطاب عتاب در جواب نشنید. بعد از زمانی چون پرتو ساده‌لوحی امام بر حاشیهٔ ضمیر قدسی تافت و اشتعال نایرهٔ غضب تسکین پذیرفت، تأسف عظیم فرموده تمام شب‌را برقّت و بکا گذرانیدند.

۳۷۳ بعد از انصرام این امر تردی بیگ خان‌را در چانپانیر گذاشته رایات نصرت‌را متوجه احمدآباد ساختند و بر لب آب مهندری نزول اجلال فرمودند و عماد الملک نیز دلیری کرده پیش آمد. بهر یک کوچ موکب معلی او نیز کوچ میکرد. میان قصبهٔ نریاد و محمودآباد با میرزا عسکری که هراول بود و چند منزل پیشتر می‌آمد روبرو شده جنگ عظیم درپیوست و شکست بر میرزا افتاده بود که یادگار ناصر و قاسم حسین خان و هندو بیگ با جمعی کثیر رسیدند و علم دولت‌را افراشته طنطنهٔ وصول کوکبهٔ عظمت پادشاه بگوش مخالفان رسانیدند که اینک مرکب عالی رسید. این سخن گفتن و صدا بگوش اعدا رسیدن و فتح یادگار ناصر میرزا و شکست مخالفان معاً روی نمود. یادگار ناصر میرزا چون از همه پیش بود جنگ بر سر او آمد. از جانب مخالفان عالم خان لودی و چندی دیگر تردد نمایان کردند تا عماد الملک نیم جانی بسلامت بدر برد و درویش محمد قراشیر پدر شجاعت خان در آن جنگ بشهادت رسید.

۳۷۴ درین اثنا سطوع رایات پادشاه شد و فتح بر فتح روی نمود و در آن هنگام که موکب مقدّس آنحضرت رسید از سه هزار بیشتر و از چهار هزار کمتر از مردم مخالف کشته افتاده بودند. از خداوند خان پرسیدند

recited the chapter *Alam tara kayf* during the first cycle.[144] After the conclusion of the prayer, an imperial order was issued for the imam to be cast beneath the feet of an elephant for having deliberately recited the part about the elephant and thus hinting that there was injustice in the rendering of justice. Maulana Muhammad Parghali said the imam didn't understand the meaning of the Koran, but since the fire of wrath had blazed up, he got nothing but reproach in response. After a while, however, when the emperor realized that the imam was a simpleton and his ire had calmed down, he was very sorry and spent the entire night in sorrow and weeping.

When this episode had passed, the emperor stationed Turdï 373 Beg Khan in Champaner and turned the imperial banners toward Ahmadabad, camping on the banks of the Mahendri River. Imadulmulk came boldly forward. The imperial train matched his every march. Imadulmulk clashed with Mirza Askari, who had gone several stations farther forward in command of the vanguard, between Nadiad and Mahmudabad. The prince had just been defeated when Yadgar-Nasir, Qasim-Husain Khan, and Hindu Beg arrived with many troops, raising the imperial banners and causing the sound of imperial advent to reach the ears of the foe. The sound's reaching the ears of the enemy, Yadgar-Nasir Mirza's triumph, and the defeat of the foe all happened at once. Since Yadgar-Nasir Mirza was the one farthest forward, the battle fell to him. On the part of the foe, Alam Khan Lodi and some others made good showings until Imadulmulk escaped half dead. Darwesh-Muhammad Qarasher, the father of Shaja'at Khan, was killed in that battle.

Just then the emperor's banners loomed, and victory followed 374 victory. As the imperial train arrived, between two and four thou-

که «دیگر احتمال جنگ مانده است یا نی؟» او جواب داد که «اگر آن غلام مبروص (یعنی عماد الملک) خود درین جنگ بوده جنگ آخر شد. و اگر او خود نبوده است، ظاهراً یک حرکت مذبوح دیگر محتمل است.» بتحقیق این معنی مردم متعین شدند. دو کس زخمی که در میان کشته‌ها نیم‌کشته افتاده بودند از ایشان بوضوح پیوست که این جنگ بسرکردگی عماد الملک بود.

۳۷۵ روز دیگر موکب والاشکوه کوچ کرده پیشتر نزول اجلال فرمود و میرزا عسکری با عساکر دولت همچنان پیش پیش میرفت. و چون این طرف حوض کانکریه مخیّم اقبال شد میرزا عسکری بعرض رسانید که اگر تمام اردو بشهر درآید بعموم خلایق آزار خواهد رسید. حکم شد که یساولان بر سر هر دروازهٔ شهر باشند و غیر از میرزا عسکری و مردم او هیچکس دیگررا بدرون نگذارند. و چون بسعادت کوچ فرموده در حوالی سرکیج، که معموره‌ایست دلکش، نزول اجلال فرمودند روز سیوم با مخصوصان بساط عزّت بسیر شهر برآمدند، و بعد از آن در تنسیق مهمّات گجرات توجه مبذول داشته سرانجام شایسته دادند. و هندو بیگ‌را با جمعی کثیر گذاشتند که بهر جا احتیاج کمک شود خودرا بآنجا رساند. و پتن‌را بمیرزا یادگار ناصر عنایت فرمودند، و قاسم حسین سلطان‌را بروچ و نوساری و بندر سورت عنایت فرمودند، و دوست بیگ ایشک‌آقا کمبایت و برودہ یافت، و محمودآباد بمیر بوچکه بهادر اختصاص گرفت.

۳۷۶ و چون انتظام مهام گجرات صورت بست بدولت و اقبال متوجه بندر دیپ شدند. در وقتیکه موکب عالی از دندوقه که در سی کروهی احمدآباد است گذشته بود عرایض دولتخواهان از دارالخلافه آگره رسید که چون رایات عالی از پایهٔ سریر خلافت‌مصیر بسیار دور شده متمرّدان این حدود

sand of the enemy had fallen in death. Khudawand Khan was asked if there was any probability of further battle. He replied, "If that leprous slave (by whom he meant Imadulmulk) was in the battle, then it was the last. If he was not, apparently one more slaughter is probable." Men were assigned to find out. It was discovered from two wounded men who had fallen half dead among the slain that the battle had been commanded by Imadulmulk.

The next day the imperial train decamped and went forward. Mirza Askari scouted forward with soldiers. When camp was made on this side of the Kankariya tank, Mirza Askari said, "If the entire camp enters the town, they will harass the populace." An order was given for men to be stationed at every gate of the city, and no one other than Mirza Askari and his men was to be allowed in. The third day after the emperor had camped in Sarkhej, a delightful village, he went with his intimates to tour the city. Then he turned his attention to the administration of Gujarat. Hindu Beg and a large contingent were stationed to serve as auxiliaries wherever they were needed. Patan was awarded to Mirza Yadgar-Nasir; Qasim-Husain Sultan was given Broach, Navsari, and the port of Surat;[145] Dost Beg Eshik-aqa received Cambay and Baroda; Mahmudabad was given to Böchkä Bahadur.

375

When affairs in Gujarat had been put in order, the emperor set out for the port of Diu. The imperial train having passed Dhandhuka, which is thirty leagues from Ahmadabad, letters came from supporters in Agra, saying that when the imperial banners were at quite a distance from the capital, rebels had reared their heads and begun to make trouble. From Malwa too came messengers saying that Iskandar Khan and Mallu Khan had rebelled and

376

سر بغی و تمرد برداشته دست افساد گشاده‌اند. و از مالوه نیز مسرعان آمدند که سکندر خان و ملو خان خروج کرده بر سر مهتر زنبور جاگیردار سرکار هندیه آمدند، و او اموال خودرا گیرانده بأُجّین آمد. و جمیع سپاهیان که درین صوب جابجا تعیین بودند در اجین فراهم آمدند، و ارباب فتنه بجمعیتی فراوان آن شهررا محاصره نمودند، و درویش علی کتابدار حاکم اجین بزخم بندوق درگذشت، و باقی متحصنان قلعه امان طلبیده دیدند. رای گیتی‌نمای بر آن قرار گرفت که مراجعت فرموده چند گاه در مالوه بوده مندورا مستقرّ اورنگ اقبال گردانند تا هم ملک مالوه از اهل فساد پاک شود و هم ولایت گجرات که بتجدید مفتوح گشته بضبط درآید و هم نایرهٔ فتنه و فساد که در حدود مستقرّ سلطنت اشتعال یافته منطفی شود.

۳۷۷ بنابر آن گجرات‌را بمیرزا عسکری و گروهی از امرا سپرده عنان معاودت معطوف داشته بکمبایت نزول فرمودند. و از آنجا به بروده و بروچ و از آنجا بجانب سورت تصریف اعنّهٔ اقبال نموده از آن راه بسیر آسیر و برهانپور توجه فرمودند. و هفت روز در برهانپور توقف نموده از آنجا کوچ فرمودند و از پهلوی قلعهٔ آسیر گذشته مندورا مخیّم فتح و اقبال ساختند، و فتنه‌اندوزان بمحض صیت معاودت رایات اقبال پریشان شده هر یکی بگوشهٔ خزید.

۳۷۸ و آنحضرت‌را آب و هوای ولایت مالوه مطبوع مزاج اقدس افتاد و اکثر ملازمان رکاب دولت‌را جایگیردار آن ولایت فرمودند و درهای کامرانی و کامبخشی بر روی روزگار گشودند.

attacked Mihtar Zambur, the zamindar of Handia. He had let them take his possessions and then gone to Ujjain. All the soldiers who were scattered in their area had gathered in Ujjain, and the rebels besieged the city with a large force. Darwesh-Ali Kitabdar, the governor of Ujjain, had been hit by a bullet and died, and the remaining defenders had sued for amnesty. The emperor decided to turn back, and after spending a while in Malwa, he would go to Mandu so that the realm of Malwa would be cleared of corruption and the province of Gujarat, which had been newly conquered, could be consolidated and the fires of sedition and corruption that had broken out in the capital could be put out.

H.M. turned Gujarat over to Mirza Askari and a group of amirs, and then he turned his reins to Cambay. From there he went to Baroda and Broach, and from there to Surat. Then he toured Asir and Burhanpur. He spent seven days in Burhanpur, and from there he marched past the fortress at Asir and camped in Mandu. As soon as the rebels heard of the emperor's return, they scattered and crawled back into their holes. 377

The emperor found the climate of Malwa salutary. He gave most of the members of the imperial retinue fiefs in the area, and great celebrations of rejoicing were held. 378

445

گذاشتن میرزا عسکری گجرات‌را بخیال فاسد

۳۷۹ بزرگی که قدرِ نعمت و دولت نشناخته راهِ ناسپاسی سپرد هرآینه بدستِ خود تیشه بر پای خود زند و بزرِ خود در هاویهٔ هلاکت افتد. و مصداق این مقال احوال میرزا عسکری و امرای گجراتست که از تنگ‌حوصلگی باندک کامیابی اندیشه‌های فاسد بخود راه دادند و از زیستِ ناشایسته اوّل گردِ خلاف در یکدیگر پدید آوردند و غبارِ نفاق ساحتِ احوالِ ایشان‌را تیره گردانید.

۳۸۰ چنانچه قریب سه ماه گذشته بود که مخالفان گرد فتنه انگیختند، خانجهان شیرازی و رومی خان که صفر نام داشت و قلعهٔ سورت بنا کردهٔ اوست با یکدیگر اتفاق نموده ولایت نوساری‌را که در تصرف عبدالله خان خویش قاسم حسین خان اوزبک بود برآوردند، و عبدالله خان آن نواحی‌را گذاشته ببروچ آمد، و مقارن این حال بندر سورت نیز گرفتند. خانجهان از راه خشکی روانهٔ بروچ شد و رومی خان از راه دریا بر غرابهای جنگی سوار شده با توپ و تفنگ ببروچ آمد. قاسم حسین خان دست و پا گم کرده بچانپانیر شتافت و از آنجا باحمدآباد پیش میرزا عسکری و هندو بیگ آمد که کمک گیرد. و سیّد اسحق که از سلطان بهادر خطاب شتابخانی داشت کمبایت‌را بتصرف درآورد، و یادگار ناصر میرزا بطلب عسکری میرزا از پتن باحمدآباد رفت، و دریا خان و محافظ خان از رایسین برآمده پیش سلطان به دیپ میرفتند. پتن‌را خالی یافته متصرف گشتند و از کمال بی‌اتفاقی و بی‌تدبیری حال باینجا رسید که غضنفر نامی از نوکران یادگار ناصر میرزا با سیصد سوار جدا شده پیش سلطان بهادر رفت و محرّکِ آمدنِ سلطان شد. و نوشته‌های دولتخواهان او پی در پی رفت تا آنکه سلطان بهادر متوجه احمدآباد گشت و بزودی نزدیک سرکیج فرود آمد. عسکری میرزا و یادگار

MIRZA ASKARI LEAVES GUJARAT
WITH CORRUPT NOTIONS

A great person who does not appreciate his own good fortune and takes the path of ingratitude sows the seeds of his own destruction. Proof of this is the history of Mirza Askari and the amirs of Gujarat, who impatiently allowed themselves to have corrupt thoughts after a little success. From improper living the first dust of contention appeared, and then the dust of rebellion clouded their fields.

379

Rebels had been stirring up the dust of sedition for nearly three months when Khan Jahan Shirazi and Rumi Khan, whose name was Safar and who had built the fortress at Surat, colluded to take Navsari, which was held by Abdullah Khan, a relative of Qasim-Husain Khan Uzbek. Abdullah Khan left the area and went to Broach. Around the same time they also seized the port of Surat. Khan Jahan set out for Broach by land, and Rumi Khan went by sea in warships with cannons and guns. Qasim-Husain Khan went to pieces and hied himself to Champaner and then to Mirza Askari and Hindu Beg in Ahmadabad to get help. Sayyid Ishaq, who had received the title of Shitab Khan from Sultan Bahadur, took control of Cambay. At Askari Mirza's request, Yadgar-Nasir Mirza went from Patan to Ahmadabad, and Darya Khan and Muhafiz Khan left Raisen and were on their way to the sultan in Diu. Finding Patan undefended, they took control of it. Now contentiousness and lack of planning went so far that one of Yadgar-Nasir Mirza's liege men named Ghazanfar and three hundred horsemen deserted and went to Sultan Bahadur to entice him to come. Letters from his supporters then poured in, and Sultan Bahadur set out for Ahmadabad, and soon he had

380

ناصر میرزا و هندو بیگ و قاسم حسین خان نزدیک به بیست هزار سوار عقب اساول روبروی سلطان رفته فرود آمدند. تا سه شبانه‌روز مقابله داشتند و از آنجا که نه با حضرت جهانبانی اخلاص درست داشتند و نه سودای پاک، از تبه‌رایی و اندیشهٔ نادرست جنگ ناکرده بجانب چانپانیر روان شدند و انواع خسران روی داد.

۳۸۱ نمک خوردن و کاسه بر سر خوان شکستن و در محلِ تقدیمِ شکر عرصهٔ تقصیر و ساحتِ کم‌خدمتی پیمودن ظاهر است که بچنین روز نشاند. سبحان الله، گرفتم که دلِ اخلاص‌گزین، که گوهریست بی‌بها و در خراب‌آباد دنیا کم بدست افتد، نداشتند. نقدِ معامله‌دانی و سوداگری که رایجِ این چار بازار است چرا از دست داده بودند؟

۳۸۲ القصه، سلطان بهادر که هزار گونه اندیشمندی داشت دلیر گشته متعاقب روان شد. سیّد مبارک بخاری هراول سلطان بود. نزدیک بلشکر پادشاهی رسید. چنداول یادگار ناصر میرزا بود. برگشته جنگ مردانه کرد و بسیاری از هراول سلطان‌را بقتل رسانید، و بدست میرزا زخمی رسید. غنیم بمحمودآباد ایستاد و میرزا مراجعت کرده بلشکر ملحق شد. و میرزا عسکری چون دل بای داده بود از آب مهندری که پیش راه بود بی‌محابا گذشت، و خیلی از سپاه رختِ زندگانی بسیلِ فنا دادند. سلطان نیز تا آب مهندری آمد. میرزا چون بچانپانیر رسید تردی بیگ خان لوازم مهمانداری بجای آورده بمحل خود بازگشت. روز دیگر میرزایان باندیشهٔ فاسد به تردی بیگ خان پیغام فرستادند که «ما پریشان‌احوال آمده‌ایم و لشکر بدحالست. از خزاین قلعه پارهٔ برسم مساعدت برای ما بفرست که بلشکر بدهیم و اینجا نفس راست کرده بدفع خصم مبادرت نمائیم. و بمندو که معسکر والاست قاصد بشش روز میرسد. عرایض میفرستیم.» تردی بیگ خان قبول اینمعنی

camped in Sarkhej. Askari Mirza, Yadgar-Nasir Mirza, Hindu Beg, and Qasim-Husain Khan went out with nearly twenty thousand cavalry and camped opposite the sultan. Three days and nights they faced each other, and since their loyalty to H.M. Humayun was imperfect, they foolishly did not do battle and set off for Champaner. As a result many terrible things happened.

To eat someone's salt and break the goblet on the table, and then at the time of offering thanks to traverse the field of shortcoming and uselessness—it is obvious that such behavior will bring one to such a day. God be praised! I take it that they did not have loyal hearts—which are priceless pearls that are rarely found in this desolate world. Why then did they squander the cash of competent mercantilism,[146] which is the coin of this market? 381

In short, Sultan Bahadur, who had many different causes for worry, became courageous and set out in pursuit. Sayyid Mubarak Bukhari was in charge of the sultan's vanguard. When the sultan was near the imperial army he encountered Yadgar-Nasir Mirza's rear guard, which turned around and fought bravely, killing many of the sultan's vanguard. The mirza received a wound on his hand. The foe made a stand at Mahmudabad, and the mirza withdrew and rejoined the army. Since Mirza Askari had lost heart, without a second thought he crossed the Mahendri River, which lay in his way, and many of his soldiers lost their lives. The sultan also came to the river. When the mirza arrived at Champaner, Turdï Beg Khan received him hospitably and returned to his place. The next day the mirzas with corrupt notions sent a message to Turdï Beg Khan, saying, "We are in distress, and the army is in a bad state. Send us some of the fortress treasury as assistance so that we can give it to the soldiers and breathe easy, and then we can face the enemy. A courier can get to Mandu, where the imperial camp is, 382

نکرد و میرزایان کنگاش گرفتن او نمودند که تمام خزاین‌را متصرف شوند و سلطنت بنام میرزا عسکری مقرر شود. «اگر به بهادر دستی یابیم بهتر، و الا، چون حضرت جهانبانی‌را هوای مالوه خوش آمده است و حدود دار الخلافه آگره خالیست، بآن صوب توجه کنیم.» تردی بیگ خان از قلعه فرود آمده بملازمت میرزایان میرفت که در اثنای راه این خبر باو رسید. برگشته بقلعه شتافت و کس پیش میرزایان فرستاد که «بودنِ شمایان اینجا مناسب نیست.» میرزایان پیغام دادند که «ما میرویم. تو بیا تا وداع کرده بعضی سخنان گفته روان شویم.» او بر منصوبهٔ ایشان اطّلاع داشت. جواب آنچنانچه بایست داد و صباح آن توپ انداخت. میرزایان بخیال فاسد از آنجا کوچ کرده از راه گهات کرجی بطرف دار الخلافه آگره روان شدند.

۳۸۳ و تا لشکر فیروزیمند در حدود چانپانیر بود سلطان از آب مهندری که پانزده کروهی چانپانیر است نگذشت. و چون خبر برگشتن میرزایان و رفتن ایشان بصوب آگره شنید و بر خیالات واهیهٔ ایشان مطّلع شد از آن گذشته بر سر چانپانیر آمد. و تردی بیگ خان با وجود محکمی قلعه و سرانجام لوازم قلعه‌داری قلعه‌را گذاشته راه سلامت پیش گرفت و در مندو بشرف بساطبوس مستسعد گشت و صورت اراده‌های ناصواب میرزایان‌را بعرض اقدس رسانید. حضرت جهانبانی بملاحظهٔ آنکه میرزایان بی‌اعتدالی نموده بدار الخلافه پیشتر نروند از راه چیتور بایلغار نهضت فرمودند. و از اتّفاقات حسنه آنکه در میان راه در نواحی چیتور بهم رسیدند. میرزایان بیچاره شده بدولت ملازمت مشرّف شدند و آنحضرت بمقتضای عطوفت ذاتی و عفو جبلی اعمال ناپسندیدهٔ ایشان‌را منظور نداشته و لطف عمیم‌را عذرخواهِ گناهِ ایشان ساخته اصلاً بر روی نیاوردند و فیض احسان‌را ضمیمهٔ عفو گردانیده بعنایات خسروانه امتیاز بخشیدند.

in six days. We will send letters." Turdï Beg Khan granted this request, and the mirzas, taking counsel with him, decided to take over all the treasury and make Mirza Askari sultan. "If we can get hold of Bahadur," they said, "it would be best. Otherwise, since the emperor likes the climate in Malwa and there is nobody in Agra, we will go there." Turdï Beg Khan left the fortress and was going to pay homage to the mirzas when he received news of this development. Turning around, he hastened back to the fortress and sent a messenger to the mirzas, saying, "It is inappropriate for you to be here." The mirzas sent a return message, saying, "We are going. You come to say good-bye, and when we have told you a few things, we will leave." Realizing what they were up to, he replied as he should have and then, the next morning, he fired his cannon. The mirzas decamped with their vain notions and set out for Agra via Ghat Karji.

So long as the imperial camp was in the vicinity of Champaner, the sultan did not cross the Mahendri River, which was fifteen leagues from Champaner, but when he heard the news of the mirzas' withdrawal toward Agra and learned of their insane plans, he crossed the river and attacked Champaner. Despite the strength of the fortress and its defenses, Turdï Beg Khan abandoned the fortress to save himself and went to pay homage to the emperor in Mandu and report the mirzas' plans. Lest the mirzas get to Agra first and do something foolish, the emperor set out at a gallop via Chitor. One good thing that happened was that they met along the way in the vicinity of Chitor. There was nothing the mirzas could do but pay homage, and out of his innate clemency the emperor disregarded their displeasing actions and excused their crime with general kindness, absolutely not chastising them but showing them all regal favor.

383

۳۸۴ و یکی از ناسازگاریهای زمانه که باعث توجه موکب عالی حضرت جهانبانی ازین دیار بحدود آگره شد آن بود که محمد سلطان میرزا و الغ میرزا ولد او که از شاهراه اطاعت انحراف نموده طریق بغی و طغیان مسلوک داشته بودند چنانچه سابقاً گذارش یافت درینولا باز از بی‌سعادتی ذاتی از کنج خمول برآمده سر بشورش برآوردند. و همانا جمعی که برای نابینا ساختنِ او تعیین شدند شرایط احتیاط بتقدیم نرسانیده بودند. پرگنهٔ بلگرام‌را تاخته بقنّوج رفتند و پسران خسرو کوکلتاش که در آنجا بودند امان طلبیده قنّوج‌را بآنها دادند. میرزا هندال که در آگره بود بدفع این فتنه برآمد و در حدود بلگرام از آب گنگ گذشته هر دو لشکر بهم رسیدند و جنگ درپیوست. چون رواج کار فتنه‌سازان حق‌ناشناس بشعلهٔ خس ماند در ساعت بوزیدنِ نسیمِ اقبال آن شعله فرو نشست و شمال فتح وزید و لشکر اقبال تعاقب نموده باوده آمده و در آنجا الغ بیگ میرزا و پسران او جمع شده باز آمادهٔ پیکار شدند.

۳۸۵ درین اثنا مژدهٔ وصول موکب عالی از گجرات بدار الخلافه آگره رسید. مخالفان ادبارمنش باز بجنگ اقدام نموده شکست یافتند و میرزا هندال بفتح مراجعت نموده شرف استلام عتبهٔ والا دریافت. و چون موکب والای حضرت جهانبانی بآگره رسید بهوپال رای حاکم بیجاگده قلعهٔ مندورا خالی یافته دلیرانه درآمد، و قادرشاه نیز بمندو متعاقب رسید و میران محمد فاروقی نیز از برهانپور آمد.

۳۸۶ و سلطان بهادر قریب دو هفته در چانپانیر بوده باز بدیپ رفت. چون بانظار سطوت و جلال حضرت جهانبانی و قهرمان اقبال این دودمان عالی دولت ازو برگشته بود کاری که برای سود خود می‌اندیشید سرمایهٔ زیان او میگشت چنانچه بعد از هزیمت از عساکر منصوره و مشاهدهٔ صدمات

One untoward event that caused the imperial train to leave 384
that region and go to Agra was that Muhammad-Sultan Mirza
and his son Ulugh Mirza, who had once deviated from the high-
way of obedience and rebelled, as has been previously reported,
once again emerged from obscurity and began to make trou-
ble. Those who had been assigned to blind Muhammad-Sultan
Mirza did not take the necessary precautions. They attacked
the pargana of Bilgram and then went to Kannauj. Khusrau
Kükältash's sons, who were there, sought amnesty and handed
over Kannauj. Mirza Hindal, who was in Agra, went to deal
with this rebellion. He crossed the Ganges in the vicinity of
Bilgram, and the two sides clashed in battle. Since the success
of these ungrateful troublemakers was like fire in dry straw, with
a mere puff of fortune the blaze was put out as the zephyr of
triumph blew. Imperial soldiers pursued them as far as Oudh,
and there Ulugh Mirza and his sons assembled and got ready
to do battle again.

Just then came news of the arrival of the imperial train in Agra 385
from Gujarat. The unlucky rebels came out to do battle and were
defeated. Mirza Hindal returned in triumph to kiss the imperial
threshold. When the imperial train arrived in Agra, Bhupal Rai,
the ruler of Bijagadh, discovered that the fortress at Mandu was
undefended, and so he went out boldly. Qadirshah also went in
his wake to Mandu, and Miran Muhammad Faruqi also came
from Burhanpur.

Sultan Bahadur was at Champaner for nearly two weeks and 386
then went back to Diu. Since his luck had failed because of the
emperor's might and majesty and the unconquerable fortune
of this dynasty, any plans he made for his own profit turned out
to be to his detriment. After his defeat by the imperial forces he

جنود عظمت کسان‌را با تحف و هدایا پیش وزری فرنگ که امیر الامرای بنادر بود فرستاده استدعای آمدن خود کرد.

۳۸۷ درین اثنا که میرزا عسکری گجرات گذاشته رفت و سلطان بدیپ آمد وزری با غرابها و مردم جنگی از راه دریا به بندر دیپ آمد و احوال معلوم او شد. بخود اندیشید که «چون درین وقت سلطان از مدد ما مستغنی است مبادا بعد از دیدن بغدر پیش آید.» خودرا مریض وا نموده کسان پیش سلطان فرستاد که «بموجب طلب آمده‌ام. چون صحّتی رو دهد بخدمت میرسم.» سلطان از شاهراه احتیاط بیرون آمده در سیوم رمضان نهصد و چهل و سه اواخر روز با معدودی بر غراب سوار شده بپرسش وزری رفت. بمجرد رفتن تمارض او دریافت و از آمدن پشیمان شده فی الحال برگشت. فرنگیان بخود اندیشیدند که «چون انیچنین صیدی در قید ما آمده اگر بنادری چند ازو بگیریم بر جای خود است.» وزری بر سر راه آمده اظهار نمود که اینمقدار توقف نمایند که بعضی تحف بنظر درآید. سلطان گفت از دنبال فرستند. و این سخن گفته بزودی متوجه غراب خود شد. قاضی فرنگ سر راه بر سلطان گرفته تحکم در توقف نمود. سلطان از روی بی‌تحملی شمشیر کشیده اورا از میان بدو نیم زد و از غراب ایشان بغراب خود جست. غرابهای فرنگ که دور دور ایستاده بودند نزدیک شده سلطان‌را گرد گرفتند و جنگ درپیوست. سلطان و رومی خان خودرا در آب انداختند. رومی خان‌را آشنائی از مردم فرنگ دستگیری کرده پیش خود کشید و سلطان غرقهٔ دریای فنا شد و همراهان سلطان نیز ضایع شدند. و تاریخ این واقعه «فرنگیان بهادرکش» یافتند.

۳۸۸ و بعضی میگفتند سری برآورده بساحل نجات افتاد و بعد از آن در گجرات و دکن هرچند گاه آوازهٔ ظهور او در میان مردم می‌افتاد چنانچه

sent people bearing gifts to the *vice-rei* of the Franks, the chief officer of the ports, inviting him to come to him.

At this time Mirza Askari left Gujarat, and the sultan went to Diu. The *vice-rei* went by sea with his ships and warriors to Diu, where he learned of the situation. "Since at this time the sultan is not in need of our assistance," he thought to himself, "I hope he doesn't act treacherously after I see him." With this thought in mind, he pretended to be ill and sent a message to the sultan, saying, "I have come as summoned. When I have recovered I will come to you." Having cast caution to the wind, the sultan got on the ship to inquire after the *vice-rei* on the third of Ramadan 943 [February 13, 1537], toward the end of the day. As soon as he saw him he realized that he was feigning illness. Regretting having come, he left immediately. The Franks then thought, "With such a prey in our net, if we take several ports from him, it would be appropriate." Intercepting the sultan, the *vice-rei* asked him to pause long enough for him to display his gifts. The sultan told him to send them later. So saying, he set out in all speed to go to his own ship. The Frank qadi blocked the sultan's way and insisted that he stop. Unable to bear such a thing, the sultan drew his sword, cut the man in half, and leaped from the Franks' ship onto his own. The Frank ships that had been anchored far away drew near and surrounded the sultan, and battle broke out. The sultan and Rumi Khan threw themselves into the water. Rumi Khan was pulled out by a Frank acquaintance, but the sultan sank into the sea, and his companions were also lost. The chronogram for this event is "Bahadur-killing Franks."[147]

Some said that he came up and reached the shore in safety. Thereafter, every once in a while there were rumors of his appearance in Gujarat and the Deccan. One time someone appeared

یکبار در دکن شخصی پیدا شد و نظام الملک قبول کرد که اوست و با او چوگان باخت و ازدحام بر گرد او شد. ازین هجوم نظام الملک ملاحظه نموده قصد او کرد و همان شب از سراپردهٔ او غایب شد. مردم جزم کردند که نظام الملک اورا ضایع ساخت. روزی میر ابوتراب که از اکابر گجراتست نقل کرد که «ملا قطب الدین شیرازی که نسبت استادی بسلطان بهادر داشت در آن ایّام در دکن بود. بقسم میگفت که بیقین سلطان بهادر بود. بعضی سخنان که در میان من و او گذشته بود و غیر ازو کس نمیدانست مذکور ساختم و نشانها درست آمد.» در وسعت‌آباد قدرت ایزدی وقوع امثال این امور محال نتوان گفت.

۳۸۹ باری چون سلطان بهادر آن روز بآب فرو رفت و منتسبان او بخاک نشستند محمد زمان میرزا جامهٔ کبود بر مصیبت سلطان پوشیده در لباس زرّاقی خزاین گجرات بعضی‌را بدست تصرف خود درآورد و بعضی بدست فرنگ درآمد، و جزوی بغارت رفت. و خودرا با مادر سلطان بهادر نسبت فرزندی درست کرده گاهی با فرنگیان دعوی خون سلطان ظاهر میساخت و گاهی زرهای خطیر پنهان و پوشیده بدیشان میفرستاد که تجویز خطبه بنام او کنند تا آنکه روزی چند در مسجد صفا خطبه بنام او خواندند، و مدّتی بلوندی همانجا بسر برد تا آنکه عماد الملک بر سر او لشکر آورده هزیمت داد. و از آنجا بیچاره و خجالت‌زده روی امید بآستانبوس حضرت جهانبانی آورد چنانچه مجملی در جای خود گذارش یابد و از تفصیل این مقدّمات که ذکر آن بتقریب از تذییلات مقصود و محسنات کلام است درنوردیده شروع در اصل مقصود مینماید.

۳۹۰ چون حضرت جهانبانی جنت‌آشیانی بدار الخلافه آگره نزول اجلال فرمودند از اطراف و نواحی آن بیباکان که سر تمرد برداشته گردن تنازع

in the Deccan, and Nizamulmulk accepted that it was he and even played polo with him. Since a group of people had gathered around him, Nizamulmulk, worried about a possible assault, set out to attack him, but that very night he disappeared from his quarters. People were convinced that Nizamulmulk had done away with him. One day Mir Abuturab, a noble of Gujarat, said, "Mulla Qutbuddin Shirazi, who was the sultan's teacher, was then in the Deccan. He swore that it was certainly Sultan Bahadur. 'I mentioned several things that had passed between him and me, things about which no one else knew, and he gave correct indications,' he said." Such a thing cannot be said to be an impossibility in the vastness of divine power.

Anyhow, when Sultan Bahadur sank beneath the waves that day and his followers were bereft, Muhammad-Zaman Mirza clothed himself in mourning for the sultan, and in his garb of duplicity he took control of some of the treasury of Gujarat, some fell into the hands of the Franks, and the rest was plundered. He made himself like a son to Sultan Bahadur's mother; and sometimes he claimed blood money from the Franks, and other times he sent them enormous amounts in secret for them to allow his name to be mentioned in the khutba. For a few days his name was actually proclaimed in the Safa mosque, and he lived there for a while like a roué until Imadulmulk attacked and defeated him. Embarrassed and helpless, he turned his face hopefully to the emperor, as will be reported in the proper place. Let us now wrap up the details of these preliminaries and get back to our main story.

When H.M. Humayun returned to Agra, those who had reared their heads in rebellion became obedient and assured their safety by accepting to pay tribute and taxes. The realms of the empire then flourished.

افراشته بودند در مقام اطاعت و انقیاد آمده فرمان‌پذیر گشتند و باج و خراج‌را سرمایهٔ امن و امان خود ساختند. اکناف ممالک محروسه برفاهیت و استقامت آراسته گشت.

نهضت موکب مقدّس حضرت جهانبانی جنت‌آشیانی بتسخیر بنگاله و فتح آن ممالک و مراجعت بمستقرّ خلافت و آنچه درین میان روی نمود

۳۹۱ چون خاطر جهان‌آرا از مهمّات اینحدود پرداخت همّت خسروانه بر سرانجام تهیّهٔ یورش گجرات بود که باز عنان عزیمت بآنصوب معطوف دارند و بر خلاف سابق ممالک‌را بمردمی که از اوضاع ایشان صفت استقامت در مملکت‌داری هویدا باشد و تبدّل احوال و توسّط اختلال بمبانی اطوار ایشان راه نیابد بسپارند و خاطر اقدس‌را از استحکام این صوبه فارغبال ساخته بمستقرّ خلافت جاه و جلال معاودت نمایند. درین اثنا خبر خروج شیر خان و فتنه‌انگیزی او بحدود شرق بمسامع قدسیه رسید. عزم تسخیر بنگاله که بر پیشگاه خاطر فیض‌مظاهر قبل از مهمّ گجرات چهره‌گشا بود و بجهت دواعی مذکور در پردهٔ توقف و تراخی جلوه داشت آن داعیه از سر نو تازه شد و حکم عالی باستعداد یورش بنگاله صادر گشت و قرار یافت که درین نهضت والا دفع شیر خان نموده تسخیر ممالک بنگاله فرمایند.

HIS MAJESTY JAHANBANI JANNAT-ASHYANI'S IMPERIAL TRAIN GOES TO SUBDUE BENGAL; THAT REALM IS CONQUERED AND HIS MAJESTY RETURNS TO THE CAPITAL; EVENTS THAT TOOK PLACE IN THE INTERIM

When the emperor's mind was at ease with regard to these regions, he turned his regal attention to making preparations for a campaign to Gujarat. Unlike the last time, he would turn the country over to men who were honest administrators and would not be corrupted. When he had reassured himself that things there would run smoothly, he would return to the capital. While thus engaged, the emperor received news of Sher Khan's rebellion in the east. He had thought of subduing Bengal before Gujarat, but for the reasons mentioned that idea was put into abeyance. Now the thought was renewed, and he gave an order for preparations to be made for a campaign to Bengal, and he decided to deal with Sher Khan and then subdue the realm of Bengal.

391

ذکر احوال شیر خان

۳۹۲ و این شیر خان از طبقهٔ افغانان سور بود. نام قدیمش فرید است ابن حسن ابن ابراهیم شیراخیل، و این ابراهیم پیوسته سوداگری اسب میکرد و در زمرهٔ سوداگران تعیین نداشت، و در موضع شمله از اعمال نارنول متوطن بود. پسرش حسن بقدر رشدی پیدا کرده از سوداگری بسپاهیگری آمد. مدّتی در پیش رایمل جد رایسال درباری که اکنون در خدمت حضور حضرت شاهنشاهی شرف امتیاز دارد نوکری میکرد. از آنجا بموضع جونه از اعمال سهسرام پیش نصیر خان لوحانی که از امرای سکندر لودی بود رفته ملازم و بخدمت و کاردانی خودرا از همسران گذرانید. چون نصیر خان درگذشت پیش دولتخان برادر او کمر خدمت بست و از آنجا در سلک ملازمان ببن که از امرای بزرگ سلطان سکندر لودی بودند منسلک شد و کار او قدری پیش آمد. اکثر سرانجام مهام به تدبیر او صورت می‌یافت. و فرید پسر او از زیاده‌سری و بدنهادی پدر خودرا رنجانیده جدا شد و مدّتی از نوکران تاج خان لودی بود و چند گاه در اوده ملازم قاسم حسین خان اوزبک شد و مدّتی نوکر سلطان جنید برلاس گشت. روزی سلطان جنید برلاس بتقریبی اورا با دو افغان دیگر که از ملازمان او بودند بملازمت حضرت گیتی‌ستانی فردوس‌مکانی برده بود. بمجرد آنکه نظر دوربین حضرت برو افتاد بر زبان مقدّس گذشت که «سلطان جنید چشمان این افغان (و اشارت بفرید فرمودند) دلالت بر شور و فتنه‌انگیزی میکند. اورا مقیّد باید ساخت و آن دوی دیگررا نوازش فرمود.» فرید از نگاه حضرت گیتی‌ستانی اندیشه بخود راه داده پیش از آنکه سلطان بمردم خود سپارد فرار نمود.

۳۹۳ درین اثنا پدر اورا اجل دررسید و اموال بدست او افتاد و در حدود سهسرام در جنگلستان جونه، که پرگنه‌ایست از رهتاس، براهزنی و دزدی

An Account of Sher Khan

Sher Khan was a Sur Afghan. His name was Farid, and he was   392
the son of Hasan, son of Ibrahim Sherakhel. Ibrahim was a horse
trader, but he was not reckoned among the ranks of merchants.
He lived in the village of Shamla, a dependency of Narnaul. His
son Hasan had some success and switched from trade to the mili-
tary. For a time he served Rai Mal, the grandfather of the Raisal
Darbari who is now in H.I.M.'s service. From there he joined
the service of Nasir Khan Lohani, one of Sikandar Lodi's amirs,
in the village of Juna, a dependency of Sasseram, and there he
showed that he was more competent than his compeers. When
Nasir Khan died he joined the service of his brother Daulat
Khan. Then he became a member of the retinue of Babban, one
of Sultan Sikandar Lodi's great amirs, and he advanced until
most administration was left to him. His pretentious and base
son Farid insulted his father and broke with him, and for a time
he was a liege man to Taj Khan Lodi. Then he was a member
of Qasim-Husain Khan's retinue in Oudh, and he also served
Sultan-Junaid Barlas. One day Sultan-Junaid Barlas took him and
two other Afghans as his bodyguards on a visit to H.M. Babur.
As soon as H.M. Babur's farsighted gaze fell upon him he said,
"Sultan-Junaid, this Afghan's eyes (and he pointed to Farid) indi-
cate trouble and sedition. He ought to be locked up and those
other two patronized." Worried by H.M.'s gaze, Farid fled before
Sultan-Junaid could turn him over to his men.

At this juncture his father died, and he inherited some property.   393
Then he took up brigandage and murder in the vicinity of Sasse-
ram in the jungles of Juna, a district that belongs to Rohtas, and
in a short time he had made himself such a well-known personage
of the day through his crooked wiliness that Sultan Bahadur sent

461

و مردمکشی سر فتنه برافراشت و باندک زمانی بروباهبازی و نادرستی خودرا از سرهنگان روزگار گذرانید چنانچه سلطان بهادر گجراتی بدست سوداگران امداد خرج کرده اورا پیش خود طلبید. او آن‌را دست‌مایهٔ فساد ساخته در رفتن بهانه آورد و در دست‌اندازی و تاخت و تاراج مواضع و قصبات اهتمام نمود، و در اندک فرصتی بسیاری از مردم رند و اوباش برو گرد آمدند. درین میان حاکم بهار که یکی از امرای لوحانی بود رخت زندگانی بربست و کسی که سررشتهٔ امارت‌را انتظام دهد نبود. شیر خان با اوباشان خود بایلغار خودرا رسانید و مال فراوان بدست آورد و از آنجا باز برگشته بجای خود آمد و بر سر الغ میرزا که نزدیک سرو بود ناگهانی ریخت. بحیله‌پردازی برو غالب آمد و از آنجا برگشته بنارس‌را تاخت. و چون جمعیت مال و مردم بهمرسیده بود به پتنه رفته آنحدودرا متصرف شد و در سورج‌گده که سرحد ملک حاکم بنگاله است با لشکر آنجا جنگ کرده نصرت یافت، و آنحدودرا نیز بتصرف درآورد. و تا یکسال با نصیب شاه والی بنگاله جنگ و جدل مینمود و مدّتی مدید محاصرهٔ گور[۴۸] داشت.

۳۹۴ و از غرایب آنکه شیر خان منجّمی ممتازرا شنید که راجهٔ اودیسه دارد. اورا طلب نمود که چون خیالهای فاسد و داعیه‌های باطل در سر داشت از کار او آگاهی بخشد. راجه اورا رخصت نداد، لیکن منجم نوشته فرستاد که «تا یکسال ترا بر بنگاله دستی نیست و در فلان تاریخ دست خواهی یافت، و آنروز دریای گنگ یکساعت پایاب خواهد شد.» قضارا آنچه نوشته بود همانطور بظهور آمد. (شعر)

شنیدم ز دانا که دانش بسیست ولیکن پراکنده با هر کسیست

him monetary assistance through merchants and summoned him. Using the money as a capital base for corruption, he came up with a pretext not to go and turned his attention to pillaging and plundering villages and towns. In no time at all many villains and knaves had gathered around him. At this point the governor of Bihar, a Lohani amir, died without a successor. Sher Khan and his blackguards galloped in, stole a lot of money, and returned to their lair. He made a sneak attack on Ulugh Mirza, who was near the Sarju. By using tricks he defeated him, turned around, and attacked Benares. Having assembled money and men, he went to Patna and took control of that area. In Surajgadh, which lies on the border of the kingdom of the ruler of Bengal, he did battle with the local garrison and won. He then took control of that area. For a year he struggled in battle with Nasib Shah,[148] the ruler of Bengal, and he kept up a siege of Gour for a long time.

A strange thing that happened is that Sher Khan heard of an outstanding astrologer the raja of Orissa had. He summoned him to inform him of the corrupt notions and vain ambitions he had in his head. The raja did not give the astrologer permission to go, but he sent a letter, saying, "For one year your hand will not be over Bengal, but on a certain date you will gain possession of it. On that day the River Ganges will be fordable for one hour." By the mysterious workings of destiny, what he wrote came true. 394

> *I heard from a sage that knowledge is plentiful, but it is scattered among people.*

و درین ایّام که رایات نصرت به فتح مالوه و تسخیر گجرات توجه فرمودند فرصت‌را غنیمت دانسته زیاده‌سری‌را از اندازه گذراند. اینست مجمل مبادی احوال شیر خان. و تتمّهٔ احوال و خاتمهٔ کار و وخامت عاقبت او در خلال احوال گرامی حضرت جهانبانی گذارش خواهد یافت تا ارباب فتنه و فسادرا کارنامهٔ عبرت گردد.

۳۹۵ الحاصل، چون یورش ممالک شرقیه در ضمیر جهان‌آرای حضرت جهانبانی نقش بست میر فقیرعلی[۴۹] که از امرای کلان حضرت فردوس‌مکانی گیتی‌ستانی بود بضبط دارالملک دهلی قرار یافت، و حکومت دارالخلافه آگره‌را بعهدهٔ اهتمام میر محمد بخشی که از معتمدان دولت بود تفویض شد، و یادگار ناصر میرزا ابن عم آنحضرت بکالپی که جایگیر او بود رخصت یافت که در آن حدود بوده انتظام‌بخش آنصوبه باشد، و نورالدین محمد میرزا که گلرنگ بیگم همشیرهٔ آنحضرت در حبالهٔ عقد او بود و عفت‌قباب عصمت‌نقاب سلیمه سلطان بیگم از سرادق صلب او بوجود آمده قنّوج و آن نواحی بحراست او نامزد گشت.

۳۹۶ و بالجمله آنحضرت سرانجام مهمّات ملک فرموده با مخدّرات تتق عصمت براه کشتی شرق‌رویه نهضت فرمودند. میرزا عسکری و میرزا هندال همراه بودند. و از امرا ابراهیم بیگ چاپوق و جهانگیرقلی بیگ و خسرو بیگ کوکلتاش و تردی بیگ خانِ[۵۰] قوچ بیگ و تردی بیگ اتاوه و بیرام خان و قاسم حسین خان اوزبک و بوچکه بیگ و زاهد بیگ و دوست بیگ و بیگ میرک و حاجی محمدِ بابا قشقه و یعقوب بیگ و نهال بیگ و روشن بیگ و مغل بیگ و جمعی کثیر از امرای عالیقدر در رکاب نصرت‌اعتصام بودند.

Around this time the imperial banners went to conquer Malwa and subdue Gujarat. Realizing that this was a rare opportunity, Sher Khan let his ambitiousness go beyond all bounds. This ends our account of Sher Khan's early career. Accounts of the rest of his career will come in the course of the history of H.M. Humayun, and it will be an object lesson for the seditious and corrupt.

When the idea of an eastern campaign took shape in H.M. Humayun's mind, Mir Faqir-Ali,[149] who had been one of H.M. Babur's chief officers, was assigned to maintain order in Delhi. The rule of Agra was given to Mir Muhammad Bakhshi, a trusted officer of state. The emperor's cousin Yadgar-Nasir Mirza was given leave to go to his fief in Kalpi to maintain order in that area, and Nuruddin Muhammad Mirza, who was married to the emperor's sister Gulrang Begim and was the father of Salima-Sultan Begim, was assigned to guard Kannauj and that area.

Having made these administrative arrangements, the emperor set forth eastward in a boat with the ladies of the harem. Mirza Askari and Mirza Hindal were also along. Accompanying the royal train were the following amirs:

Ibrahim Beg Chapuq
Jahangirquli Beg
Khusrau Beg Kükältash
Qoch Beg's brother Turdï Beg Khan
Turdï Beg of Etawah
Bayram Khan
Qasim-Husain Khan Uzbek
Böchkä Beg
Zahid Beg
Dost Beg

395

396

۳۹۷ و از راه بحر و بر لشکر فیروزی‌اثر میرفت و آنحضرت خود گاهی بر کشتی نشسته و گاهی بر اسب سوار شده بمشاغل ملکی و ضوابط ملکگیری پرداخته عنان عزیمت بصوب قلعهٔ چناده که شیر خان در آنجا بود معطوف داشتند. و از آنجا که میرزا محمد زمان از سعادت بهرهٔ داشت چون موکب عالی در نزدیکی چناده رسید گرد خجالت بر جبین و عرق حیا بر روی از گجرات رسیده شرف عتبه‌بوسی دریافت.

۳۹۸ و مجملی ازین واقعه آنکه پیش از آنکه میرزا بیاید همشیرهٔ عزیزهٔ آنحضرت معصومه سلطان بیگم که کوچ میرزا باشد در آگره گناه میرزارا درخواست کرده فرمان استمالت گرفته بود، و آنحضرت از روی عواطف ذاتی رقم عفو بر جرایم او کشیده کامیاب الطاف ساخته طلب فرموده بودند. و چون میرزا نزدیکیٔ موکب معلی رسید جمعی از امرای معتبررا باستقبال فرستادند. و چون مسافت یکروزه در میان ماند میرزا عسکری و میرزا هندال بموجب اشارت عالی رفتند و میرزا عسکری بموجب حکم دست تسلیم تا سینه و میرزا هندال بدستور تسلیم دست بر سر نهاده دریافتند. و میرزارا از راه احترام باردوی معلی آوردند و آن روز میرزا بموجب فرمان پادشاهی بخیمهٔ خود فرود آمد. و روز دیگر بدولتخانهٔ عالی آمده استلام بساط اقدس نموده بنوازشهای خسروانه سعادت افتخار یافت. و دو مرتبه در یک مجلس بخلعت خاصه و کمر و شمشیر و اسب سرفراز شد.

Beg Mirak
Baba Qashqa's Hajji Muhammad
Ya'qub Beg
Nihal Beg
Raushan Beg
Moghul Beg
A large number of high-ranking amirs

The imperial army proceeded by river and land, and the   397
emperor traveled sometimes by boat and sometimes by horse.
In the course of dealing with administrative matters he decided
to go to the fortress at Chunar, where Sher Khan was. Inasmuch
as Mirza Muhammad-Zaman had a modicum of good fortune,
when the imperial train arrived near Chunar, he came from Guja-
rat with the dust of shame on his forehead and attained the honor
of paying homage.

A summary account of this is as follows. Before the mirza   398
came, the emperor's sister Ma'suma-Sultan Begim, the mirza's
wife, had requested pardon for him in Agra and received a writ
of pardon. In his innate kindness the emperor forgave his faults
and summoned him. When the mirza was near the imperial train,
a group of important amirs was dispatched to greet him. When
he was a one-day distance away, Mirza Askari and Mirza Hindal
were ordered to go, and, as ordered, Mirza Askari met him with
his hand on his breast and Mirza Hindal with his hand to his
head.[150] They escorted the mirza respectfully to the imperial
camp, and that day, by order of the emperor, he dismounted
at his own tent. The next day he kissed the imperial carpet in
the emperor's quarters and was shown regal favor. Twice in one
assembly he was given a robe of honor, a sword, and a horse.

۳۹۹ آری، بدرگاه خاصان ایزدی سیّئات‌را بحسنات خریداری کنند و بدیهارا در عداد نیکوئیها بشمار آرند. در کارخانهٔ کرم الهی چنین مشیت رفته که رحمت خاص او فراخور عصیان میرسد. هرچند جرم و اثم بیشتر آرند عفو و کرم بیشتر یابند. و این صفت نسبت بسلاطین که ظلّ الله اند مناسب‌تر و مطابق‌تر است که در گذشتن از گناهان ضرری بسعت رحمت و فسحت دولت ایشان نمیرساند. و نامرادی که شرمندهٔ افعال ناشایسته است اورا از وبال عقوبت پروانهٔ نجات میبخشد. ملخّص آنکه حضرت جهانبانی جنت‌آشیانی باوجود چنین عصیان بزرگ که بخشش‌را سزاوار نباشد باخلاق ربّانی متخلق گشته در مکافات بدی به نیکوئی پیش آمدند. و الحمد لله که حضرت شاهنشاه زمان‌را این خصائل شایسته و این اخلاق سنجیده ملکهٔ فطرت عالی و ذاتی عنصر قدسی است و در اجرای سیاسات چندان ملاحظه و تأنّی مرعی دارند که هیچ پادشاه والاشکوه از دور آدم تا ایندم باین صفات کمال آراسته نگشته چنانچه درین شگرفنامه اندکی از بسیار گفته آید. حق تعالی این نسبت‌را روزافزون گرداند و بنتایج این شیمهٔ کریمه بر عمر و دولت آنحضرت برکات کرامت فرماید.

۴۰۰ القصه، چون شیر خان از طلوع رایات نصرت‌پرتو اطّلاع یافت قطب خان پسر خودرا با جمعی در قلعهٔ چناده گذاشت و قلعه‌را استحکام داده بجانب بنگاله روان شد و آن ملک‌را بچنگ[51] گرفت و مال بسیار بدست آورد. چون موکب گیتی گشای حضرت جهانبانی جنّت‌آشیانی بحدود چناده نزول اجلال فرمود رای عالم‌آرای بر تسخیر آن قلعه قرار گرفت و رومی خان که در فتح حصون حصین و قلاع سماوی‌ارتفاع یگانهٔ روزگار بود و بعد از فتح مندسور از سلطان بهادر جدا شده در سلک ملازمان درگاه انسلاک یافته بمنصب میرآتشی سربلندی داشت بر کشتیها ترتیب ساباط

Yes, in the divine court evil acts are requited with good. In the workshop of divine favor it is willed that His special mercy should encompass all disobedience. The greater the sin and offense, the greater the forgiveness. This quality is even more appropriate to rulers, who are shadows of God, for in pardoning offenses no detriment accrues to the vastness of their mercy and fortune, and any miscreant who is ashamed of his inappropriate acts will be delivered from punishment. In short, despite such a great offense, which deserved no forgiveness, the emperor took on godly qualities and rewarded evil with good. Thank God that H.I.M. also possesses such good qualities innately and observes more caution in exacting punishments than any magnificent emperor has ever done from the time of Adam on. A few of many such instances will be recorded in this splendid book. May God cause this quality to increase and add many blessings to the emperor's life and fortune as a result of this noble characteristic.

When Sher Khan learned of the approach of the imperial army, he stationed his son Qutb Khan with a troop in the fortress at Chunar, strengthened the fortifications, and set out for Bengal. He seized that land and obtained a lot of money. When the imperial train stopped in the vicinity of Chunar, the emperor decided to take the fortress. Rumi Khan, who was without equal in his ability to conquer impregnable fortresses, had left Sultan Bahadur after the conquest of Mandasor and joined the ranks of the imperial court with the rank of master of the artillery. He arranged a covered passageway on boats and so arrayed a covering from planks wrapped in cotton (?) that the most skilled artisans would be amazed. He bored tunnels into walls so that when fire was lit they caused the earth to tremble. Sher Khan's son Qutb Khan ran away, and the rest of the defenders sought amnesty and

نمود و از قطعه‌های پخته بر روی تخته آنچنان سطحه مرتّب ساخت که خردمندان دقیقه‌شکاف و هنرمندان حکمت‌اساس در صنعتگریِ آن انگشتِ حیرت بدندان گرفتند و آنچنان نقبها بدیوار فرو برد که بآتش زدن آن منافذ زمین و زمان در لرزه آمد. قطب خان پسر شیر خان از آنجا فرار نمود و سایر اهل قلعه امان طلبیده برآمدند و قلعه بتصرّف اولیای دولت درآمد. و امان‌یافته‌ها که قریب دو هزار کس بودند اگرچه حضرت جهانبانی قول رومی خان‌را معتبر داشته باو بخشیده بودند اما مؤیّد بیگ دولدی که از نزدیکان بساط عزّت بود بتسویل دستهای ایشان‌را فرمود که بریدند و آنچنان نمود که حکم پادشاهیست و اینچنین تحکّمی از دست او بوجود آمد. حضرت جهانبانی ملامت فرمودند. رومی خان بعواطف پادشاهانه اختصاص یافت و اعتبار و جاه او افزونی گرفت و قلعه‌را در جلدوی خدمت او مرحمت فرمودند. و در چند روز بحسب سرنوشت محسود روزگار شده مسموم از عالم رفت.

۴۰۱ و چون خاطر خطیر ازین مهم فراغ یافت یورش بنگاله پیشنهاد همّت والا شد. نصیب شاه والی بنگاله زخمی بدرگاه جهانپناه آمده از شیر خان استغاثه نمود و اینمعنی ضمیمهٔ بواعث تسخیر بنگاله و علاوهٔ دواعی توجه عالی گشت. آنحضرت اورا بتفقدات خسروانه مستظهر ساخته بانواع اشفاق خسروانی شرف امتیاز بخشیدند، و چون این یورش والا مصمّم گشت جونپور و آنحدودرا بمیر هندو بیگ که از کبار امرا بود مکرمت فرمودند و چناده به بیگ میرک عنایت شد و سامان و سرانجام این دیار فرموده از راه برّ و بحر عساکر نصرت‌قرین درجنبش آمد. و چون عرصهٔ پتنه مضرب خیام گردون‌قباب شد دولتخواهان درگاه بموقف عرض رسانیدند که «موسم باران رسیده است. اگر آنحضرت یورش بنگاله تا

came out to turn the fortress over to imperial representatives. Trusting in Rumi Khan's word, the emperor turned over to him those who had been given amnesty, nearly two hundred men altogether, but Muayyad Beg Dulday, an intimate at court, ordered their hands cut off, representing that it was by imperial decree. The emperor chastised him for committing such an arrogation of authority. Rumi Khan was regally rewarded, his importance and status increased, and he was given the fortress as a prize. Within a few days, however, he succumbed to the jealousy of the age and died of poison.

When this affair was over, the emperor turned his attention to the Bengal campaign. Nasib Shah, the ruler of Bengal, arrived at court wounded, to seek aid against Sher Khan. This was yet another reason to subdue Bengal. H.M. assisted him with regal compassion, and when the campaign was decided, he gave Jaunpur and that region to Mir Hindu Beg and Chunar to Beg Mirak. When he had made these arrangements, the army set off by land and river. When they camped at Patna, the emperor's supporters said, "The rainy season is at hand. If Your Majesty will put off the Bengal campaign until the season is passed, a successful campaign will be more likely, for it is extremely difficult to travel in Bengal on horseback during this season, and it will result in the destruction and ruination of the army. In his own self-interest the ruler of Bengal has represented that Sher Khan has not yet established himself in Bengal and that to attack him quickly will easily reduce him to naught." However, in order to placate that one who had suffered injustice and also because of the seeming reasonability of his advice, the emperor ordered the army to proceed. In Bhagalpur the army was divided into two. Mirza Hindal and five thousand men were sent across the river to proceed on that side.

401

گذشتن این موسم موقوف دارند در آئین ملکگیری یروش فیروزی یافتن بر حصول مأمول هرآینه اقرب خواهد بود چه عبور سوار در بنگاله درین موسم بغایت دشوار است و باعث ویرانی و تباهی سپاهی. والی بنگاله نظر بر اغراض خود بعرض اشرف رسانید که شیر خان در بنگاله خودرا هنوز راست نکرده است بزودی بر سر او رفتن باعث استیصال او بسهولت خواهد بود.» آنحضرت بجهتِ نگاهداشتِ خاطرِ آن ستم‌رسیده و صورتِ معقولیتِ کنگشِ او حکم بر نهضت رایات جهانگشای فرمودند. در بهاگلپور لشکررا دو جا ساختند. میرزا هندال‌را با پنج شش هزار کس از آب گذراندند که از آنطرف آب میرفته باشد. چون ساحت منگیر معسکر اقبال شد خبر آمد که جلال خان پسر شیر خان که خودرا بعد از پدر سلیم خان نام نهاده بود با خواص خان و برمزید و سرمست خان و هیبت خان نیازی و پهار خان بمقدار پانزده هزار کس آمده قصبهٔ گدهی‌را که بر مثابهٔ دروازهٔ بنگاله است مضبوط کرده آهنگ فتنه و فساد دارد.

۴۰۲ و حقیقت معامله آنکه شیر خان باستماع توجه رایات عالیات جنگ‌را بهیچوجه بخود قرار نداده راه جهارکهند پیش گرفت که چون موکب عالی به بنگاله درآید ازین راه به بهار و آنصوب رفته شورش افزاید، و هم اموال بنگاله‌را بمأمنی رساند و جلال خان و جمعی‌را نزدیک گدهی گذاشته مقرّر ساخت که «چون افواج گیتی گشای نزدیک رسد و من بشیرپور برسم اینها بایلغار خودرا بمن رسانند و از اقدام بر دلیری متقاعد باشند.»

When camp was made at Monghyr, there came news that Jalal Khan (who called himself Salim Khan after his father's death) had come with Khawass Khan, Barmazid, Sarmast Khan, Haibat Khan Niyazi, and Pahar Khan, altogether a force of about fifteen thousand, and consolidated their position in the town of Gadhi, which is the virtual gate to Bengal, with much mischief on their minds.

The truth of the situation is that as soon as Sher Khan heard 402 of the approach of the imperial troops, he decided that in no way would he do battle and took himself to Jharkhand so that when the imperial train entered Bengal he could go to Bihar to foment rebellion and also to put his possessions from Bengal in a safe place. Having stationed Jalal Khan and a troop in Gadhi, he said to himself, "When the imperial troops get near, I will go to Sherpur, where they will attack me, but they will decide not to be so bold!"

۴۰۳

و حضرت جهانبانی از بهاگلپور ابراهیم بیگ چاپوق و جهانگیرقلی بیگ و بیرم بیگ و نهال بیگ و روشن بیگ و گرگ‌علی بیگ و بچکه بهادر و جمعی کثیر نزدیک به پنج شش هزار کس تعیین فرمودند. چون عساکر پادشاهی بنواحی گدهی رسید جلال خان از سخن پدر بیرون رفته فوج بسته بر سر اردو آمد. این مردم خودرا راست نکرده بودند که جنگ‌را باسلوب انتظام دهند و آداب ترتیب افواج قایم سازند. لشکر مخالف بسیار و این مردم بر سر استعداد و عزیمت جنگ نه. بیرام خان چند مرتبه برگشته بر سپاه دشمن تاخت و روی سپاه‌را از هم گسلانید و چپقلشهای دلیرانه کرد اما از کمک افواج قاهره بسبب بی‌ترتیبی کوتاهی شد و کارها بر حسب دلخواه انتظام نیافت. علی خان مهاونی و حیدر بخشی و چندی دیگر از اعیان دولت پایهٔ والای شهادت یافتند. چون این خبر بمسامع قدسیه رسید آنحضرت خود بسرعت نهضت فرمودند. درین توجه کشتی بحرآرا که بجهت سواری خاصه بود در کهلگام غرق شد و چون موکب پادشاهی نزدیک افغانان تبه‌روزگار رسید این سیه‌بختان فرار نمودند. آنحضرت میرزا هندال‌را که ترهت و پرنیه باو نامزد شده بود بموجب التماس او رخصت فرمودند که بجایگیر تازهٔ خود رفته بسامان لایق از آن طرف بنگاله درآید و حضرت جهانبانی از آنجا کوچ بکوچ متوجه بنگاله شدند و بتأییدات الهی در سال نهصد و چهل و پنج فتح بنگاله شد. و شیر خان با سایر افغانان خلاصهٔ خزینهٔ بنگاله‌را گرفته از راه جهارکهند بحدود رهتاس آمد و بروباهبازی قلعهٔ رهتاس‌را متصرّف شد.

The emperor assigned Ibrahim Beg Chapuq, Jahangirqulï Beg, Bayram Beg, Nihal Beg, Raushan Beg, Gurg-Ali Beg, Böchkä Bahadur, and some others, five or six thousand men. When the imperial troops arrived near Gadhi, Jalal Khan disobeyed his father and attacked the imperial camp. The men scarcely had a chance to arrange themselves and array their troops for battle. The enemy troops were many, and they were unprepared. Several times Bayram Khan turned around and attacked the foe, breaking their ranks and engaging in courageous encounters, but assistance was not forthcoming from the imperial troops on account of their disarray, and so things did not go as desired. Ali Khan Mahawani, Haidar Bakhshi, and several other notables were martyred. When the news reached the emperor's ears, he set out himself in all haste. As he was proceeding, the boat on which the emperor was traveling sank in Colgong, and when the imperial train arrived near the wretched Afghans, they ran away. At his own request, Mirza Hindal, who had been assigned to Tirhoot and Purnia, was given leave to go to his new fief to outfit himself and then go to Bengal from that direction. From there the emperor set off, march by march, toward Bengal, and with divine assistance the conquest of Bengal took place in 945 [1538].[151] Sher Khan and the other Afghans seized the best part of the treasury of Bengal and went via Jharkhand to Rohtas, where they took control of the fortress by stealth.

403

گرفتن شیر خان قلعهٔ رهتاس‌را

۴۰۴ و مجملی ازین سرگذشت آنکه چون بحدود رهتاس، که قلعه‌ایست در غایت محکمی و نهایت استحکام، رسید براجه چنتامن برهمن حاکم قلعه کسان فرستاده احسانهای قدیم اورا بیاد داد و طرح یکجهتی انداخته التماس نمود که «امروز مرا کار افتاده است. میخواهم که مردمی بجای آری و اهل و عیال مرا و همراهان مرا در قلعه جای دهی و مرا رهین احسان خود سازی.» بصد زبان چاپلوسی و نیرنگسازی راجهٔ ساده‌لوح بفریب آن شعبده‌باز قبول کرد. این بیگانهٔ ملک آشنائی ششصد دولی سرانجام داد و در دولی دو جوان مسلّح‌را درآورد و باطراف دولی کنیزان‌را گماشت و باین حیله سپاهی‌را درآورده قلعه‌را گرفت و عیال خود و سپاهی‌را در آن قلعه گذاشته دست فتنه دراز کرد و راه بنگاله مسدود ساخت.

۴۰۵ و حضرت جهانبانی هوای بنگاله‌را خوش کرده بعیش و شادمانی نشستند و عساکر اقبال ملکی معمور وسیع‌را دریافته اسباب بی‌پروائی‌را سرانجام دادند. و درین هنگام میرزا هندال بموافقت اصحاب نفاق و ارباب فتنه اندیشه‌های تباه بخود راه داده بی‌رخصت عالی در عین موسم باران متوجه دارالخلافه آگره شد. هرچند مناشیر نصیحت فرستادند سودمند نیامد. پس از روزی چند در دار الخلافه آمده اسباب شورش‌را ترتیب میداد و در خلوتخانهٔ دماغ بی‌فرّ ایزدی سودای سلطنت می‌پخت. شیر خان وقت‌را غنیمت دانسته درِ فتنه و فساد گشود و آمده بنارس‌را محاصره کرد و باندک فرصتی بنارس‌را در تصرف خود آورد و میر فضلی حاکم آنجارا کشت و از آنجا روانهٔ جونپور شد. جونپوررا بابا بیگ جلایر پدر شاهم خان داشت که بعد از فوت هندو بیگ باو مکرمت فرموده بودند. در قید ضبط درآورده در مقام استحکام آن شد. یوسف بیگ پسر ابراهیم بیگ

Sher Khan Takes the Rohtas Fortress

A summary account of this episode is as follows. When he reached 404
the vicinity of Rohtas, which is an extremely strong and impreg-
nable fortress, he sent messengers to Chintaman Brahman, the
commandant of the fortress, and reminded him of his past favors.
Suggesting they join forces, he made a request, saying, "Today I
am in need. I want you to be chivalrous and take my family and
household who are with me into the fortress and thus put me
under obligation to your beneficence." With much flattery and
charm he tricked the simple raja into accepting. This stranger to
the realm of friendship then got together three hundred sedan
chairs, and into each he put two armed warriors. Then he placed
maidservants around the sedans, and with this trick he got his
army inside and took the fortress. Leaving his family and soldiers
there, he extended the reach of his seditiousness and blocked
the road to Bengal.

H.M. Humayun enjoyed the climate of Bengal and stayed there 405
enjoying himself, and the imperial soldiers found a flourishing
and vast realm in which they grew careless. At this point Mirza
Hindal and his rebellious and seditious companions allowed
themselves to have destructive thoughts, and they set off for
Agra during the rainy season without the emperor's permission.
No matter how many letters of advice were sent, it was to no avail.
After several days he arrived in the capital, where he began to
make trouble and filled his unholy brain with visions of himself
as emperor. Sher Khan, realizing that this was his opportunity,
opened the floodgates of sedition and corruption and laid siege to
Benares. In a short time he took control of Benares and killed the
governor, Mir Fazli. From there he set out for Jaunpur, which was
held by Baba Beg Jalayir, the father of Shahïm Khan. He had been

چاپوق از اوده عزم بنگاله کرده میرفت. آمده همراه شد. پیوسته اطراف و جوانب بقراولی میرفت و طلبکار نبرد و پیکار می‌بود. جلال خان این خبررا شنوده بدو سه هزار کس ایلغار کرده رسید و یوسف بیگ سیاهیِ لشکررا دیده مستعدّ جنگ شد. هرچند همراهان کثرت مخالفان و قلّت خودرا گفتند فایده نداشت و در نواحی جونپور مردانه شربت واپسین درگشید. مخالفان روز دیگر آمده جونپوررا قبل کردند و بابا بیگ جلایر در نگاهبانی داد مردانگی و کاردانی داد و حقیقت احوال بمیرزایان و امرا نوشت و عرایض متواتر نیز بدرگاه معلی ارسال داشت. میر فقیرعلی از دهلی بدارالخلافه آگره آمد و نصایح ارجمند بمیرزا هندال بظهور آورد و بعد از گفتگوی بسیار میرزارا از آگره برآورده آنطرف آب گذرانید، و محمد بخشی‌را بر آن داشت که آنچه در وقت گنجد امدادِ میرزا نماید که بزودی بجونپور خودرا رساند و از آنجا میر فقیرعلی رخصت گرفته بحدود کالپی رفت که یادگار ناصر میرزارا مستعدّ لشکر سازد و در حدود آگره میرزایان باهم اتّفاق کرده پیشتر روانه شوند.

۴۰۶ و مقارن این حال خسرو بیگ کوکلتاش و حاجی محمد بابا قشقه و زاهد بیگ و میرزا نظر و جمعی دیگر از ناهنجاری و شورانگیزی از بنگاله فرار نموده پیش میرزا نور الدّین محمد که اورا در قنوج گذاشته بودند آمدند، و میرزا آمدنِ ایشان‌را بمیرزا هندال نوشت و استدعای استمالتِ ایشان نمود. میرزا هندال نوشته‌های التفات مصحوب محمد غازی توغبائی که از معتمدان میرزا بود فرستاد، و شرح آمدنِ امرارا بیادگار ناصر میرزا و میر فقیرعلی نیز نوشته روان ساخت. و امرا خود پیش میرزا نورالدین محمد انتظار جواب نبرده بکول که در مواجب زاهد بیگ بود آمدند. فرستاده از راه خبر یافته نزدِ ایشان شتافت. کوته‌اندیشان نمک‌بحرام زبانِ هذیان

given it after the death of Hindu Beg. He raised the defenses. Ibrahim Beg Chapuq's son Yusuf Beg, who was on his way from Avadh to Bengal, came to join him and constantly patrolled the environs looking for battle. Jalal Khan heard of this and took two or three thousand men to attack. Seeing their approach, Yusuf Beg got ready for battle. His companions told him they were outnumbered, but it did no good: he courageously quaffed the potion of martyrdom in the vicinity of Jaunpur. The next day the enemy laid siege to Jaunpur. Baba Beg Jalayir made a manly and brave defense and sent messages to the mirzas and amirs and petitions to court. Mir Faqir-Ali went from Delhi to Agra to dissuade Mirza Hindal from his actions, and after much discussion he took the prince from Agra to the other side of the river. Then he charged Muhammad Bakhshi to do everything he could do to get the prince to Jaunpur as soon as possible, and then Mir Faqir-Ali took his leave and went to Kalpi, where Yadgar-Nasir Mirza was getting ready for battle. The princes met near Agra and set out together.

Concurrent with this, Khusrau Beg Kükältash, Baba Qashqa's Hajji Muhammad, Zahid Beg, Mirza Nazar, and others fled from the trouble in Bengal and went to Mirza Nuruddin Muhammad, who had been stationed in Kannauj. The mirza wrote to Mirza Hindal of their arrival and requested him to win them over. Mirza Hindal sent his written expressions of favor with Muhammad Ghazi Tughbai, one of his trusted men. He also wrote to inform Yadgar-Nasir Mirza and Mir Faqir-Ali of the amirs' arrival. Without waiting for a reply, the amirs left Mirza Nuruddin Muhammad and went to Koil, which was Zahid Beg's fief. Having learned where they went, the messenger hastened after them. The shortsighted, blithering ingrates said candidly,

406

479

گشاده بصریح گفتند که «ما دیگر روی بندگی پادشاه نداریم. اگر شما چنانچه خیال کرده‌اید بنام خود خطبه میخوانید در ملازمت شما بوده خدمات شایسته بتقدیم میرسانیم، وگرنه پیش میرزا کامران میرویم و آنجا کامروائی و دوستکامی در کنار ماست.» محمد غازی توغبائی آمده پیغام امرا پنهانی رسانید و گفت که «یکی از دو کار ناچار است: یا خطبه بنام خود باید خواند و امرارا طلب داشته نواخت یا ببهانه امرارا گرفته مقیّد کرد.» میرزا هندال که پیوسته سرش بسودای محال میخارید این معنی‌را از مغتنمات دانسته بوسیلهٔ مواعید لطف حرام‌نمکانِ عاقبت‌نااندیش‌را طلب داشته دلاسا نمود و خیال تباه‌را بیشتر استحکام داد.

۴۰۷ چون تفرقهٔ بنارس و جونپور و آنحدود بمسامع علیّهٔ حضرت جهانبانی رسید و حقیقت ارادهٔ طغیان میرزا هندال معلوم شد شیخ بهلول[۵۲] را که از اعیان مشایخ هند و مقرون جلایل عواطف پادشاهی بود از بنگاله رخصت فرمودند که بایلغار خودرا بدارالخلافه رساند و بمواعظ حقیقت‌اساس میرزارا از خیالات فاسده باز آورده بزودی استیصال افغانان یکدل و یکزبان سازد، و در چنین هنگام که امرا اندیشه‌های نادرست و فکرهای ناسودمند پیش دارند و نزدیکست که میرزا هندال‌را از جادهٔ قویم بلغزانند، ناگاه بطریق ایلغار شیخ رسید. میرزا هندال باستقبال برآمده شیخ‌را باعزاز و اجلال بمنزل خود آورد. شیخ سخنان سنجیدهٔ دولتخواهانه گفته میرزارا بعزم خدمتی که برآمده بود ثابت‌قدم ساخت. روز دیگر محمد بخشی‌را آورد که آنچه سامان و سرانجام لشکر باشد از زر و اشتر و اسب و یراق جنگ همه‌را سامان نماید. محمد بخشی معذرت خواست که «خزینه نیست که بسپاهی داده شود اما اسباب و اجناس فراوانست. همه‌را بدلخواه سرانجام میدهم.»

"We have no intention of serving the emperor any longer. If you have the khutba proclaimed in your own name, as you thought to do, we will join you and serve you. Otherwise we will go to Mirza Kamran, where we will certainly achieve success." Muhammad Ghazi Tughbai delivered the amirs' message in secret and said, "One of two things must happen. Either you should proclaim yourself in the khutba and summon the amirs, or you must find some pretext to arrest them." Mirza Hindal, whose head was always in the clouds, sent promises of favor to summon the shortsighted, ungrateful amirs, thinking this was his golden opportunity, and let his ambitious thoughts get even wilder.

When the reversals at Benares and Jaunpur reached the emperor's ears and he learned the truth of Mirza Hindal's desire to rebel, he sent Shaikh Bahlul,[152] a notable shaikh of India who was patronized by H.M., from Bengal to go quickly to the capital and advise the prince to cease his vain thoughts and also to neutralize the Afghans who were allied with him. At this point, just when the amirs were allowing free rein to their corrupt notions and were about to make Mirza Hindal slip from the straight and narrow, suddenly the shaikh arrived. Mirza Hindal went out to greet him and escorted him with all honor to his own quarters. The shaikh spoke measuredly and supportively and put the prince back on the path of servitude. The next day he brought Muhammad Bakhshi to get together the gold, camels, horses, arms, and equipment necessary for a campaign. Muhammad Bakhshi apologized, saying, "There is no money to be given to the soldiers, but goods and matériel are abundant. I can get together as much of that as you want."

407

۴۰۸ چهار پنج روز برین سخن گذشته بود که میرزا نورالدین محمد از قنوج بایلغار آمد و همانا که امرا قرار داده سخن یکی ساخته بودند آمدن او باعث تقویت ارادهٔ امرا شد و مرتبهٔ دیگر محمد غازی توغبائی‌را پیش امرا فرستاد. امرا همان سخن‌را معاودت نموده گفتند و قرار دادند که «علامت قبول سخن ما آنست که شیخ بهلول‌را که فرستادهٔ پادشاه است و صلاح کار مارا برهم میزند علانیه بقتل رسانید تا بر همگنان یقین شود که شما از پادشاه یکسو شده‌اید و ما بخاطرجمع ملازمت کنیم.»

۴۰۹ شیخ در سامان اسباب سفر بود و یراق لشکر سرانجام میداد که فرستاده باز آمد و باتّفاقِ میرزا نور الدّین محمد داعیهٔ ناخجسته مصمّم شد و میرزا نور الدین محمد بفرمودهٔ میرزا هندال شیخ‌را از خانه گرفته و از آب گذرانده در ریگستانی که نزدیک باغ پادشاهی بود فرمود که گردن زدند، و امرای مخذول العاقبة آمده میرزارا دیدند و در ساعت نحس و وقت اختلال خطبه بنام میرزا هندال خواندند و پیشتر کوچ کردند. هرچند عصمت‌مآب دلدار آغاچه بیگم والدهٔ ماجدهٔ میرزا هندال و بیگمان دیگر نصیحت کردند، اصلاً سودمند نیامد و زبان حالش این مضمون میسرائید (بیت)

باد است نصیحتِ کسان در گوشم　　امّا بادی که آتشم تیز کند

چون میرزا خطبه بنام خود خواند و پیش والدهٔ خود رفت آن عصمت‌قباب جامهٔ کبود در بر داشت. میرزا گفت که «در چنین وقت شادکامی این چه‌طور جامه‌ایست که پوشیده‌اید؟»

Four or five days passed like this before Mirza Nuruddin Muhammad arrived from Kannauj. The amirs had just decided to cooperate when his arrival reawoke their former desire. Once again Muhammad Ghazi Tughbai was sent to the amirs, who repeated the same words as before and said, "The sign of acceptance of our proposal will be that you will openly kill Shaikh Bahlul, the emperor's envoy who is working against our interests. Thereby it will be clear to all that you have deserted the emperor. Then we can serve you with peace of mind."

408

The shaikh was busy equipping the campaign when the envoy returned and determined to act on the amirs' unholy proposal in collusion with Mirza Nuruddin Muhammad. At Mirza Hindal's command, Mirza Nuruddin Muhammad dragged the shaikh from his tent, took him across the river, and ordered him beheaded in the sands near the emperor's orchard. The ill-starred amirs paid homage to the prince, and at an inauspicious hour they proclaimed Mirza Hindal's name in the khutba. No matter how much Mirza Hindal's mother, H.H. Dildar Aghacha Begim, and the other ladies advised against it, it did absolutely no good.

409

People's advice is wind in my ears, but it is a wind that fans my flames.

When the prince had the khutba proclaimed in his own name and then went to his mother, she was clad in dark blue. "Why are you wearing such clothes at such a happy time?" he asked.

۴۱۰ آن عصمت‌قباب از روی دوربینی فرمودند «چه می‌بینی؟ من مأتم ترا میدارم! تو خردسالی و از حرف و حکایت فتنه‌سازانِ ناعاقبت‌اندیش راهِ صواب گم کردهٔ. کمر بر هلاک خود بستهٔ.»

۴۱۱ محمد بخشی آمده گفت «شیخ‌را خود کشتید. دربارهٔ من چرا توقّف دارید؟»

۴۱۲ میرزا اورا استمالت نموده همراه گرفت. یادگار ناصر میرزا و میر فقیرعلی این قضیّهٔ ناگوار شنیده از حدود کالپی براه گوالیار ایلغار کردند و خودرا بدار الملک دهلی رسانده در استحکام مبانی شهر و لوازم قلعه‌داری اهتمام نمودند. میرزا در حمیدپور که نزدیک فیروزآباد است رسیده بود که خبر ایلغار یادگار ناصر میرزا و میر فقیرعلی بجانب دهلی رسید. میرزا و امرا کنگاش کرده بصوب[53] دهلی متوجه شدند. اکثری از جایگیرداران خرد از اطراف و نواحی آمده میرزارا دیدند و کوچ بکوچ رسیده دهلی‌را محاصره کردند. یادگار ناصر میرزا و میر فقیرعلی در قلعه‌داری کمر همّت بستند و بمیرزا کامران صورت واقعه نوشته التماس توجه در دفع فتنه و فساد نمودند. میرزا از لاهور متوجه شد. چون بحدود قصبهٔ سنپت رسید میرزا هندال کار ناساخته بحدود دار الخلافه آگره شتافت. میرزا کامران چون قریب بدهلی رسید میر فقیرعلی آمده میرزا کامران‌را دید و یادگار ناصر میرزا بر همان نهج در استحکام قلعه کوشش داشت. میر فقیرعلی بمقدّمات هوش‌افزا میرزا کامران‌را باگره روانه ساخت. میرزا هندال در آگره بودن بخود قرار نداده بالور رفت. میرزا کامران باگره آمده از عصمت‌قباب دلدار آغاچه بیگم استدعا کرد که میرزا هندال‌را دلاسا فرموده بملازمت طلبند. آن کدبانوی سرادق دانش میرزا هندال‌را از الور آورده و فوطه در گردن او انداخته بمیرزا کامران ملاقات داد. میرزا بآئین لایق پیش آمد و روز دیگر امرای

"What do you think?" she replied with foresight. "I am in mourning for you. You are young, and you have been led astray by the words of the seditious. You will bring about your own downfall." 410

Muhammad Bakhshi came and said, "You killed the shaikh. What are you waiting for before killing me?" 411

The prince placated him and took him along. Yadgar-Nasir Mirza and Mir Faqir-Ali heard of this unpleasant affair and set out at a gallop from Kalpi to Gwalior to get themselves to Delhi and reinforce the defenses of the city. The prince had just arrived in Hamidpur near Firozabad when news arrived that Yadgar-Nasir Mirza and Mir Faqir-Ali were on their way to Delhi. The prince and the amirs held counsel and then set off for Delhi. Most of the petty landholders from the area came to pay homage to the prince as he proceeded, and when he arrived at Delhi he laid siege. Yadgar-Nasir Mirza and Mir Faqir-Ali determined to defend the city and wrote to Mirza Kamran requesting him to come and deal with the rebellion. Mirza Kamran set off from Lahore, and when he reached the town of Sonipat, Mirza Hindal hastened back to Agra without having accomplished anything. When Mirza Kamran was near Delhi, Mir Faqir-Ali went to see the prince, and Yadgar-Nasir Mirza made efforts to reinforce the fortress. Mir Faqir-Ali sent Mirza Kamran to Agra with good advice. Mirza Hindal decided not to remain in Agra and went to Alwar. Mirza Kamran went to Agra to ask Dildar Aghacha Begim to persuade Mirza Hindal to pay homage. That wise lady brought Mirza Hindal from Alwar, put a shawl around his neck, and took him before Mirza Kamran, who received him properly. The next day he pardoned the troublemaking amirs and gave them audience. The princes and amirs crossed the Jumna together to deal 412

فتنه‌انگیزرا گناه بخشیده کورنش داد و میرزایان و امرا باتّفاقِ یکدیگر از آب جون عبور کردند که دفع فتنهٔ شیر خان نمایند، اما چون سعادت رهنمون این گرامی‌نژادان نبود توفیق این خدمت دولت‌پیرای نیافتند.

۴۱۳ الحاصل چون بمیامن تأییدات آسمانی ملک بنگاله بدست اولیای دولت ابدپیوند درآمد و پای تخت آن ولایت مستقرّ موکب عالی شد و امرای عظام ولایت عظیم در جایگیرهای خود یافتند موادّ عیش و عشرت آماده ساخته ابواب غفلت بر روی روزگار خود گشادند و ارکان سلطنت بانتظام امور ملکی کمتر پرداختند و فتنه‌انگیزان ملک که همیشه فسحت‌آباد عالم از آن قسم بیباکان خالی نباشد سر آشوب و شورش برآوردند. و نزدیک رسید که فتنهٔ غنوده مژگانِ فروهشته‌را بالا کند. اختلال در مبانی احتیاط راه یافت چنانچه خبری که اعتمادرا شاید بمعسکر اقبال نمیرسید، و اگر اندکی از بسیار معلوم یکی از مقرّبان بساط عزّت میشد یارای آن نداشت که بموقف عرض اقدس رساند چه نقش چنان نشسته بود که حرف ناملایم مذکور مجلس قدسی‌سرشت نشود. رفته رفته چون حقیقت فتنهٔ هندوستان بوسیلهٔ دولتخواهان حقیقی که صلاح خود منظور نداشته آنچه حق باشد بعرض رسانند معروض موقف حضور شد، حضرت جهانبانی بدولت و اقبال ارکان خلافت‌را طلب داشته عزیمت انصراف موکب عالی مصمّم ساختند. هرچند از کثرت باران زمین تمام در زیر سیلاب بود و آبهای دریا شورش طوفانی داشت و قطعاً هنگام یورش نبود بمقتضای صلاح وقت مراجعت‌را از لوازم پاس دولت دیدند. تفویض ملک بنگاله بزاهد بیگ میفرمودند. آن بیدولت روش کهنه‌عملهٔ باطل‌اندیش در میان آورده اراده‌های تباه پیش گرفت و از تیره‌رایی و سیه‌بختی فرار نموده پیش میرزا هندال آمد. آنحضرت حکومت بنگاله

with Sher Khan's rebellion, but since fortune was not smiling upon these nobly born individuals, they were not successful in that endeavor.

Now, when, with heavenly assistance, the kingdom of Bengal 413 fell to those upon whom everlasting fortune smiled, and the imperial retinue took up residence in the capital of that province, and the great amirs took possession of their estates in that magnificent realm, they indulged in pleasure and revelry, and thereby they opened the gates of heedlessness. The pillars of the state paid little attention to the regulation of administrative affairs, and troublemakers in the land, the likes of whom are never absent from the expanse of this world, reared their heads in insurrection and rebellion. It almost came to the point that sleeping sedition lifted its lowered eyelashes: cracks so appeared in the foundations of caution that reports that should have been relied upon did not reach the imperial camp. If a little from the much was known to one of the emperor's intimates, he was unable to report it to the emperor because it was impossible for any unpleasant word to be spoken at an imperial assembly. Little by little, when the reality of the trouble in Hindustan was reported by loyal supporters who did not put their own selfish interests first and communicated the truth, H.M. Humayun summoned his ministers and announced that the royal train was leaving. Regardless of the fact that the earth had completely disappeared under floods from the torrential rainfall, the river waters were churning from storms, and it was absolutely no time to move troops, the exigencies of the time demanded it. The emperor was going to put Zahid Beg in charge of Bengal, but that wretch acted like a spoiled old retainer, taking disastrous notions into his head, and foolishly and unluckily fled to Mirza Hindal. The

بجهانگیرقلی بیگ عنایت فرموده جمعی کثیررا بمعاونت او گذاشتند و در عین باران عنان مراجعت معطوف داشته متوجه مستقرّ خلافت شدند.

۴۱۴ شیر خان چون آوازهٔ مراجعت موکب پادشاهی و روان شدن میرزایان از دارالخلافه آگره شنود از جونپور دست باز داشته متوجه رهتاس شد و مقرّر ساخت که اگر رایات عالیات بر سر او آید از جنگ یکسو شده از راه جهارکهند که آمده بود باز مراجعت نموده ارادهٔ بنگاله نماید، و اگر نقش چنین ننشیند و متوجه دار الخلافه شوند و قابو باشد از عقب درآید و قصد شبخون کند. چون موکب والای حضرت جهانبانی بترهت[۵۴] رسید شیر خان کمیِ لشکر و بی‌سرانجامیِ اردوی معلی معلوم کرده شیرک شد و با لشکر فراوان و استعداد تمام قدم پیش نهاد و نزدیک نزدیک لشکر از هر طرف قابو میطلبید و هیچکس‌را مجال آن نمیشد که از نیرنگسازیِ غنیم واقف شود. ابن علی قراول‌بیگی رفته خبر مشخّص آورد و بوسیلهٔ میرزا محمد زمان حقیقت حال بعرض اقدس رسید. اگرچه موکب عالی از آب گنگ عبور فرموده بسمت مستقرّ خلافت متوجه بود چون خبر رسیدن شیر خان و نزدیک شدن او بمعسکر اقبال شعله‌افروزِ نایرهٔ غضبِ پادشاهی شد، از کمال سطوت و قهر عنان توجه بجانب او منعطف ساختند. هرچند معروض شد که در چنین وقتی که بی‌سامانیِ عساکر اقبال که بادپایان گیتی‌نورد چندین مسافت بعیده‌را پای در گل پیموده‌اند در اعلی مرتبه است روی عزیمت بجانب غنیم آوردن و عرصهٔ قتال بقدم استعجال پیمودن از پیشگاه مصلحت دور است. لایق دولت آنکه در جائی طرح اقامت انداخته و سرانجام لشکر نموده عزیمت دفع فتنه کرده شود. آنحضرت پرتو التفات برین سخنان نینداخته از آب گنگ رجوع نموده بجانب مخالفان نهضت فرمودند.

emperor then awarded the governance of Bengal to Jahangirqulï Beg and left a large garrison with him as he headed out in the midst of the rains to return to the capital.

Once Sher Khan learned that the imperial train was return- 414 ing from Bengal and that the princes had left Agra, he abandoned Jaunpur and went to Rohtas, deciding that if the imperial army came against him he would avoid battle by returning to Jharkhand, whence he had come, and further his plans for Bengal. If, on the other hand, it did not turn out like that, and the emperor continued toward the capital and made it his base of operations, he would come from behind and take them by surprise. When the emperor's train reached Tirhoot, Sher Khan ascertained that there were few soldiers and general unpreparedness in the imperial camp, so he stalked them with many soldiers and total preparedness, coming ever closer and closer, and no one had a chance to learn of the sorcery of the foe. Ibn Ali Qaravulbegi went out to reconnoiter, and he reported the real situation to the throne through Mirza Muhammad-Zaman. Although the imperial train had crossed the Ganges and was headed toward the capital, when the news of Sher Khan's close approach reached the camp, the emperor flew into a rage and turned his reins in Sher Khan's direction. Although he was advised that at such a time the soldiers, whose steeds had traversed such a vast distance in the mud, were at the height of unpreparedness, and no matter that to face the enemy on the field of battle in haste was far from the best thing to do, that to camp some place, equip the soldiers, and then repel sedition was more appropriate, he paid no attention and set out from the Ganges in the direction of the enemy.

۴۱۵ باید دانست که رسمیست قدیم و قاعدهٔ مستمرّ که چون کارآگهانِ ملکِ تقدیرِ ایزدی نقدی گرانمایه بیکی مقرّر سازند پیشتر از آن، ابوابِ ناکامی گشوده در کشاکشِ اندوه اندازند تا خوشحالی آن گوهرِ یکتارا از جا نبرد و بتدارکِ آن غم پرداخته کار باعتدال آرد. بنابر آن چون ظهور کوکب روشنی‌افزای جهانیان که از جیب قاچولی بهادر در عالم مثال آگاه‌دلان‌را نموده بدولت انتظار سرفراز گردانیده بود نزدیک رسید، هرآینه اگر پیشتر از آن نامرادیِ چند بظاهر روی نماید چهرهٔ تأمّلِ خردپرورانِ دوربین خراشیده نگردد و لهذا با لشکری چنین که عالمی تسخیر توان کرد از افغانی چند تیره‌رای ناشسته‌روی چنین امور بظهور آمد. بنابر آن بر خلاف مصلحتدیدِ اولیای دولت بجانب افغانان توجه موکب عالی واقع شد و در موضع بهیه از مضافات بهوجپور با شیر خان تقابل اتّفاق افتاد.

۴۱۶ در آنجا سیاه‌آبی است کنباس نام. در میان دو لشکر واقع شد. موکب عالی آب‌را پل بسته عبور فرمود. هرچند لشکر پادشاهی اندک و بی‌سامانی بسیار بود پیوسته در قراولان طرفین جنگی که دست میداد نصرت از جانب اولیای دولت قاهره می‌بود و افغانان از هر طرف بقتل میرسیدند تا آنکه مدّت تقابل و تقاتل بامتداد کشید و برادران گرامی، که هر یکی گشایش اقلیمی‌را بس بود، از کوتاه‌بینی اندیشه‌های دور از کار سنگِ راهِ دولتِ خود ساخته بسعادت اتّفاق فایض نگشتند و توفیق ادراک خدمت در چنین وقتی مساعدِ روزگارِ دولتِ ایشان نشد. هرچند مناشیر نصیحت می‌آمد نقش آن الواح الهی در ضمایر این آهنین‌دلان صورت نمی‌بست و شیر خان از روی روباهبازی گاه کسان معتبر بدرگاه معلی فرستاده درِ صلح میزد و گاه اندیشهٔ فاسد جنگ‌را در عرصهٔ خیال جولان میداد تا آنکه بفریب و فسون جمعی از پیاده و مردم زبون‌را با اسباب آتشبازی روبرو

It should be realized that it is an ancient custom that when the   415
workers of destiny assign something valuable to someone, before
that happens, the gates of failure are opened and that person is
cast into a struggle with grief so that happiness will not carry that
unique pearl away and so that things may be brought into equilib-
rium to make up for that sorrow. Therefore, when the time was
nigh for the appearance of the star that illuminated everything
in the world from the loins of Qachulai Bahadur in the world
of prototypes, of course if prior to that some unpleasantness
occurred, the cheek of contemplation of foresighted sages was
not scratched. In the face of an army that could have conquered
the world, such things were wrought by a few foolish, unwashed
Afghans. Against the advice of supporters, the imperial train
went toward the Afghans, and Sher Khan was encountered in
Behea, a dependency of Bhojpur.

In that place there is a large river called the Karamnasa. It   416
stood between the two armies. The imperial train constructed
a bridge and crossed. Despite the small numbers and the impe-
rials' lack of preparation, victory kept going to the imperials in
the skirmishes that took place between the scouts of the two
sides, and the Afghans were being killed in every direction.
When the encounters dragged on for a long time, the emperor's
precious brothers, each of whom would have been sufficient to
conquer a clime, blocked the road of the emperor's success with
their own shortsightedness and errant thoughts and, unable to
act in unison, failed to serve at such a time, which would have
promoted their own interests. Although letters of advice were
coming, the inscription on those divine tablets did not make an
impression on the steely minds of those princes. Sher Khan, in his
cunning, sometimes sent trusted men to court to speak of peace

گذاشته خود دو منزل عقب رفته نشست، و عساکر پادشاهی که پیوسته نصرت ایشان‌را بود از مقدمات مکرافزای آن حیله‌اندوز واقف نشدند و پس رفته نشستند.

۴۱۷ و بحسب تقدیر چون امری میخواهد که ظاهر شود بقدر بی‌پروائی بارکان کارآگاهی ملحق میگردد و ازین سبب در شرایط نگاهبانی تهاونی عظیم راه می‌یابد تا شبی که یاتیش محمد زمان میرزا بود ازو غفلتی تمام واقع شد. آن روبه‌باز که فرصت‌را در کمین بود شبگیر کرده وقت صبح از عقب اردوی معلی پیدا شد. لشکر خودرا سه توپ داشت، یک توپ خود و یک توپ جلال خان و یک توپ خواص خان. لشکر پادشاهی‌را فرصت زین کردن اسب و مجال جیبه پوشیدن نشد. حضرت جهانبانی از غفلت سپاه اطّلاع یافته حیران نقش کارگاه تقدیر شدند. سررشتهٔ تدبیر از دست رفته بود.

۴۱۸ در وقت سواری بابا جلایر و تردی بیگِ[55] قوچ بیگ بملازمت رسیدند. حکم اشرف شد که زود رفته مهد علیا حاجی بیگم‌را برآرند. آن دو وفاکیش غیرت‌اندیش بر درِ سراپردهٔ عزّت شربتِ گوارایِ شهادت درکشیدند و میر پهلوان بدخشی نیز با جمعی کثیر در گرد سراپردهٔ عصمت توفیقِ جان‌نثاری یافت. وقت بغایت تنگ شده بود. حضرت مهد علیا بیرون نتوانستند آمد و از آنجا که حفظ و صیانت ایزدی متکفّل حال و ضامن مآل بود ساحتِ حریمِ حرمِ عفّت‌را عواصف خیالِ بداندیشان نتوانست پیمود، و غبارِ اندیشهٔ تیره‌جانان بر حواشی سرادقات عصمت پردگیان جاه و جلال نتوانست نشست، و نفوس ناموس الهی از تقدیسخانهٔ رفعت بدورباشِ حاجبان غیرت حراستِ پرده‌نشینانِ خلوتخانهٔ عفّت نمود، و خیال فاسد در ضمیر آن تیره‌درونان راه نیافت. و شیر خان آن عصمت‌قباب‌را در کمال صیانت و پرده‌پوشی بآبروی تمام روانه ساخت.

and sometimes let the corrupt notion of battle wander through the field of his imagination until he tricked a troop of infantry and lowly soldiers into coming into the sights of his artillery and then retreated two stations and sat. The imperial soldiers, who had been having continual success, were unaware of the tricks he had up his sleeve, so they too withdrew and sat.

When something destined is about to happen, carelessness often overtakes competence and a great lapse in caution happens. One night, when the watch was under Muhammad-Zaman Mirza, he committed a major dereliction of duty. The wily fox, who was just waiting for his chance, sprang from ambush, and by morning he was behind the imperial camp. His army had three cannons: he had one, Jalal Khan had one, and Khawass Khan had one. The imperial soldiers had no chance even to saddle their horses or put on their armor. When H.M. Humayun learned of his soldiers' carelessness he was astonished at what destiny had wrought. It was too late to think of tactics.

As the horses were being mounted, Baba Jalayir and Qoch Beg's Turdï Beg went to the emperor. An order was given for them to go quickly and take Her Highness Hajji Begim away. Those two loyal and zealous servants were martyred at the door of the lady's tent. Mir Pahlawan Badakhshi and his troop also gave their lives around the begim's tent. Her Highness could not get out, but inasmuch as divine custody was ever vigilant, the gales of evil thoughts could not reach the sanctity of her chaste refuge. Sher Khan put her under his protection and sent her off with her honor intact.

417

418

۴۱۹ و بالجمله چون آنحضرت متوجه پل شدند پل‌را شکسته یافتند. ناچار خودرا سواره چون نهنگان دریانورد بآب زدند. قضارا از اسب جدا میشوند. مقارن این حال چون نگهداشتِ ایزدی حافظ احوال آنحضرت بود سقّائی خضر راه ایشان گشت و بدستیاریِ شناوریِ او ازین گردابِ فتنه بساحلِ نجات رسیدند. آنحضرت درین اثنا از وی پرسیدند که «نام تو چیست؟» او بعرض رسانید که «نظام.» فرمودند که «نظام اولیائی.» و عنایت و مرحمت بجای آورده باو وعده فرمودند که «چون بسلامت بر تخت سلطنت نشینم تا نیمروز ترا پادشاهی میدهم.»

۴۲۰ و این قصّهٔ پرغصّه در نهم صفر نهصد و چهل و شش بر ساحل آب گنگ بر گذر چوسه از مکمن تقدیر پرده‌گشا گشت. میرزا محمد زمان و مولانا محمد پرغلی و مولانا قاسم علی صدر و مولانا جلال تتوی و بسیاری از امرا و افاضل غریق بحر فنا گشتند.

۴۲۱ و آنحضرت با میرزا عسکری و معدودی چند ایلغار کرده بدار الخلافه آگره نزول اجلال فرمودند و میرزا کامران بآستانبوس عالی سرفراز شد. و بعد از چند روز میرزا هندال بوسیلهٔ میرزا کامران و والدهٔ ماجدهٔ او شرمنده و سرافکنده از الور آمده ملازمت نمود و آنحضرت بمقتضای مراحم ذاتی نوازش فرموده تقصیرات اورا بر روی او نیاوردند و بتفقدات بی‌پایان که از اندازهٔ بشری زیاده باشد پیش آمدند.

۴۲۲ و چون ناگهان از روی بی‌تدبیری امری سرنوشت بظهور آمد همواره در تدارک این امر می‌بودند و در سرانجام آلات و ادوات تلافی اشتغال داشتند. از اطراف مملکت امرا و سپاهیان باستلام عتبهٔ علیّه مشرّف میشدند. درین اثنا سقّای پاک‌سرشت بامید وعدهٔ گرامی در پای تخت عظمت حاضر گشت. حضرت جهانبانی که تاج‌ده و تخت‌بخش ملک

When the emperor went to the bridge he found it broken. With 419
no alternative, he charged mounted into the water like a croco-
dile. By chance he lost his seat, but just then, since he was under
divine safekeeping, a water carrier miraculously appeared in the
water, and since he could swim, he delivered him from the whirl-
pool of disaster. The emperor then asked him what his name was.
"Nizam," he replied. "You are Nizam of the saints,"[153] he said as
he promised him a reward, adding, "When I am safely seated on
the throne I will make you king for half a day."

This tragic event took place on the ninth of Safar 946 [June 26, 420
1539] on the banks of the Ganges at the Chausa crossing. Mirza
Muhammad-Zaman, Maulana Muhammad Parghali, Maulana
Qasim-Ali Sadr, Maulana Jalal Tattawi, and many amirs and nota-
bles were drowned.

The emperor reached Agra with Mirza Askari and a few men. 421
Mirza Kamran came to pay homage. Several days later Mirza
Hindal was induced by Mirza Kamran and his mother to come,
abashed and ashamed, from Alwar to pay homage. With his
innate clemency the emperor showed him favor and did not
chastise him for his grievous actions.

Since such a fateful event had taken place because of lack of 422
planning, they continually tried to make up for it and occupied
themselves getting together arms and armor. From all direc-
tions in the kingdom amirs and soldiers came to kiss the impe-
rial threshold. During this time the water carrier showed up
in hopes of getting his reward. When the emperor, who was a
king-maker in the realm of chivalry and generosity, spied the
poor water carrier from afar, he immediately kept his promise
and vacated the throne for him to rule for half a day, thus elevat-
ing him to the level of the monarch of Nimroz.[154] During that

مروّت و احسان بودند چون سقّای بینوارا از دور دیدند فی الحال خسرو عهد خودرا بر سریر وفا جای دادند و تخت سلطنت‌را بجهت آن خضر راه خالی ساخته سقّارا بموجب وعدهٔ او تا نیمروز بر تخت نشاندند و بتخت‌نشین ملک نیمروز برابر ساختند و بعضی احکام و اوامر پادشاهی‌را که ظرفش گنجایش آن نداشت مستثنی ساخته بحکمرانی پایهٔ امتیاز اورا بلندی بخشیدند و از بحر موّاج بخشش گرد احتیاج از چهرهٔ احوال او و قبیلهٔ او برداشتند و هر حکمی که در آن جلوس بر اورنگ شاهی از سقّا ظهور یافت بامضا مقترن گشت. میرزا کامران از ظهور چنین علوّ همّت چینِ شکایت بر جبینِ حکایت ظاهر ساخت و خاطر آزارجوی‌را بهانه پدید آمد.

۴۲۳ بعد ازین قضیّه از روباهبازی شیر خان قصد بنگاله کرد و تا حدود بهار آمده متوقف شد، و جلال خان‌را با جمعی پریشان بر سر بنگاله تعیین کرد، و باندک فرصتی با جهانگیرقلی بیگ جنگ درپیوست و او داد جلادت داده عرصهٔ نبردرا بقدم شجاعت پیمود، اما از آنجا که مشیّت الهی و حکمت ازلی نقشبند صورتی دیگر بود تمامی امرای بنگاله در دفع فتنه اتّفاق شایسته ننمودند و فراغت‌دوست بوده درین جنگ فراهم نیامدند. لاجرم جهانگیرقلی بیگ بعد از کوشش و کشش در معرکه نتوانست قدم ثبات افشرد. روی گردانیده بزمینداران پناه آورد و بعهد و پیمان نادرست برآمد و او و جمعی کثیر بصحرای نیستی شتافتند. شیر خان از بنگاله فراهم آورده بحدود جونپور آمده شورافزا شد و آن ملک‌را بتصرف و تغلب خود درآورده دست فتنه دراز ساخت و قطب خان که پسر خرد او بود با جمعی کثیر از اوباشان بر سر کالپی و اتاوه فتنه‌ساز گشت.

time he made exceptions to several imperial orders the poor man did not have the capacity to carry out, he raised his rank, and generously removed the dust of poverty from him and his tribe, and every order that was given by the water carrier while he was on the throne was carried out. Mirza Kamran frowned in complaint at such generosity and took mean-spirited exception to the proceedings.

Then the wily Sher Khan attacked Bengal and went as far as Bihar. He assigned Jalal Khan and an irregular group to Bengal, and in a short time he engaged in battle with Jahangirquli Beg, who performed courageously, but since it was the divine will that something else should happen, the amirs of Bengal did not act in appropriate concert to repel the sedition. Fond of luxury, they did not perform well in the battle, and consequently Jahangirquli Beg, his own efforts notwithstanding, could not maintain his stance in the field. Turning away, he took refuge with landholders, relying mistakenly on their promises, and thus he and many others were annihilated. Leaving Bengal, Sher Khan went to Jaunpur, where he made mischief and took over that land too. His younger son, Qutb Khan, went with a large group of rabble to foment rebellion in Kalpi and Etawah.

423

۴۲۴ چون این خبر بمسامع قدسیه رسید یادگار ناصر میرزا و قاسم حسین خان اوزبک که آنحدود بجایگیر ایشان مقرّر بود و اسکندر سلطان که از جانب میرزا کامران باهتمام بعضی محال کالپی قیام داشت بر سر او نامزد شدند. این شیرمردان معرکهٔ دلاوری در برابر آن روبه‌صفتان حیله‌گر درآمده جنگ عظیم کردند و بتأییدات غیبی فتح روی داد و قطب خان در میدان جنگ کشته شد.

۴۲۵ و حضرت جهانبانی مدّتی در دارالخلافهٔ آگره بسرانجام سپاه نصرت‌قرین و گردآوری دلهای پریشان برادران و خویشان و اصلاح بواطن و سرایر ایشان اشتغال داشتند. هرچند رخسار غبارآلود ضمیر میرزا کامران‌را بزلال نصایح شستند چهرهٔ صفا بهیچوجه روی ننمود و چندانکه زنگار خلاف بمصقال مواعظ زدودند جلای وفاق در آئینهٔ روزگار او بهیچ روی پدید نیامد و در چنین مهمّ عالی که باوجود خلاف باطن اتّفاق ظاهر از لوازم پاس دولتش بود در چنین هنگامی که با چندین استعداد قریب بیست هزار کس خوب با او بود و از دولت تفضّل و احسان حضرت جهانبانی از کابل تا داورزمین شمال‌رویه و تا حدّ سمانه جنوب‌رویه در حیطهٔ تصرف داشت با چنین پادشاه مفضل و برادر بزرگ و ولی‌نعمت خود متعذر و مقصّر ظاهر شده تمارض نمود، و بمقتضایِ افراطِ غفلت و تفریطِ فکر ازین خدمت گرامی تخلف و تقاعد ورزید. ایزد تعالی درین کارگاهِ مکافات نتایجِ کردار برو عاید ساخت چنانچه در صدر حیات سزای اعمال خودرا بچشم خود دید و بعضی از آن بعد ازین بطرز اجمال بقلم توضیح در جای خود گذارش یابد و چون بزبان خود فال بد زده بود حال او نیز چنان شد (مصرعه)

چو اختر میگذشت آن فال شد راست

When these events reached the emperor's ears, he assigned   424
Yadgar-Nasir and Qasim-Husain Khan Uzbek, who held those
regions in fief, and Iskandar Sultan, who held several estates in
Kalpi on Mirza Kamran's behalf, to attack Qutb Khan. These
lions of courage on the field of battle came out to face those tricky
foxes, and a large-scale battle was fought. By divine destiny they
achieved victory, and Qutb Khan was killed on the battlefield.

The emperor spent some time in Agra equipping the army,   425
winning the hearts of his brothers and relatives, and reforming
their minds. No matter how much advice was given to Mirza
Kamran, he would not come around, and under no circumstances
would he cease his opposition. At such a time, when, despite his
inner opposition, a show of unity would have been in his own
interests, and when with such fortune he had a force of around
twenty thousand men, and, thanks to the emperor's generosity,
he ruled from Kabul northward to Zamin Dawar and southward
to Samana, he excused himself to such a brother and patron,
failed in his duty, pretended to be ill, and refused to participate.
God caused recompense to accrue to him for the results of his
action, and he paid for his acts with his own eyes in the prime of
his life, as will be reported in its proper place. Since he cast an
ill omen with his own tongue, that is how it turned out. "As the
star passed, the omen came true."

۴۲۶ بیماریِ چند مزمن پیش او آمد و از بخت‌برگشتگی بر تنبیهات غیبی متنبّه نگشته بر مسلک ناخشنودیِ منعم و بیرضائیِ مفضل خود اصرار ورزید. اوّلاً خواجه کلان بیگ‌را با جمعی کثیر بلاهور فرستاد و روی از قبلهٔ اقبال گردانیده از دنبال او خود روان شد و وبال و خسران‌را، که جلبِ مضرّتِ دوست و جذبِ منفعتِ دشمن باشد باعث و بانی گشت. هرچند حضرت جهانبانی فرمودند که «میرزا، اگر ترا توفیق همراهی نمیشود و اینچنین قابوئی از دست میدهی مردم خودرا همراه کن،» میرزا بر عکس خواهش آنحضرت همگی درین اندیشه که مردم پادشاهی‌را بدراهی داده همراه خود ببرد و میرزا حیدر بن محمد حسین گورکان که خاله‌زادهٔ حضرت گیتی‌ستانی فردوس‌مکانی بود و همراه میرزا کامران بدارالخلافه آگره آمده شرف ملازمت حضرت جهانبانی دریافته بود و بنوازشهای فراوان ممتاز گشته میرزا کامران بیماریِ خودرا بهانه ساخته اورا بهمراهی خود سعی کرد. میرزا حیدر بجانب میرزا کامران میل نموده در مقام عذرخواهی شد و از بی‌فکری حرف رخصت در میان آورد. حضرت جهانبانی فرمودند که «اگر نسبت خویشی منظور است از طرفین علی السّویه است. و اگر ارادت و اخلاص است این نسبت بما پیشتر ظاهر ساختهٔ. و اگر تلاش ناموس و مردانگی است خود باید همراه ما شوی که ما بر سر غنیم میرویم و آنکه میرزا کامران اظهار بیماری مینماید تو طبیب نیستی و داروشناس نهٔ که همراه روی. و آنکه میرزا لاهوررا مأمن تصور کرده خیال فاسد است چه از بازپس ماندن ازین یورش اگر امری سانح شود کنج سلامت در هندوستان نمیتوان یافت. و نیز امر از دو شق بیرون نیست. اگر مارا فتح است شمارا چه رو و کدام آبرو؟ که از شرمندگی سر از زمین نتوانید برداشت که مردن بر آن زیستن شرف دارد. اگر عیاذاً بالله حال بر

He developed several chronic illnesses, but still not chastised
by ill fortune, he insisted on persisting in his ingratitude to his
benefactor. First, he sent Khwaja Kalan Beg and a large troop
to Lahore and, turning his face from his lord, followed him and
created strife that was to his friend's detriment and his enemy's
benefit. Many times the emperor said to him, "Mirza, if you can't
accompany us yourself and you lose such a base of operations,
at least send your men." However, contrary to this request, the
prince thought he would mislead the imperial men and take them
with himself. Muhammad-Husain Gürkän's son Mirza Haidar,
H.M. Babur's first cousin, went to Agra with Mirza Kamran to
pay homage to H.M. Humayun, and he was shown great favor,
but Mirza Kamran made his illness a pretext and tried to take
Mirza Haidar with himself. Inclined to favor Mirza Kamran,
Mirza Haidar excused himself and foolishly spoke of being given
leave to depart. "If it is a question of kinship, you are equally
related to him and to me,"[155] the emperor said. "If it is a question
of allegiance and loyalty, you exhibited those characteristics to
us first. If you are looking for fame and glory, you should come
with us, for we are going against the foe. As for Mirza Kamran's
symptoms, you are no physician or pharmacist that you need to
go with him. If the prince imagines that Lahore is a safe place,
he is mistaken, for if anything results from his remaining behind
during this campaign, no one will be able to find a corner of safety
in Hindustan. The result can only be one of two things: if we are
victorious, what honor will you have? You will be too ashamed
to lift your face from the ground, and that is a life to which death
would be preferable. If, on the other hand, God forbid, it turns
out the other way, it will be impossible for you to remain in
Lahore." All who communicated this advice to Mirza Kamran

خلاف اینست، بودن شما در لاهور محال خواهد بود.» و هرکس که این کنگاش بمیرزا کامران داده دماغش خبط یافته یا خیانت ورزیده و حق‌را ازو پوشیده از راه خوشامد درآمده است.

۴۲۷ الحاصل میرزا حیدر بدلالت بخت بیدار طریق هدایت یافت و بدولت رفاقت موکب عالی معزّز و ممتاز گشت و میرزا کامران از وفور جمعیت خود سه هزار کس‌را بباشلیقیِ میرزا عبدالله مغل همراه ساخت و خود توفیق خدمت نیافت.

توجه موکب مقدّس حضرت جهانبانی جنت‌آشیانی از دار الخلافهٔ آگره بسمت ممالک شرقیه بدفع فتنهٔ شیر خان و مراجعت بعد از محاربت و سوانح عبرت‌افزا که بعد از آن وقوع یافته

۴۲۸ چون کارآگهانِ بدایع‌طرازِ نگارخانهٔ تقدیر در نقش و نگارِ طرحِ دیگرند اگر اکنون کار بر مراد نشود جای شُکر است نه مقام شکایت، و لهذا ایزد جهان‌آرا اتّفاق از چنین برادران گرامی برداشت و جمعیت‌را متفرق ساخت و آنحضرت با لشکری اندک متوجه بسیاری از دشمن شدند و از قوّت دل و استقلال همّت جبّلی خود قلّت اولیا و کثرت اعدارا منظور نداشتند. و چون موکب عالی به بهوجپور رسید شیر خان با لشکر انبوه آنطرف دریای گنگ آمده نشست. آنحضرت با سپاه معدود خود ارادهٔ عبور از آب فرمودند و در اندک زمانی بر گذر بهوجپور پل بسته شد و جمعی از یکه‌جوانان تیزجلو قریب صد و پنجاه نفر خودرا مستعدّ کارزار

found his mind closed, and all who treacherously kept the truth from him departed from the right path.

In short, Mirza Haidar fortunately chose the right way by opting to accompany the imperial train. Mirza Kamran sent three thousand men led by Mirza Abdullah Moghul, but he did not go himself.

427

HIS MAJESTY JAHANBANI JANNAT-ASHYANI'S IMPERIAL TRAIN HEADS FROM AGRA TO THE EAST TO REPEL SHER KHAN'S SEDITION AND RETURNS AFTER BATTLE, AND THOUGHT-PROVOKING EVENTS THAT OCCURRED THEREAFTER

Since the masters of the workshop of destiny are always making new designs, if things do not go your way now, it is an occasion for gratitude, not a reason for complaint, and therefore God removed agreement from these brothers and broke up their unity. The emperor went with a small army to face a large enemy, but because of the strength of his heart and his innate high-mindedness he disregarded the paucity of his supporters and the multitude of his enemies. When the imperial train reached Bhojpur, Sher Khan and his huge army were on the other side of the Ganges. The emperor wanted to cross with his few soldiers, and in a short time a bridge had been constructed at the

428

ساخته بر اسپان بی‌زین سوار شده بآب زدند و مانند شیران دریائی از موج و گرداب نیندیشیده بدریا درآمدند و چون نهنگان دریانورد در بحر غدّار قطره زده از آب گذشته جمعی کثیررا منهزم ساختند و داد مردانگی و پهلوانی داده بر مودّای مراجعت عزم اردوی معلی نمودند.

۴۲۹ چون نزدیک پل رسیدند افغانان فیل گردباز نامی‌را که در جنگ چوسه بجانب فوج عدو مانده بود بشکستن پل سر دادند. آن فیل بی‌اعتدال خودرا بر سر پل رسانیده قواعد آن‌را درهم شکست. درینوقت از اردوی معلی توپی رها کردند که قوایم فیل گردبازرا خورد ساخت و لشکر غنیم که زور آورده بود هزیمت یافت و جوانان فدوی داد شجاعت داده بسلامت آمدند و صلاح در آن دیدند که کنار آب گرفته بقنوج روان شوند. بملاحظه و تأنّی کوچ بکوچ میرفتند. در اثنای راه کشتیهای مخالفان نمودار شد. توپی از توپخانهٔ پادشاهی سر دادند. کشتی کلان مخالفان درهم شکست و از تلاطم امواج قهر زیر و زبر شد.

۴۳۰ و مدّت یک ماه زیاده در نواحی قنوج تقابل بود. در اواخر حال محمد سلطان میرزا و پسران او الغ میرزا و شاه میرزا که نسبت ایشان بحضرت صاحبقرانی منتهی میشود و نبیرهٔ دختریِ سلطان حسین میرزا اند و بملازمت حضرت گیتی‌ستانی فردوس‌مکانی سربلند بودند و بعد از شنقار شدن آنحضرت بحضرت جهانبانی جنّت‌آشیانی مخالفتها بظهور آوردند چنانچه ایمائی برین معنی گذارش یافت، چون ستیزهٔ باطل‌را رونق و بها نباشد و ستیزه‌کار با ولی‌نعمت کامروا نه، کار ناساخته باز بعتبهٔ علیّهٔ حضرت جهانبانی آمده سجدهٔ عبودیت بتقدیم رسانیدند، و آنحضرت از کمال مروّت و فتوّت گناهانِ کردهٔ ایشان‌را ناکرده انگاشته بمراحم پادشاهانه سعادت امتیاز بخشیدند. و چون در سرشت اصلی این

Bhojpur crossing. Around a hundred fifty warriors made themselves ready for battle, mounted their horses, and charged into the water, as unconcerned with waves and whirlpools as sea lions. Crossing like crocodiles, they defeated a large troop, and then, showing their mettle, they got ready to return to the imperial camp.

As they approached the bridge, the Afghans used an elephant 429 named Gurdbaz, which had remained on the enemy's side at the battle of Chausa, to destroy the bridge. The elephant went to the bridge and broke its underpinnings. At this point a cannon was fired from the imperial camp, and it broke the elephant Gurdbaz's legs. The enemy, which had brought its might to bear, was routed, and the soldiers returned to safety. Then it was seen that to keep to the riverbank and proceed to Kannauj was the best thing to do. They proceeded, marching cautiously and slowly. Along the way the enemies' boats appeared. One of the imperial cannons was fired. An enemy boat was hit and overturned by the waves.

For more than a month there was a standoff in Kannauj. 430 Muhammad-Sultan Mirza and his sons Ulugh Mirza and Shah Mirza, who were descendants of Temür and grandsons of Sultan-Husain Mirza through one of his daughters,[156] had joined H.M. Babur's retinue, but after his death they rebelled against H.M. Humayun, as has been reported. Since vain spite does not flourish and those who are spiteful to their benefactor do not prosper, having failed to thrive, they finally came to the emperor's threshold and surrendered themselves. In his perfect chivalry and gallantry the emperor disregarded the crimes they had committed and rewarded them regally. However, since evil was part of these ingrates' nature, they chose to desert at such a

ناسپاسان بدنهاد افتاده بودند باز از بیدولتی و کم‌فرصتی در چنین وقتی اختیار فرار نموده پای از دایرهٔ قرار و اصطبار بیرون نهادند و راهنمای گریختگان دیگر شده راه گریز به بیدولتان نمودند و بسیاری از مردم طریق حرام‌نمکی سپرده خودرا بکناره کشیدند.

رای مصلحت‌اقتضای حضرت جهانبانی چنان مقتضی گشت که از آب ۴۳۱
عبور نموده بهر رنگ جنگی باید انداخت تا هر صورتی که از پردهٔ غیب چهره‌گشای باشد جلوهٔ ظهور نماید و اگر درین مقصد تأخیر رود کار طور دیگر خواهد شد و جمعی کثیر جدا شده خواهند رفت. بهمین عزیمت که سدّ راه رفتن مردم نمایند پل بسته عبور فرمودند و پیش لشکر خندق زده ارابه‌های توپخانه در جای خود انتظام دادند و مورچلها قسمت فرمودند. شیر خان در برابر انبوه فتنه و آشوب‌را فراهم آورده خندق زده نشست و هر روز جوانان‌را هر طرف برآمده کارزار میکردند. درین اثنا تحویل سرطان شد و موسم باران دررسید و سحاب چون فیلان مست بجوش و خروش درآمده چکیدن گرفت و آن سرزمین که مضرب خیام عالی بود از آب باران لبالب شد. ناچار فضای بلند که از آسیب و گزند آب و گل محفوظ باشد طلب کردند تا سراپرده‌ها و توپخانه و اردوی معلی‌را بآن ساحت کشند، و قرار یافت که صباح که روز عاشوراست افواج‌را ترتیب داده بایستند. اگر مخالف از خندق برآمده پیش آید بجنگ پردازند، و اگر بحال خود ماند بجائی که جهت نزول مقرّر شده فرود آیند. دهم محرّم نهصد و چهل و هفت بآن داعیه سوار شدند و صفها آراستند. محمد خان رومی و پسران استاد علیقلی و استاد احمد رومی و حسن خلفات که سرکارداران توپخانه بودند هرکدام گردونها و دیگهارا نصب کرده بقانون مقرّر زنجیر کشیدند. و قول بوجود شریف آنحضرت امتیاز یافت، و میرزا هندال‌را پیش قول

time and, taking others with them, joined the wretched enemy. Many other turncoats also left.

The emperor decided to cross the river and, one way or another, to do battle, whatever the outcome. If there were any delay the situation would deteriorate further and many more would desert. With this determination, which would prevent desertions, he had a bridge constructed and crossed over. He then had trenches dug and artillery caissons installed, and he assigned battle stations. Opposite, Sher Khan brought together his hosts of sedition and strife, dug in, and sat. Every day warriors from both sides went out and engaged in skirmishes. During this time the Sun entered Cancer, and the rainy season began. Clouds rumbled and roared like must elephants and started pouring rain, and the ground where the camp was situated was inundated with water. They then had to seek high ground that would be safe from water and mud for installing the artillery and the imperial camp. It was decided that the next morning, which was Ashura, battle lines would be drawn. If the enemy came out of his trenches, they would engage in battle; if he stayed where he was, they would move the camp to the place that had been chosen. On the tenth of Muharram 947 [May 17, 1540] they mounted and arrayed their lines. The masters of the artillery, Muhammad Khan Rumi and Master Aliquli's sons Master Ahmad Rumi and Hasan Khalafat, installed their catapults and mortars and linked them with chains. The center was under the emperor's command. Mirza Hindal took his place forward of the center. Mirza Askari led the right flank, and Yadgar-Nasir Mirza was in command of the left flank.

جای مقرّر شد، و میرزا عسکری برانغاررا سر کرد، و یادگار ناصر میرزا جوانغاررا انتظام داد.

۴۳۲ میرزا حیدر در تاریخ رشیدی خود مینویسد که «آنحضرت در آن روز مرا جانب چپ خود که یمین من به یسار آنحضرت اقتران و اتّصال داشت جای داده بودند. و از بنده تا حدّ جوانغار قول بیست و هفت امرای توقدار بودند.» شیر خان نیز پنج توپ ساخته برآمد. دو جوق که در کمّیت بیشتر بودند بیرون خندق ایستادند و سه جوق متوجه لشکر شدند. جلال خان و سرمست خان و تمام نیازیان روبروی میرزا هندال آمدند و مبارز خان و بهادر خان و رای حسین جلوانی و جماعۀ کررانی مواجۀ یادگار ناصر میرزا و قاسم حسین خان دررسیدند، و خواص خان و برمزید و جمعی دیگر مقابل میرزا عسکری شدند.

۴۳۳ اول جنگ میان میرزا هندال و جلال خان اتّفاق افتاد، و چپقلشهای غریب بظهور آمد و جلال خان از اسب افتاد و جوانغار پادشاهی غنیم خودرا برداشته بر غول ایشان زد. چون شیر خان این‌را مشاهده نمود خود با لشکر فراوان هجوم آورد و خواص خان و همراهان او نیز بر میرزا عسکری حمله آوردند، و بمجرد حملۀ افغانان اکثر امرا دست بکارزار نبرده روی بازپس نهادند. آنحضرت بنفس نفیس خود دو مرتبه بر سر لشکر مخالف تاخته تردد فرمودند. هرچند حسابی نیست که پادشاه خود مرتکب جنگ شود اما درین وقت مردآزمائی جودت جلادت و حدّت شجاعت کجا میگذارد که عمل بر قانون شود؟ چنانچه دو نیزه درین کارزار بدست آنحضرت شکسته شد و داد تردد و مردانگی دادند، اما برادران برادری بجای نیاوردند و امرا قدم رسوخ در دایرۀ ثبات نگاه نداشته از وخامت تقصیرات خود ذاهل شدند و چشم‌زخمی چنین بولی‌نعمت روا داشتند،

In his *Tarikh-i Rashidi* Mirza Haidar writes, "That day His 432
Majesty stationed me to his left so that the right-hand edge of
my troops was directly next to his left. From me to the end of the
left wing of the center there were twenty-seven high-ranking
amirs."[157] Sher Khan came out with five guns. The two of his
divisions that were more numerous stood outside the trenches,
and three divisions set out toward the imperial army. Jalal Khan,
Sarmast Khan, and all the Niyazis came opposite Mirza Hindal;
Mubariz Khan, Bahadur Khan, Rai Husain Jalwani, and the
Karrani troop faced Yadgar-Nasir Mirza and Qasim-Husain
Khan. Khawass Khan, Barmazid, and another troop were oppo-
site Mirza Askari.

The first encounter was between Mirza Hindal and Jalal Khan. 433
Terrible clashes took place, and Jalal Khan fell from his horse. The
imperial left wing broke the foe's line and struck at their center.
When Sher Khan saw this, he attacked with numerous troops,
and Khawass Khan and his comrades also launched an attack
against Mirza Askari. As soon as the Afghans attacked, most of
the amirs stopped fighting and retreated. The emperor himself
charged the foe twice and engaged in action. Although it is not
customary for a monarch to participate in battle, how could one
follow rules in such a test of bravery? In this engagement two
spears broke in the emperor's hand as he showed his mettle. His
brothers, however, showed no brotherliness, and the amirs failed
to make a firm stance and were humiliated by their failure as they
allowed such a catastrophe to befall their benefactor. It would
have been much better for that physical and spiritual lord, who
was capable of seeing divine mysteries, to charge with courage
and bravery into the realm of nonexistence and to spur the steed
of life to the station of annihilation with such a small army of

و آن برزگوار صورت و معنی که بدیدهٔ حقیقت بینا و بمشاهدهٔ اسرار توانا بودند با چنین لشکر بسیار کم پرنفاق تهی از اخلاص که متوجه این یورش شده‌اند همانا که بخاطر غیور عبور کرده باشد که ببارگی مردانگی بشهرستان عدم شتافتن و سمند حیات‌را بسرمنزل فنا تاختن بمراتب بهتر است از مدارا بدشمنان دوست‌نما و بایشان بنفاق درساختن و نردِ ردّ و بدل بحریفان کجباز باختن. از آبی که باین بی‌آبرویان خورده شود سراب اولی چنانچه از روش تاختن بنفس نفیس خود در نظر اهل روزگار صورت اینمعنی بغایت ظهور داشت. بعضی از دولتخواهان یکجهت دست شفاعت و الحاح در رکاب دولت زده بزور برآوردند. این حرف نظر بوسایل عالم اسباب میگویم و الا در عالم تحقیق برآرنده ایزد جهان‌آراست.

۴۳۴ چون صعود کوکبهٔ ایجاد و علوِّطنطنهٔ ظهورِ حضرت شاهنشاهی در زمان خاص و مکان مخصوص نزدیک شده بود، دادارِ بدایع‌آفرین این چنین نیرنگ هویدا ساخت. گروهی از خردمنشان‌را قیاس آنکه این واقعه برسم مزید آگاهی و تنبیه احرار است نه از قسم پاداش کردار چنانچه نزد حکمای سلف مقرّر است که حوادث روزگار نسبت بخواص بمنزلهٔ صیقل است و نسبت بعوام بجای زنگار. طایفهٔ از روشنضمیران پاک‌سیرت‌را مظنّه آنکه این سانحه نقش تربیتی است. چون کارکنان کارگاه تقدیر مستعدّی‌را بپایهٔ بلند میرسانند نخستین اورا جامع مراتب کونیّه از شادی و غم و صحت و سقم و راحت و محنت و بسط و قبض میگردانند تا مرتبهٔ والای سروری‌را شایسته شود. و برخی از تیزروانِ عرصهٔ شهود بر آنند که غرض ازین ابتلا آنست که مشیت الهی بر آن رفته که هرگاه سعادتمندی‌را عطیهٔ عظمی کرامت میشود و زمان حصول این دولت علیا نزدیک میرسد در پیشگاه آنوقت مورد محن و مصرف فتن میسازند و گرد نقصی بر اذیال جاه و جلال

hypocrites devoid of loyalty than to entreat a friendly seeming enemy, to deal with them in hypocrisy, and to throw the dice of strife with cheating players. A mirage is better than water that is drunk with such dishonorable people, as is readily apparent to the people of the world from his manner of attacking by himself. Some of his loyal supporters insisted on taking him out of the battle. (I say this with regard to the world of secondary causes, for in actuality it was God who removed him.)

Since the rise of the star of H.I.M.'s existence at a particular place and at a particular time was nigh, the lord and giver of all produced such a machination. Some wise men realize that this happened in order to increase the awareness of the chosen, not as a sort of recompense for conduct. This is confirmed by ancient sages, for whom the untoward events of the world serve as polish for the elite and as verdigris for the common. The enlightened believe that this event was an act of favor: when the masters of the workshop of destiny elevate someone to high rank, they first cause him to go through all existential degrees—joy and grief, health and sickness, ease and tribulation, elation and depression—so that he will be worthy of the exalted rank of leadership. Some of those with worldly experience understand that this calamity befell because divine will has decreed that when a person chosen for felicity is about to be given a great gift, and the time for attaining sublime fortune is nigh, just prior to that time that person will suffer trials and tribulations and his glory will be sullied by the dust of diminishment so that when he ascends to the zenith of magnificence those specks will be rue for the evil eye.[158] Let me say this more plainly. When it was almost time for the regal light, the seed of which was borne by Alanqoa, to make its physical and human appearance in the world, having made its

او مینشانند تا چون بر درجهٔ کمال و ذروهٔ قصوی متصاعد شود خالِ این نقطه سپندِ عین الکمالِ او گردد. و روشن‌تر بیان کنم که چون اوان ظهور نور اقدس از مظاهر انسی و مطالع بشری که طینت قدسی‌زینت حضرت آلنقوا حامل آن گشته بود و در مکامن بطون و ظهور افراد متنوع جلوه‌گر شده قدم در عالم ملک شهادت مینهاد بنظرات خاص ایزدی در مراتب رفعت شرف تربیت می‌یافت و اکنون که زمان ظهور مقصود اصلی از آن نور که وجود اقدس حضرت شاهنشاهیست قریب شد، قضیهٔ نامرضیه‌را سپندِ این دولتِ ارجمند ساخته جمال‌آرای کارگاه ابداع چنین کارفرمائی کرد. اکنون از پرده‌گشائی باز آمده بسر سخن می‌آید.

۴۳۵ و بالجمله چون شکستی که درستی جهان‌را آغاز اساس باشد بظهور آمد تا کنار آب گنگ که تخمیناً یک فرسخ بوده باشد امرا بی‌جنگ رو گردانیده شتافتند و جزای کافرنعمتی و حق‌ناشناسی یافته غریق گرداب ناکامی شدند و سفاین حیات خودرا بمکافات نادرستی بموجخیز فنا دادند، و حضرت جهانبانی بقدم ثبات و تمکین بر فیل سوار شده از آب عبور فرمودند و بکنار دریا از فیل فرود آمده راهِ برآمد ملاحظه مینمودند. چون کنار بلند بود راهِ برآمد میسّر نمیشد. یکی از سپاهیان از غرقاب نجاب یافته در آنجا رسیده دست مقدّس آنحضرت‌را گرفته بالا آورد و در معنی بدستیاری سعادت جاودانی بخت و دولت بخود کشید. آنحضرت نام و مولد او پرسیدند. او بعرض رسانید که «نام من شمس الدّین محمد و مولد من غزنی است. از ملازمان میرزا کامرانم.» آنحضرت اورا بنوازشهای خسروانه امیدوار فرمودند. درین اثنا مقدم بیگ از اعیان میرزا کامران آنحضرت‌را شناخته خودرا در سلک جمعیت‌یافتگان نوید دولت درج ساخت و باین نیت اسب خودرا پیش کشید و بمواعید الطاف پادشاهی

way through so many manifestations, it received special divine nurture; and now that the time was near for the appearance of the ultimate goal of that light, which is H.I.M.'s most regal being, the master of the workshop of creation ordained that an unpleasant event should occur to ward off the evil eye from this great fortune. Now that I have removed the veil from this mystery, I will return to the story.

In short, when a defeat, which is the initial foundation of the stability of the world, happened, the amirs turned without fighting and fled to the banks of the Ganges, about a league away, and there, as a reward for their ingratitude, they were drowned in a whirlpool of failure, as they scuttled the ships of their lives in waves of annihilation in requital for their misconduct. H.M. Humayun remained firm on his elephant and crossed the river. He dismounted near the shore and looked for a way to get out. Since the bank was steep, there was no easy way. One of the soldiers who had escaped the maelstrom was there. He took the emperor's hand and pulled him up, thus spiritually attracting eternal felicity to himself. The emperor asked his name and birthplace. "My name is Shamsuddin Muhammad," he replied, "and I was born in Ghazni. I am one of Mirza Kamran's attendants." The emperor promised him regal favor. At this point Muqaddam Beg, one of Mirza Kamran's commanders, recognized the emperor and, enrolling himself among those who would receive fortune, presented his horse. He too was promised an imperial reward. From there the emperor set out for Agra, and along the way he was joined by the princes.

435

نوید اختصاص یافت. حضرت جهانبانی از آنجا متوجه دار الخلافهٔ آگره گشتند و در اثنای راه میرزایان آمده همراه شدند.

۴۳۶ چون بحدود موضع بهنگانو[56] رسیدند اهل آن قصبه راه خرید و فروخت بمردم پادشاهی بسته در مقام بی‌هنجاری درآمدند چنانچه هرکس بدست ایشان می‌افتاد قصد او مینمودند. حقیقت این معامله چون بعرض معلی رسید حکم عالی شد که میرزا عسکری و یادگار ناصر میرزا و میرزا هندال رفته باین گروه شقاوت‌پیشه دستبردی نمایند و تأدیب کنند. قریب سه[57] هزار کس از سوار و پیاده ازین گروه شقاوتمند فراهم آمده بود. چون حکم پادشاهی بایشان رسید میرزا عسکری از رفتن تقاعد نمود. یادگار ناصر میرزا قمچی چند انداخته میگوید که «از بی‌اتّفاقِ شمایان کار باینجا رسید. هنوز متنبّه نمیشوید.» و یادگار ناصر میرزا و میرزا هندال فرمانبرداری نموده متوجه آنجماعت شدند. جنگ عظیم درپیوست و جمعی کثیر از گواران بی‌سعادت بقتل رسیدند و میرزایان تنبیه نموده مراجعت کردند و میرزا عسکری که شکایت‌ناک آمده بود معاتب شد.

۴۳۷ و از آنجا حضرت جهانبانی ایلغار فرموده بآگره نزول اجلال فرمودند. اطراف ممالک برهم خورده بود و فتنه از هر طرف سر برداشته. صبح دیگر بمنزل قدوة الاکابر میر رفیع که از سادات صفوی بکمال علم و عقل متفرّد و باکرام و اجلال سلاطین ممتاز وقت بود تشریف برده مشورت فرمودند. آخرالامر رای جهان‌آرای قرار بر آن یافت که بجانب پنجاب نهضت فرمایند. اگر میرزا کامران‌را عقل داوری و سعادت یاوری کند و در مقام تلافی و تدارک درآمده کمر نیکوخدمتی بربندد هرآینه رخنهٔ فتنه بسته میگردد. باین عزیمت صایب از آنجا متوجه لاهور شدند. میرزا عسکری بسنبل شتافت و میرزا هندال بالور رفت.

514

When they reached the village of Bhangaon, the villagers   436
refused to traffic with the imperial men and took up a hostile
stance, attacking everyone they encountered. When this situ-
ation was reported to the emperor, he ordered Mirza Askari,
Yadgar-Nasir Mirza, and Mirza Hindal to teach the wretches a
lesson. Nearly three thousand of them had assembled on horse-
back and on foot. When they received the imperial order, Mirza
Askari declined to go. Yadgar-Nasir Mirza struck him several
times with his whip, saying, "It is on account of your lack of
support that things have come to this pass. Have you still not
learned your lesson?" Yadgar-Nasir Mirza and Mirza Hindal
set out in obedience to the command, and a great battle took
place. Many of the unlucky villagers were killed, and the princes
returned, having chastised them. Mirza Askari, who had gone
only grudgingly, was rebuked.

From there the emperor galloped to Agra. The outlying   437
districts were in chaos; sedition was rearing its head in every
direction. The next morning the emperor went for consultation
to the home of Mir Rafi', a Safawi sayyid who was extremely
learned and intelligent and was honored by rulers. It was finally
decided to decamp for the Punjab. If Mirza Kamran had any
sense and was aided to any degree by fortune, and if he made
recompense for his mistakes and was supportive, the cracks of
sedition could be repaired. With this determination the emperor
set out for Lahore. Mirza Askari went to Sambhal, and Mirza
Hindal went to Alwar.

۴۳۸ و هژدهم محرّم این سال قاسم حسین سلطان بموافقت بیگ میرک در ساحت دهلی سعادت رکاب‌بوس دریافت و جمعی کثیر در ملازمت فراهم آمدند. و در بیستم شهر مذکور از آنجا پیشتر نهضت فرمودند. و در بیست و دوم این ماه در قصبهٔ رهتک هندال میرزا و میرزا حیدر دولت حضور اقدس دریافتند. و در بیست و سوم ماه حضرت جهانبانی در همین منزل نزول اقبال فرمودند. اهل قلعه دروازهٔ شهررا بر روی آنحضرت بستند و ابواب شقاوت بر خود گشودند، و آنحضرت بدولت و سعادت متوجه شده در اندک زمانی اهل قلعه‌را تنبیه فرمودند. در هفدهم صفر موکب والا بسهرند رسید. و در بیستم این ماه میر فقیرعلی در اثنای راه محمل حیات بربست. و چون موکب عالی در حوالی لاهور قریب سرای دولت خان رسید میرزا کامران باستقبال آمده ملازمت کرد، و آنحضرت در باغ خواجه دوست منشی که دلگشاترین منازل لاهور بود بدولت فرود آمدند، و میرزا هندال در باغ خواجه غازی که در آن ایّام دیوان میرزا کامران بود منزل گرفت و متعاقب آن میرزا عسکری از سنبل رسید و در خانهٔ امیر ولی بیگ نشست. و درینولا دولتمند سعادتمنش شمس الدین محمد که بر کنارهٔ دریا دست داده بود آمد و بنوازشهای خسروانه سربلندی یافت.

۴۳۹ و در غرّهٔ ربیع الاول نهصد و چهل و هفت تمامی برادران گرامی و امرا و سایر ملازمان جمع آمدند و باوجود چندین اسباب آگاهی و تنبیهات آسمانی این عزیزان آگاه نمیشدند و کمر صدق بر میان همّت نمی‌بستند و در هر چندگاه در ملازمت حضرت جمع آمده کنگاش میکردند و بر اتّفاق و یکجهتی عهد و پیمان می‌بستند و اکابر و معارف‌را برین گواه میگرفتند و اکثر اوقات خواجه خاوند محمود برادر خواجه عبدالحق و

On the eighteenth of Muharram [May 25, 1540] Qasim-Husain   438
Sultan and Beg Mirak paid homage in Delhi, and a great number
came to join the imperial retinue. On the twentieth [May 27]
the emperor set out from there. On the twenty-second [May 29]
Hindal Mirza and Mirza Haidar were received at court in Rohtak,
and on the twenty-third the emperor camped there. The men in
the fortress shut the city gates against the emperor, destining
themselves to ill fate. The emperor departed, and not long after
that he had them chastised. On the seventeenth of Safar [June 23]
the imperial train arrived in Sirhind. On the twentieth [June 26]
Mir Faqir-Ali died on the road. When the imperial train reached
Daulat Khan's palace on the outskirts of Lahore, Mirza Kamran
came to pay homage. The emperor camped in Khwaja Dost
Munshi's garden, the most delightful place in Lahore. Mirza
Hindal settled in Khwaja Ghazi's garden, which at that time was
Mirza Kamran's divan. Then came Mirza Askari from Sambhal,
and he took up residence in Amir Wali Beg's quarters. At this
point the Shamsuddin Muhammad who had given his hand at
the river's edge arrived, and he was showered with regal favor.

On the first of Rabi' I 947 [July 6, 1540] all the brothers, amirs,   439
and other members of the retinue gathered, but despite such
warnings and signals from heaven, they refused to wake up and
adopt loyalty. It is true that they assembled around the emperor
in consultation and pledged to be loyal and supportive, having
the nobles bear witness thereto. Most of the time Khwaja Abdul-
Haqq's brother Khwaja Khawand Mahmud and Mir Abu'l-
Baqa participated in council. One day all the princes and nobles
assembled and wrote a formal declaration of unity and had all
the dignitaries sign as witnesses, and when this document was
completed they began their deliberations. The emperor gave

میر ابوالبقا داخل کنگاش می‌بودند تا آنکه روزی جمیع میرزایان و اعیان دولت و اکابر جمع شده بر اتّفاق و یکجهتی تذکره نوشتند و تمام اهالی و اعیان گواهی خودرا بر آن سجل سعادت ثبت نمودند. و چون این محضر وثوق باختتام رسید شروع در کنگاش کردند. آنحضرت در هر باب نصایح بلند و کلمات ارجمند فرمودند و بر زبان گوهربیان گذشت که «وخامت عاقبت طایفهٔ که از جادهٔ قویم اتّفاق عدول کرده‌اند بر همگنان روشن است، علی الخصوص درین نزدیکی چون سلطان حسین میرزا در خراسان کوس رحلت زده هجده پسر کامگار اقبالمند گذاشت با چنان دولتی مستقل و سامانی موفور از بی‌اتّفاقیِ برادران ملک خراسان که چندین سال بمیامن معدلت مرکز امنیت بود در اندک فرصتی مورد چندین حوادث گشته بشاهی بیگ انتقال یافت، و از جمیع فرزندان بغیر بدیع الزمان میرزا که بروم رفت اثری نماند، و همه فرزندان میرزا بالسنه و افواه خوص و عوام مطعون و ملوم شدند. و حضرت گیتی‌ستانی فردوس‌مکانی هندوستانی بدین وسعت‌را بچه مشقّت گرفته‌اند! اگر از بی‌اتّفاقی شمایان از حیطهٔ تصرف برآمده بدست چنین ناکسان درآید، دانایان شمارا چه گویند؟ اکنون درین باب سر بجیب تفکر نیک فرو باید برد و از گریبان غیرت بیرون باید آورد تا در میان خلایق سربلندی حاصل آید و موجب گردآوری رضای ایزدی گردد.»

۴۴۰ هر یک از ارباب عهد و پیمان و اصحاب مواثیق و ایمان چنین عهد قریب‌را فراموش کرده بمقتضای هوا و هوس خود حرف‌سرا گشت. میرزا کامران گفت «آنچه بخاطر من میرسد آنست که پادشاه و همه میرزایان جریده روزی چند در جبال بسر برند و اهل و عیال تمام مردم‌را من برداشته بکابل ببرم و بمأمنی رسانیده باز آمده ملحق گردم.»

valuable advice on every topic. "The disastrous fate of those who have deviated from the straight and narrow path is obvious to all," he said, "particularly recently, when Sultan-Husain Mirza died in Khurasan, leaving eighteen sons. Despite such a wealth of autonomy and equipment, because of the disunity of the brothers the kingdom of Khurasan, which had been a haven of safety for so many years on account of justice, was beset by so many untoward events within a short period of time and passed to the possession of Shahi Beg. Now no trace remains of any of the sons other than Badiʻuzzaman Mirza, who went to Anatolia, and all Sultan-Husain Mirza's sons are reviled and cursed by elite and common alike. With what difficulty did H.M. Babur take Hindustan in all its vastness?! If it is lost through your disunity and falls into the hands of such nobodies, what will the wise say of you? Now we must contemplate and think and emerge with zeal to attain any high standing with the people or to attract God's pleasure."

Every one of those who had signed the pact now forgot the pledge he had just made and began to speak of his own desires and whims. Mirza Kamran said, "What occurs to me is that the emperor and all the princes should spend a few days unencumbered in the hills. I will take the men's families to safety in Kabul, and then I will come back and join you." 440

۴۴۱ و میرزا هندال و یادگار ناصر میرزا گفتند که «بالفعل جنگ ما با افغانان صورت نمی‌بندد. مناسب آنست که بحدود بکر رفته آن ولایت‌را بدست آریم و بقوّت وی گجرات‌را تسخیر کنیم. و چون این دو ملک بدست افتد و کار بانتظام آید تخلیص این ملک باحسنِ وجوه میسّر خواهد شد.»

۴۴۲ میرزا حیدر گفت «مناسب آنست که تمام میرزایان از کوه سهرند تا کوه سارنگ دامنهارا مستحکم ساخته بنشینند و من متعهدم که باندک تقویتی در دو ماه کشمیررا مستخلص سازم. و چون خبر گرفتن کشمیر رسد هرکس متعلقان خودرا بکشمیر فرستد که مأمنی محفوظتر از آن نیست. چهار ماه می‌باید که شیر خان برسد و با گردونها و ضربزنها که اعتضاد محاربهٔ اوست بکوهستان نمیتوان رسید، و در اندک فرصتی لشکر افغان ویران خواهد شد.»

۴۴۳ چون زبان اینها با دل موافق نبود سخن ناتمام شده مجلس تمام شد و هرچندگاه سخن در میان می‌آمد و آنحضرت نصایح ارجمند میفرمودند که شاید میرزا کامران‌را چراغ خرد روشن شود و از تیره‌رایی برگشته در مقام صفا آید، میرزا از سخن خود برنمیگشت و همگی همّت او آنکه هر یکی بطرفی ویران شوند و خود بکابل رفته گوشهٔ عشرت‌را غنیمت شمارد. و پیوسته در اندیشه‌های نادرست فرو رفته بود و سخنان اقبالبخش هوش‌افزا اورا بیدار نمیساخت. بظاهر دم از موافقت میزد و میگفت «بفلان ساعت مسعود می‌برآیم و از یکدلی و یکرنگی به پیکار مخالف کمر همّت می‌بندیم» و از راه باطن اساس مخالفت‌را استوارتر میساخت تا آنکه از خیرگی و تیره‌رایی قاضی عبدالله صدرِ خودرا پنهانی پیش شیر خان فرستاد که رابطهٔ وداد استحکام دهد و پیمان محبت باو بندد و کام خودرا از مدد دشمن جوید، و در مضمون مکتوب چنان نوشت که «اگر

Mirza Hindal and Yadgar-Nasir Mirza said, "At present it is   441
impossible for us to fight the Afghans. It would be better for us
to go to Bhakkar and get control of that territory.[159] Then with
its strength we can conquer Gujarat. When both of those are in
our grasp and things are in order, it will be possible to liberate
this realm in the best way."

Mirza Haidar spoke, saying, "What is apropos is that all the   442
princes should fortify the foothills and dig in from the moun-
tains of Sirhind to the mountains of Sarang. I will undertake
to conquer Kashmir in two months with a little reinforcement.
Once you hear that Kashmir has been taken, everyone will send
his dependents there, for no place is safer. It will take four months
for Sher Khan to arrive, and he cannot get the catapults and
mortars on which he relies into the mountains. In no time at all
the Afghan army will be destroyed."

Since their tongues were not in agreement with their hearts,   443
the assembly broke up before their speeches were finished.
Regardless of the words that were spoken and the good advice
given by the emperor to encourage Mirza Kamran to come to
his senses and cease his folly, the prince did not change his mind
and instead concentrated all his efforts to ensure that every one
would go off miserable in a different direction, and he would
be content to turn Kabul into a place in which he could enjoy
himself. He constantly engaged in insidious thoughts, and no
amount of advice could wake him up. Outwardly he spoke of
accord and said, "At an auspicious hour I will come out, and we
will gird our loins in unity and concert to battle the foe." Inwardly,
however, he was shoring up the foundations of rebelliousness. He
went so far in his folly that he covertly sent his comptroller, Qazi
Abdullah, to Sher Khan to establish good relations and make a

پنجاب بدستور سابق بر من مقرّر دارند در اندک زمانی کارهای شایسته بتقدیم رسانم.»

۴۴۴ شیر خان بعد ازین واقعه تا دهلی آمده قدم پیش نمینهاد و این قضیه‌را از مساعدات بخت خود میشناخت و اندیشه‌مند بود که «اگر پیشتر روم مبادا کار من پستر افتد» و از جمعیتی که در لاهور می‌شنید متوهم بوده کمال هراس داشت.

۴۴۵ درین اثنا صدرِ پُرغدر که با دناءت فطرت شرارت جبلّت داشت رسید. شیر خان که مدار رشد او بر روباهبازی بود صدررا گرم دریافت و از مژدهٔ بی‌اتّفاقی از یکدل بهزار دل شد و جواب اورا موافق مدّعای میرزا گفت، و این بیدولت تحریض پیش آمدن مخالف نمود و مقدمات خذلان در میان آورد. شیر خان حیله‌سازی‌را با او همراه ساخت تا بر حقیقت معامله آگاهی یافته باز گردد. میرزا کامران فرستادهٔ شیر خان‌را در باغ لاهور دید و در آن روز جشن داشت و حضرت جهانبانی‌را نیز التماس کرده آورد و بار دیگر میرزای کوته‌اندیش خام‌طمع باز همان بی‌سعادت‌را پیش شیر خان فرستاد. درین مرتبه این نمک‌بحرام بکنار دریای سلطانپور رسیده حرف نادولتخواهی در میان آورد و شیر خان‌را بر گذشتن آب دلیر ساخت. درین اثنا مظفر ترکمان که بقراولی بنواحی آب سلطانپور تعیین شده بود آمده بموقف عرض رسانید که «لشکر از آب سلطانپور عبور کرده جنید بیگ برادرزادهٔ من، که بسیرت و صورت از مقبولان و منظوران درگاه بود، بشهادت رسید.»

۴۴۶ اواخر جمادی الاخری حضرت جهانبانی و میرزایان از آب لاهور که پایاب بود عبور فرموده کوچ بکوچ بکنار آب چناب رسیدند و حضرت جهانبانی‌را چون داعیهٔ کشمیر تصمیم یافته بود جمعی‌را همراه میرزا حیدر ساخته میرزارا پیشتر از خود بصوب کشمیر فرستادند چه در آن هنگام که میرزا

pact of friendship and thus further his aims with the enemy's help. In his letter he wrote, "If the Punjab is given to me as before, in a short while I will do a good job."

After that, Sher Khan came to Delhi but no farther. Considering this development lucky for him, he was nonetheless worried that if he went any farther it might result in a reversal of his fortune, for he was frightened of what he heard of the assembly in Lahore.   444

At this juncture the treacherous comptroller, who in addition to a vile nature had an inclination to evil, arrived. Sher Khan, whose success had depended upon his wiliness, gave the comptroller a warm welcome and, delighted to hear of the disunity of the brothers, gave him a positive response to his proposal. The wretch actually encouraged the enemy to proceed. Sher Khan sent a contriver with him to learn of the real situation and return. Mirza Kamran received Sher Khan's envoy in a garden in Lahore, where he was giving a party that he had begged the emperor to attend. The shortsighted, immature prince sent the wretched comptroller back to Sher Khan. This time, when the ingrate reached the riverbank at Sultanpur, he spoke treacherously and persuaded Sher Khan to cross the river. At this point Muzaffar Türkmän, who had been assigned as scout in the Sultanpur vicinity, came and reported to the emperor, saying, "The army has crossed the river at Sultanpur, and my nephew Junaid Beg (who was a favorite at court on account of his conduct and looks) has been martyred."   445

Toward the end of Jumada II [ca. October 27, 1540] the emperor and the princes crossed the river at Lahore, which was fordable, and marched to the banks of the Chenab River. Since the emperor had decided to go to Kashmir, he sent a troop with Mirza Haidar   446

کامران بجنگ سام میرزا بقندهار شتافت میرزا حیدررا از جانب خود بحکومت لاهور گذاشته بود. خواجه حاجی و ابدال ماکری و زنگی[58] چک و جمعی از امرای کشمیر مخالفت والی آنجا نموده بحدود لاهور آمده بودند که بآشنائی میرزا حیدر لشکری از میرزا کامران گرفته ولایت کشمیررا در تصرف خود درآرند، و هرچند میرزا حیدر سعی نمود نقش این آرزو صورت نبست و در وقتیکه میرزا هندال خطبه بنام خود ساخته فتنه‌انگیز شد و میرزا کامران از حدود لاهور بدار الخلافهٔ آگره توجه نمود، میرزا حیدر بکوشش تمام از دار الخلافه لشکری بباشلیقی بابا چوچک که از عمده‌های میرزا کامران بود ترتیب داده فرستاد که ببدرقهٔ امرای کشمیر که نام ایشان ذکر یافت رفته ولایت کشمیررا در تصرف آرند. بابا چوچک در رفتن مساهله نمود تا آنکه قصّهٔ پُرغصّهٔ گذرِ چوسه که چشم‌زخمِ دولتِ ابدپیوند بود بر زبان عام افتاد. مشار الیه فسخ عزیمت نمود و امرای کشمیر در حدود نوشهر و راجوری در شعاب جبال بسر برده منتظر امری می‌بودند و از ایشان پیوسته نوشته‌ها بمیرزا حیدر می‌آمد مشتمل بر مرغّبات تسخیر کشمیر، و میرزا آن خطوطرا بموقف عرض حضرت جهانبانی میرسانید و خاطر اقدس‌را روز بروز بسیر ملک دلگشای کشمیر شوق می‌افزود. درینولا بموجب آن رخصت دادند که اوّلاً میرزا با جمعی بنوشهر رود. اگر امرای کشمیر که همواره ترغیب رفتن کشمیر میکردند آمده بینند سکندر توپچی با مردم خود که جایگیردار نزدیک آنحدود است آمده ملحق شود، و چون بعقبه رسد امیر خواجه کلان بیگ که از امرای کلان حضرت گیتی‌ستانی فردوس‌مکانی بود و مجمل احوال او ایراد یافته خودرا بکمک رساند، و چون خبر رسیدن خواجه کلان بیگ بمسامع علیّه رسد حضرت جهانبانی خود بدولت و اقبال متوجه آنصوب گردد.

to go forward to Kashmir, for at that moment Mirza Kamran had gone to battle Sam Mirza in Kandahar, leaving Mirza Haidar in his stead as governor of Lahore. Khwaja Hajji, Abdal Makri, Zangi Chak, and a group of Kashmiri amirs had rebelled against the ruler of Kashmir and come to Lahore to get a troop through Mirza Haidar and take control of Kashmir. No matter how hard Mirza Haidar tried, it did not work out. When Mirza Hindal put the khutba in his own name and started causing trouble, forcing Mirza Kamran to go from Lahore to Agra, Mirza Haidar exercised his discretion and assigned a troop led by Baba Chüchük, one of Mirza Kamran's chief officers, to accompany the aforementioned Kashmiri amirs and take control of Kashmir. Baba Chüchük delayed his departure until the catastrophic blow to royal fortune at the Chausa crossing became common knowledge. He then decided not to go, and the Kashmiri officers sat in the mountain passes in the vicinity of Naoshera and Rajauri, waiting for something to happen. Letters from them encouraging the conquest of Kashmir constantly came to Mirza Haidar, and the mirza communicated the contents to the emperor, whose desire to see the delights of Kashmir was increasing daily. At this point he gave Mirza Haidar permission to go to Naushahr first. If the Kashmiris who had kept encouraging him to go came to see him, Sikandar Topchi, who held a fief in the area, would come and join with his troops. When they reached the mountains, Amir Khwaja Kalan Beg, one of H.M. Babur's greatest commanders—a short account of whom has been given—would also assist. Then, when the news of Khwaja Kalan Beg's arrival reached the emperor, he would set out himself.

۴۴۷ و آنحضرت در کنار دریای چناب بودند که میرزا کامران و عسکری میرزا با خواجه عبد الحق و خواجه خاوند محمود متوجه کابل شدند و محمد سلطان میرزا و الغ بیگ میرزا و شاه میرزا از حدود ملتان صیت تفرقه شنیده بر لب دریای سند بمیرزا کامران ملحق شدند.

۴۴۸ و در غرّهٔ رجب نهصد و چهل و هفت حضرت جهانبانی‌را که عزم رفتن کشمیر مصمم بود میرزا هندال و یادگار ناصر میرزا و قاسم حسین سلطان ابرام نموده بجانب سند بردند. خواجه کلان بیگ که همراهی حضرت جهانبانی جنّت‌آشیانی قرار داده بود از سیالکوت رفته بمیرزا کامران همراه شد، و سکندر توپچی خودرا بکوه سارنگ کشید. و در رجب نهصد و چهل و هفت که حضرت جهانبانی بسعی میرزایان متوجه حدود سند شدند بعد از چند منزل هندال میرزا و یادگار ناصر میرزا از بی‌تأمّلی باغوای بیگ میرک که از ملازمت جدا شده بایشان پیوسته بود راه مخالفت پیش گرفته از آنحضرت جدا گشتند.

۴۴۹ درین اثنا قاضی عبدالله با چندی از افغانان رسید. قراولان میرزا هندال ایشان‌را گرفته پیش میرزا آوردند. افغانان سیه‌روزگار بقتل رسیدند و عبدالله تیره‌بخت که نفسی چند از عمرش هنوز مانده بود بشفاعت میر بابا دوست از سیاست نجات یافت. و تا بیست روز میرزایان در تیه حیرت سرگردان بودند. هیچ نمیدانستند که چه کار کنند و کجا روند. از بخت و سعادت جدا گشته و همصحبتی دولت‌را گذاشته مقصد گم کرده و راه مقصودرا پی نبرده هایم و متحیّر میگشتند و حضرت جهانبانی براه دشت متوجه بکر بودند و بتخمین و قیاس راهی میرفتند، آب نایاب و غلّه هیچ جا نی. ببدرقهٔ تحمّل و زادِ توکّل طِیِ منازل و قطعِ مراحل میشد تا آنکه روزی آواز نقاره رسید. بعد از تحقیق ظاهر شد که در دو سه کروهی میرزا

The emperor was on the banks of the Chenab when Mirza 447
Kamran and Askari Mirza set out for Kabul with Khwaja Abdul-
Haqq and Khwaja Khawand Mahmud. Hearing of the dispersal
in Multan, Muhammad-Sultan Mirza, Ulugh Mirza, and Shah
Mirza joined Mirza Kamran on the banks of the Indus.

On the first of Rajab 947 [November 1, 1540] Mirza Hindal, 448
Yadgar-Nasir Mirza, and Qasim-Husain Sultan persuaded the
emperor, who had decided to go to Kashmir, to go to the Indus.
Khwaja Kalan Beg, who had decided to accompany the emperor,
left Sialkot and joined Mirza Kamran. Sikandar Topchi betook
himself to Mount Sarang. In Rajab 947, when the emperor set
out for the Indus region through the machinations of the princes,
after several stations Hindal Mirza and Yadgar-Nasir Mirza fool-
hardily rebelled and deserted the emperor at the instigation of
Beg Mirak, who had left the imperial retinue and joined the
mirzas.

At this point Qazi Abdullah arrived with several of the 449
Afghans. Mirza Hindal's scouts captured them and took them
to the prince. The unlucky Afghans were put to death, and the
wretched Abdullah, a few moments of whose life remained,
escaped execution through the intercession of Mir Baba Dost.
The princes remained perplexed for several days, not knowing
what to do or where to go. Having separated themselves from
fortune, they had lost their goal and were wandering aimlessly.
The emperor set off through the desert to Bhakkar, guessing the
way through a waterless wilderness without fodder. Relying on
his fortitude and trust in God, he traversed the distances until,
one day, the sound of drums reached his ears. Upon investigation
it became apparent that Mirza Hindal and Yadgar-Nasir Mirza
were wandering in the same desert, two or three leagues away.

هندال و یادگار ناصر میرزا در وادی طلب گام میزنند. حضرت جهانبانی میر ابوالبقارا که از همراهی میرزا کامران جدا گشته درین یورش مصاحب موکب عالی و جلیس محفل والا بود پیش میرزایان فرستادند تا از مستقرّ این موکب اعلام دهد و سخنان سعادتبخش خردافزا گفته میرزایان‌را باستلام عتبهٔ علیّه هدایت بخشد. میر بموجب اشارت عالی میرزایان‌را پندپذیر ساخته بدولت ملازمت و سعادت مرافقت رهنمون گشت و باتّفاق متوجه ولایت بکر شدند، و خواص خان و فوجی عظیم افغانان از دنبال می‌آمد. هرچند لشکر ظفرقرین اندک بود بجنگ دلیری نمیکرد.

۴۵۰ و در اواخر شعبان که اردوی والا بأُچه رسید امیر سید محمد باقر حسینی که دیباچهٔ سادات و علمای عهد بود رحلت نمود و همانجا مدفون شد، و آنحضرت بر فوت او تأسف عظیم فرمودند. و چون عالم کون و فساد نشأه‌ایست گذشتنی و گذاشتنی رضا بقضا که شیوهٔ بالغ‌نظرانِ مقامِ تسلیم است داده بحکم ایزدی راضی گشتند. و چون نزدیک بوطن بخشوی لنکاه که از زمینداران آن سرزمین بود مخیّم سرادقات جلال شد فرمان عنایت و منشور التفات و خلعت فاخره مصحوب بیگ محمد بکاول و کچک بیگ فرستادند و اورا بخطاب خانجهانی و علم و نقاره امیدوار ساخته در باب دولتخواهی و خدمتکاری و فرستادن غلّه باردوی معلی امر فرمودند. بخشوی لنکاه استقبال فرستاده‌ها نموده تسلیمات بجای آورد و باحترام پیش آمد. اگرچه بخت یاوری نکرد که آمده سعادت زمین‌بوس دریابد اما در آنچه مأمور شده بود فرمانبرداری نموده بتقدیم رسانید. هم پیشکش لایق فرستاد و هم سوداگران‌را سر براه کرد که از اقسام اجناس بمعسکر والا آورده فروختند و کشتی بسیار سامان نمود که از آب عبور فرموده متوجه بکر شدند. و یادگار ناصر میرزا برسم هراولی پیش پیش

The emperor dispatched Mir Abu'l-Baqa, who had left Mirza Kamran and joined the imperial retinue on this march, to inform the princes where the retinue was stopped and to persuade them to pay homage. The mir managed to persuade them to join the emperor, and they all set out together for Bhakkar. Khawass Khan and a large company of Afghans were following, but despite the paucity of the imperial troops they did not dare to attack.

Toward the end of Sha'ban [ca. December 25, 1540], when the imperial camp reached Uch, Amir Sayyid Muhammad-Baqir Husaini, the leading sayyid and learned man of the age, died and was buried there. The emperor was greatly grieved by his loss. However, since the world of generation and corruption is an ephemeral thing, and to accept fate is the way of those of mature insight, he acceded to God's command. When camp was made near the territory of Bakhshu Lankah, a local landholder, an edict of favor and a robe of honor were sent with Beg Muhammad Bökäül and Kichik Beg. Promised the title of Khan Jahan and the privilege of a banner and drums, he was ordered to serve and send grain to the imperial camp. Bakhshu Lankah went out to greet the envoys and saluted them respectfully. Although he did not have the fortune to attend the emperor personally, he complied with the terms of the edict. Not only did he send a suitable gift and dispatch merchants who sold various goods to the camp, but he also outfitted a boat to enable them to cross the river to Bhakkar. Yadgar-Nasir Mirza went forward as a vanguard, and on the twenty-eighth of Ramadan 947 [January 26, 1541] the imperial train reached Bhakkar. Two days prior to that, Qazi Ghiyasuddin Jami, a learned man who was related to the royal family, was elevated to the post of comptroller.

450

میرفت و در بیست و هشتم رمضان نهصد و چهل و هفت رایات عالی بحدود بکر رسید. و پیش ازین بدو روز قاضی غیاث الدین جامی‌را که انتسابی باین دودمان عالی داشت و بفضایل و مکارم متحلی بود بمنصب صدارت ممتاز فرمودند.

۴۵۱ چون بتوفیق ایزدی چندین اخطار سفر قطع نموده بحدود بکر منزل شد قصبهٔ لُهری که در کنار دریای سند روبروی بکر واقع شده است مضرب خیال عالی گشت. آنحضرت بنفس نفیس خود در باغی که حوالی آن قصبه در نزاهت و لطافت عدیل نداشت نزول اجلال فرمودند. عمارات دلپذیر که در آنجا تعمیر یافته بود بذات اقدس حضرت جهانبانی رونق پذیرفت و سایر بساتین و منازل بملازمان رکاب دولت تقسیم یافت. میرزا هندال چهار پنج کروه گذشته فرود آمد و بعد از چند روز از آب گذشته منزل کرد، و یادگار ناصر میرزا نیز بعد ازو بآنجانب آب منزل گرفت.

۴۵۲ سلطان محمود بکری که از توابع میرزا شاه حسین بیگ ارغون بود ولایت بکررا ویران ساخته استحکام نمود و کشتیهارا ازین طرف آب برده در زیر قلعه لنگر کرد، و این شاه حسین بیگ ولد میرزا شاه بیگ ارغون است که چون حضرت گیتی‌ستانی فردوس‌مکانی قندهاررا ازو بزور گرفتند او بحدود تته و بکر افتاد و تمامی این ناحیه‌را در تصرف خویش درآورد.

۴۵۳ چون موکب همایون بقصبهٔ لهری فرّ نزول یافت منشور عالی بسلطان محمود فرستادند که «آمده احراز سعادت آستانبوس نماید و قلعه‌را بملازمان درگاه سپارد.» او معروض داشت که «من نوکر میرزا شاه حسینم. مادام که او بملازمت نیاید آمدن من در آئین نمک خوردن پسندیده نیست و بی‌رخصت او قلعه سپردن هم سزاوار نه.» و امثال این ضعیف‌نالی نمود. آنحضرت اورا معذور داشته امیر طاهر صدر و میر سمندررا که از

When, by God's favor, so many dangers on the road had been negotiated and camp was made in Bhakkar, the emperor set his sights on the town of Rohri, which lies on the banks of the Indus River opposite Bhakkar, so he made his quarters near the town in a garden unequaled for its delights. The emperor settled in buildings that had been constructed there, and the other orchards and pavilions were distributed among the members of the imperial retinue. Mirza Hindal camped four or five leagues away, and several days later he crossed the river and camped. Yadgar-Nasir Mirza also crossed after him and made his camp.

451

Sultan-Mahmud of Bhakkar, a liege man to Mirza Shah-Husain Beg Arghun who had ruined the district of Bhakkar, raised his defenses and brought all the boats to his side of the river and anchored them there. This Shah-Husain Beg was the son of the Mirza Shah Beg Arghun who had been forced to Thatta and Bhakkar when H.M. Babur took Kandahar from him by force. He had taken control of the entire area.

452

When the imperial retinue camped in Rohri, an edict was sent to Sultan-Mahmud, telling him to come render homage and yield the fortress to the servants of the court. He replied whiningly, "I am Mirza Shah-Husain's liege man. Until he submits to pay homage it would be disloyal for me to come. Without his permission it would be inappropriate to yield the fortress." The emperor excused him and sent Amir Tahir Sadr and Mir Samandar, both trusted officers, to Mirza Shah-Husain in Thatta to offer him promises of imperial favor. Mirza Shah-Husain received the envoy politely and sent back as an emissary Shaikh Mirak, a descendant of Shaikh Puran to whom the Arghuns had long been devoted, bearing suitable gifts and a message saying, "The district of Bhakkar produces few crops. The district of Hajkan is

453

ملازمان معتمد بودند پیش میرزا شاه حسین به تته فرستادند و بمواعید عنایات شرف امتیاز بخشیدند. میرزا شاه حسین فرستاده‌هارا بآداب دید و شیخ میرک‌را که نقاوهٔ اولاد شیخ پوران بود و جماعهٔ ارغون از قدیم بشیخ مذکور اراده و اعتقاد داشتند برسم رسالت با پیشکش لایق مصحوب ایلچیان پادشاهی بذرگاه معلی فرستاد و عرضه‌داشت نمود که «ولایت بکر محصول کم دارد. ولایت حاجکان در معموری و آبادانی و کثرت زراعت و بسیاری غلّه ممتاز است. مناسب دولت آنست که عنان عزیمت بآنصوب منعطف سازند و آن‌را در تصرف درآرند که هم سپاه دولت‌را فراغت خواهد بود و هم من بخدمت نزدیک خواهم شد. دولت بمن قرین و سعادت همنشین آمده که آنحضرت باینحدود نزول اجلال ارزانی داشته‌اند و بمرور و تدریج دغدغه‌هارا از خاطر زایل کرده بسعادت رکاب‌بوس سرفراز خواهم شد.» و معروض داشت که «چون من بعزّ بساطبوس مستسعد گردم باندک توجه حضرت ملک گجرات در حوزهٔ تصرف اولیای دولت خواهد درآمد و بعد از انتظام مهام آن سایر ممالک هندوستان بدست خواهد افتاد.» آن ناجوانمرد حقوق‌را بعقوق مبدّل ساخته از در مکر و تزویر درآمده سخنانِ دروغِ راست‌نمارا جلوه میداد.

۴۵۴ آنحضرت میرزا هندال‌را بجانب پاتر و آنحدود تعیین فرمودند. تا پنج شش ماه خود در نزهتگاه لهری بسر بردند که شاید حاکم تته راه سعادت پیش گیرد. درین اثنا بجهت سرفرازی میرزا هندال بیورت او بحدود پاتر تشریف ارزانی داشتند و بمقدم دولت‌افزا پایهٔ سعادت اورا بلند گردانیدند.

prosperous and produces much grain. It would be better for you to turn your reins to there and take it, for your soldiers would live in ease and I would be nearer. If fortune smiles on me and His Majesty settles there, gradually my trepidation will subside and I will come to pay homage." He also went on to say, "When I am honored to kiss the imperial carpet, with a little effort Gujarat will enter the control of the emperor's servants and, with resources from there, the rest of Hindustan can be taken." Disregarding his obligations, that coward engaged in wily duplicity and gave his lies a veneer of truth.

The emperor assigned Mirza Hindal to Patr and that area 454 and remained in Rohri for five or six months, thinking that the ruler of Thatta would come. During that time he honored Mirza Hindal with a visit to his camp in Patr.

۴۵۵ چون زمان ظهور نیّر اقبال و طلوع نجم جاه و جلال که زینت‌بخش جمال صورت و معنی و حسن‌افزای کمال دنیا و عقبی است نزدیک رسید اسباب حصول این دولت عظمی و آثار وجود این عطیّهٔ کبری زمان زمان آماده‌تر میگشت که بفیض قدوم آن نورپرورد ایزدی دیدهٔ انتظار چندین هزارسالهٔ قدسیان عالم بالا روشنی پذیرد و شام امید زمانه از پرتو نور مقدم آن درّهٔ اکلیل خلافت ضیای صبح سعادت گیرد.

۴۵۶ آن بود که درین یورش در خوبترین آنی و شریفترین زمانی در نهصد و چهل و هشت حضرت مهد علیا قدسی‌نشانی مریم‌مکانی‌را که فروغ عفّت و طهارت و نور سلطنت و ولایت از جبین مبینش میدرخشید بآئین پادشاهی و روش بزرگی در حبالهٔ عقد درآوردند و جشن اقبال آراستند و از گنجینهٔ انعام نقدها بر فرق روزگار ریختند، دلهارا بنعیم دولت مسرور و معمور ساختند. و خواجه هجری جامی درین امر سعادت‌پیرا کمال خدمت و عبودیت بجای آورد و از آنجا همعنان دولت و اقبال متوجه اردوی معلی شدند. مدتی حدود بکر مخیّم سعادت بود. رفته رفته از بیدولتی زمینداران گرانیِ غله و ویرانیِ ولایت رو داد و پیوسته در خواطر میرزایان که همرکاب و همعنان بودند اندیشه‌های سست و فکرهای نادرست که در مشرب منافقان گوارا و مطبوع تواند بود میگذشت تا آنکه میرزا هندال بموجب اغوای یادگار ناصر میرزا که پیوسته در باطن داعی مخالفت بود بتحریک قراچه خان که از جانب میرزا کامران ایالت قندهار داشت برخاسته بقندهار رفت و کس پیش یادگار ناصر میرزا فرستاده از رفتن خود و طلبیدن او اعلام بخشید.

Since the time was nigh for the appearance of the greatest luminary and the rise of the star of magnificence that would illuminate the world, things were falling into place to enable this great stroke of fortune to take place so that by the advent of that divinely nurtured one the world's expectation of so many thousands of years would be ended, and the ray of the advent of that gem of the crown of the caliphate would turn the night of hope into the dawn of happiness.

455

Thus it was that during that journey, at the best time and noblest hour in 948 [1541], H.H. Maryam-Makani, from whose brow shone the splendor of chastity and purity and the light of sovereignty and holiness, was married to the emperor with regal splendor and great festivity. Khwaja Hajri Jami officiated at the ceremony, and then they returned to the imperial camp, which remained in the Bhakkar vicinity for some time. Little by little, however, due to the meanness of the landholders, the price of grain escalated and the district became impoverished. Disloyal thoughts and improper ideas of the sort that could be palatable only to hypocrites were constantly in the minds of the princes who were accompanying the retinue. Finally, at the instigation of Yadgar-Nasir Mirza, who was always secretly in rebellion, and with the encouragement of Qaraja Khan, who ruled Kandahar on Mirza Kamran's behalf, Mirza Hindal left and went to Kandahar, sending a messenger to Yadgar-Nasir Mirza telling him that he had gone and asking him to go too.

456

۴۵۷ چون این خبر بمسامع قدسیّهٔ آنحضرت رسید روز سه‌شنبه هژدهم جمادی الاولی نهصد و چهل و هشت بمنزل میر ابوالبقا تشریف برده صحبت بزرگانه داشتند و باعزاز تمام خدمت میررا پیش یادگار ناصر میرزا برسم رسالت فرستادند که میرزارا از خطرگاه خطا بمسلک مستقیم صواب آورد. میر بسعادت رفته میرزارا بسخنان سعادت‌آموز و مقدّمات نصیحت‌آمیز از راه مخالفت باز آورده بشاهراه موافقت رهنمونی کرد و بدین عقیدت و آئین حقیقت خوانده از اندیشه‌های نادرست بازداشت، و مقرّر ساخت که میرزا از آب گذشته ادراک ملازمت نماید و بعد ازین در پیشگاه خدمتکاری و جانسپاری ثابت‌قدم باشد، مشروط بآنکه چون هندوستان فتح شود از سه حصّه یک حصّه ازو باشد، و چون بکابل نزول اجلال واقع شود غزنی و چرخ و موضع لوه‌گهر که حضرت گیتی‌ستانی فردوس‌مکانی بوالدهٔ میرزا عنایت فرموده بودند باو تعلق گیرد. روز چهارشنبه میر خدمت رسالت بتقدیم رسانیده مراجعت نمود. مردم قلعهٔ بکر از رفتن میر واقف شده جمعی‌را بر سر کشتی فرستادند و بر میر تیرباران کردند. زخمی چند کاری بمیر رسید. روز دیگر ازین عالم فانی بملک بقا پیوست.

۴۵۸ حضرت جهانبانی‌را ازین واقعهٔ غم‌اندوز رقّت تمام روی داد و تأسّف عظیم فرمودند و بر زبان حقایق‌ترجمان آنحضرت گذشت که «از مخالفتها و سرکشیهای برادران و حق‌ناشناسی نمک‌پروردها و بدمددیِ یاران و دوستان که ملک هندوستان از دست بیرون رفت و چندین کلفتها روی نمود همه یکطرف و واقعهٔ میر یکطرف، بلکه هنوز آن حوادث طرف این نمیتواند شد.» و الحق بزرگی میر همین قدر بود که از روی قدرشناسی فرمودند لیکن چون در ذات مقدّس حضرت جهانبانی خرد دوربین و عقل

When this news reached the emperor, on Tuesday the eigh-   457
teenth of Jumada I 948 [September 9, 1541], he went to Mir
Abu'l-Baqa's quarters to take counsel. The mir was dispatched
with full honors to Yadgar-Nasir Mirza to keep him from falling
into danger. The mir advised the prince not to leave and to remain
loyal and persuaded him not to give in to evil thoughts. It was
decided that the prince would cross the river and be received by
the emperor, and thereafter he would serve faithfully and loyally.
A condition was added that when Hindustan was conquered,
one-third would be his, and when the emperor settled in Kabul,
he would be given Ghazni, Charkh, and the district of Logar,
which H.M. Babur had given his mother. On Wednesday the
mir completed his mission and set out to return. The men in the
Bhakkar fortress learned of the mir's leaving and sent out a troop
to attack his boat and fire on him. He received several serious
wounds, and the next day he died.

The emperor was greatly saddened by this tragic event. "The   458
loss of the mir is as grievous to me as all my brothers' rebellious-
ness and refractoriness, the ingratitude of those patronized by
me, and the unsupportiveness of my friends and allies by which
Hindustan has been lost and so many difficulties have had to be
borne," he was heard to say. In truth, the mir's worth was as much
as he said in appreciation, but since farsighted wisdom and intel-
ligence had been placed in the emperor's nature by the omnipo-
tent hand, he applied perfect reason and acceded to destiny on all
occasions that would have been the undoing of the greatest men
of religion and state. Of course in such dreadful instances, which
have robbed many a man of patience, a pious person of intelli-
gence will consult his God-given mind and submit willingly. If
he cannot reach this pleasure park because of the assaults of

حق‌شناس ودیعت‌نهادهٔ دست قدرت بود در چنین مواقع که لغزشگاه بزرگان دین و دولتست قرین عقل کامل بوده برضا و تسلیم گراییدند، و هرآینه در امثال این سوانح دانش‌ربا که بسا مردم‌را پای صبر از جای میرود هوشمند خداپرست با عقل خداداد مشورت فرموده برضا گراید. و اگر بواسطهٔ هجوم عوام و استیلای طبیعت باین نزهتگاه نتواند رسید جزع و فزع که شیوهٔ دلبستگان عالم صورتست گذاشته به تنگنای شکیبائی درسازد. لله الحمد که آنحضرت اگرچه بمقتضای بشریت در اول حال قدری مغلوب احزان و هموم شدند لیکن برهنمونی عقل کامل بطرزی که بالغ‌نظران خداشناس در گلستان رضا و تسلیم گلدسته‌بند و میوه‌چین باشند بسوانح کونی خرسند گشته بهبودرا در تقدیر ایزدی دانستند، و بدیدهٔ حقایق‌بین تماشاگر شقایق این حدایق شدند.

۴۵۹ بعد از پنج شش روز ازین سانحهٔ عبرت‌بخش یادگار ناصر میرزا از آب عبور نموده سعادت ملازمت حضرت جهانبانی دریافت. آنحضرت اورا بروابط مهربانی پیوند روحانی دادند.

۴۶۰ درین اثنا شیخ میرک فرستادهٔ حاکم ته‌ته‌را رخصت داده بحاکم ته‌ته منشور عالی فرستادند که آنچه التماس نموده بود بموقف قبول پیوست بشرطی که از روی عقیده آمده ملازمت کند. والی ته‌ته مدّتی حرف آمدن در میان داشت. چون سخن او از چراغ صدق بی‌فروغ بود پرتو وقوع نمی‌یافت تا آنکه حضرت جهانبانی بکر و آنحدودرا بیادگار ناصر میرزا مکرمت فرموده غرّهٔ جمادی الاخری نهصد و چهل و هشت بصوب ته‌ته نهضت فرمودند، و اینچنین ولایت خراب که بمیامن عدالت پادشاهی رو بآبادانی نهاده ارتفاع غلاّت و محصول حبوبات بدرجهٔ اعلی رسیده بود بمیرزا داده پیشتر عزیمت فرمودند.

common people and the dominance of nature, he does not give in to fear and trembling, which are the ways of those who set their hearts upon the material world, and makes do with the straits of patience. God be praised that, although at first he was slightly overwhelmed by sadness and depression, with the guidance of perfect reason, which is the way of those of mature insight who pick bouquets and gather fruit in the garden of acceptance and submission, the emperor accepted worldly setbacks and, knowing that better things lay in divine destiny, gazed upon the flowers of these gardens with the eye of insight.

Five or six days after this thought-provoking incident   459
Yadgar-Nasir Mirza crossed the river and paid homage to the
emperor, who received him welcomingly.

At this juncture Shaikh Mirak, the envoy of the ruler of   460
Thatta, was given permission to withdraw, and a letter was sent
to the ruler of Thatta informing him that his proposal had been
accepted on condition that he come and offer sincere fealty. For
a while the governor of Thatta spoke of coming, but since his
words were devoid of any truth, it did not happen. Finally the
emperor gave Bhakkar and that area to Yadgar-Nasir Mirza and
set out for Thatta on the first of Jumada II 948 [September 22,
1541]. Giving the prince a district that had been so devastated but
which, thanks to imperial justice, had flourished and produced
grain and wheat to the utmost degree, he set forth.

۴۶۱ نزدیک قلعهٔ سیهوان فضیل بیگ برادر منعم خان و ترش (؟) بیگ برادر بزرگ شاهم خان و جمعی دیگر تا بیست نفر بر کشتی سواره میرفتند که جمعی از قلعه برآمده قصد این جماعه نمودند. اینها باتّفاق از کشتی برآمده بجانب مخالف تاختند و مخالفان رو بگریز نهاده بقلعه درآمدند. چندی ازین شیران بیشهٔ مردانگی نیز بقلعه درآمدند. چون از کمک ناامید بودند مراجعت نموده باردوی معلی ملحق گشتند.

۴۶۲ و در هفدهم رجب حضرت جهانبانی بدولت و اقبال رسیده قلعهٔ سیهوان‌را محاصره فرمودند. پیشتر از آنکه موکب همایون بگرد قلعه نزول فرماید محافظان حصار حدایق و عمارات حوالی قلعه‌را ویران ساخته بودند. در ایّام محاصره حاکم تته پیش آمده سر راه گرفت و نگذاشت که غلّه باردوی ظفرقرین رسد. از امتداد محاصره و کم‌رسیدن غلّه بمعسکر اقبال فرومایه‌های بی حقیقت راه گریز پیش گرفتند تا آنکه مردم کلان‌را که گمان حقیقت بآنها برده میشد پای صبر از جای لغزید چنانچه میر طاهر صدر و خواجه غیاث الدین جامی و مولانا عبد الباقی برخاسته باردوی حاکم تته رفتند، و میر برکه و میرزا حسن و ظفرعلی ولد فقیرعلی بیگ و خواجه محب‌علی بخشی پیش یادگار ناصر میرزا شتافتند.

۴۶۳ درین اثنا بمسامع علیّه رسید که منعم خان و فضیل بیگ و جمعی دیگر اتّفاق نموده میخواهند که خودرا بر کناره کشند. آنحضرت از روی احتیاط منعم خان‌را که سر گروه آنها بود مقیّد ساختند. سخن باین سربند داشته بشرح شمّهٔ از احوال یادگار ناصر میرزا پرداخته میشود.

۴۶۴ چون آنحضرت اورا به بکر گذاشتند او لهری‌را جای اقامت خود ساخت. دو مرتبه مردم قلعه برآمده غافل بر سر میرزا ریختند و خواهی نخواهی از جانب میرزا مردانگیها درین جنگ بظهور آمد. محمد علی قاپوچی و شیردل

Near the fortress of Sehwan, Mun'im Khan's brother Fazil Beg, 461
Shahïm Khan's elder brother Tursun Beg,[160] and around twenty
others were put in a boat to lure the men from the fortress and
launch an attack. Together they got out of the boat and attacked,
and the foe retreated back into the fortress. Several of these lions
of the jungle of courage also got into the fortress, but when they
despaired of reinforcement they withdrew and returned to the
imperial camp.

On the seventeenth of Rajab [November 6, 1541] the emperor 462
arrived and laid siege to Sehwan. Before the imperial retinue
camped surrounding the fortress, the defenders had destroyed
all the orchards and buildings in the vicinity. During the siege
the ruler of Thatta came out and blocked the road to prevent
grain from reaching the imperial camp. Because of the length of
the siege and the paucity of supplies that reached the camp, the
cowardly brutes took flight until even great men who would have
been suspected of being more loyal lost their patience, and the
likes of Mir Tahir Sadr, Khwaja Ghiyasuddin Jami, and Maulana
Abdul-Baqi deserted and went to the ruler of Thatta's camp. Mir
Baraka, Faqir-Ali Beg's son Zafar-Ali, and Khwaja Muhibb-Ali
Bakhshi went to Yadgar-Nasir Mirza.

When it reached the emperor's hearing that Mun'im Khan, 463
Fazil Beg, and some others had agreed among themselves to
desert, as a precautionary measure the emperor imprisoned
Mun'im Khan, the ring leader. Now that the story has reached
this point, we should give an account of Yadgar-Nasir Mirza.

The emperor left him in Bhakkar and took up residence in 464
Rohri. Twice the men in the fortress came out and attacked him
unawares. Whether he really wanted to or not, the prince made a
good showing in the fray. Muhammad-Ali Qapuchi and Sherdil,

که هر دو بمنعم خان قرابتی داشتند مردانه شربت خوشگوار شهادت درکشیدند. بار سیوم دلیرانه از کشتی برآمده در ریگ زمین جنگ صف کردند. درین مرتبه مردم میرزا آنچنان دستبردی نمودند که قریب سه صد چهارصد کس مخالف بقتل رسید و آن ریگ تفسیده بخونِ فاسدِ این خون‌گرفته‌ها سیراب شد. و آنچنان ترس فرو گرفت که دیگر ارادهٔ پیشدستی نکردند و میرزا شاه حسین بیشتر از پیشتر داعیهٔ فریب بخود قرار داده میرزارا از راه راست بیرون برد. و بابرقلی مهردارِ خودرا پیش او فرستاد که «من پیر شده‌ام و غمخواری ندارم. صبیّهٔ خودرا بتو نسبت میکنم و خزاین بتو میگذارم و روزی چند که از حیات مستعار من باقیست رایگان از دست نمیدهم و باتّفاق ملک گجرات تسخیر خواهد شد.»

۴۶۵ الغرض، آن ساده‌لوح‌را بمواعید کاذبهٔ عرقوبی فریفته ساخت و او از سخافت عقل و اعوجاج فکر داغ بیوفائی بر جبین حال خود نهاد. اگر ذرّهٔ از مروّت و شمّهٔ از فراست در جبلّت او تعبیه می‌بود بر تقدیر صدق مواعید هم هرگز عزم در دایرهٔ بیوفائی نمینهاد و بر سخنان غرض‌آمیز غدراندیشان گوش هوش نداشته بحقیقت‌ورزی خودرا سربلند میداشت. و چون حضرت جهانبانی عسرت لشکررا دیده کس پیش یادگار ناصر میرزا فرستادند که خودرا بر سر حاکم تته که سر راه گرفته بزودی رساند تا معسکر اقبال از تنگنای ضیق بتوسعه گراید. میرزا اگرچه از دل برگشته بود اما پاس ظاهر بقدر نموده پیشخانهٔ خود بیرون فرستاد و در روان شدن بر همان خیال خام تعلّل و اهمال مینمود. درین اثنا حضرت جهانبانی شیخ عبد الغفوررا که از نسل مشایخ ترکستان بود و آنحضرت اورا یکی از مقرّبان خود ساخته بودند فرستادند که اهتمام نموده میرزارا بزودی بیارد. این بیسعادت چنانچه گفته‌اند (مصراع)

both of whom were related to Mun'im Khan, died bravely. The third time, the men boldly got out of their boat and lined up for battle on the sand. This time the prince's men defeated them so soundly that three or four hundred of them were killed, their corrupt blood drenching the sands. They were then too afraid to think about launching another attack. Mirza Shah-Husain therefore thought even more about a subterfuge with which to mislead the prince. He sent his seal keeper, Baburqulï, to him to say, "I have grown old, and I have no one to console me. I will give you my daughter in marriage and turn over my treasury to you, but I will not willingly relinquish the few remaining days of my life. Together we can conquer Gujarat."

Well, he duped the simpleton with these false promises, and the prince stupidly and asininely branded his forehead with disloyalty. If he had had a shred of manliness or foresight in his nature, he would never have yielded to betrayal by relying on those promises and would never have listened to the self-interested proclamations of the treacherous but would rather have remained loyal. When the emperor saw the army in difficulty, he sent someone to Yadgar-Nasir Mirza to tell him to attack the ruler of Thatta, who had blocked the roads, and provide relief for the soldiers. Although the prince had already deserted in his heart, to maintain an outward show he sent his forward camp off and then delayed setting out himself, although his intent was unchanged. At this point the emperor sent Shaikh Abdul-Ghafur, a descendant of the shaikhs of Turkistan who was on terms of great intimacy with the emperor, to do his utmost to get the prince to come. As has been said, "The road you are on leads to Turkistan"[161]—the wretch changed his colors and so inculcated misleading suggestions into the mind of the shortsighted prince

465

کین ره که تو میروی بترکستان است

کجروی کرده بر عکس مدّعا چندان سخنان ناشایسته خاطرنشانِ میرزای کوتاه‌بین کرده که در ارکان ظاهر میرزا نیز خلل تمام راه یافت و پیشخانه‌را که بیرون فرستاده بود برگردانید و عذرهای ناموجّه گفته فرستاد.

۴۶۶ چون معلوم حضرت جهانبانی شد که روزگار همچنان بر سر ناسازگاریست و تنگی معسکر اقبال از اندازه میگذرد توقف در حوالی قلعه مناسب وقت ندیده بتاریخ هفدهم ذیقعده بجانب بکر و لهری توجه فرمودند و در خلال این حال یکی از اعمال نامرضیّهٔ یادگار ناصر میرزا آن بود که باغوای حاکم تته گندم و هاله که از زمینداران دولتخواه بودند و در کشتی بهمرسانیدن و غیر آن دولتخواهیها بموکب عالی نموده بودند گرفته پیش حاکم تته فرستاد تا آن حق‌ناشناس آنهارا بجریمهٔ توفیق این خدمت بقتل رسانید و آنحضرت این عمل ناشایستهٔ او و صد مثل آن‌را گذرانده همواره در مقام مدارا بودند که شاید بر صفحهٔ اعمال رقم پشیمانی کشیده در مقام تدارک درآید. چون رایات عالی بحدود لهری رسید یادگار ناصر میرزا با جمعیت خود بقصد اردوی معلی متوجه گشت. آنحضرت از شنیدن این خبر فی الفور بدولت و اقبال سوار شدند. هاشم بیگ که از معتمدان خیراندیش میرزا بود ازین حرکت شنیع آگاهی یافته بسرعت خودرا بمیرزا رسانید و جلو میرزا بعنف گرفته تاب داد و انواع سرزنش و نکوهش کرد و تلخ و درشت گفت که «مگر راه و رسم مروّت و شرم و آداب ادب و آزرم از عالم برافتاد؟ چنین سبکسری کردن و با ولی‌نعمت خود برابری نمودن در کدام مذهب و ملّت و کدام قانون و حکمت رواست؟» (شعر)

that cracks appeared even in the prince's external conduct. He called back the forward camp he had sent out and made excuses.

When it became known to the emperor that things were look- 466 ing so bad and the soldiers were in dire straits, he realized that to stop in the vicinity of the fortress was not appropriate to the time, and therefore, on the seventeenth of Dhu'l-Qaʻda [March 4, 1542], he set out for Bhakkar and Rohri. Around the same time another of Yadgar-Nasir Mirza's atrocities occurred. This time, at the instigation of the ruler of Thatta, he seized the wheat and grain that had been gathered by supportive landholders and was being delivered by boat to the imperial camp and sent it to Thatta, and the ingrate put the landholders to death for the "crime" of this service. The emperor disregarded this terrible action, and a hundred others like it, and constantly implored him, thinking perhaps he would regret what he had done. When the imperial banners reached the vicinity of Rohri, Yadgar-Nasir Mirza set out with a troop to attack the imperial camp. Hearing this, the emperor immediately mounted. Hashim Beg, one of the prince's trusted men, learned of the mirza's hideous action and rushed to the prince, seized his reins by force, turned him around, and rebuked him soundly. "Have the ways of chivalry, shame, and good manners entirely disappeared from the world?" he asked. "In what religion and sect and by what law is it allowable to be so foolish as to think that you are the equal of your lord?"

نیکو مثلی زد آن سپهدار | کاندازهٔ کارِ خود نگهدار
بر پایهٔ قدر خویش نِه پای | تا بر سرِ آسمان کنی جای
هر مرد که شغلِ خویش نگذاشت | بر خورد ز هرچه در جهان کاشت

امثال این سخنان هوش‌افزا گفته میرزارا به بندر لهری باز آورد و درین اثنا جمعی کثیر مثل قاسم حسین سلطان راه بی‌حقیقتی پیش گرفته از آنحضرت جدا شدند و بجانب یادگار ناصر میرزا آمدند.

۴۶۷ چون بمقتضای غوامض حکمت الهی و دقایق مصلحت ازلی که در ضمن هر نامرادی چندین اسباب مراد سرانجام می‌یابد در دیار سند نقش مراد ننشست و عیار جوهر نامردمیِ مردم گرفته آمد و بی‌اخلاصیِ لشکر و بدمددیِ برادران و بیخردیِ اقربا و نامساعدیِ روزگار مشاهده افتاد، خواستند که در لباس تجرید و تفرید قدم شوق در بادیهٔ رهروان راه خدا زنند و حلقهٔ کعبهٔ مراد و سررشتهٔ دامن مقصود بدست آرند یا آنکه کنج عزلتی گزینند و زاویهٔ فراغتی از دیدن اخوان زمان اختیار کنند و ازین جهان پُرآسیب و جهانیان پُرفریب بر کران باشند. جمعی از همراهان خیراندیش که در شدّت و رخا ملازم رکاب دولت و مقارن عنان رفاقت بودند بالحاح و زاری درخواستِ ترکِ این ارادت نموده بعرض مقدّس رسانیدند که «مصلحت در آنست که درینولا سایهٔ همای دولت بر سر ولایت مالدیو انداخته نفسی راست کنند که بارها عرایض عبودیت فرستاده لاف بندگی زده است و لشکر و سامان دارد. ظاهر آنست که وقت‌را غنیمت شمارد و در رکاب دولت بوده مصدر خدمات پسندیده گردد و بتدریج آنچه مکنون و مأمول خاطر دولتخواهان است صورت وقوع یابد.»

Good advice did that commander give when he said to
maintain your station.
Keep your feet on the rung of your own rank that your head
may be exalted to the skies.
Every man who fails to do his duty will reap what he has sown
in the world.

Giving such sound advice, he took the prince back to the port at
Rohri. At that point a large number of men, like Qasim-Husain
Sultan, deserted the emperor and went over to Yadgar-Nasir
Mirza.

Since, by the mysterious working of divine wisdom, the causes   467
for success lie within the folds of some unpleasantness, success
was not achieved in Sind, and the true colors of his unmanly men
were revealed, as were the disloyalty of the army, the unsup-
portiveness of his brothers, his relatives' lack of wisdom, and
the unfavorability of fortune. The emperor then wanted either
to clothe himself in the garb of solitude and, traveling the path
of God, set out for the Kaaba, or to retire into a corner of free-
dom from the sight of people and avoid contact with the tortu-
ous world and its deceptive inhabitants. Some of his supportive
companions who remained in his retinue through thick and thin
insisted, begged, and pleaded that he abandon these notions.
"The best thing would be for the phoenix of royal fortune to cast
its shadow on Maldev's territory and breathe easy," they said,
"for many times he has sent pledges of loyal servitude, and he has
troops and equipment. It is apparent that he will take advantage
of the opportunity to render good service, and gradually what
your supporters wish for will come to pass."

۴۶۸ حضرت جهانبانی خواطر ارباب اخلاص‌را نگاهداشته بآنصوب توجه فرمودند و منشور عنایت متضمن نصایح دولت‌افزا مصحوب ابراهیم بیگ ایشک‌آقا بیادگار ناصر میرزا فرستادند که شاید بر افعال شنیعهٔ خود واقف گشته مسلک ندامت پیموده باشد و از آئین شقاوت باز آمده اختیار سعادت موافقت نماید، و در آن فرمان عطوفت‌نشان این بیت رقمزدهٔ کلک عنایت شده بود (شعر)

ای برخسار چو مه، چشم و چراغِ دگران   سوختم. چند شوی مرهمِ داغِ دگران؟

میرزای غنوده‌عقل چون بخت بیدار نداشت نصیحت در مزاج او کارگر نیامد و بهمان خام‌طمعی طریق بیوفائی اختیار کرده در حدود لهری تقاعد نمود.

۴۶۹ حضرت جهانبانی بیست و یکم محرّم نهصد و چهل و نه بجانب اچه نهضت فرمودند و از آنجا سیزهم[۵۹] ربیع الاول بجانب مالدیو عنان عزیمت انعطاف دادند و در چهاردهم این ماه بقلعهٔ دیوراول نزول اقبال فرمودند. و در بیستم ساحت حاصلپور مضرب خیام رفعه‌اعتصام شد. و هفدهم ربیع الآخر در دوازده کروهی بیکانیر اتّفاق نزول افتاد. و در اثنای راه دوربینان مجلس قدس از مکر و غدر مالدیو اندیشه‌مند بوده سخنانی که لایق آداب حزم باشد بموقف عرض میرسانیدند و پیوسته بمضمون احتیاط که عنوان منشور دولت است آگاهی میدادند تا آنکه میر سمندر که از هوشمندان سرآمد بود بحکم عالی پیش مالدیو شتافت و بر مکنونات ضمیر و مطویات خاطر او اطّلاع یافته معاودت نمود و بعرض اقدس رسانید که «هرچند مقدّمات اخلاص تمهید میدهد اما ظاهر

To please his supporters, the emperor set off and sent a   468
letter with Ibrahim Beg Eshik-aqa to Yadgar-Nasir Mirza that
contained good advice, in hopes that he would repent his evil
actions and choose to ally himself with the emperor again. In the
compassionate letter the following line of poetry was written:

> *O you with a countenance like the moon, who brighten the eyes*
> *of others, I am burned: how long will you be balm for the*
> *wounds of others?*

Since the foolish prince was not favored by fortune, the advice
did not affect his temperament and he remained as disloyal as
ever, sitting in Rohri.

On the twenty-first of Muharram 949 [April 17, 1542] the   469
emperor set out for Uch, and from there he turned his reins
toward Maldev on the thirteenth of Rabi' I [June 27]. On the four-
teenth of that month he dismounted at the fortress of Deorawal.
On the twentieth [July 4] he stopped at Hasilpur. On the seven-
teenth of Rabi' II [July 31] he stopped twelve leagues from
Bikaner. Along the way, the farsighted of the imperial assem-
bly worried about Maldev's treachery, and spoke cautiously to
the emperor. Finally Mir Samandar, an outstandingly intelli-
gent man, was dispatched to Maldev. Having ascertained what
was hidden in the depths of the raja's mind, he returned and
reported, "Although he professes loyalty, it is apparent that he
is not sincere." As the imperial standard approached Maldev's
territory, Sanga of Nagaur, one of Maldev's officers, went into the
imperial camp in the guise of a merchant attempting to purchase
a valuable diamond. Since this did not ring true, the emperor
said, "Remind this purchaser that the likes of this valuable jewel

آنست که پرتو صدق نداشته باشد.» چون رایت اقبال نزدیک بولایت او رسید سنگای ناگوری که از معتمدان مالدیو بود بعنوان سوداگری در اردوی معلی رسیده الماس گرانبهارا در مقام جستجوی خریداری درآمد. چنانچه از اوضاع او بوی خیر استشمام نمیشد، حضرت جهانبانی فرمودند که «باین مشتری خاطرنشان کنید که مثال این جواهر گران‌بها بخریدن بهم نمیرسد. یا بجوهر شمشیر آبدار بدست افتد که رای جهان‌آرای باو انضمام یافته باشد، یا بعنایت پادشاهان والا میسّر میشود.»

۴۷۰ و بالجمله از آمدن این مزوّر اندیشه‌مندتر شدند و بر دریافت سمندر تحسین نمودند. باز از روی حزم و احتیاط که دام کار فرمانروایانست علی الخصوص در هنگام فترت و تنگدستی، رایمل سونی‌را فرستادند که بمسارعت خودرا بآنجا رساند و آنچه بفروغ فراست دریابد عرضه‌داشت نماید. اگر مجال نوشتن نباشد باشارت معهود اعلام نماید. اشارت وفا و وفاق مالدیو آنکه فرستاده هر پنج انگشت‌را باهم گیرد و علامت خلاف و نفاق آنکه انگشت خنصر تنها بگیرد. و موکب عالی از قصبهٔ پهلودی که در سی کروهی جودهپور که موطن مالدیو است دو سه منزل گذشته بکنار کول جوگی نزول اقبال فرموده بود که قاصد رایمل سونی رسید و انگشت خنصررا گرفت. و ازین اشارت کشف حقیقت شد و عاقبت بصریح نیز انجامید که اندیشهٔ این سیه‌بخت تیره‌روزگار مکر و غدر است و جمعی کثیررا بعنوان استقبال تعیین کرده خیالات باطل در سر دارد. آنحضرت عنان عزیمت بصوب پهلودی منعطف گردانیدند. اگرچه گروهی از مردم برین اند که مالدیو در بدایت حال در مقام خیراندیشی و خدمتکاری بود آخر بواسطهٔ اطّلاع بر بی‌سامانیِ سپاه و قلّت لشکر از نیت اصلی برگشت. یا بواسطهٔ مواعید خداع‌آمیز شیر خان و ملاحظهٔ استیلای او یا بسبب تحذیر

cannot be bought. Either it will fall into his hands by means of glittering sword coupled with a sovereign mind, or it will come about through the favor of exalted kings."

In short, the emperor grew even more worried by the appearance of this charlatan and applauded Samandar's appraisal. Once again through caution, which is a snare rulers set, particularly at a time of sedition and want, he dispatched Rai Mal Sauni to get himself there quickly and report what he had ascertained. If there was no time to write, he would communicate by signals: the sign of Maldev's cooperativeness and loyalty would be that his envoy would grasp all five fingers, and the sign of his hypocrisy would be that he would grab only the little finger. The imperial retinue had gone two or three leagues past Phalodi, which is thirty leagues from Jodhpur, Maldev's seat, and camped on the edge of a lake when Rai Mal Sauni's envoy arrived and grabbed his little finger. By this signal the truth was known, and finally it was revealed that the wretch was contemplating treachery and, having assigned a large troop to go in greeting, had evil thoughts in his head. The emperor turned his reins back toward Phalodi. Although some believe that Maldev was initially disposed to loyalty, he changed his mind when he learned how ill equipped and how few the troops were. He might also have been dissuaded from assisting by Sher Khan's deceptive promises or because of his overbearingness or threats, but in any case he chose to be disloyal. Others are quite agreed that from beginning to end his displays of servitude and his letters of fealty were based entirely on hypocrisy.

470

او از اعانت و خدمت بر هر تقدیر راه هدایت و سعادت از دست داده ورق اخلاص گردانید و جمعی اتّفاق دارند که از مبدأ تا مختم اظهار بندگی نمودند و عرایض عبودیت فرستادن بالکل مبتنی بر نفاق و شقاق بود.

۴۷۱ القصه، چون در آن هنگام جهان‌آرایان نگارخانهٔ تقدیر در آرایش کار دیگر بودند هر کاری که پیش گرفته میشد بنظام نمی‌انجامید و از هر جا که خیریت و نیکی امید بود شرارت و بدی بظهور می‌آمد و چون زراندودیٔ این سپاه ناسره بمحکّ تجربه رسید و غدر این نادرست‌اندیشان در پیشگاه خاطر مقدّس ظهور یافت تردی بیگ خان و منعم خان و جمعی دیگر از ملازمان موکب مقدّس‌را حکم شد که پیشتر رفته سر راه بداندیشان‌را گرفته نگذارند که باردوی معلی پای جرأت نهاده دست اضرار رسانند و همچنین ملاحظه کرده می‌آمده باشند و اگر قابو باشد دستبردی هم نمایند. و آنحضرت با معدودی از جانسپاران حقیقت‌کردار و مخدّرات سرادق عصمت روان شدند. از سپاهیان ظفرپیکر شیخ علی بیگ جلایر و ترسون بیگ ولد بابا جلایر و فضیل بیگ و جمعی دیگر بودند که مجموع عدد ایشان تا بیست نفر میکشید. دیگر بعضی از غلامان خاص و شاگردپیشه‌های وفاکیش و از طبقهٔ اهل سعادت ملا تاج الدین و مولانا چاند منجّم در رکاب نصرت‌قباب حاضر بودند.

۴۷۲ چون موکب عالی از پهلودی گذشته بساتلمیر رسید فوجی از مردم مالدیو نمودار شد و امرائی که بدفع این مردم تعیین شده بودند راه گم کرده بطرفی دیگر افتادند و گروه مخالف‌را عبور در حوالی رایات عالیات واقع شد. آنحضرت که کوه شکوه و جهان شجاعت بودند پلی ثبات در دامن تمکین و وقار درآورده با عقل خداداد و خرد مادرزاد رجوع فرمودند، و اکثر از عفایف‌را پیاده ساخته اسپان ایشان‌را بمردم جنگی داده سه فوج

In short, since at that time the workers of destiny were laboring 471
on a different job, nothing that could have been done would have
profited. In any direction hope lay, evil would have appeared.
However, when the mettle of that unholy troop was put to the
touchstone of trial and the treachery of those contemplators of
ill took shape in the emperor's mind, Turdï Beg Khan, Mun'im
Khan, and other members of the imperial retinue were ordered
to go forward and block the malevolents and not allow them to
set foot in the imperial camp; then, having accomplished their
mission, they were to return. If they had an opportunity, they
should deal them a sound defeat. The emperor and a few self-sac-
rificing warriors set out with the ladies of the harem. Among the
soldiers were Shaikh-Ali Beg Jalayir, Baba Jalayir's son Tursun
Beg, Fazil Beg, and some others, who numbered twenty in all.
A few personal slaves, loyal menials, and the courtiers Mulla
Tajuddin and Maulana Chand the astrologer also accompanied
the emperor.

When the retinue passed Phalodi and reached Satalmer, 472
Maldev's troops appeared, the troop that had been assigned to
deal with them having lost their way and wandered off in the
wrong direction. When the foe loomed near the imperials, the
emperor, a mountain of splendor and courage, maintained his
regal gravity, and, with the intelligence with which he was born,
withdrew, got most of the ladies dismounted, and gave their
horses to the warriors. Forming three platoons, he set out to
face the enemy. Shaikh-Ali Beg and three or four of his loyal
brothers went forward against the foe, who had entered a defile.
No sooner had they attacked than they dispersed them. Many
of the enemy were killed, and by divine assistance victory was
achieved. After giving thanks, the emperor set off for Jaisalmer.

ترتیب فرموده رو بغنیم آوردند. شیخ علی بیگ با سه چهار دیگر از برادران حقیقت‌اساس پیشتر شده بر فوج مخالف که در تنگنای تنگی درآمده بود تاختند. تاختن همان بود و برداشتن همان. جمعی کثیر از مخالفان بقتل رسیدند و بتأیید ایزدی اولیای دولت ظفر یافتند و حضرت جهانبانی بعد از ادای مراسم شکر متوجه حدود جیسالمیر شدند.

۴۷۳ غرّهٔ جمادی الاولی جیسلمیر مورد موکب عالی شد. درین منزل امرا که راه گم کرده بودند و از اراجیف مجروح‌خاطر شده سعادت ملازمت دریافته گردِ موکبِ والا توتیایِ چشمِ اقبالِ خود ساختند. رای جیسلمیر که رای لونکرن نام داشت از بیدولتی در مقام بدمددی شد و کول آب‌را محافظت کرد تا موکب پادشاهی که محنت چول کشیده و از بادیهٔ سراب درین مرحلهٔ خراب رسیده بود از بی‌آبی در آزار باشد، شیران بیشهٔ حقیقت پیش آمده دستبردی نمودند و آن گروه بی‌شکوه‌را شکست دادند و از آنجا نهضت فرموده متوجه حصار فیض‌انحصار امرکوت گشتند.

۴۷۴ دهم جمادی الاولی بعد از عسرت معیشت و تنگی آب بآن حصن حصین که مطلع نیّر جلال و مخزن گوهر اقبالست شرف نزول ارزانی داشتند. حاکم قلعه که رانا پرساد نام داشت قدوم عالی‌را پیرایهٔ افتخار دولت خود دانسته خدمات پسندیده بتقدیم رسانید.

۴۷۵ و از برکات وجود مقدّس حضرت شاهنشاهی که حیرت‌افزای دیده‌وران زمان گشت آنست که در هنگام سعادت‌بخش که حضرت مریم‌مکانی بآن یگانهٔ کارخانهٔ تکوین حامله بودند روزی که در چولی درآمده گرم رفتن بودند میل اقدس بانار شد. در آن صحرای بی‌آب و دانه که نشان غلّه بدشواری بهم رسد متفحّصان بارگاه مقدّس حیران ماندند که ناگاه شخصی انبان پر از جوار بفروختن آورد. چون اورا در بارگاه مقدّس حاضر ساخته در مقام برآوردن

On the first of Jumada I [August 13, 1542] the imperial retinue   473
entered Jaisalmer. Here the amirs who had lost their way rejoined
the camp. The *rai* of Jaisalmer, Rai Lunkaran, offered no assis-
tance and set a guard over the tank until the lions of the imperial
retinue, who had endured the trials of the desert and come to this
hole from a desert of mirages suffering from thirst, attacked the
lackluster contingent and dealt them a defeat. From there they
proceeded toward the fortress of Umarkot.

On the tenth of Jumada I [August 22, 1542], after suffering   474
much difficulty and lack of water, they arrived at the mighty
fortress that was the rising point of the star of magnificence and
casket of the gem of fortune. The warden of the fortress, who
was named Rana Prasad, was honored by the exalted arrival and
performed pleasing service.

One of the blessings of H.I.M.'s existence, which dazzled   475
the eyes of time, took place while H.H. Maryam-Makani was
pregnant. One day, when they had entered the desert and were
traveling fast, she wanted a pomegranate. In that waterless and
desiccated wasteland in which a trace of grain was hard to find,
the searchers were perplexed when someone brought a sack
full of barley to sell. When he was taken into court to show his
wares, suddenly a luscious pomegranate fell from the sack to the
surprise and delight of all, and it was deemed miraculous.

شدند ناگاه از میان آنظرف انار کلان سیراب پدید آمد و موجب عشرت و انبساط گشت و جهانی در حیرت فرو شده حمل بر کرامات نمودند.

۴۷۶ روزی چند در آن سرزمین دلگشا توقّف افتاد و درینجا تردی بیگ خان و جمعی دیگر که مال و منال و اسباب و اشیارا که همه بدولت ابدقرین بهمرسانده بودند در چنین عسرت و شدّت از آنحضرت باوجود اظهار طلب دریغ میداشتند. باتّفاق رای امرکوت گیراندند و آنحضرت از کمال مروّت و فتوّت ذاتی و غایت مهربانی و انصاف بعضی از اموال ایشان بجهت مدد خرج ملازمان رکاب نصرت‌اعتصام برداشته قسمت فرمودند، و اکثر آن‌را بهمان پست‌فطرتان تنگ‌حوصله باز دادند. سبحان الله از یمن برکات ذات قدسی‌صفات حضرت شاهنشاهی ظل اللهی گردن ابنای زمان و رقبهٔ اهل روزگار چگونه در قید کمند ارادت و اخلاص آمده است که در آن روزگار امرای عظام و امنای کبار بادنی درجهٔ اخلاص مشرّف نبودند و در مال که از برکات عنایت صاحب بهم رسانیده بودند در چنین وقتِ احتیاج خسّت نمودند، و امروز محقّران و دورایستادگان بارگاه عبودیت‌را در صفت جانسپاری شوقِ عروج بر اعلی مدارجِ کمالِ اخلاص است اگرچه در مقام خطاب و عتاب باشند—فکیف خاصان درگاه و مقرّبان پایهٔ اورنگ والا؟ ایزد تعالی قرون و دهورِ این برگزیدهٔ ازلی‌را برای انتظام احوال جهان و جهانیان بر مسند رأفت و سریر خلافت سربلند دارد!

۴۷۷ چون حضرت جهانبانی‌را داعیهٔ پیش رفتن در ضمیر صایب تمکّن داشت و وقت ظهور صاحب زمین و زمان نزدیک رسیده بود، بملاحظهٔ اختیار ساعت سعادت‌آثار غرّهٔ رجب نهصد و چهل و نه هودجِ عفّت و محملِ عزّتِ حضرت مریم‌مکانی‌را با بعضی از جانسپاران در آن حصارِ سعادت‌اساس بجهاندارِ جان‌آفرین سپرده بدولت و اقبال پیشتر نهضت فرمودند.

They halted in that delightful land a few days, and there Turdï   476
Beg Khan and some others, who had, thanks to imperial fortune,
an abundance of possessions and goods, withheld them during
such difficulty and want despite the emperor's request. By chance
the *rai* of Umarkot seized their possessions, and the emperor in
his perfect innate chivalry and gallantry and his kindness and
equity took some of their possessions to assist the members of
his retinue and distributed them, but he gave most of the things
back to the mean-spirited owners. Praise God! From the bless-
edness of H.I.M. the Shadow of God's existence the necks of the
people of the world came into the lasso of loyalty and sincerity,
but during that time great nobles did not have the least degree
of loyalty and were stingy at such a time of need with goods they
had obtained through their lord's favor. Today those reduced
to misery and those who stand far from the court of servitude
eagerly desire to ascend to the highest level of perfect loyalty
even when they are chastised and rebuked—what then of the
court elite and those allowed near the foot of the exalted throne?
May God keep the eternally chosen one upon the throne of
compassion and the caliphate for the regulation of the affairs of
the world and its inhabitants for generations and aeons!

When the emperor desired to proceed, and the time for the   477
appearance of the lord of the age was approaching, having chosen
an auspicious hour, he left H.H. Maryam-Makani at the fortress
with some loyal men and set forth on the first of Rajab 949 [Octo-
ber 11, 1542].

رسیدن نوید ولادت مسعود حضرت شاهنشاهی بحضرت جهانبانی جنت‌آشیانی و تتمّهٔ سخن

۴۷۸ درین هنگام که چشم امید بیدارنشینان شب انتظار باز بود و در ناامیدی بر روی روزگار فروز، شرف ولادت حضرت شاهنشاهی ظل اللهی روی نمود و در شب یکشنبه پنجم رجب نهصد و چهل و نه آن نورپرورد الهی چنانچه سمت گذارش یافت از بطن کمون بعالم ظهور آمد تا همه غمهای جهانیان بشادی جاوید انجامد و دل حضرت جهانبانی که آبله‌زدهٔ کلفت بود مرهم آسایش یابد و آشوبخانهٔ صورت نظام گیرد و تفرقه‌زار معنی بجمعیت گراید، نظارگیان قوّت از تماشای فعل کامروا شوند و منتظران ملک صورت و معنی کامیاب گردند، خردرا صاحب پدید آید، انصاف‌را پدر مهربان شود، تمییزرا دوست دانا گردد، عدالت‌را پادشاه راستین باشد، عطوفت‌را جوهرشناس خرده‌بین ظهور کند، قدردانی‌را بازار رواج گیرد، صلح کل‌را میانجئ دانش‌نواز پیدا شود، ظاهررا آراینده و باطن‌را نماینده گردد. المنة لله که بر حسب امید شب دیجور تفرقه‌را سحر جمعیت ساطع شد و شام اندوه‌را صبح شادمانی طلوع نمود، آرزوی آسمانیان برآمد، و آبروی زمینیان پیدا گشت.

۴۷۹ و چون این بارقهٔ ظلمت‌سوز و لامعهٔ گیتی‌افروز از آسمان قدس در آن گل‌زمین پرده‌گشائی نمود مژده‌رسانان تیزرو برسانیدن این نوید سعادت شتافتند و در اثنای راه که چشم دوربین حضرت جهانبانی بظهور این لایحهٔ غیبی نگران بود ازین مژدهٔ جانبخش یکدل هزاردل شده سجدات شکر پروردگار که در خارستان نامرادی گل مراد شکفاند و در تهیدستیِ ناکامی هزاران کام در کنار نهاد بجای آوردند، و درون و بیرون جشن

HIS MAJESTY JAHANBANI JANNAT-ASHYANI RECEIVES THE GLAD TIDINGS OF THE AUSPICIOUS BIRTH OF HIS IMPERIAL MAJESTY

At this time, when the hopeful eyes of those who keep expectant vigil by night were open, the birth of H.I.M. took place. On the eve of Sunday the fifth of Rajab 949 [October 15, 1542] that one nurtured by divine light, as has been reported, emerged from the womb of occultation into the world in order to turn all sorrows into eternal joy, to be balm to H.M. Humayun's trouble-afflicted heart, and to put the chaotic world in order. He came into the world that the spectators of potentiality might be successful in watching actuality, that the vigilant of the physical and spiritual realm might find happiness, that a master of wisdom might appear, to be an affectionate father for equity, a wise friend for discrimination, a true monarch for justice, and a precise appraiser for benevolence; that the market of appreciation should flourish, that a wise broker for universal peace appear, and that there be one who adorns the exterior and manifests the interior. Thank God, as hoped, a dawn of order appeared for the long night of chaos, the morn of joy broke through the evening of sorrow, the wish of the celestials came true, and the honor of worldlings appeared.

When the lightning flash rent the veil of darkness in the heaven of holiness in that realm, fleet-footed messengers hastened to bear the glad tidings, and while they were yet on the road, on which H.M. Humayun's farsighted eyes were focused in expectation of this destined ray, he prostrated himself in gratitude to the Nurturer, who had caused a flower of hope to bloom in this

478

479

شادی ترتیب داده بنشاط پرداختند و وضیع و شریف و غنی و فقیر و خرد و بزرگ دست شوق‌افشان و پای عشرت‌کوبان در آن جشن اقبال بکامیابیِ الطاف بیکران شرف افتخار یافتند. و شرح این جشن عالی که عید آسمان و نوروز روزگار بود و وصول مهد عزّت حضرت شاهنشاهی بموکب والای حضرت جهانبانی و بعضی سوانح دیگر که لیاقت طغرائیِ این منشور سعادت و عنوانیِ این مثال اقبال داشت در ابتدای این کتاب عالی‌خطاب اندراج یافته چه این ارژنگ معنوی در نگارشِ بدایعِ واردات و شرایفِ واقعات و جلایلِ فتوحاتِ شاهنشاهی انتظام می‌یابد از ابتدای شرفِ ولادتِ اقدس و هرچه غیر این نگاشتهٔ قلم نیاز گردد تقریبی است و سیرابیِ سخن، و پیوند معنی بر آن باعث. والمنة لله که احوال گرامی این سلسلهٔ ابدی‌اعتصام نیز از آدم تا ایندم بطناً بعد بطن بطریق اجمال گذارش می‌یابد و تا میرود نقاب از چهرهٔ تفصیل میگشاید.

۴۸۰ القصه، از آنجا که عنصر ذات مقدّس حضرت جهانبانی جنت‌آشیانی جهان مروّت و فتوّت بود برای خاطر اصحاب اخلاص ارادهٔ تجرّدرا موقوف داشته و انتظام عالم تعلّق‌را که وجود سلاطین مخصوص اینمعنی است در نظر دوربین آورده متوجه ولایت مالدیو شدند. مالدیو دیوماَل ددسیرت قدر این دولت بیدار که بخواب نتوان دید نشناخته آنچنان ناشایسته پیش آمد. ناگزیر باز بالتماس جانسپاران بارگاه سلطنت متوجه سند شدند که شاید حکّام آنجا از خواب غفلت بیدار گشته تدارکِ گذشته نمایند. هرچند رای جهان‌آرای برین نبود بهر حال بر حسب تقدیر صورت معاودت اتّفاق افتاد.

۴۸۱ چون موکب عالی نزدیک بآنحدود رسید معلوم شد که ارغونیان در قصبهٔ جون انبوه شده ارادهٔ مقابله و محاربه دارند. حضرت جهانبانی شیخ علی بیگ جلایررا که اباً عن جدّ بجانسپاری و اخلاص موروثی از زمان ارتفاع

bramble patch of despair. Rejoicing inwardly and outwardly, he gave a celebration in which noble and common, rich and poor, great and small alike participated, raising their hands in joy and dancing in bliss. A description of this royal celebration, which was a holiday in heaven and a feast in the world for the arrival of the cradle of H.I.M.'s magnificence to the emperor's exalted train, as well as certain other events that merit being the head of the edict of felicity and title page of the decree of fortune, has already been included at the beginning of this volume because this virtual Arzhang is arranged to record all marvelous events,[162] splendid incidents, and grand conquests in H.I.M.'s life from the time of his noble birth. Anything else written by this humble pen is extraneous and mere filler. Thank God the accounts of this eternal lineage, generation after generation from Adam to this moment, are summarily recorded, but the farther it goes the more detail is revealed.

In short, inasmuch as the emperor's innate nature was filled   480
with chivalry and gallantry, to please his companions he put off his decision to retire and focused his attention on regulating the material world, for which special task rulers exist, and he set out for Maldev's territory. The demonic, beastly Maldev did not appreciate such good fortune, of which he could not even have dreamed, and came forward with hostility. Again the emperor turned back toward Sind at the request of the self-sacrificing members of his court, who thought perhaps the rulers there might have awoken from their slumber of heedlessness and would be willing to make up for the past. Although the emperor was not in accord with this opinion, he turned back.

When the imperial train neared the border, it was learned   481
that the Arghuns had gathered for battle in the town of Jun. The

رایت دولت جهانگیر حضرت صاحب‌قرانی علم امتیاز می‌افراشت با جمعی از دلیران پیش فرستادند و خود بدولت متعاقب نهضت فرمودند. چون پشت شیخ علی بیگ بموکب منصور قوی بود روی بمعرکهٔ نبرد شیرمردانه نهاد و باندک کس دادِ جلادت داده در کم فرصتی هنگامهٔ آن جماعه متفرّق و منهزم ساخت. تباشیر صبح ظفر از مشرق تیغ و افق کمان بردمید و خورشید اقبال ظلمت‌سوز آن عرصهٔ عبرت شد و ساحت قصبهٔ جون مخیّم موکب عالی گشت. و درین قصبهٔ رفیع‌عتبه ورود هودج عزّت حضرت مریم‌مکانی و مهد عظمت حضرت شاهنشاهی از حصار امرکوت که مولد اشرف بود بسعادت و اقبال اتّفاق افتاد چنانچه تفصیل آن طراز عنوان کلام شد. و چون این معموره بر کنار آب سند واقع شده و در کثرت حدایق و انهار و لطافت فواکه و اثمار در بلاد سند امتیاز داشته و بعضی مصالح دیگر نیز ضمیمهٔ آن شده بود. چندگاه در ظاهر قصبه در میان بساتین طرح اقامت اتّفاق افتاد و در اطراف و جوانب پیوسته با ارغونیان جنگ میشد و آنجماعه شکستهای درست می‌یافتند. و شیخ تاج الدین لاری که از منظوران حضرت جهانبانی بود درین ایام بدرجهٔ شهادت رسید.

۴۸۲ روزی شیخ علی بیگ جلایر و تردی بیگ خان و جمعی بتاختِ ناحیتی نامزد شده بودند. سلطان محمود بکری و جمعی کثیر بر سر ایشان ریختند و تردی بیگ خان در جنگ مساهله نمود. شیخ علی بیگ ثبات قدم ورزیده در آن عرصهٔ رزم که بساط بزم شیرمردان بود شکفته‌روی شربت شهادت آشامید. خاطر مقدّس حضرت جهانبانی از واقعهٔ چنین مخلصی بغایت مجروح شد و بعضی امور دیگر در میان آمد. لاجرم دل از حدود بکر سرد ساخته ارادهٔ توجه بجانب قندهار مصمّم ساختند.

۴۸۳ در خلال این ایام هفتم محرّم نهصد و پنجاه بیرام خان از حدود گجرات

562

emperor dispatched Shaikh-Ali Beg Jalayir, whose ancestors had served this dynasty hereditarily and devotedly since the time of Amir Temür, with a troop to go forward while he himself followed behind. Since Shaikh-Ali Beg was a strong supporter of the royal train, he charged valiantly with few men onto the field of battle and fought courageously, and they soon dispersed that troop. Rays of victory shone from the orient of the sword and the horizon of the bow, the sun of fortune burned away the blackness of that field, and the town of Jun became the site of the imperial camp. H.H. Maryam-Makani's litter and H.I.M.'s cradle also went there from Umarkot, H.I.M.'s birthplace, the details of which have already been given. Since the town is located on the banks of the River Indus, it was eminent among the towns of Sind for its gardens, canals, excellent fruit, and produce, and it possessed other virtues as well. They remained outside the town in the orchards for a time while battles were fought on all sides with the Arghunids, who constantly suffered defeat. Shaikh Tajuddin Lari, a favorite of the emperor, was martyred during this time.

One day Shaikh-Ali Beg Jalayir, Turdï Beg Khan, and some others were assigned to attack an area. Sultan-Mahmud of Bhakkar and a large company poured down on them, and Turdï Beg Khan fought desultorily. Shaikh-Ali Beg stood firm and happily quaffed the cup of martyrdom on the battlefield, which is the banquet carpet of warriors. The emperor was greatly saddened by this event and certain others, which caused him to weary of Bhakkar, so he decided to go to Kandahar. 482

On the seventh of Muharram 950 [April 12, 1543] Bayram Khan arrived alone from Gujarat as balm to the emperor's mental wounds. A strange thing is that when Bayram Khan was approaching the camp he first passed by the battlefield, and even before he 483

تنها خودرا بپایهٔ سریر مقدّس رسانیده مرهمی بر جراحت خاطر اشرف نهاد و موجب انس و الفت گشت. و از غرایب آنکه چون مشار الیه بمعسکر اقبال رسید اول گذرش بر جنگگاه افتاد. پیش از آنکه سعادت ملازمت دریابد و بر مردم ظاهر شود خودرا آمادهٔ جنگ ساخته مردانه کارزار کرد چنانچه سپاه نصرت‌قرین متحیّر ماندند که همانا از جنود غیبی است. و چون ظاهر شد که بیرام خان است غریو از ایستادگان مصاف نصرت برخاست و باعث مسرّت خاطر حضرت جهانبانی گشت. و باین تقریب چند روزی در آن گلزمین توقّف روی نمود.

۴۸۴ و مجملی از احوال بیرام خان آنکه در قضیّهٔ نامرضیّهٔ قنّوج جانسپاریها کرده سنبل‌رویه افتاد و براجه مترسین که از زمینداران معتبر آن سرزمین بود در قصبهٔ لکهنور التجا برد و مدتی در حمایت او بود. و چون این خبر بشیر خان رسید کس فرستاده طلب داشت. راجه بیچاره شده خان‌را پیش او فرستاد و در راه مالوه باو رسید. در اول مجلس شیر خان برخاسته دید و در جلب خاطر سخنان فریبنده گفت، و در میان سخنان اظهار نمود که هرکه اخلاص دارد خطا نمیکند. بیرام خان در جواب گفت «چنین است. هرکه اخلاص دارد خطا نخواهد کرد.»

۴۸۵ و از نزدیک برهانپور بهزار گونه بیقراری باتّفاقِ ابوالقاسم حاکم گوالیار فرار نموده روانهٔ سمت گجرات شد. و در راه ایلچیِ شیر خان که از گجرات می‌آمد آگاه گشته کس فرستاد و ابوالقاسم‌را که بصورت و جثّه نمودی داشت گرفت. بیرام خان از نیک‌ذاتی و جوانمردی بمبالغه گفت که «من بیرام خانم.» ابوالقاسم مردمی بجای آورده گفت «این ملازم منست. میخواهد که فدای من شود. زنهار دست ازین باز دارید.» و همان معامله که (مصراع)

went to pay homage and make his presence known to the men, he got himself ready for battle and charged courageously into the fray to the astonishment of the soldiers, who thought him a gift from heaven. When it became apparent that it was Bayram Khan, a shout arose from the field that caused joy to the emperor. Thus it was that a halt was observed there for a few days.

A summary account of Bayram Khan is as follows. He   484 performed valiantly at the regrettable incident at Kannauj and then set off in the direction of Sambhal, where he took refuge with Raja Mitr Sen, a great landholder of that region, in Lakhnor, remaining under his aegis for a time. When this news reached Sher Khan, he sent a messenger to summon him. The poor raja had to send the khan, and Sher Khan met him on the road to Malwa. At their first meeting Sher Khan rose to receive him and spoke charmingly to win him over. At one point he said, "Anyone who is loyal will not make a mistake." Bayram Khan replied, "It is so. Anyone who is loyal would not wish to make a mistake."

Near Burhanpur, with great trepidation and with the help of   485 Abu'l-Qasim, the governor of Gwalior, he escaped and went to Gujarat. Along the way, Sher Khan's envoy who was on his way from Gujarat learned of Bayram Khan's escape and sent someone to arrest Abu'l-Qasim, who was in disguise. Bayram Khan said boldly and courageously, "I am Bayram Khan!" Abu'l-Qasim said valiantly, "He is my liege man. He wants to sacrifice himself for me. Remove your hand from him!" It was an example of this line of poetry:

مرا بگذار و دستِ یارِ من گیر

در میان بود. باین طریق بیرام خان نجات یافته بگجرات پیش سلطان محمود رفت، و ابوالقاسم‌را که پیش شیر خان آوردند از ناشناسی آن معدن مروّت‌را بشهادت رسانید. و بارها شیر خان میگفت که «همان زمان که بیرام خان در آن مجلس گفت که هرکه اخلاص دارد خطا نمیکند فهمیده بودیم که با ما نمیسازد.»

۴۸۶ و سلطان محمود گجراتی نیز هرچند تکلیفِ بودن کرد بیرام خان قبول ننمود و رخصت سفر حجاز گرفته به بندر سورت آمد و از آنجا بولایت ماروار[۶۰] شتافت و از آنجا بزیر پای صاحب خود و ولی‌نعمت جهانیان در قصبهٔ جون رسیده سربلند گشت.

ظهور خارق عادت از حضرت شاهنشاهی که عنوان کرامات و دیباچهٔ مقامات تواند بود در ماه هشتم از شرف ولادت

۴۸۷ بر صحیفهٔ علم ایزدی که لوح محفوظ ازل و ابد است چنان ثبت افتاده که چون جهان‌آرائی‌را از افراد کاینات در جلوه‌گاه صورت و معنی تاج امتیاز بر تارک کرامتش نهند از مبادی سعادت ولادت آن جلیل الشّان بوارقِ حالات و خوارقِ عادات از مطاویِ احوالش پرتوِ ظهور یابد که هر یکی از آن منهیِ غیب باشد که ببانگ بلند طنطنهٔ علوّ مدارج قدرش بگوش هوش زمانیان رساند و با ظهور این معنی سعادت‌افزای جهانیان گردد. و از بدایع مصداق این حال آنست که درین زمان فرخنده که هفت ماه تمام

Leave me alone and take the hand of my beloved!

Thus Bayram Khan escaped and made it to Sultan Mahmud in Gujarat. Abu'l-Qasim was taken before Sher Khan, who put the chivalrous man to death. Often Sher Khan used to say, "From the moment Bayram Khan said at that meeting that anyone who was loyal would not want to make a mistake, I knew we would never get along."

Sultan Mahmud of Gujarat insisted that Bayram Khan remain there, but the khan would not accept and, obtaining permission to depart for the Hejaz, went to the port of Surat. From there he went to Marwar, and from there he fell at the feet of his lord and patron in Jun. 486

H.I.M. PERFORMS A MIRACLE IN THE EIGHTH MONTH AFTER HIS BIRTH AS A PREFACE TO HIS LATER SAINTLY MIRACLES

It has been inscribed on the pages of eternal divine knowledge that when a material and spiritual crown of superiority is placed on an individual's head, even from the time of his birth rays of his miracles will shine from within the folds of his actions, each of which is a harbinger from the other world loudly announcing his exalted position. One proof of this statement is the fact that at this happy time, when seven full months had passed since H.I.M.'s felicitous birth and he had begun his eighth month, a miraculous thing happened. One evening, when Jiji Anäkä was giving milk 487

از ولادت مسعود حضرت شاهنشاهی گذشته و بدولت و اقبال قدم در ماه هشتم نهاده بودند امری بدیع از آنحضرت روی نمود. شامگاهی که پرتو تباشیر صبح دولت داشت عفّت‌قباب جیجی انکه آن نوباوۀ باغ قدس‌را شیر میداد و از مخالفت عصمت نقاب ماهم انکه و جمعی دیگر آزردگی خاطر داشت و ازین که بعرض حضرت جهانبانی جنّت‌آشیانی رسانیده بودند که کوچ میر غزنوی سحر میکند که حضرت شاهزادۀ عالمیان غیر ازو بشیر دیگری میل نمیفرمایند بغایت دلتنگ بود.

۴۸۸ درین اثنا وقتی که کس آنجا حاضر نبود آنحضرت خلوت دیده متکلم شدند و زبان کرامت‌بیان خود بتسلیِ خاطر محزون جیجی انکه مسیح‌وار گشودند و فرمودند که «خاطر خوش دار که نیّر آسمان خلافت در کنار تو قرار خواهد گرفت و شب اندوه ترا نور شادمانی خواهد بخشید، و زنهار این راز مارا آشکارا نکنی و این اسرار قدرت الهی بیوقت شهرت ندهی چه حکمتهای غیبی و مصلحتهای کلیّ در ضمن این مندرج است.»

۴۸۹ جیجی انکه میگفت «مرا این نوید جانبخش عظیم در شگفت آورد و عقدۀ اندوه بیکبار از دل من گشوده گشت، و ازین رهگذر که کفایت چنان نورپروردی و حضانت چنان فیض گستری بی‌مشارکت و منازعتِ دیگری از درگاه صمدیت حواله بمن شد انشراح خاطر یکی بصد و صد بهزار انجامید و روز بروز ابواب فرح و نشاط بیش از پیش بر روی روزگار من گشوده میگشت و بشکر این نعمت عظمی قیام نموده از دل و جان بخدمت متوجه شدم و نعمت و دولت دوجهانی بمن روی آورد. و این راز سربمهررا پنهان میداشتم تا آنکه آن نونهال دولت سریرآرای ملک کشورگشائی گشته روزی از عرصۀ دهلی بشکار حوالی قصبۀ پالم تشریف برده بودند. در آنجا ماری بغایت بزرگ و مهیب در سر راه پیدا شد که ارباب تهوّررا دل از جای رفته بود.

to the babe, she was vexed and distressed by opposition from Mahïm Anäkä and others, who had said to the emperor, "Mir Ghaznavi's wife is working sorcery so that H.H. the prince will take milk only from her."

At this point, with no one else present, H.I.M., realizing that they were alone, began to speak and soothe Jiji Anäkä's troubled mind, saying, "Be glad, for the luminary of the heaven of the caliphate will be next to you and shed the light of joy on the night of your distress. Do not reveal this secret of ours, for great otherworldly interests are involved." 488

Jiji Anäkä used to say, "This great good news took me by surprise, but all at once the knot of distress in my heart was loosened. The fact that I and no other could be embraced by such a divine revelation made my mind rejoice a thousandfold, and day by day I experienced ever more happiness and bliss. Giving thanks for this greatest of all favors, I served with all my heart as fortune in this and the next world smiled upon me. I kept this secret hidden until the sapling of fortune sat upon the throne of world rule, and then one day he left Delhi to hunt in Palam. There appeared in his path a huge, terrifying snake that would cause the boldest men to quail. H.I.M. performed Moses's miracle and, without even pausing to think, reached out to the snake, grabbed it by the tail with his blessed hand, and threw it down. Mirza Aziz Kükältash's brother Yusuf Muhammad Khan witnessed it with his own eyes and told me about it." Only then did she reveal to her son the closely guarded secret of what she had seen and heard, saying, "In his infancy His Majesty performed that miracle. It is not strange if he works miracles in his adulthood, for there is a time for every deed and a place for every word. The reason I have kept this secret until now is that if I had told anyone, they 489

آنحضرت درین مرتبه اعجاز موسوی ظاهر ساخته بی‌اندیشهٔ که بخاطر عاطر رسانند ید بیضا نموده متوجه مار شدند و به بشارت غیبی دلیرانه دُم مار بدست اقدس گرفته زبون ساختند. یوسف محمد خان برادر میرزا عزیز کوکلتاش خود این آیت قدرت مشاهده کرده از روی تعجب بمن آمده نقل کرد.» در آن وقت آن راز سربسته و سرّ سرپوشیده که خود دیده و شنیده بود بفرزند ارجمند خود در میان آورد و گفت «آنحضرت در صغر سن آن اعجوبه‌را نموده بود. اگر در کبر سن این کرامت نماید بدیع نیست چه هر فعل‌را وقتی است و هر قولی‌را محلی. این راز سربسته که تا غایت بر زبان نیاورده بودم سبب آن بود که با هرکه میگفتم باور نمیکرد بلکه مدّعیان بسخافت عقل من نسبت میکردند و چاشنی این سخن در کام مرام آنها تلخ مینمود و نیز مرا در اظهار آن رخصت نبود. اکنون، فرزند من، چون از تو سخن مار شنیدم لب بافشای آن راز گشودم که آن نشانهٔ خردسالی بود و این نمودهٔ کلان‌سالی. ای فرزند گرامی، از آن مظهر کرامات این علامات و مقامات بدیع نیست.»

۴۹۰ و جامعِ این شگرفنامه، ابوالفضل، این دو قضیّه‌را اگرچه از مردم ثقه شنیده بود اما از آن عفّت‌مآب بی‌واسطه نیز استماع نمود و آنچه راقم از کمالات قدسیه و خوارق عالیه ازین نورپرورد الهی بچشم خود دیده است و بنظر اندیشهٔ خود سنجیده از اندازهٔ بشری و حوصلهٔ انسانی بیرونست. الحق آنچه از والدهٔ ماجدهٔ میرزا عزیز کوکه منقول شده حیرت‌بخش اصحاب ظاهر است، و آنچه این مسکین مشاهده نموده عبرت‌افزای ار باب باطن.

would not have believed it or they would have attributed it to my feeblemindedness and found it disagreeable. I also did not have permission to reveal it. Now that I have heard the story of the snake from you, my son, I have revealed the secret, which was a sign during childhood while yours is a sign in adulthood. My dear son, there is nothing strange about his producing such miracles."

Although the assembler of this volume, Abu'l-Fazl, had heard 490 of these two incidents from reliable persons, he also heard it directly from that chaste lady, and the miracles he has seen with his own eyes from that one nurtured by divine light are beyond human capability. Truly, what was related by Aziz Koka's mother will engender confusion in the superficial, while what this humble one has witnessed will serve as examples for those of insight.

NOTES TO THE TEXT

Emendations made to the Bibliotheca Indica text. "MSS" indicates one or more viable variants in the manuscripts used by the editions of the Bibliotheca Indica text.

۲۴ توقتمش] توقیمش

۲۵ انگوریه] انکوزیه

۲۶ أزون] آذون

۲۷ کاسان] کاستان

۲۸ رقیّه] رضیه

۲۹ الوس] انوش

۳۰ اوراتیپه] بتیه

۳۱ پمغان] بیمغان

۳۲ لمغان] بیمغان

۳۳ وفا نکرد] وفات کرد

۳۴ بنّو را] نیوررا

۳۵ دکی] کی

۳۶ اوپچینان] اوپچیان

۳۷ قزیل] شرمل

۳۸ محمدی] محمد

۳۹ ببن] بین

۴۰ قاسمِ] قاسم و

۴۱ اپاق] اباق

۴۲ تا] یا

۴۳ چندوار] چنداور

۴۴ بیگم] بیگ

۴۵ قاسم] + و

۴۶ دلیپ] دلیت

۴۷ بهتر] بهترین

۴۸ گور] گورکهپورMSS

۴۹ فقیرعلی] فقر علی MSS

۵۰ خانِ] خان و

۵۱ بچنگ] بجنگ

۵۲ بهلول] پهول MSS

۵۳ بصوب] بتصرف MSS

۵۴   بترهت) بنرهن MSS

۵۵   بیگِ) بیگ و

۵۶   بهنگانو) بهنگاپور; بهنگانو MSS

۵۷   سه) سی

۵۸   زنگی) رمکی

۵۹   سیزهم) هژدهم MSS

۶۰   ماروار) هاردوار

NOTES TO THE TRANSLATION

1   The "eighteen thousand" refers to the commonly held belief that eighteen thousand worlds, of which ours is but one, form all of creation.

2   "Imitation" (*taqlīd*) is the Islamic practice of following, in the minutest detail in word and deed, the example of the prophet Muhammad and the first generation of Muslims. By extension, it refers to opposition to any innovation in practice, and in that sense Abu'l-Fazl and Akbar were implacable enemies of "imitation."

3   In Abu'l-Fazl's vocabulary, "appreciation" (variously *qadrdānī, pāyashināsī,* and other synonyms) refers not only to valuing someone's worth and services but also, and primarily, to recognizing a person's potential.

4   Gurkanid, the title by which the Timurid dynasty designated itself, refers to Amir Temür's title *gurkān,* from the Mongolian *kürgen,* "son-in-law." The title was accorded to those who married princesses of Genghisid lineage and was taken by Amir Temür when he married a daughter of a khan descended from Genghis Khan's son Chaghatai.

5   Ṣāḥib-Qirān is another of Amir Temür's titles. It refers to one who is born under a conjunction of the two planets of good auspices, Jupiter and Venus.

6   "Travel in the homeland" (*safar dar waṭan*) and "isolation in a crowd" (*khalwat dar anjuman*) are two of the hallmarks of Naqshbandi spiritual technique. "Travel in the homeland" refers to introspection, and "isolation in a crowd" means to maintain a detached spirituality while engaged in worldly activity. The Timurids were hereditarily disciples and devotees of masters of the Naqshbandi order, and most of the individuals in this history who bear the title "Khwaja" are Naqshbandi masters or their descendants.

7   The "Greater Struggle" (*jihād-i akbar*) is a Sufi term that refers to the "holy war" against the recalcitrant carnal self.

8   The "trusty handle" (*al-'urwa al-wuthqā,* Kor. 2:256 and 31:22) and the "strong rope" (*ḥabl al-matīn,* not Koranic) of faith are both common Islamic terms.

9   Normally the "April cloud" rains drops that are caught by oysters and eventually turned into pearls. Abu'l-Fazl has turned this common literary image into a military trope.

10   Farvardīn is the first month of the Iranian year; it begins at the vernal equinox (c. March 21 in the modern calendar). Urdībihisht, the second month, begins around April 21.

11   Jamshēd and Frēdūn are renowned legendary kings of Iran.

12   "Guarding the breath" (pās-i nafas) is another Naqshbandi spiritual exercise.

13   Humayun's posthumous titles are Jahānbānī (from jahānbān, "world ruler") and Jannat-Āshyānī (from jannat-āshyān, "nested in paradise"). Akbar's mother's title, Maryam-Makānī, is derived from maryam-makān, "she who is equivalent in station to Mary." Babur's posthumous titles are Gītī-Sitānī (from gītī-sitān, "world seizer") and Firdaus-Makānī (from firdaus-makān, "he whose place is paradise"). Unlike other traditions of Persian history-writing, in which practically any posthumous title could be used indiscriminately of any deceased ruler, the posthumous titles of the Timurids of India were fixed and unvarying: e.g., Firdaus-Makani always refers exclusively to Babur, and Jannat-Ashyani refers only to Humayun.

14   For the legend of Alanqoa, the ancestress of both Genghis Khan and Tamerlane, see text at ¶173.

15   For Qachulai Bahadur's vision and Tumina Khan's interpretation, see text in the section headed "Qachulai Bahadur" and also Khwāndamīr 1994: 1:7.

16   Hamida Banu Begim's ancestor, Shaikh Ahmad of Jam (1049–1141), known as Zhanda-Pil ("the enormous elephant"), was an ancestor of both Humayun's mother and Akbar's mother. His tomb in Turbat-i-Jām, southeast of Mashhad, is still an object of veneration, and during Timurid times his descendants stood high in the ranks of the "spiritual" nobility.

17   Gomeisa, or β Canis Minoris, is known as the "Syrian Dog Star" (shi'rā-yi shāmiyya).

18   The Jalālī era, named for the Seljuq ruler Jalāluddaula Malikshāh (r. 1072–1092), was a reform of the ancient Persian solar calendar, which had drifted, through ignorance of the precession of the equinoxes, from the astronomical points to which it was originally pegged; it began on March 15, 1079. The "ancient" Persian calendar began with the accession of Yazdgird on June 16, 632. Ābān is the eighth

month of the Persian calendar, and Isfandārmudh is the twelfth; the discrepancy lies in the difference between the unreformed Yazdgirdian calendar and the reformed Jalali calendar. The lunar Hegira date, 5 Rajab 949, converts by algorithm to October 15, 1542. The "Indian" era is that of Vikramaditya, which began in 57 BCE; Karttik is the seventh Hindu month, when the moon is full and near the Pleiades (October–November). The "Greek" calendar is the Seleucid era, which began in 312 BCE. Abu'l-Fazl's October 16 is close enough to the algorithmic conversion of the Hegira date, which is not always exact owing to the sighting of the moon that determined the beginning of the lunar months. October 15 is, of course, Julian since the Gregorian reform had not yet taken place. "Sunday eve" is our Saturday night, since by Islamic reckoning the day begins at sunset. For the possibility that 5 Rajab was not Akbar's real birth date but rather an assumed "official" date, see Banerji 1940: 1002–1012; Dās 1886: 80–88; and Smith 1915: 233–244.

19   The birth occurred eight hours and twenty minutes after sundown and four hours and twenty-two minutes before sunrise, giving a nocturnal length of twelve hours and forty-two minutes. Sunset on October 24 at the latitude and longitude of Umarkot occurs at 4:46 p.m., and sunrise on October 25 occurs at 5:25 a.m., which makes the length of the night twelve hours and thirty-nine minutes. In modern terms Umarkot is located at 25° 22' north latitude, 69° 48' east longitude. Modern and medieval latitudes do not usually differ by much, since latitude could be determined to a tolerable degree of accuracy by observation. Longitude, which could not be ascertained with any precision until the development of reliable time-measuring devices, was very roughly calculated in premodern times from the "Eternal Isles," which lay somewhere in the Atlantic Ocean.

20   The vision is that of Humayun, related earlier in the text ¶ 16, that took place in Rabiʻ I 947; two years and four months later would be Rajab 949, the date of Akbar's birth.

21   In the cabalistic art of "indications" (*bayyināt*), the first letter of the name of each individual letter of a word is deleted and the numerical values of the remaining letters are added together. *Āftāb* is composed of *alif, fā, tā, alif,* and *bā*; when the initial letters are deleted what remains is *lif* (30 + 80) + *ā* (1) + *ā* (1) + *lif* (30 + 80) + *ā*: (1) = 223, which is equal to the numerical value of the letters in

akbar (*alif* = 1, *k* = 20, *b* = 2, *r* = 200). On the art of *bayyināt,* see al-Tahānawī 1382/1963, 1:223.

22 This all has to do with the cabalistic interpretation of letters known as "natural distribution" (*al-basṭ al-ṭabʿī*).

23 "Greater felicity," *saʿd-i akbar,* is the epithet of Jupiter, the greater of the two lucky stars, but it also contains Akbar's name.

24 The *Zīj-i Gūrkānī* is the star catalogue compiled by Ulugh Beg Mirza and his colleagues at the observatory in Samarkand in the early fifteenth century. It superseded the *Zīj-i Īlkhānī* of Naṣīruddīn Ṭūsī.

25 The "fixed" signs (*thābit*) are Taurus, Leo, Scorpio, and Aquarius; the "tropical" (*munqalib*) signs are Aries, Cancer, Libra, and Capricorn; the "bicorporal" (*dhū-jasadayn*) signs are Gemini, Virgo, Sagittarius, and Pisces.

26 Each of the twelve signs of the zodiac has a "regent" (*ṣāḥib*), a planet that rules over that sign.

27 "Exaltation" (*sharaf*) is the technical term for the period during which a planet exerts its maximum influence. It is also called *gaudium.*

28 The fourth, seventh, and tenth houses, which form right angles with the ascendant, are referred to technically as *watads,* or "pegs."

29 "Sextile" (*tasdīs*) is the technical term for an angle of 60 degrees. "Term" (*ḥadd*) refers to the degrees of each sign as they are divided among the five planets Saturn, Jupiter, Mars, Venus, and Mercury. The triplicities (*muthallathāt*) are (1) the fiery triplicity: Aries, Leo, and Sagittarius, of which Jupiter is the lord during the night; (2) the terrestrial triplicity: Taurus, Virgo, and Capricorn; (3) the aqueous triplicity: Cancer, Scorpio, and Pisces; and (4) the aerial triplicity: Gemini, Libra, and Aquarius.

30 "Hyleg" (*hīlāj*), from the Greek *hulikon,* "material," is the technical term for the beginning and duration of life.

31 "Face" (*wajh*) is the technical term for the third part of a sign, or 10 degrees; *darījān,* or *darīgān,* is the third part of a sign, or 10 degrees, to which a particular planet is assigned; *ādarjān* is another such part; "dodecatemory" (*ithnāʿashariyya, davāzdahum*) is the twelfth part of a sign, or 2.5 degrees.

32 Sharafuddīn 1336/1957: 1:10: "Jupiter, the wellspring of felicity and preserver of form, along with Mars, the planet of power and might, is in the fifth house of the ascendant, which is the house of children."

33 "Trine" (*tathlīth*) is the technical term for an angle of 120 degrees.

34 The Dragon's Head, or Anabibazon (*ra's*), is the ascending node of the Moon, where it crosses the ecliptic on its way north. The Dragon's Tail, or Catabibazon (*dhanab*), is the descending node, where the Moon crosses the ecliptic when headed south.

35 The various "parts" (*sahm*) are imaginary radii that intersect the ecliptic at certain points.

36 "Detriment" (*wabāl*) is the term for a planet's being in the sign directly opposite its own house. Since the Moon is the regent of Cancer, its detriment is directly opposite, in Capricorn.

37 "Dignity" is the translation for the technical term *ibtizāz*, which Tahanawi explains as follows: "For astrologers *ibtizāz* means the endowment of the planets with innate and coincidental power in the sign of the ascendant, the planet then being called *mubtazz*"; al-Tahānawī 1382/1963: 1:176.

38 *Nuhbahr* is the ninth division of a sign, or 3° 20', with a planet assigned to each division.

39 In the figure the cusps of the houses in absolute terms, as given in the descriptions that follow, have been added to the diagram as it appears in the Persian text. The houses of a horoscope are superimposed on the absolute positions of the signs of the zodiac and then realigned with the beginning of the particular ascendant at the cusp of that sign. The cusp of this horoscope's ascendant, Leo, is aligned with 28° 36' Leo in absolute terms, which means that almost all of the horoscope's Leo falls in Virgo. When the positions of planets are given in absolute terms, some do not correspond to the position within the horoscope, as in the first house below, where Venus is at 26° 23' 7" Virgo, but since the horoscope's Virgo does not begin until 28° 43' Virgo, Venus is in Leo in the horoscope.

40 That is, in the first, fourth, seventh, and tenth houses, the "angles" (*autād*) are in "fixed" signs.

41 *Haftbahr* is the one-seventh division of a sign.

42 The point of "fall" (*suqūṭ*) is 180 degrees in opposition to exaltation.

43 "Alcochoden" is the Latin transcription of the astrological term *al-kadkhudā*, the planet in a horoscope that has the most dignity in a hylegiacal place.

44 The *Zīj-i Īlkhānī* is the star catalogue compiled at the Ilkhanid observatory in Maragha by Naṣīruddīn Ṭūsī and his colleagues in the thirteenth century.

45 The eighth celestial sphere is the sphere of the fixed stars.

46 The rate of the precession of the equinoxes established by modern measurement is 1 degree in 72 years—that is, a complete revolution in roughly 26,000 years.

47 According to the plan of organization, the *Āīn-i Akbarī*, which contains a précis of the native Indian sciences, is volume 2 of the *Akbarnāma*.

48 See text, paragraph 437.

49 There is an irreproducible pun here. The word for litter, *takht-i ravān*, literally a "moving seat," contains the word used for throne, *takht*, so by setting forth in a litter, the infant could be said already to occupy a throne.

50 The numerical values of the letters in the words *shahanshah-i jahāngīr*, "world-seizing king of kings," add up to 949.

51 The numerical values of the words *shab-i yakshamba* ("the eve of Sunday" = 689) and *panj-i rajab* ("the fifth of Rajab" = 260) together add up to 949.

52 Afżaluddīn Badīl Khāqānī of Shirvan (d. 1198), a major Persian poet.

53 Khaqani 1374/1995: 725.

54 Ibid.: 714.

55 "Seoṛa" is the term used in the *Akbarnāma* for a Jain fakir.

56 *Avasarpiṇī* is Sanskrit for, literally, "downward creeping."

57 *Utsarpiṇī* is Sanskrit for "upward creeping."

58 The lac (*lākh*) is a hundred thousand; the *prayut* is a million; the crore (*karoṛ*) is ten million; the *arb* is one hundred million; the *kharb* is a billion; the *nikharb* is ten billion; the *mahāsaroj*, or *padm*, is one hundred billion; the *sankh* is a trillion; and the *samudr*, or the *korākor*, is ten trillion.

59 *Jugalī* is from the Hindi *jugal*, "pair."

60 The word in the text is spelled *PLWPM*, which is assumed to be a miscopying of *PLWLM*, for *plavlam*, the probable western Hindi pronunciation at the time of the Sanskrit *pravaram*, "an indefinitely large number."

61 *Sāgar* is the Sanskrit *sāgara*, "ocean, sea."

62 Adinath is the Sanskrit *ādinātha*, "first lord," and Raghunath is the Sanskrit *raghunātha*, "lord of the Raghus."

63 "Fifty crores of lacs of *sāgars*" = $50 \times 10,000,000 \times 100,000 \times 100,000,000,000,000 = 5 \times 10^{27}$.

64 Mahavir is the Sanskrit *mahāvīrya*, "very powerful."

65 The vernacular Hindi *sat jug* is from the Sanskrit *satyayuga*, the

age of righteousness, which is also known as *kṛta*.

66 The Sanskrit *tretā*, literally "triad."

67 The Sanskrit *dvāpara*, literally the age "with the number two."

68 The vernacular Hindi *kaljug* is from the Sanskrit *kaliyuga*.

69 Ibn al-ʿArabī (1165–1240), a great mystical philosopher; Saʿduddīn Ḥamoë (or Ḥamūya, d. 1252) was a disciple of Najmuddīn Kubrā, the eponymous founder of the Kubrawiyya order.

70 *Nafāyisuʾl-funūn fī ʿarāyisiʾl-ʿuyūn*, an early fourteenth-century encyclopedia of the sciences by Muḥammad b. Maḥmūd al-Āmulī.

71 The word is *wàn*, "ten thousand," or any indefinite large number. This is also stated in Rashīduddīn 1379/2000: 85.

72 Shamsuddīn Muḥammad Shahrazūrī was a thirteenth-century scholar and the author of the *Tārīkh al-ḥukamāʾ: Nuzhat al-arwāḥ wa-rawḍat al-afrāḥ* (*History of the Sages*).

73 The Syriac *oryā* actually means "manger" or "cradle," but it is used in the sense of a "cradle of learning."

74 Most Old Testament figures known to the Islamic world have names that are close transcriptions of their Hebrew names into Arabic. Although Akhnūkh, the Arabic equivalent of his Hebrew name, Ḥanôkh, was known, in Islamic sources Enoch is generally called Idrīs, which seems to be a corruption of the Greek for Ezra, Esdras. His persona in Islamic lore, however, is mostly that of Hermes Trismegistus.

75 Abū-Maʿshar al-Balkhī (d. 886) was a noted astrologer.

76 In Iranian lore Gayomarth was the king of the primordial golden age who taught humankind useful crafts.

77 Asclepius, a physician of legendary fame who became the Greco-Roman god of medicine.

78 The Greek Memphis and the Arabic Manīf and Manūf are all from the Egyptian name of the city, *Mn-nfr*.

79 These are names of various Turkic peoples.

80 The six sons' names are Turkic: *gün*, "day"; *ay*, "moon"; *yulduz*, "star"; *gök*, "heaven"; *taq*, "mountain"; and *tängiz*, "sea."

81 The Buzuq were named for a broken (*buzuq*) bow they had found, and the Üchoq were named for three arrows (*üch oq*) they had found. See Rashīduddīn 2012: 23 and Khwāndamīr 1333/1954: 3:9.

82 A common folk etymology, from the Persian *turk-mān*, "Turk-resembling."

83 *Baranghar*, from the Mongolian *baraʾun ghar*, "right hand," and *jävünghar*, from the Mongolian *jeʾün ghar*, "left hand," are the

designations of the Turko-Mongolian army that survived from the time of Genghis Khan all the way through the Mughal Empire. The positions in the right and left wings assigned by Genghis Khan were passed from father to son, unchanged, for many generations. See Bābur 1993: fol. 186b.

84 Miriam, the sister of Moses and daughter of Amram, and Mary the mother of Jesus are both called Maryam in Arabic. Because of the similarity of their names they both are known as "daughters of Amram."

85 Abū-Muslim 'Abdul-Raḥmān Khurāsānī, the standard bearer of the Abbasid revolution, fl. 747–754 CE.

86 For Qutula Khan, see Cleaves 1982: §§53, 57, and Rashīduddīn 2012: 93f.

87 The Persian text has Barlas, but Erdämchi's epithet was actually Barula, or Borola. "Barulas," which was eventually corrupted to "Barlas," is the Mongolian plural of Barula that was applied to the clan, not the individual.

88 Erdämchi Barula is mentioned in Rashīduddīn 2012: 88, but the eldest son is said to be Tödö'än. Sughuchijin is not mentioned. At this point, histories of the Genghisids cease to mention Amir Temür's ancestors other than Qarachar Noyan, who is mentioned in passing as Borolatai Qarachar, assigned to Chaghatai; ibid.: 211, 265.

89 Tämüjin, Genghis Khan's given name.

90 Cathay was China north of the Yellow River, with the capital at Peking; Khotan is Chinese Turkistan; Chin was middle China south of the Yellow River and north of the Yangtze; Machin was China south of the Yangtze; the Qipchaq Steppe is the vast plateau north of the Caspian Sea stretching westward to the Crimea; Saqsin, Bulghar (the Bulgars), As, Rus (which eventually gives the name Russia), and Alan are various regions north of the Crimea named for the tribes that inhabited them.

91 Tangqut was one of the Mongolian names for Xixia, with its capital at Ningxia. Also known as Hexi, "river of the west," which becomes the Mongolian Qashi, the other name by which Tangqut was known, it is roughly the modern Chinese province of Ningxia.

92 Abu'l-Fazl seems to be referring here to the oblivion to which Amir Temür's forefathers sank within the Ulus Chaghatai, and to the fact that outwardly the Chaghatai khans did not abide by the terms of the pact.

93 Kish is also known as Shahrisabz.

94 The date, omitted in the Persian text, is taken from Sharafuddīn 1336/1957: 1:314.

95 According to other histories he died near Qara Hisar (Sharafuddīn 1336/1957: 2:351; Khwāndamīr 1333/1954: 3:514).

96 The numerical values of the letters in *maqtal-i Sultān-Abāsaʿīd,* "the murder of Sultan-Abusaʿid," give a total of 873.

97 The numerical values of the letters in the words *shish-i muharram,* "the sixth of Muharram," add up to 888.

98 The numerical values of the letters in *shish harf,* "six letters," add up to 888, as do the letters in *ʿadad-i khair,* "a number of good portent."

99 Alacha Khan ("Killer Khan," from the Mongolian *ala'ači*) was a nickname Babur's younger maternal uncle, Sultan-Ahmad Khan, had earned for himself in Moghulistan. See Bābur 1993: fol. 11b.

100 "Shaibak Khan" is Muhammad Shaibani Khan, the ruler of the Uzbek confederation.

101 "Khan Mirza" was Sultan-Wais Mirza, son of Babur's paternal uncle Sultan-Mahmud Mirza. His grandmother, Shah Begim, was the daughter of the king of Badakhshan.

102 Muhammad-Husain Mirza Dughlat, Babur's cousin and Mirza Haidar's father. See Bābur 1993: fol. 201a–201b.

103 "Shahi Beg" was the Timurids' nickname for Muhammad Shaibani Khan, also known as Shaibak Khan.

104 "Najm Beg" was Shah Ismail's royal deputy, Amir Yar-Ahmad Isfahani, known as Amir Najm II, the Safavid general with whom Babur was allied in his final encounter with the Uzbeks.

105 Adinapur is the old city that was abandoned when Jalalabad was built on the other side of the Kabul River.

106 Text has *GhRNGR*. This corresponds to Bābur 1993: fol. 214b, where Babur returned from Atar and Siwa via Kunar and Nur Gul. The *NGR* of the text is surely a miscopying of *KNR* (Kunar), but the *GhR* at the beginning is puzzling.

107 Adamec 1972–1985: 6:49.

108 For Jud and Janjuha, see Bābur 1993: fol. 223a.

109 Hindal is the Turkish *Hind al,* "seize India."

110 Babban, Biban, Baban (?): it is not certain how the name is to be read. It may be a variant of the common Afghan name Balban.

111 Rana Sangram Singh, known as Rana Sanga, was the ruler of Mewar, in Rajputana.

112 A pun based on the Arabic script: Sikri is spelled *SKRY*; the word for "thanks" is *shukr*, spelled *ShKR*. Babur provided "Sikri" with dots and turned it into *ShKRY*, or *shukrī*, which means "my thanks" in Arabic.

113 The letters in *fatḥ-i pādishāh-i islām* ("conquest of the emperor of Islam") add up to 933. Abu'l-Fazl paraphrases Babur here; see Bābur 1993: fol. 325a.

114 The letters in *vasaṭ-i shahr-i rabī' al-avval* ("the middle of the month of Rabi' I") add up to 930 (1523–24 CE), the presumed year of the fourth India campaign.

115 A mistake in the text; it should probably be 927 (1521), the date Mirza Haidar Dughlat gives for Mirza Khan's death (Haidar 1996: fol. 209b); Khwāndamīr 1333/1954: 4:578, gives the year as 928 (1522).

116 *Fatḥ-i dāru'l-ḥarb,* "conquest of the realm of war," yields 934 (September 27, 1527–September 14, 1528).

117 The uncommon Arabic name Humayun gave the child, al-Amān ("security"), could be read as the Turkish *alaman,* "I cannot seize," an inappropriate name for a prince.

118 See Haidar 1996: fol. 214a.

119 This son's name is attested elsewhere as Alwar (Gulbadan 2009: fol. 6b, 16), and he was probably named for Babur's conquest of Alwar in Mewat. "Anwar" may be a variant, an "Islamicization," or simply miscopied.

120 Sultan-Sa'id Khan (1486–1533) was one of the many sons of Babur's maternal uncle Sultan-Ahmad Khan. He was the father of Abdul-Rashid Khan, for whom Mirza Haidar Dughlat's *Tārīkh-i Rashīdī* was named. For Sultan-Sa'id Khan's time at the Zafar Fort and with Babur in Kabul from late 1508 to late 1510, see Haidar 1996: fol. 110b–112a. For his second trip to Badakhshan in 935/1528–29, see ibid.: fol. 214a–214b.

121 Sayyid Mahdi Khwaja, who has been mentioned many times in Abu'l-Fazl's summary of Babur's biography, was the husband of Babur's sister Khanzada Begim.

122 The numerical values of the letters in *Humāyūn buwad wāris-i mulk-i way* add up to 937.

123 Babur's divan was edited and published by Ross; see Bābur 1910. It also includes the versification of Khwāja Aḥrār's *Wālidiyya.* For a Latin-script version of Babur's divan, see Bābur 1995.

124 This is the *Risāla-i mubīn.*

125 For Khānkhānān 'Abdul-Raḥīm's Persian translation of the *Baburnāma,* see Bābur 1993.

126 These are the seven of his children who outlived him. Gulbadan Begim says he had eighteen children, of whom the names of seventeen are known. See Gulbadan 2009: fol. 6b.

127 Their mother was Dildar Begim. See ibid.

128 Mir Ali-Sher Nawa'i, the dean of the literary circle in Sultan-Husain Mirza's Herat.

129 In imitation of Nizami of Ganja's *Makhzanu 'l-asrār,* the first of his famous quintet of *mathnawīs.* Such imitations were quite common.

130 For these works, see the Bibliography (Khwāndamīr 1333/1954 and 1317/1938); *Khulāṣatu 'l-akhbār fī aḥwāli 'l-akhyār* remains in manuscript, unpublished.

131 The obscure Persian expression *ahl-i nishast* may indicate someone who was allowed to sit in Babur's presence. It seems, however, to be Abu'l-Fazl's rendering of the Turkish *ichki,* a member of the inner circle. It is known from Gulbadan Begim's account (Gulbadan 2009: fol. 14a) that Khwaja Nizamuddin Ali Khalifa had leave to sit in Babur's presence, and he is not called *ahl-i nishast* in her account.

132 The sum of the numerical values of the letters in each chronogram, *Sulṭān Humāyūn Khān, shāh-i ferozqadr* ("victorious king") and *khush bād* ("be he happy"), is 913. *Pādishāh-i ṣaffshikan* ("battle-line-breaking emperor") yields 853; there is a mistake here.

133 The letters in *zādaka 'llāhu ta'ālā qadrā* ("may God the exalted increase your station") add up to 914. The removal of one *alif* (= 1) gives the correct date of 913.

134 The sum of the letters in *khair al-mulūk* ("the best of kings") is 937.

135 *Kashtī zar* ("boatload of gold") yields 937.

136 The clever chronogram can be read two ways: *shahr-i pādishāh, Dīnpanāh* ("the emperor's city, Dinpanah") or *shahr-i pādishāh-i dīnpanāh* ("city of the emperor, protector of the faith.") In either case the numerical value is 940. Humayun's walled city and palace of Dinpanah was constructed on an ancient site known as Indraprastha, which figures in the *Mahābhārata.* It is also conveniently near the shrine of Nizamuddin Auliya, the city's most revered saint. See Asher 1992: 32.

137 Muzaffar II of Gujarat (r. 1511–1526).

138 A reference to Amir Temür's invasion of Anatolia during the reign of the Ottoman Bayezid I (r. 1389–1403).

139 The text's "Nili Sabil" must be the Nil Kanth pavilion in the Mandu fortress, described by Jahangir; Jahāngīr 1999: 222.

140 The Bheels are hill people of western India.

141 This book is the magnificently illustrated copy of Sharafuddin Ali Yazdi's *Zafarnāma* now in the Johns Hopkins University library.

142 *Avval hafta-i mah-i Safar*, which yields 942.

143 Tuesday is the day associated with Mars, whose color is red.

144 Chapter 105 of the Koran: "Did you not see how we dealt with the owners of the elephants?" The chapter deals with Abraha the Ethiopian's disastrous campaign with elephants against Mecca in 570 CE, traditionally considered the date of the prophet Muhammad's birth.

145 Qasim-Husain Sultan Uzbek was the son of Qasim Sultan of the Shaban Uzbeks of the Crimea and Ayisha Sultan, a daughter of Sultan-Husain Mirza of Herat. See Bābur 1993: 168b, and Haidar 1996: fol. 183a.

146 For Abu'l-Fazl, "competent mercantilism" in this context means the ability to calculate where one's ultimate profit lies.

147 *Farangīān-i Bahādurkush*, which yields 943.

148 He is called Nasīb Shāh here and elsewhere in the *Akbarnāma*, but he is generally known as Nāṣiruddīn Nuṣrat Shāh, and he ruled from 1519 to 1532.

149 His name occurs variously in all accounts of Humayun's reign as Faqir-Ali and Faqr-Ali. He is mentioned once by Babur as Faqir-Ali, son of Karimdad (Bābur 1993: fol. 215b), and we will adopt this version.

150 Both of these gestures of submissive greeting are part of Timurid protocol. As the younger brother, Mirza Hindal used the more submissive gesture of the hand to the forehead, which was accompanied by a bow.

151 Here "Bengal" means Bengal City, or Gour, the old capital of Bengal.

152 Shaikh Bahlūl is known variously in the sources as Shaikh Phūl.

153 A pun: this may be read as both "Nizam of the saints" and "Nizam Auliya," the great saint of Delhi.

154 A triple pun: *nīm roz* is "half a day"; *nīmroz* is both midday and the area around the lower Helmand Valley famed for its prosperity. The "monarch of Nimroz" could be the sun, a king for half a day, or the king of Nimroz.

155 Mirza Haidar and Babur were first cousins. Babur's mother,

Qutlugh Nigar Khanïm, and Mirza Haidar's mother, Khub Nigar Khanïm, were sisters.

156 Muhammad-Sultan Mirza was the son of Sultan-Husain Mirza's daughter Sultanïm Begim and Sultan-Wais Mirza, son of Sultan-Husain's brother Bayqara Mirza. When Muhammad-Sultan Mirza came to Hindustan, Babur gave him Kannauj. See Bābur 1993: fol. 167b and Haidar 1996: 2:205, n. 1.

157 Paraphrased from Haidar 1996: fol. 184b.

158 The smoke of rue is a specific against the evil eye.

159 This Bhakkar is not the modern Bhakkar but the modern Purana Sukkur on the Indus.

160 In accounts of this person (Gulbadan 2009: fol. 45a, 49b; Jauhar 2009: fol. 28b, 49b, 51a, 57a) the name is spelled variously as *TRSh, TRS,* and *NWSh.* The Persian *tursh,* "sour," is highly dubious as a name. The common Turkish name Tursun, spelled TRSN, is the most likely, and the shape is close to the names in the manuscripts. He is Shahïm Khan's brother, and Shahïm Khan is identified as the son of Baba Beg Jalayir in the text. In the text below there is a Tursun Beg, son of Baba Jalayir, and he must be this person.

161 "The road you are on leads to Turkistan" is a proverbial saying for being on the wrong road or going the wrong way.

162 The Arzhang was Mani's book, which was so beautiful that it seduced hordes to his Manichaean heresy.

GLOSSARY

Terms of Indic origin are given in both Arabic and Devanagari scripts.

ĀDINĀTH (آدناته < Skt. आदिनाथ) first lord.

AMIR = *beg*.

ARA (ارہ, H. आरा, Skt. अर) wheel spoke.

ARB (ارب, अरब) one hundred million.

AVASARPIṆĪ (اوسرپنی, Skt. अवसर्पिणी) downward on the wheel of time.

BAKHSHĪ (بخشی) a word with a complex history, originating with the Chinese as *bókshì*, "scholar," and adopted by the Mongols as *baghši*, for Buddhist teachers (see Doerfer 2:271 §724); under the Timurids in India it developed into a title for a high military position, something like paymaster and chief of staff; in Anglo-Indian it became "buxee," for which see Yule and Burnell, *Hobson-Jobson*, 134–36.

BARĀNGHĀR (برانغار < Mong. *bara'un ghar*, [Doerfer 1:206–208 §84]) "right hand," the right wing of the Turco-Mongolian military array.

BEG (بیگ) commander, a military title inferior to *khan*, equivalent to *amir*.

BEGIM (بیگم) princess, the hereditary title of all Timurid females.

BÖKÄVÜLBEGI (بکاول بیگی) chief taster.

CHAHĀRBĀGH (چهارباغ) a garden with a symmetrical layout generally used for state or formal occasions.

CRORE (کرور *karōr*, करोड़) ten million.

CUBIT Under Akbar the imperial cubit (ذرع الهی *zar'-i ilāhī*) was 41 fingers, which is 32 inches, or 83 centimeters (Abu'l-Fazl, *Āīn* 1:296); the "legal" cubit (ذرع شرعی *zar'-i shar'ī*) was 24 fingers, equal to 49.875 centimeters, or 19 inches.

DĪWĀN (دیوان) administrative bureaucracy. See *mīr dīwān*.

DOLĪ (دولی, डोली) litter, sedan chair.

DUKHMĀN (دکهمان < दुखमान) a time of misfortune and grief, a term used in astrology.

DWĀPAR (دواپر, Skt. द्वापर) the third age of Hindu cyclical time.

ESHIK-AQA (ایشک اقا) gatekeeper, a post of considerable influence, since access to the ruler was through the *eshik-aqa*.

GANWĀR (گوار, गंवार) villager.

GHAZAL (غزل) a Persian poetic form.

HAQĪQAT|BĪN حقیقتبین, حقیقتگزین ~*guzīn*, حقیقتشناس ~*shinās*) "truth-seeing," "truth-choosing," "truth-recognizing," Abu'l-Fazlian terms meaning one who is able to recognize the ultimate truth; all such terms basically mean loyal to the emperor.

HIRĀWUL (هراول < Mong. *irä'ül* [Doerfer 1:532–535 §394]) vanguard, forward detachment.

IDGAH (عیدگاه) a place, normally just outside of town, where the entire citizenry of a locality could gather for holidays.

ĪLGHĀR (ایلغار < Tk. *ïlġar*) foray, raid, blitz; gallop.

JAGIR (جاگیر) a type of landholding; generally an assignment of the income from land in return for military service.

JAWĀNGHĀR (جوانغار < Mong. *je'ün ghar* [Doerfer 1:297–299 §165]) "left hand"; the left wing of the Turco-Mongolian array.

KĀL (کال, Skt. काल) "time."

KALJUG (کلجگ, कलजुग < Skt. कलियुग *kaliyuga*) the fourth age, or iron age, of Hindu cyclical time.

KARŌH (کروه) See kos.

KARŌR (کرور) See crore.

KHAN (خان) lord, title of nobility; chieftain; a hereditary title for males of Genghisid lineage.

KHĀNKHĀNĀN (خانخانان) khan of khans, commander in chief.

KHARB (کھرب < Skt. खर्ब) one billion.

KHATĪB (خطیب) a mosque official who pronounces the *khutba*.

KHUTBA (خطبه) address in a Friday mosque service in which the ruler's name is mentioned; conventionally conferred recognition of *de facto* rule.

KHWAJA (خواجه) a title of religious dignity, chiefly for Naqshbandi shaikhs and their descendants.

KINGASH, KINGĀSH (کنگش، کنگاش < Tk. *kengäš*) council, counsel.

KITĀBDĀR (کتابدار) librarian.

KORĀKOR (Skt. कोराकोर) ten trillion, equivalent to *samudr*.

KOS (Pers. کروه *karōh*, Skt. क्रोश *krośa*) "league," the usual measure of distance in India, but it varies by terrain; standardized during Akbar's reign, the kos was fixed at 5,000 ells of 33 inches each; actual measurements of Akbar's kos-posts near Delhi are a bit short, giving a mean equivalence of the kos as 2½ miles and 158 yards, or 4.17 kilometers (see Yule and Burnell, *Hobson-Jobson*, 261). Since exactitude is not to be looked for in the kos, a rough equivalence of 2 miles, or 4 kilometers, should be sufficient.

KUHNA'AMALA (کهنهعمله) an Abu'l-Fazlian term of approbation meaning a former employee, a veteran, one whose allegiance is tainted by former loyalties.

LAC (لک *lak* < *lākh* लाख) one hundred thousand.

LEAGUE See kos.

MAHĀSAROJ (مهاسروج, Skt. महासरोज) one hundred billion.

MAHĀVĪR (مهاویر < Skt. महावीर्य) very powerful.

MATHNAWĪ (مثنوی) a Persian poetic form consisting of rhyming couplets.

MAULANA (مولانا) a title of learning.

MAUND (من *man*) a weight of 40 seers, which is 82 ⅔ pounds, or approximately 37 kilograms.

MIR (میر) normally a title for sayyids.

MIRZA (میرزا) prince; title accorded all males of Timurid descent.

MUʿĀMALAFAHM (معاملهفهم) an Abuʾl-Fazlian term meaning able to make a good bargain, having the sense to know what is good for oneself.

MULLĀ (ملا) a title of learning.

NAMĀZGĀH (نمازگاه) *idgah*.

NĀMUʿĀMALAFAHM (نامعاملهفهم) incompetent to make a good bargain, lacking the sense to know what is good for oneself; see *muʿāmalafahm*.

NIKHARB (نکهرب, Skt. निखर्व) ten billion.

ORYĀ (اوریا, Syriac ܥܪܣܐ) cradle.

PADM (Skt. पद्म) one hundred billion; equivalent to *mahāsaroj*.

PARGANA (پرگنه < Skt. प्रगण *pragaṇa*) a district, subdivision of a sarkār, which is a subdivision of a sūba (see Yule and Burnell, *Hobson-Jobson*, 698).

PARWĀNACHĪ (پروانچی) writer

of documents, official of the exchequer.

PLAVLAM (پلولم < Skt. प्रवरम *pravram*) an indefinite large number.

PRAYUT (پریت, Skt. प्रयुत) one million.

QABAQ (قبق, Tk.) gourd; archery target.

QASĪDA (قصیده) a Persian poetic form used for a eulogy.

QORCHĪ (قورچی, Mong. *qorči*) master of arms.

QUMARGHA (قمرغه < Mong. *qomargha*) the "battue" method of hunting in which animals are driven into an ever-shrinking circle until finally the hunters enter the circle and slaughter at will.

RAGHUNATH (رگهوناته < Skt. रघुनाथ) great lord.

RĀI (رای, राय) a Hindu ruler.

RAJA (راجه, राजा) a Hindu ruler.

SĀGAR (ساگر, सागर) one hundred trillion.

SAMUDR (سمدر, Skt. समुद्र) ten trillion.

SANKH (سنکه, Skt. संख) one trillion.

SĀRBĀN (ساربان) caravan leader.

SATJUG (ستجگ, सतजुग < Skt. सत्ययुग *satyayuga*) the first age, or golden age, of Hindu cyclical time.

SAYYID (سیّد) a lineal descendant of the prophet Muhammad.

SEER (سیر *sēr*) a weight equal to just over 2 pounds, or 0.9 kilogram.

SEORA (سیوره, सेबड़ा) a Jain fakir.

SHĀHRUKHĪ (شاهرخی) a gold coin named for the second Timurid, Shahrukh.

SHAIKH (شیخ) a title of religious dignity, particularly for Sufi masters; a hereditary title given to descendants of Sufi masters.

SUKHMĀN (سکهمان > सुखमान) a time of happiness in leisure, a term used in astrology.

TRETĀ (تریتا, Skt. त्रेता) the second age, or silver age, of Hindu cyclical time.

UTSARPIṆI (اتسرپنی, Skt. उत्सर्पिणी) upward on the wheel of time.

WAN (ون, Chinese *wàn*) ten thousand; any indefinite large number.

ZĀT (ذات) the "personal" rank of an officer.

ZEMINDAR (Pers. زمیندار *zamīndār*) "landholder" who holds land on which he pays revenue directly to the state.

BIBLIOGRAPHY

When two different publication years are given for works listed below, the first is the Islamic (Hegira) calendar year and the second is the year according to the Christian (Gregorian) calendar.

Editions and Translations

Abū'l-Fażl, 'Allāmī. 1372/1993. *Akbarnāma.* Edited by Ghulām-Riz̤ā Ṭabāṭabā'ī-Majd. Vol. 1. Tehran: Mu'assassa-i Muṭāla'āt va Taḥqīqāt-i Farhangī.

———. 1873–1887. *Akbarnāma.* Edited by Agha Ahmad Ali. Bibliotheca Indica 79. 3 vols. Calcutta: Asiatic Society.

Abū'l-Fażl, 'Allāmī. 1897–1921. *The Akbar Nama.* Translated by Henry Beveridge. Bibliotheca Indica 138. 3 vols. Calcutta: Asiatic Society. Reprint, Delhi: Rare Books, 1972–1973.

Other Sources

Abū'l-Fażl, 'Allāmī. 1872–1877. *Ā'īn-i Akbarī.* Edited by H. Blochmann. 2 vols. Calcutta: Asiatic Society of Bengal.

———. 1873–1891. *The Ain i Akbari.* Vol. 1 translated by H. Blochmann; vol. 2 translated by H. S. Jarrett. Calcutta: Asiatic Society of Bengal.

———. 1913. *Ruqa'āt-i Abū'l-Fażl.* Kanpur: Nawal Kishore.

———. 1950. "The *Munajat* of Abu'l-Fażl." Edited by S. A. A. Rizvi. *Medieval India Quarterly* 1 (3–4): 1–37, 116–123.

———. 1988. *'Iyār-i dānish.* Edited by Amriyazdon Alimardonof. Dushanbe: Donish.

———. 1998. *Mukātabāt-i-'Allāmī (Inshā'-i Abū'l-Fażl): Letters of the Emperor Akbar in English Translation.* Edited and translated by Mansura Haidar. Vol. 1. Delhi: Munshiram Manoharlal, Indian Council of Historical Research.

Adamec, Ludwig, ed. 1972–1985. *Historical and Political Gazetteer of Afghanistan.* 6 vols. Graz: Akademische Druck- und Verlagsanstalt.

Alavi, Azra. 1972. *Socio-Religious Outlook of Abu'l-Fazl.* Aligarh: Centre of Advanced Study, Department of History, Aligarh Muslim University.

Bābur, Ẓahīruddīn Muḥammad. 1910. "A Collection of Poems by the

Emperor Babur." Edited by Denison Ross. *Journal and Proceedings of the Asiatic Society of Bengal* 6, extra number.

———. 1971. *Bāburnāma.* Edited by Annette S. Beveridge. Facsimile edition. E. J. W. Gibb Memorial Series 1. London: Luzac & Co.

———. 1993. *Bāburnāma*: Chaghatay Turkish Text with Abdul-Rahim Khankhanan's Persian Translation. Turkish transcription, Persian edition, and English translation by W. M. Thackston. Sources of Oriental Languages and Literatures 18. 3 vols. Cambridge, MA: Harvard University, Department of Near Eastern Languages and Civilizations.

———. 1995. *Babur Divanı: Gramer, Metin, Sözlük, Tıpkıbasım.* Edited by Bilal Yücel. Ankara: Atatürk Kültür Merkezi.

———. 1996. *The Baburnama: Memoirs of Babur, Prince and Emperor.* Translated, edited, and annotated by W. M. Thackston. Washington, DC: Freer Gallery of Art, Arthur M. Sackler Gallery, Smithsonian Institution. Paperback edition, New York: Modern Library, 2002.

Badā'unī, 'Abdul-Qādir. 1864–1869. *Muntakhabu't-tawārīkh.* Calcutta: The Asiatic Society.

———. 1973. *Muntakhab al-tawārīkh, English.* Translated by George Ranking, W. H. Lowe, and T. Wolsely Haig. Delhi: Idarah-i Adabiyat-i-Delli.

Asher, Catherine B. 1992. *Architecture of Mughal India.* Cambridge: Cambridge University Press.

Banerji, S. K. 1940. "The Birth of Akbar, the Prince, October 15, 1542 a.d." In *Proceedings of the Indian History Congress, Third Session, 1939.* 1002–1012. Calcutta: B. Banerjee at the Calcutta University Press.

Bāyazīd Bayāt. 2009. *Tārīkh-i Humāyūn.* In *Three Memoirs of Humayun,* edited and translated by W. M. Thackston. Costa Mesa, CA: Mazda Publishers.

Clauson, Sir Gerard. 1972. *An Etymological Dictionary of Pre-Thirteenth-Century Turkish.* Oxford: Clarendon Press.

Cleaves, Francis Woodman, ed. and trans. 1982. *The Secret History of the Mongols.* Cambridge, MA: Harvard University Press.

Doerfer, Gerhard. 1963–1975. *Türkischer und mongolische Elemente im neupersischen.* 4 volumes. Wiesbaden: Akademie der Wissenschaften und der Literatur, Veröffentlichungen der Orientalischen Kommission.

Eaton, Richard M. 1984. "Akbar-nāma." *Encyclopedia Iranica* 1: 714–715.

Gulbadan Bēgim. 2009. *Humāyūnnāma.* In *Three Memoirs of Humayun,* edited and translated by W. M. Thackston. Costa Mesa, CA: Mazda Publishers.

Habib, Irfan, ed. 1997. *Akbar and His India*. Delhi: Oxford University Press.

———. 1982. *An Atlas of the Mughal Empire*. New York: Oxford University Press.

Ḥāfiẓ Shīrāzī, Khwāja Shamsuddīn. 1367/1988. *Dīvān-i Ḥāfiẓ*. Edited by Sayyid Abū'l-Qāsim Injavī Shīrāzī. Tehran: Jāvīdān.

Haidar Dughlat, Mirza. 1996. *Tarikh-i-Rashidi*. Edited and translated by W. M. Thackston. Sources of Oriental Languages and Literatures 37–38. 2 vols. Cambridge, MA: Harvard University, Department of Near Eastern Languages and Civilizations. Reprint, *Classical Writings of the Medieval Islamic World: Persian Histories of the Mongol Dynasties*, vol. 1, London: I. B. Tauris, 2012.

Jahāngīr Pādishāh, Nūruddīn Muhammad. 1999. *The Jahangirnama: Memoirs of Jahangir, Emperor of India*. Edited, translated, and annotated by W. M. Thackston. New York: Oxford University Press.

Jauhar Āftābachī. 2009. *Tadhkiratu'l-wāqiʿāt*. In *Three Memoirs of Humayun*, edited and translated by W. M. Thackston. Costa Mesa, CA: Mazda Publishers.

Khāqānī Shīrvānī, Afḍal al-Dīn Badīl. 1374/1995. *Dīvān-i Khāqānī*. Edited by Ḍiyā' al-Dīn Sajjādī. Tehran: Intishārāt-i Zuvvār.

Khwāndamīr, Ghiyāsuddīn b. Humāmuddīn al-Ḥusaynī. 1317/1938. *Dastūru'l-wuzarā*. Edited by Saʿīd Nafīsī. Tehran: Iqbāl.

———. 1333/1954. *Ḥabību's-siyar fī akhbār-i afrād-i bashar*. Edited by Jalāl Humā'ī. 4 vols. Tehran: Khayyām.

———. 1994. *Habibu's-siyar, Tome Three: The Reign of the Mongol and the Turk*. Translated and annotated by W. M. Thackston. Sources of Oriental Languages and Literatures 24. 2 parts. Cambridge, MA: Harvard University, Department of Near Eastern Languages and Civilizations.

Mukhia, Harbans. 1976. *Historians and Historiography during the Reign of Akbar*. New Delhi: Vikas.

Niẓāmuddīn Aḥmad. N.d. *Ṭabaqāt-i Akbarī*. Edited by Brajendranath De and M. Hidayat Hosain. Calcutta: Asiatic Society of Bengal.

———. 1927–1939. *The Tabaqat-i-Akbari of Khwajah Nizamuddin Ahmad*. Translated by Brajendranath De and Baini Prashad. Calcutta: Asiatic Society.

Rashīduddīn Fażlullāh. 1379/2000. *Tārīkh-i Chīn*. Edited by Wang Yidan. Tehran: Markaz-i Nashr-i Dānishgāhī.

———. 2012. *Compendium of Chronicles: A History of the Mongols*. In *Classical Writings of the Medieval Islamic World: Persian Histories of the Mongol Dynasties,* translated by W. M. Thackston. Vol. 3. London: I. B. Tauris.

Raverty, Henry George. 1878. *Notes on Afghanistan and Baluchistan.* Reprint, Lahore: Sang-e-Meel Publications, 1976.

Ray, Sukumar. 1948. *Humayun in Persia.* Calcutta: Royal Asiatic Society of Bengal.

Rizvi, S. A. A. 1975. *Religious and Intellectual History of the Muslims in Akbar's Reign.* New Delhi: Munshiram Manoharlal.

Robertson, Sir George Scott. 1896. *The Kāfirs of the Hindu-Kush.* London: Lawrence & Bullen, Ltd.

Rogers, Charles J. 1885. "The Square Silver Coins of the Sultans of Kashmir." *Journal of the Royal Asiatic Society of Bengal* 54 (1): 92–139.

Sen, G. 1984. *Paintings from the Akbar Nama: A Visual Chronicle of Mughal India.* Varanasi: Lustre Press.

Sharafuddīn 'Alī Yazdī. 1336/1957. *Zafarnāma.* Edited by Muḥammad 'Abbāsī. 2 vols. Tehran: Amīr Kabīr.

Shyāmal Dās, Kavi Rāj. 1886. "Birthday of the Emperor Jalāluddīn Muhammad Akbar." *Journal of the Asiatic Society of Bengal* 55: 80–88.

Siddiqi, N. A. 1968. "Shaikh Abul Fazl." In *Historians of Medieval India,* edited by Mohibbul Hasan, 123–141. Meerut: Meenakshi Prakashan.

Smith, V. A. 1915. "The Date of Akbar's Birth." *Indian Antiquary* 44: 233–244.

Storey, C. A. 1927–1953. *Persian Literature: A Bio-Bibliographical Survey.* Vol. 1. London: Luzac & Co.

Stronge, Susan. 2002. *Painting for the Mughal Emperor: The Art of the Book, 1560–1660.* London: V&A Publications.

al-Tahānawī, Muḥammad 'Alī al-Fārūqī. 1382/1963. *Kashshāf iṣṭilāḥāt al-funūn.* Edited by Luṭfī 'Abd al-Badī'. Cairo: al-Mu'assasa al-Miṣriyya al-'Āmma li'l-Ta'līf wa'l-Tarjama wa'l-Ṭibā'a wa'l-Nashr.

Wink, André. 2009. *Akbar.* Oxford: Oneworld.

Yule, Henry, and A. C. Burnell. 1886. *Hobson-Jobson.* Edited by William Crooke. Reprint, New Delhi: Rupa & Co., 1994.

INDEX

Persons with court titles are given under their titles. Abbreviations: br/ = brother of; d/ = daughter of; n/ = nephew of; s/ = son of; w/ = wife of; *MU* = *Ma'athir al-umara*, with entry number in the translation

599

ABOUT THE BOOK

Murty Classical Library of India volumes are designed by Rathna Ramanathan and Guglielmo Rossi. Informed by the history of the Indic book and drawing inspiration from polyphonic classical music, the series design is based on the idea of "unity in diversity," celebrating the individuality of each language while bringing them together within a cohesive visual identity.

The Persian text of this book is set in Nassim, an award-winning, versatile typeface designed by Titus Nemeth. Befitting its use in a new edition of classical literature, the type's contemporary design incorporates elements derived from Islamic manuscript practice.

The English text is set in Antwerp, designed by Henrik Kubel from A2-TYPE and chosen for its versatility and balance with the Indic typography. The design is a free-spirited amalgamation and interpretation of the archives of type at the Museum Plantin-Moretus in Antwerp.

All the fonts commissioned for the Murty Classical Library of India will be made available, free of charge, for non-commercial use. For more information about the typography and design of the series, please visit *http://www.hup.harvard.edu/mcli*.

Printed on acid-free paper by Maple Press, York, Pennsylvania.